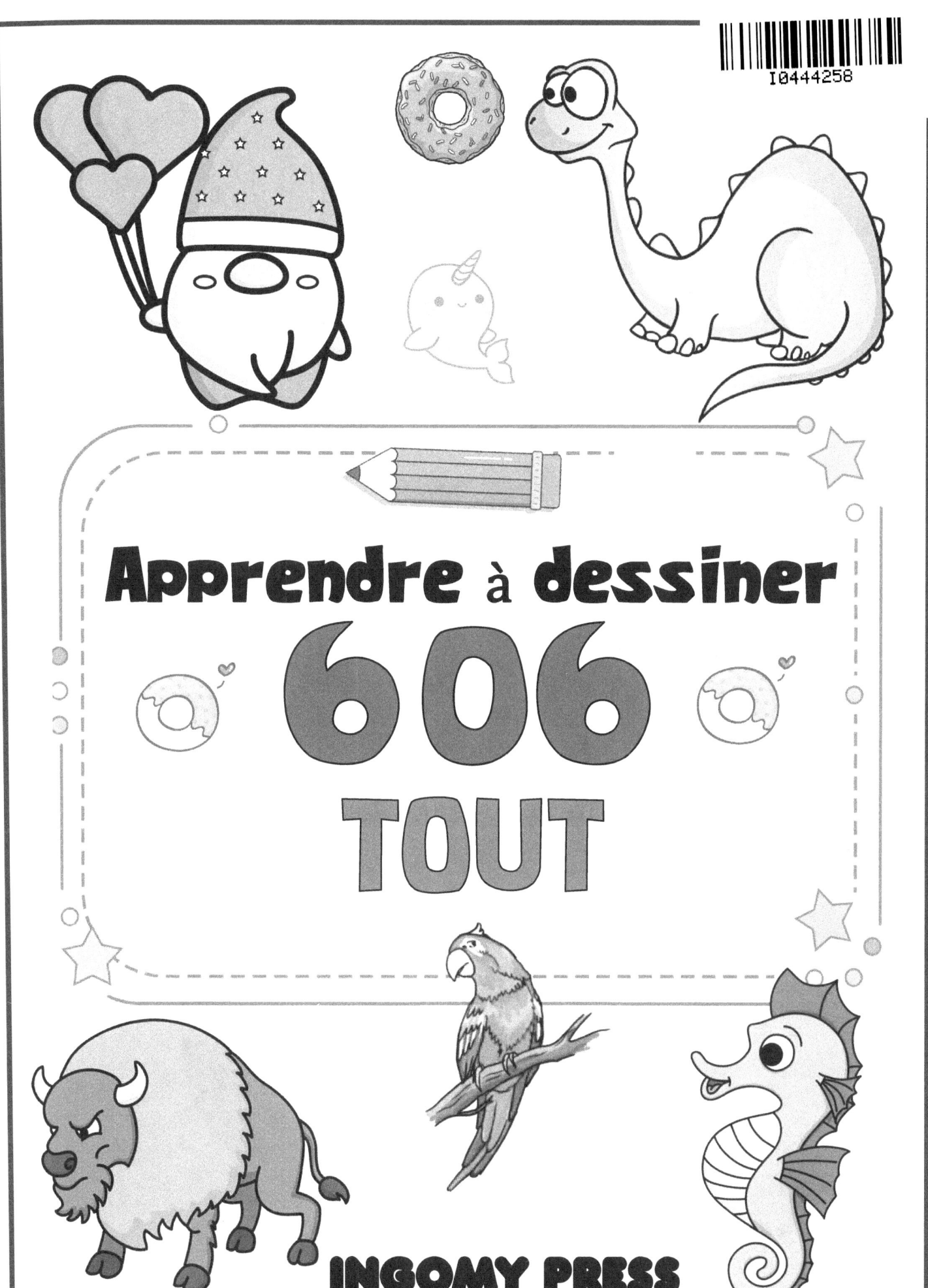

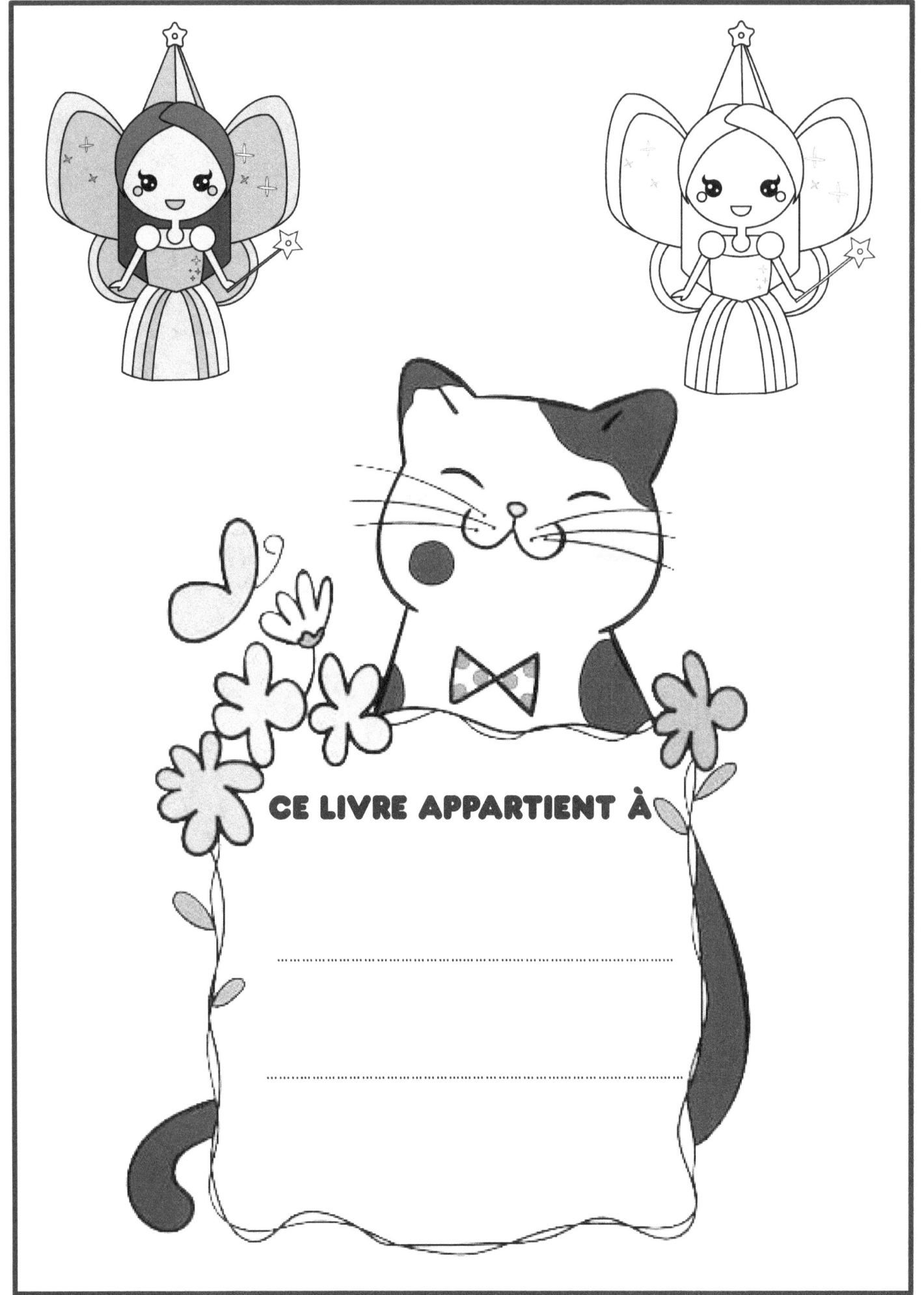

COMMENT DESSINER GOO

Copyright © 2024

Tous droits réservés. Aucune partie de cette publication ne peut être reproduite, distribuée ou transmise sous quelque forme ou par quelque moyen que ce soit, y compris la photocopie, l'enregistrement ou d'autres méthodes électroniques ou mécaniques, sans l'autorisation écrite préalable de l'éditeur, sauf dans le cas de brèves citations incorporées dans des critiques et certaines autres utilisations non commerciales autorisées par la loi sur le droit d'auteur.

Ce livre est destiné uniquement à des fins d'information et d'éducation. L'auteur et l'éditeur ont fait tous les efforts possibles pour assurer l'exactitude des informations contenues dans ce livre, mais ne donnent aucune garantie ni représentation quant à l'exactitude, l'applicabilité ou l'exhaustivité du contenu de ce livre. Les informations contenues dans ce livre sont strictement destinées à des fins éducatives. Par conséquent, si vous souhaitez appliquer les idées contenues dans ce livre, vous assumez l'entière responsabilité de vos actes.

Marques commerciales

Toutes les marques commerciales, marques de service et noms commerciaux de ce livre sont des marques commerciales ou des marques déposées de leurs propriétaires respectifs

Cover illustration © 2024

Contenu

- Papillons
- L'école
- Maquillage
- Jouets
- Jeux vidéo
- Animaux de compagnie
- Animaux du zoo
- Animaux marins
- Oiseaux
- Insectes
- Dinosaures
- Licorne
- Fleurs
- Nature
- Nourriture
- Boisson
- Crème glacée
- Bonbons
- Légumes
- Fruits
- Emoji
- Espace
- Sport
- Dessin animé
- Saint-Valentin
- Monstres
- Véhicules
- Voitures
- Noël
- Musique
- 3D
- Jouets
- Sirènes
- Kawaii
- Choses mignonnes
- Halloween
- Super-héros
- Dessin magique

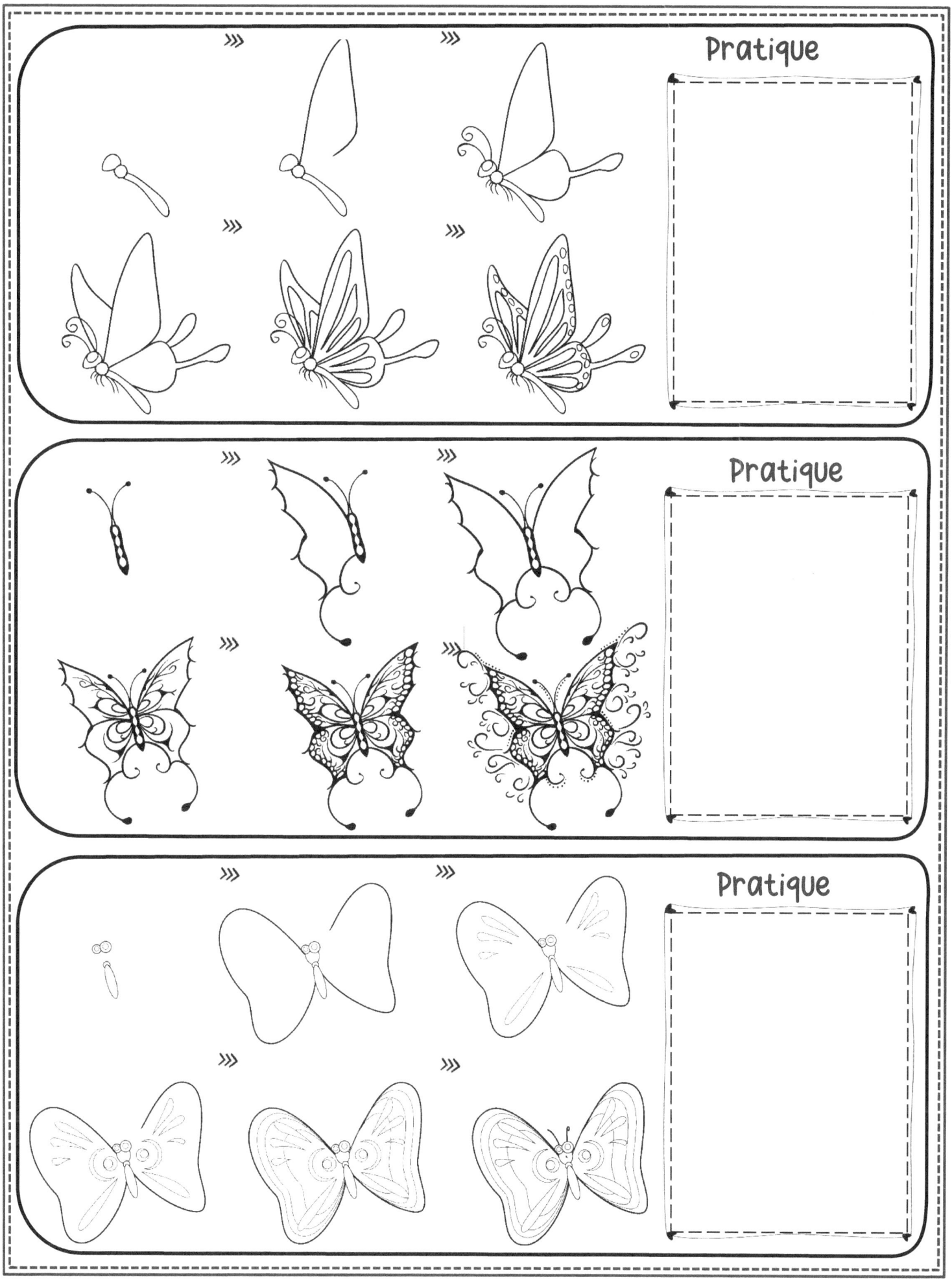
Pratique

Pratique

Pratique

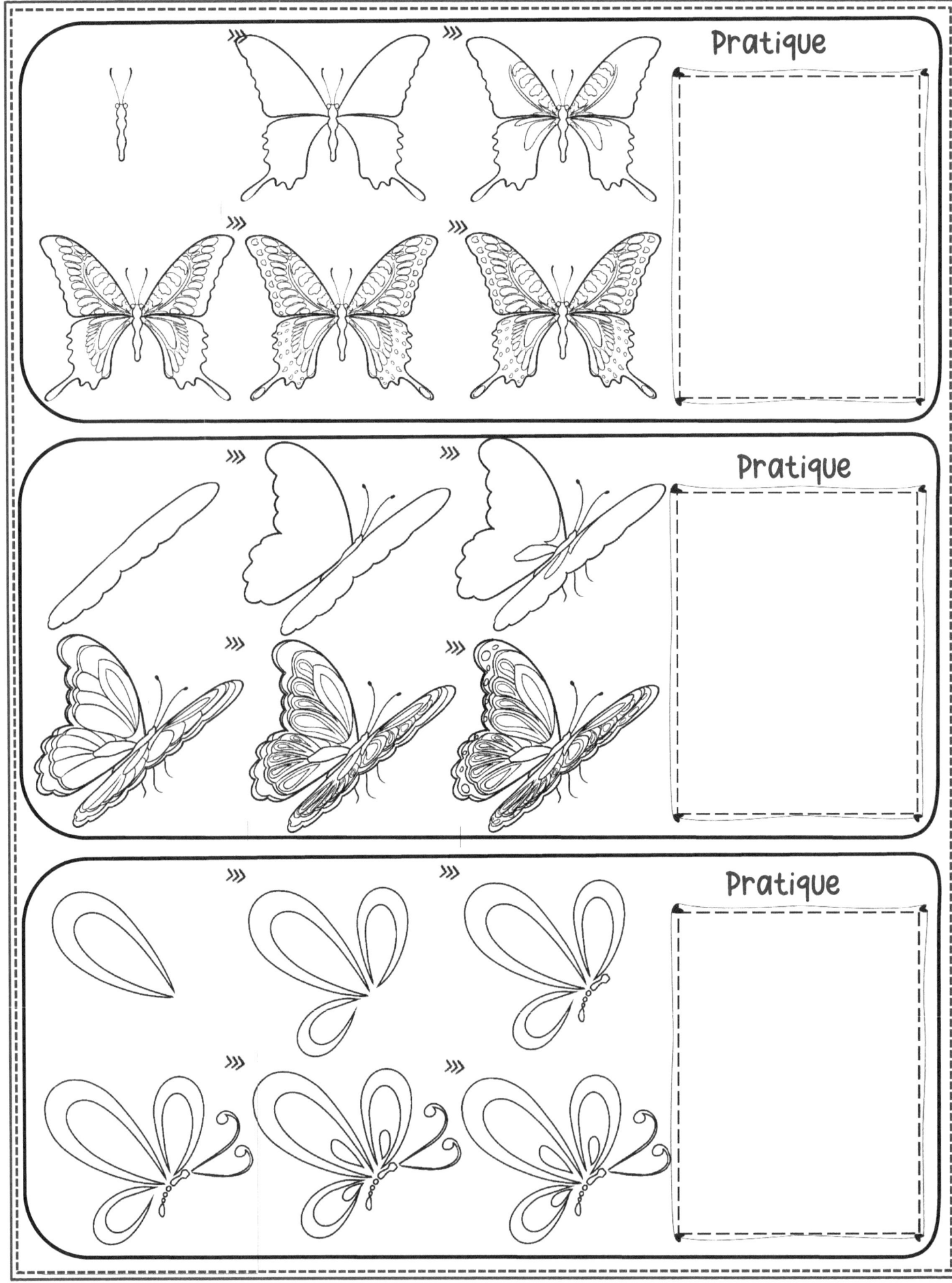

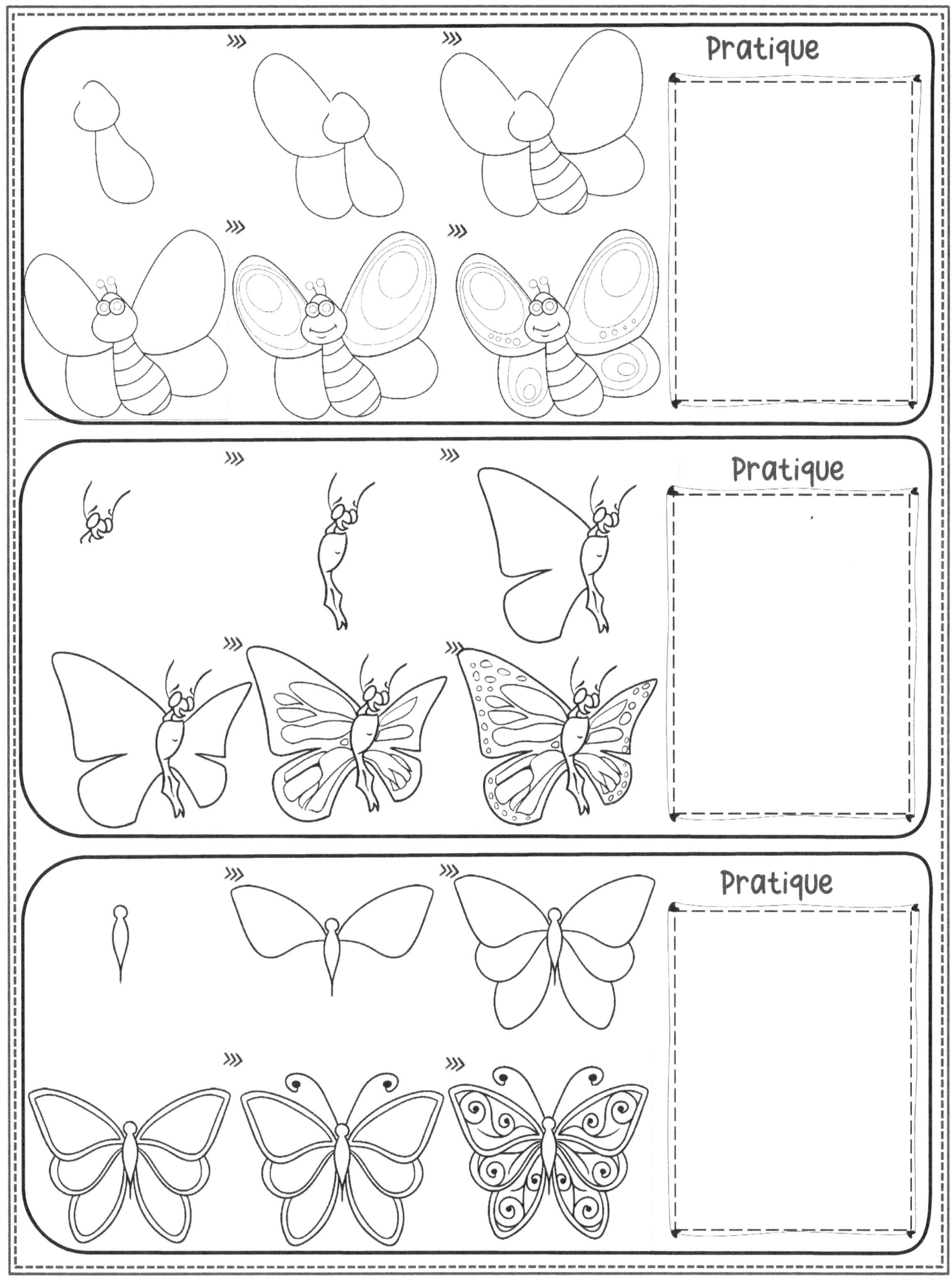

Pratique

Pratique

Pratique

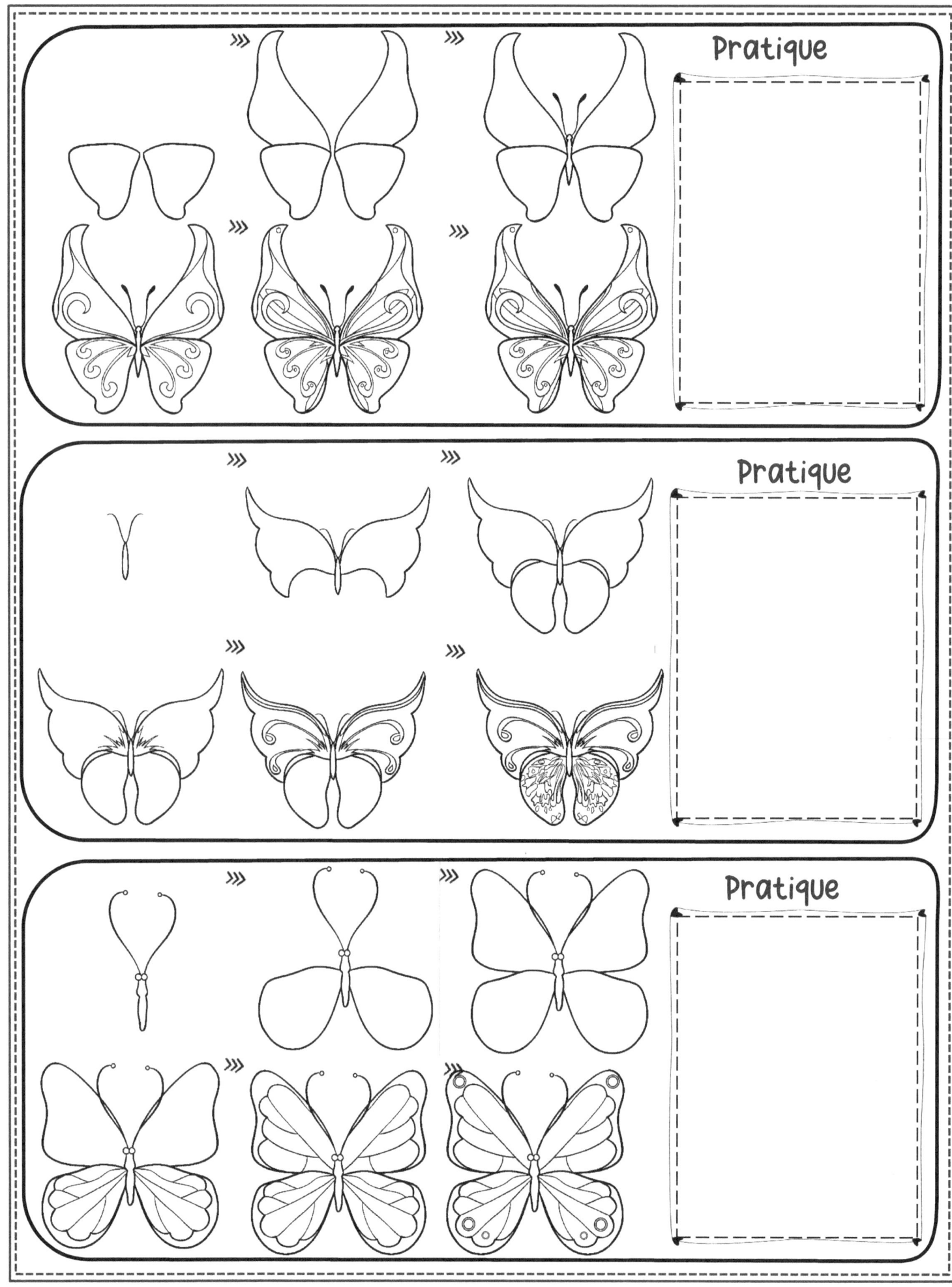

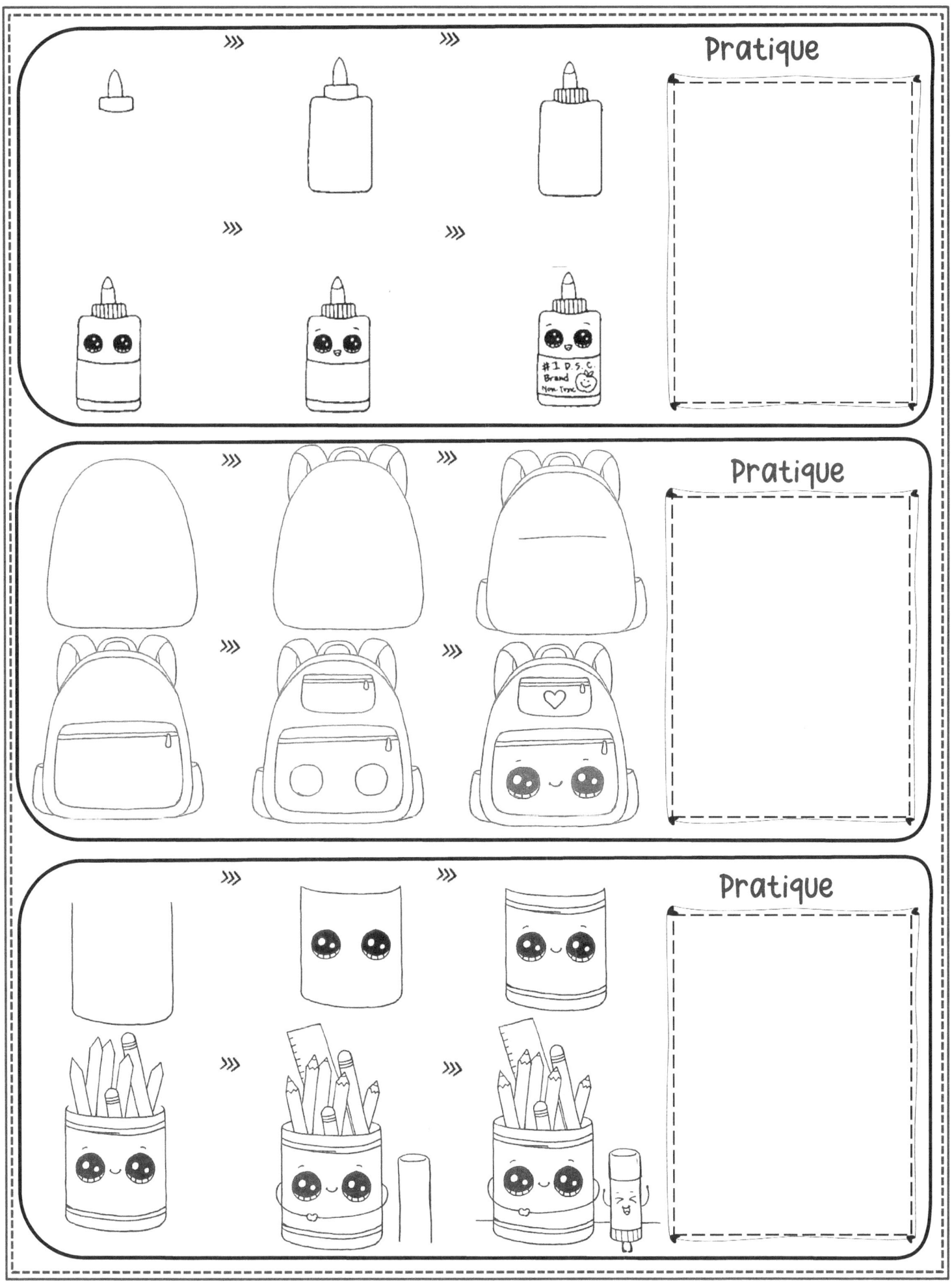

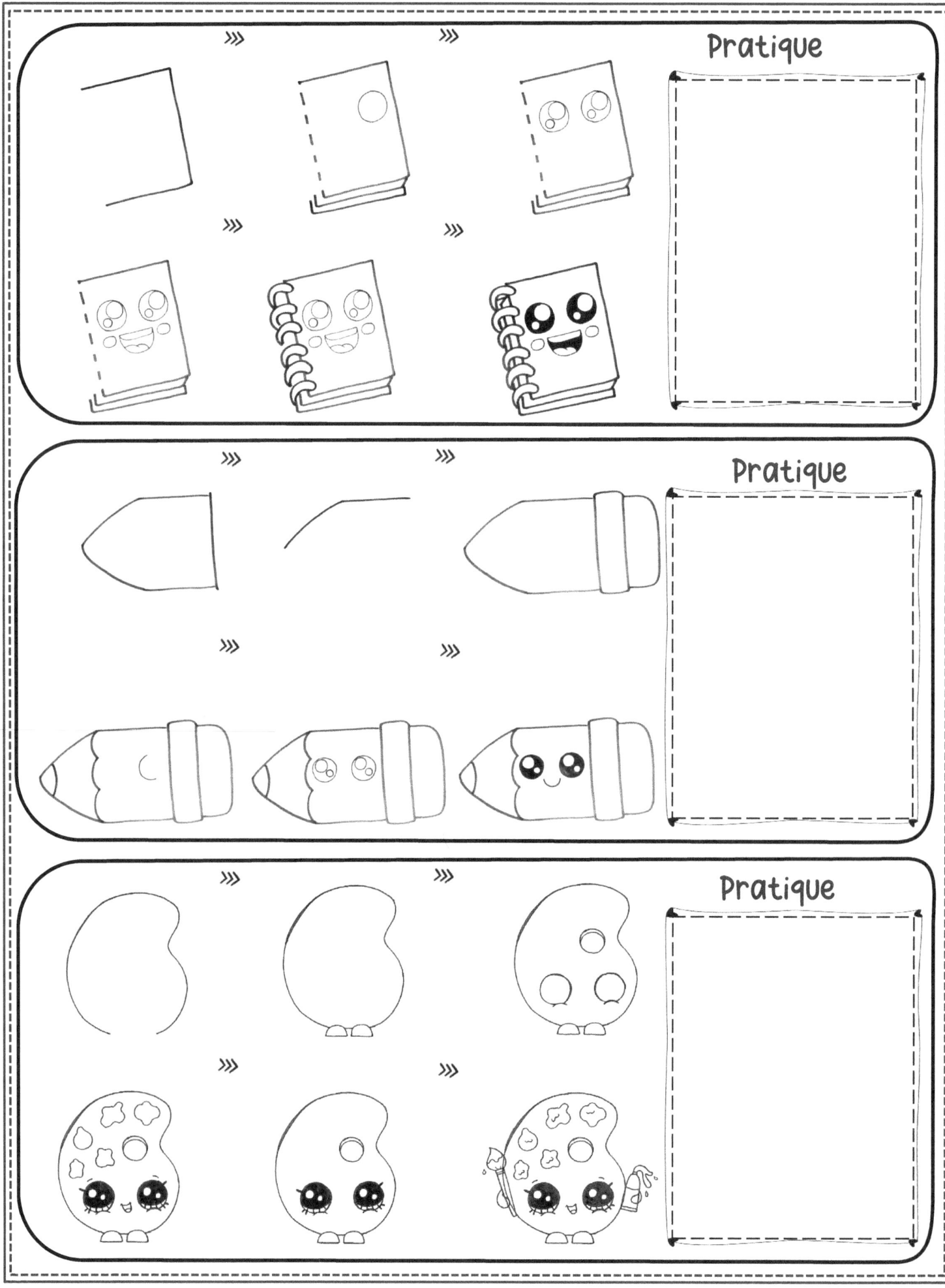

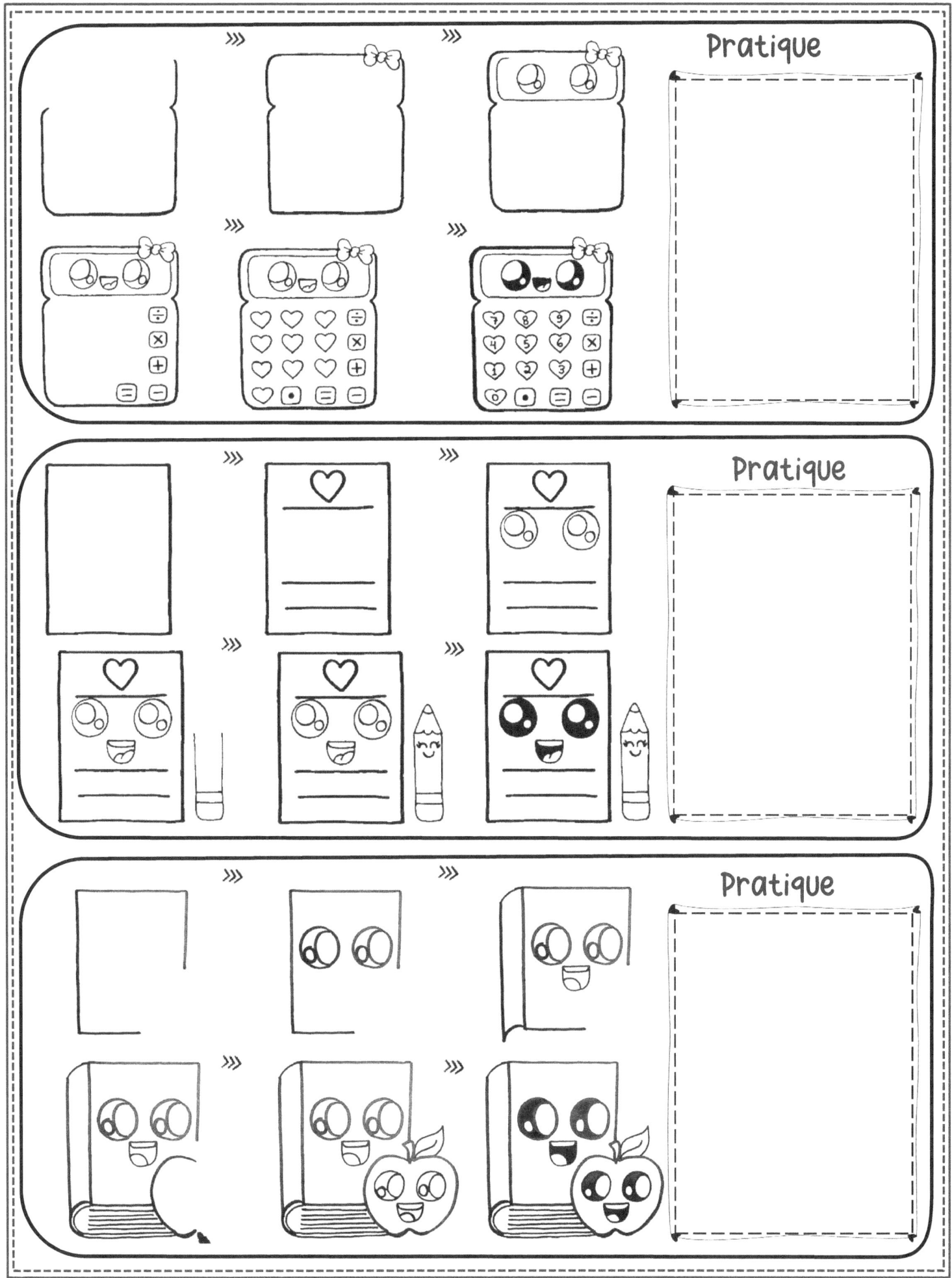

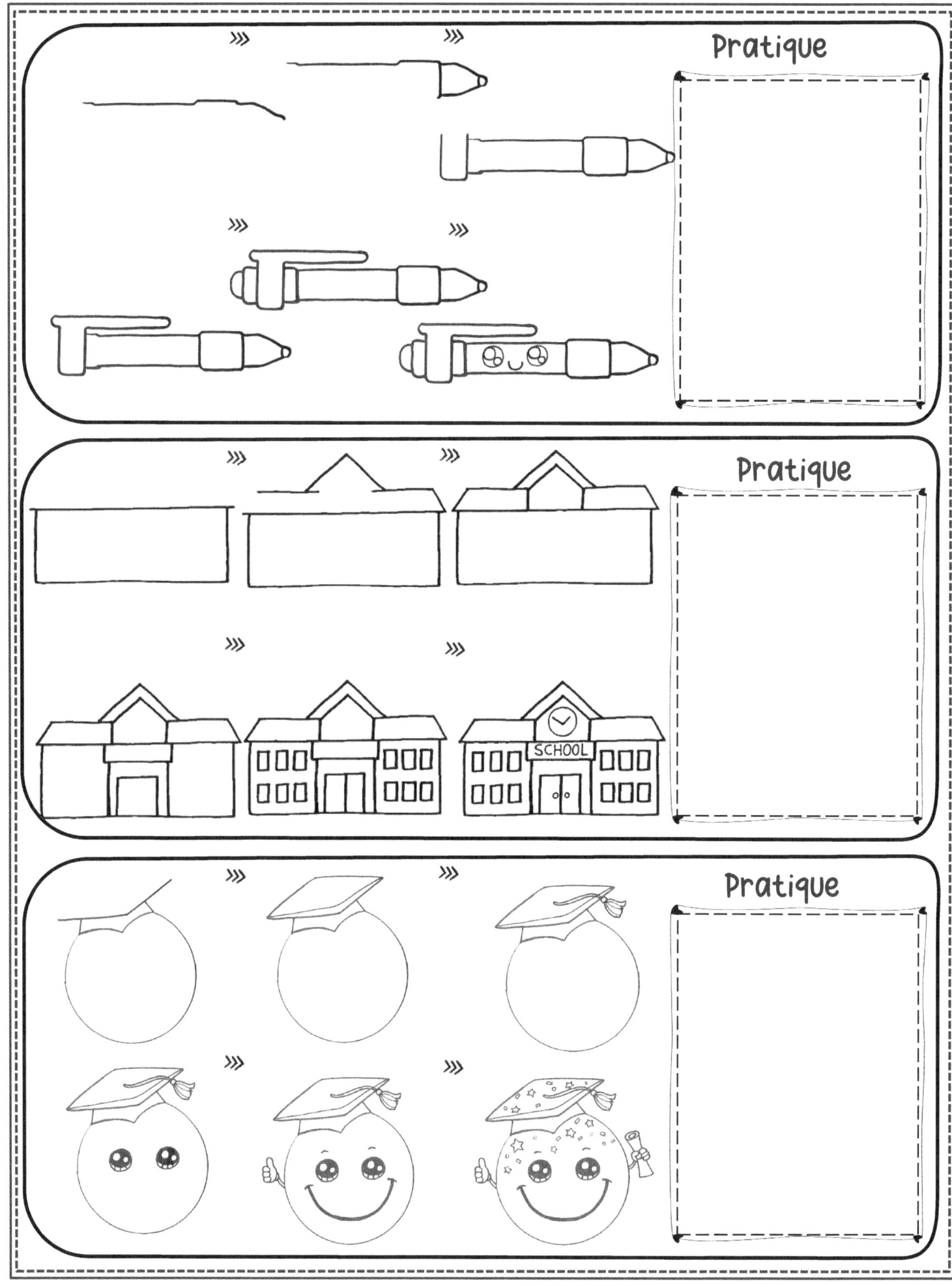

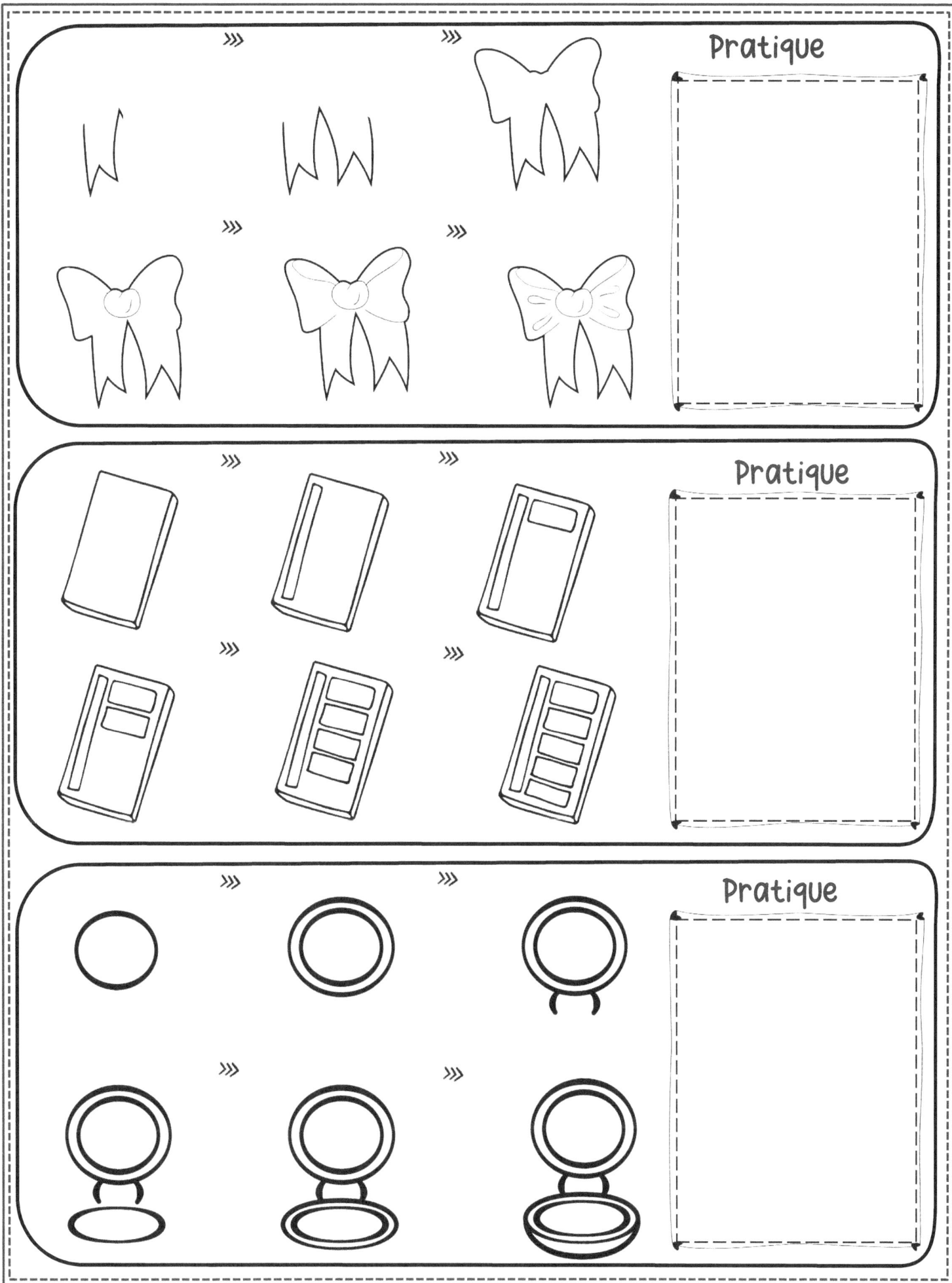

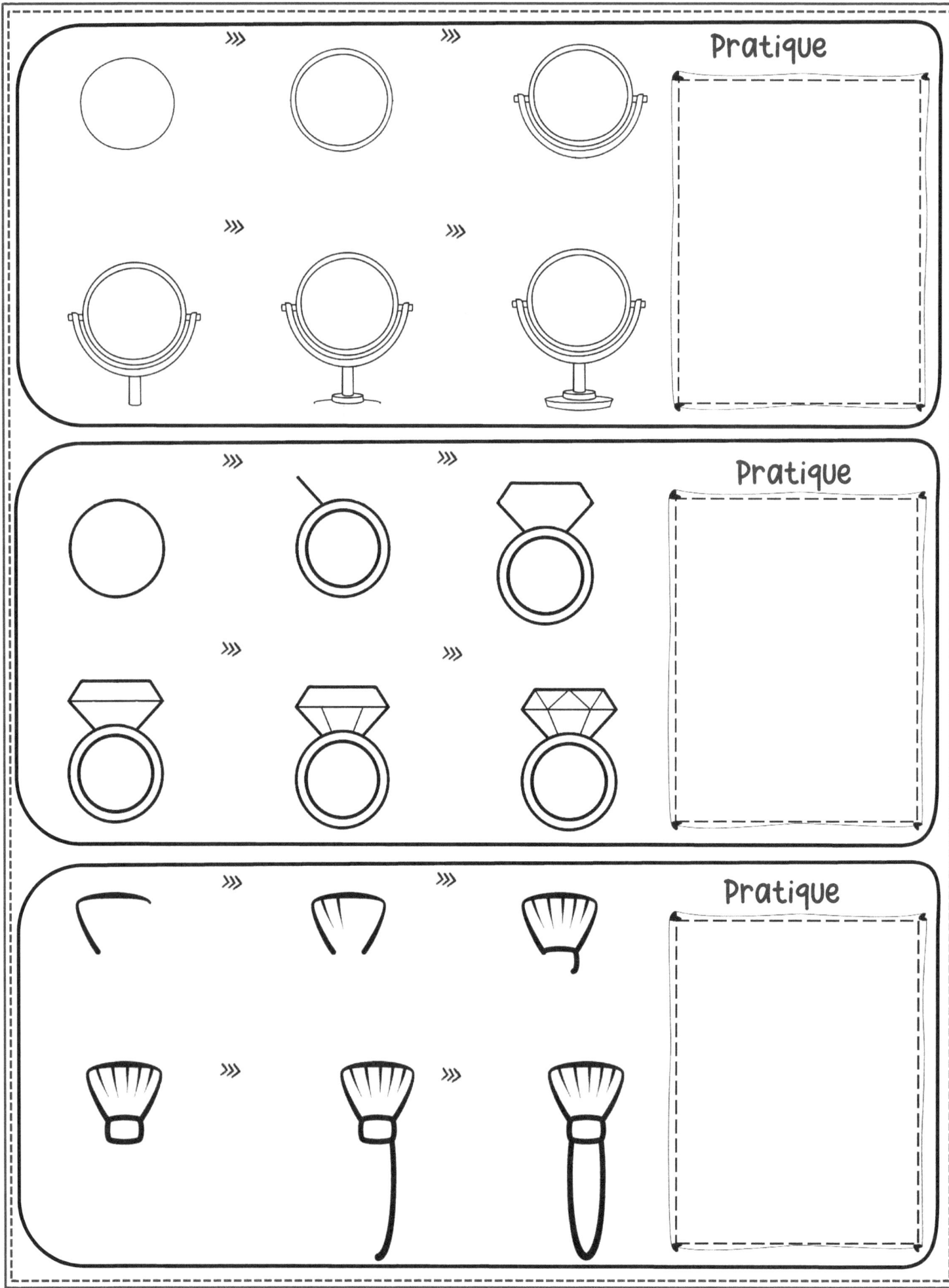

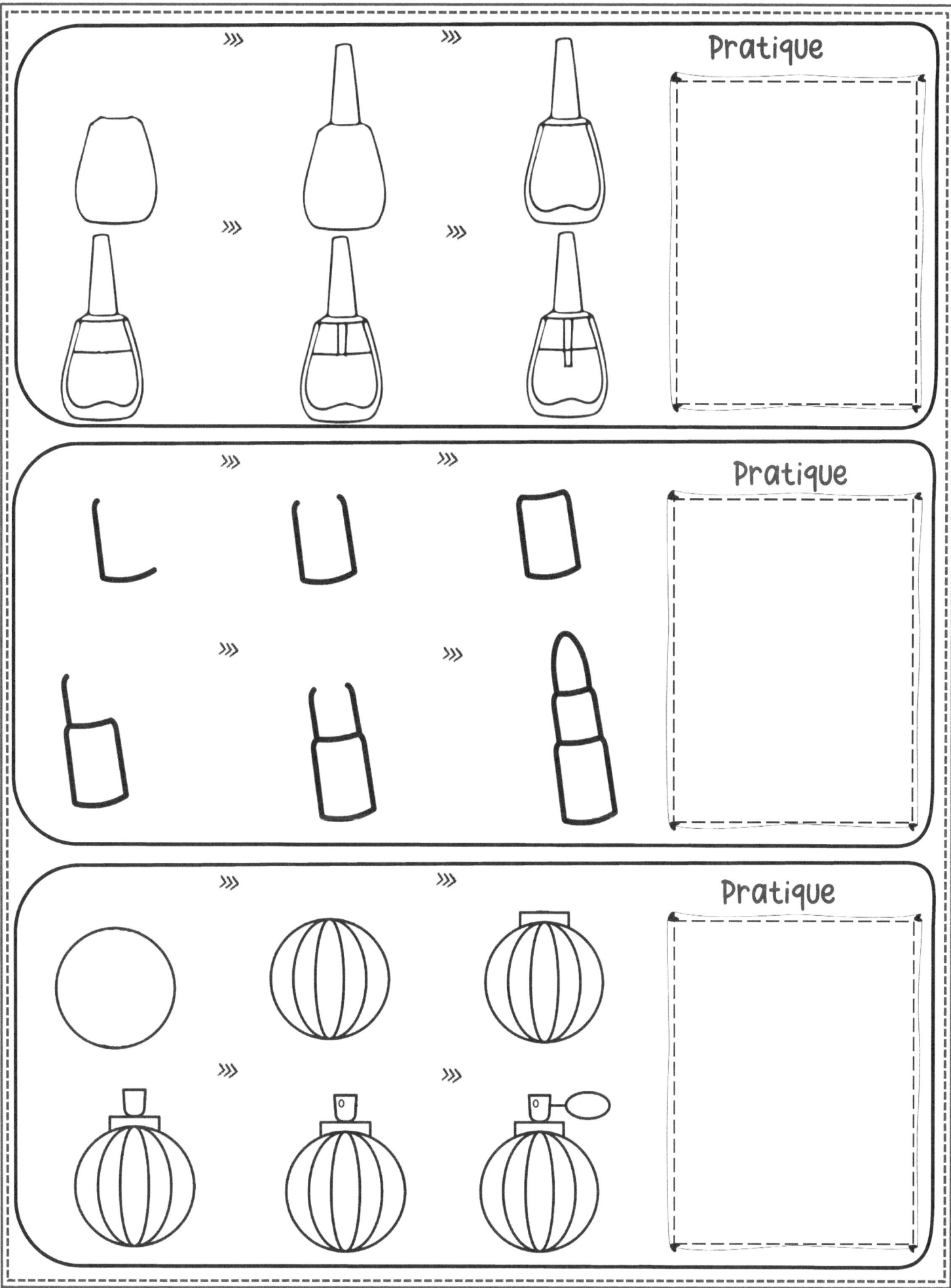

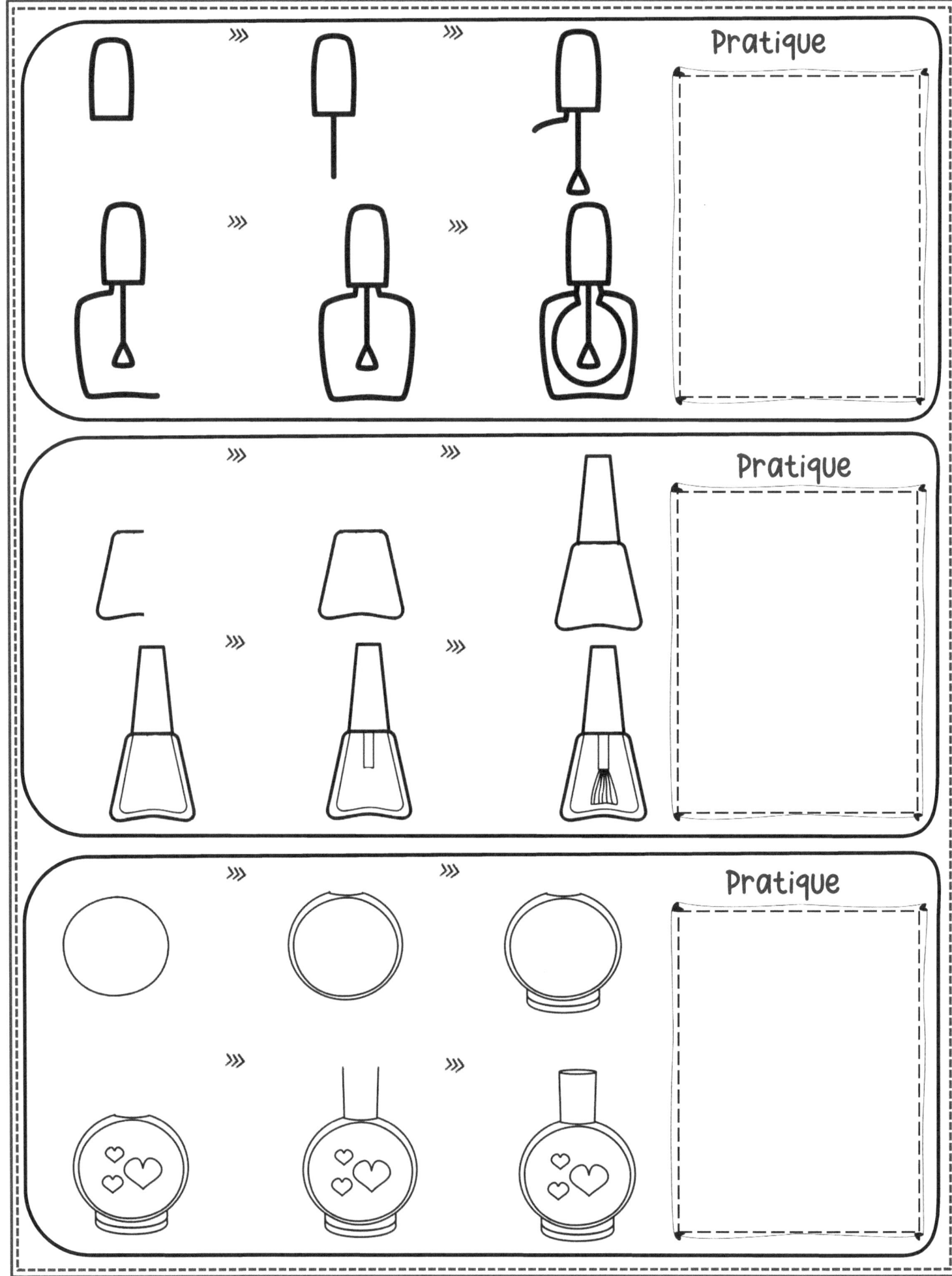

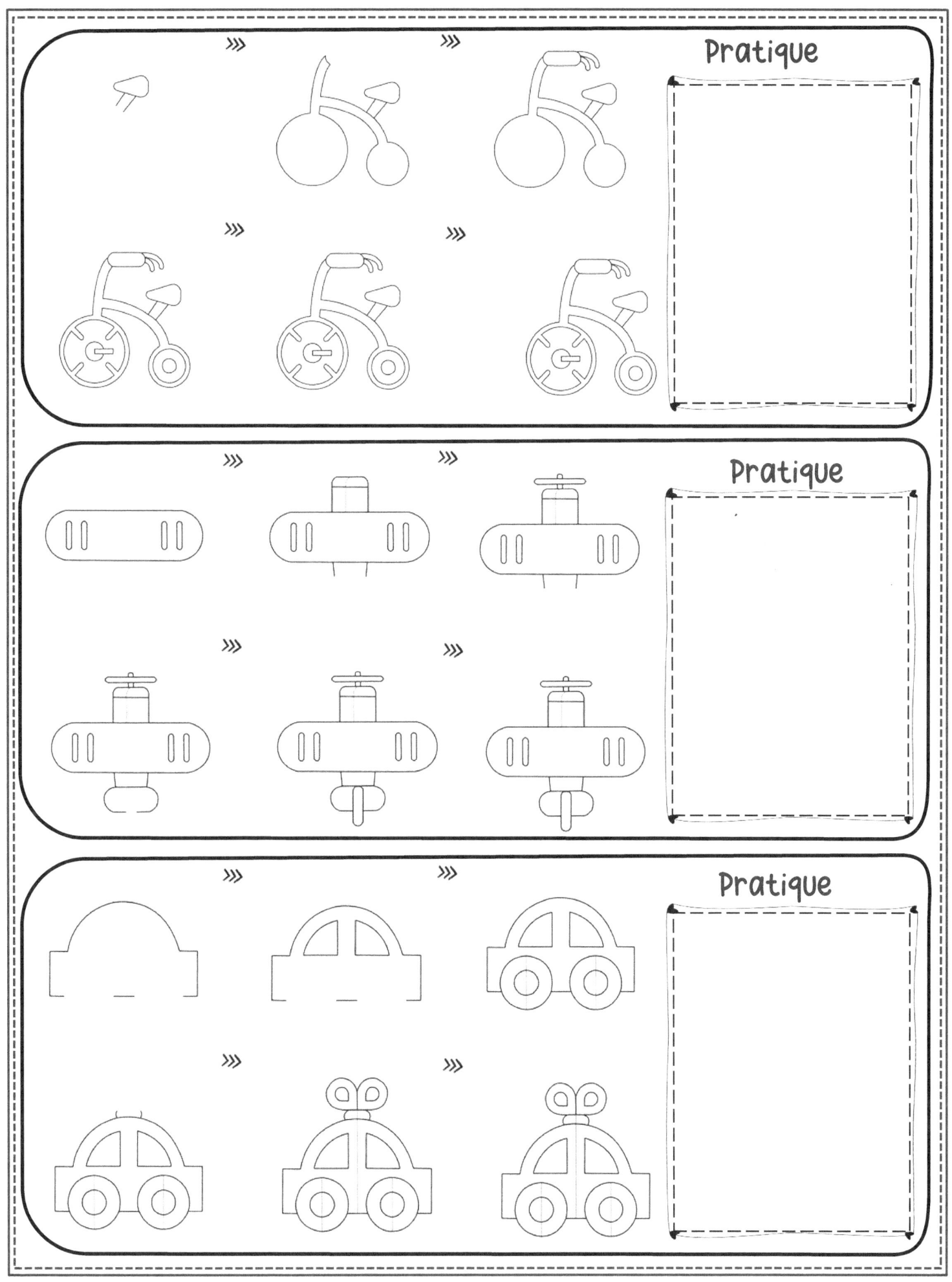

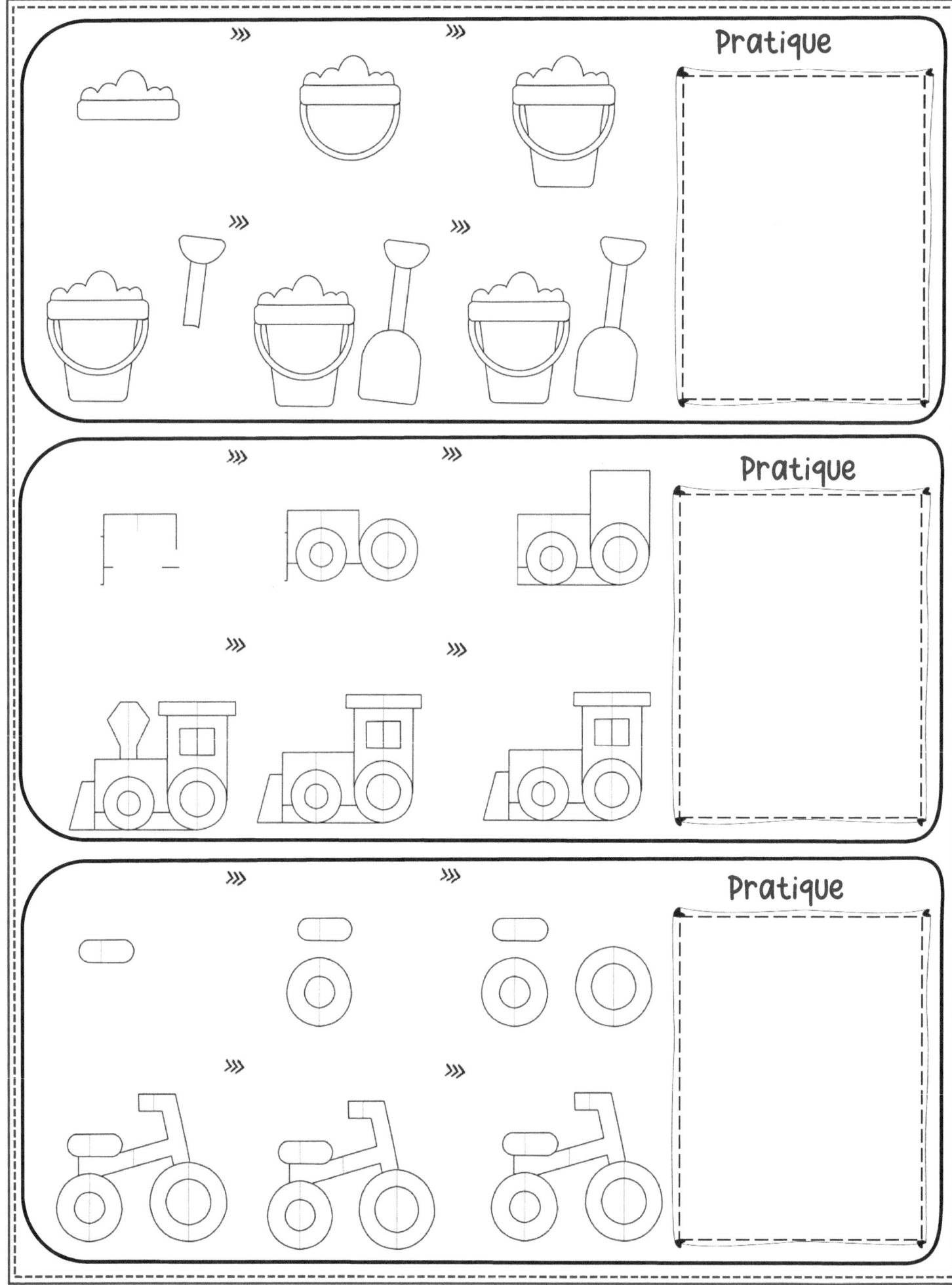

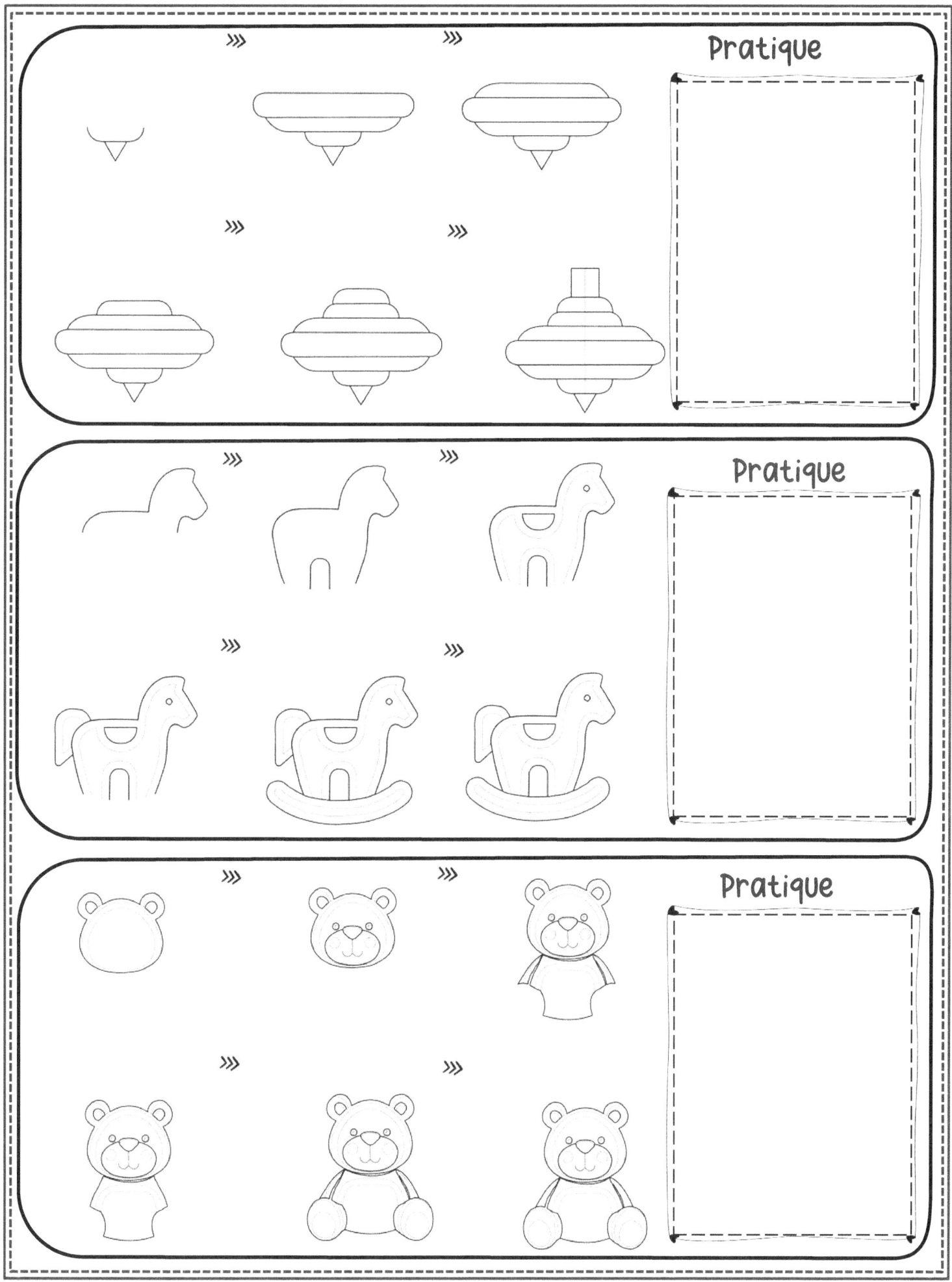
Pratique

Pratique

Pratique

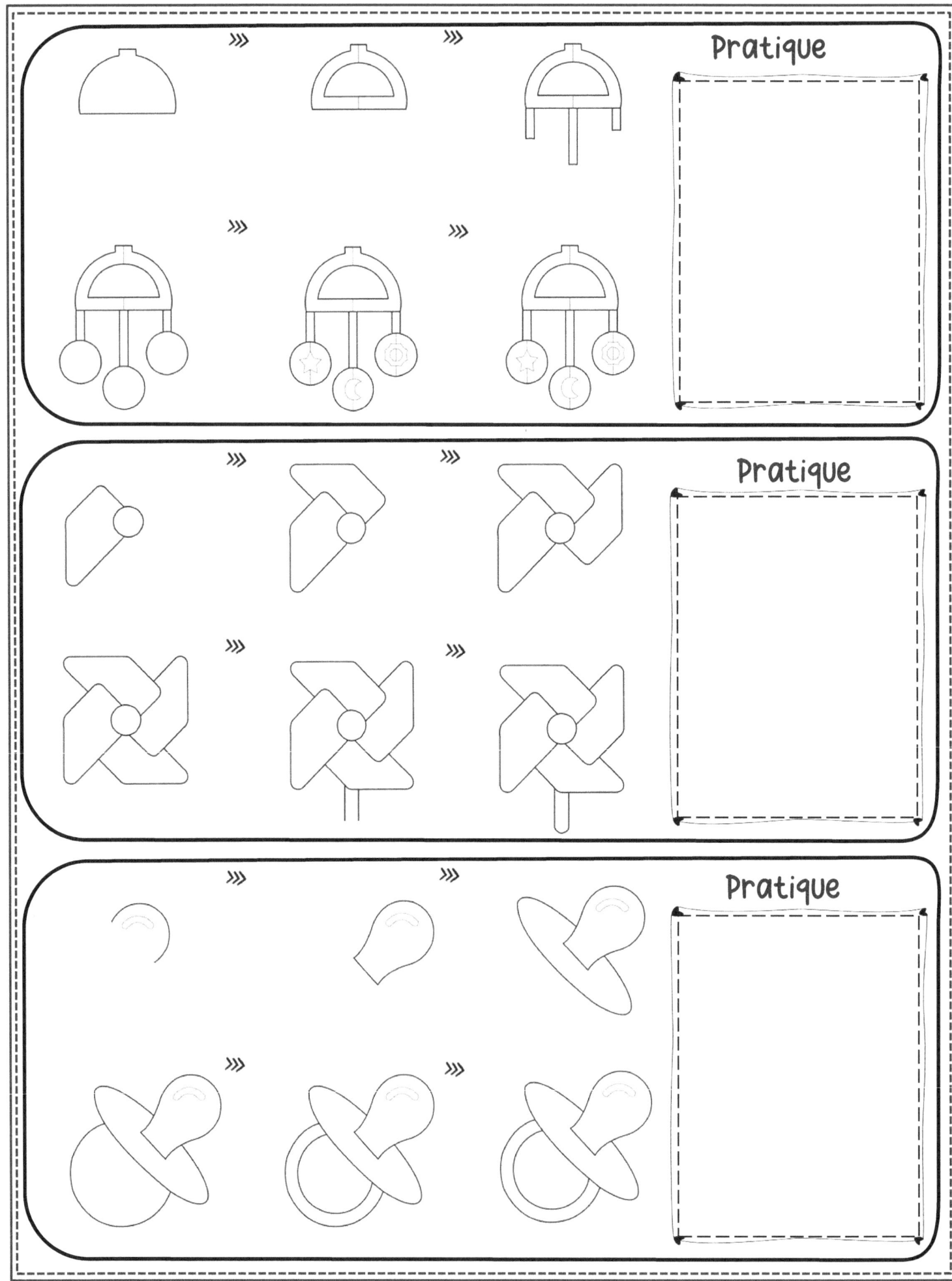

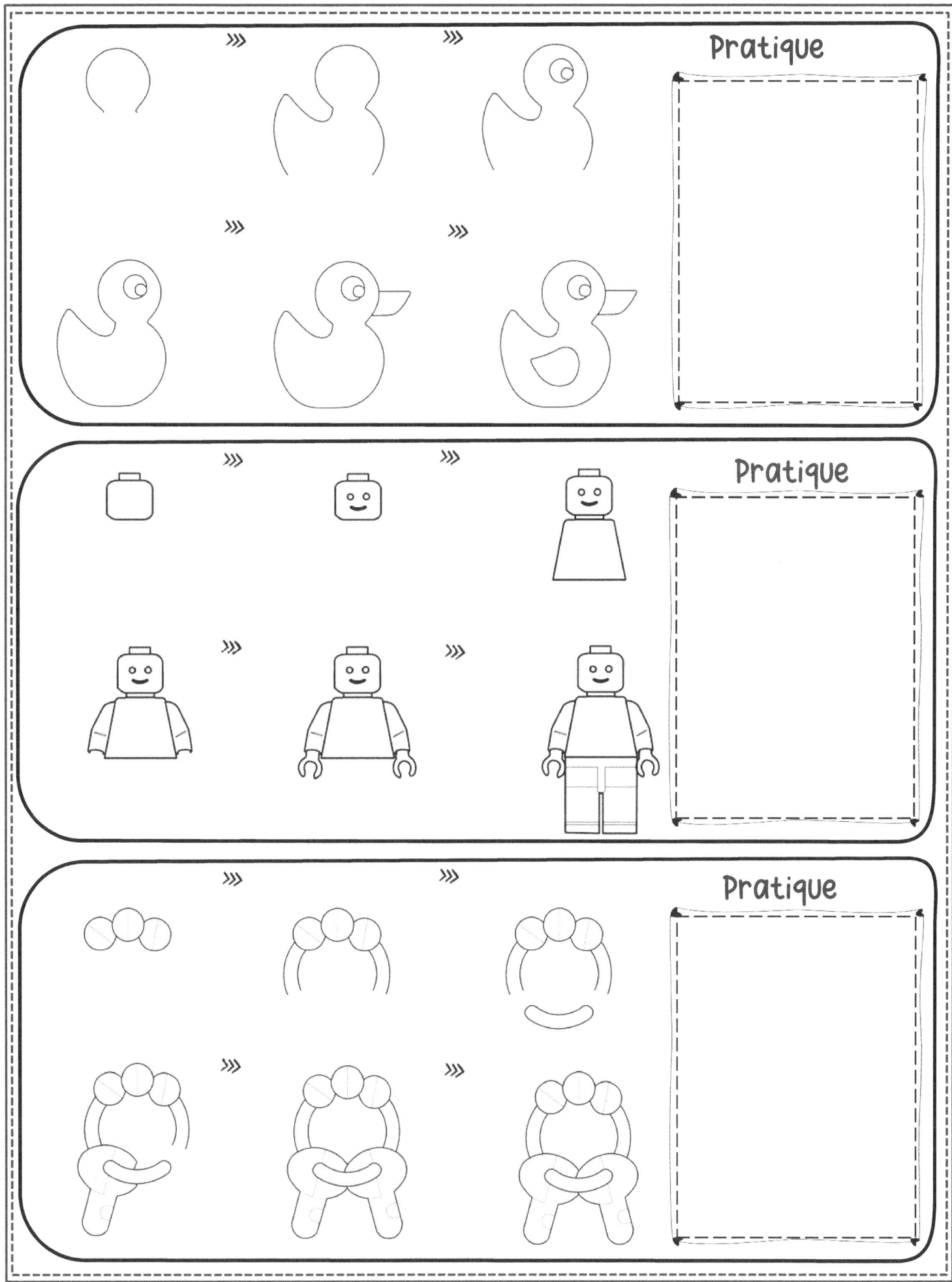

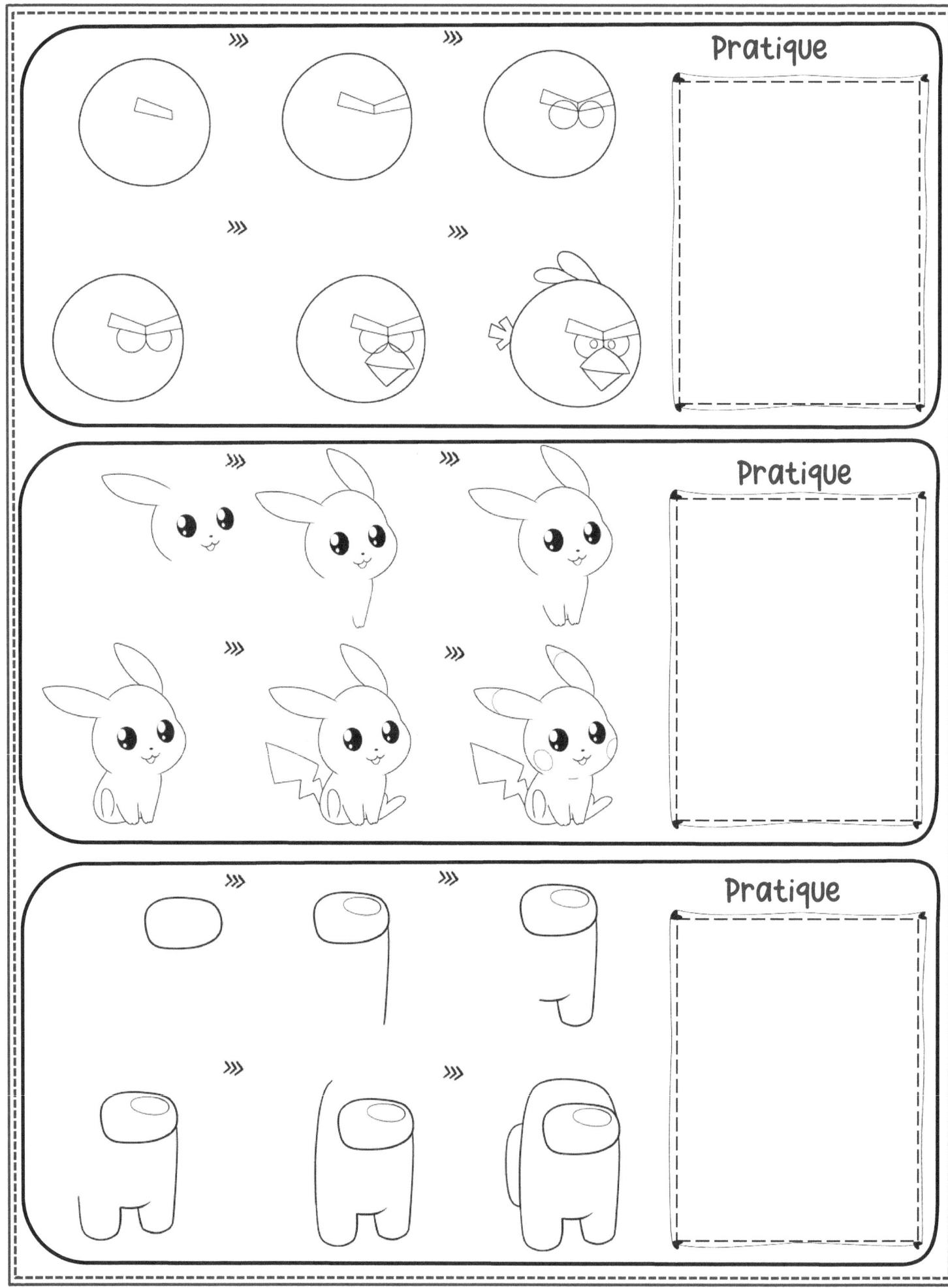

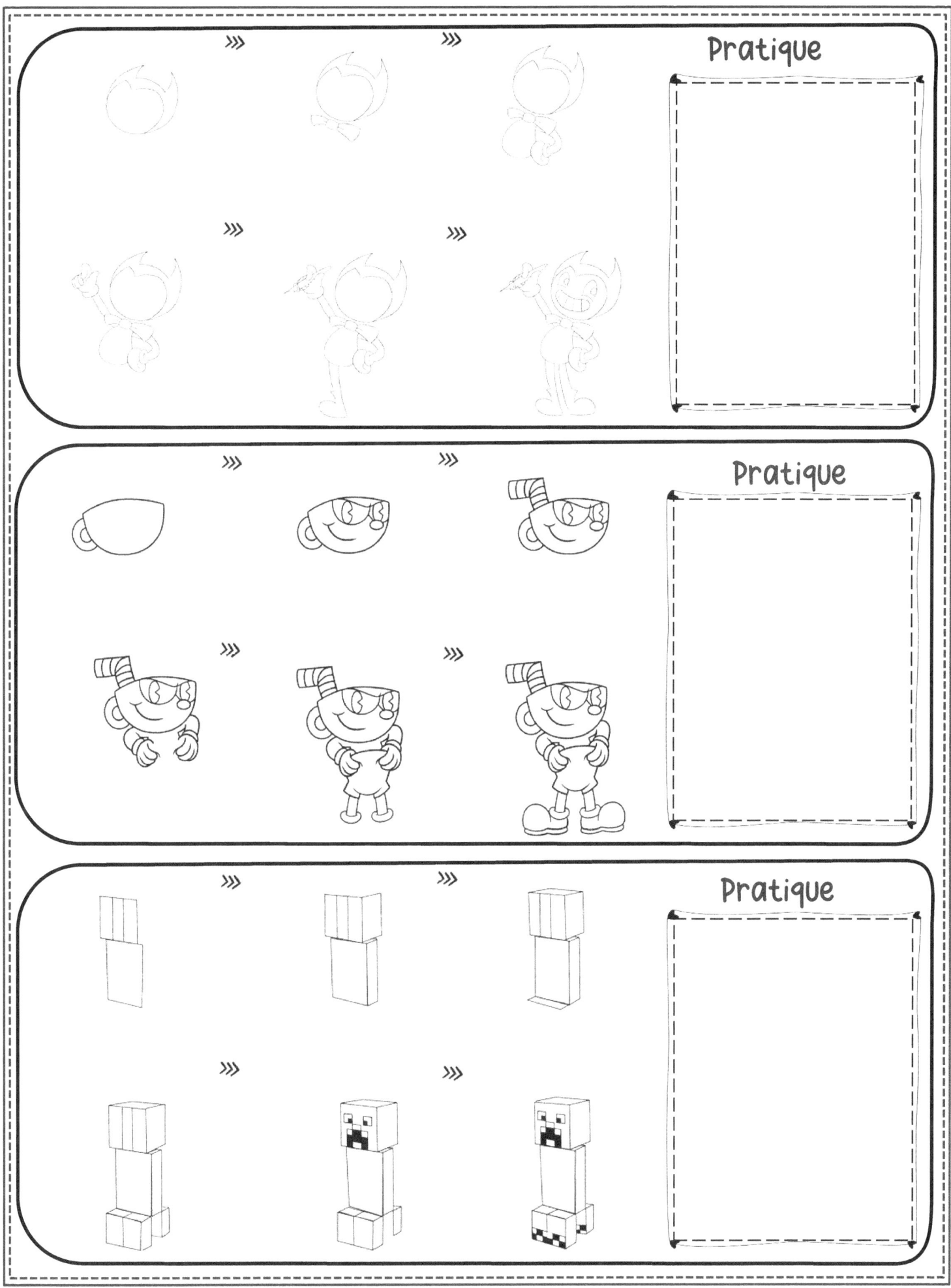

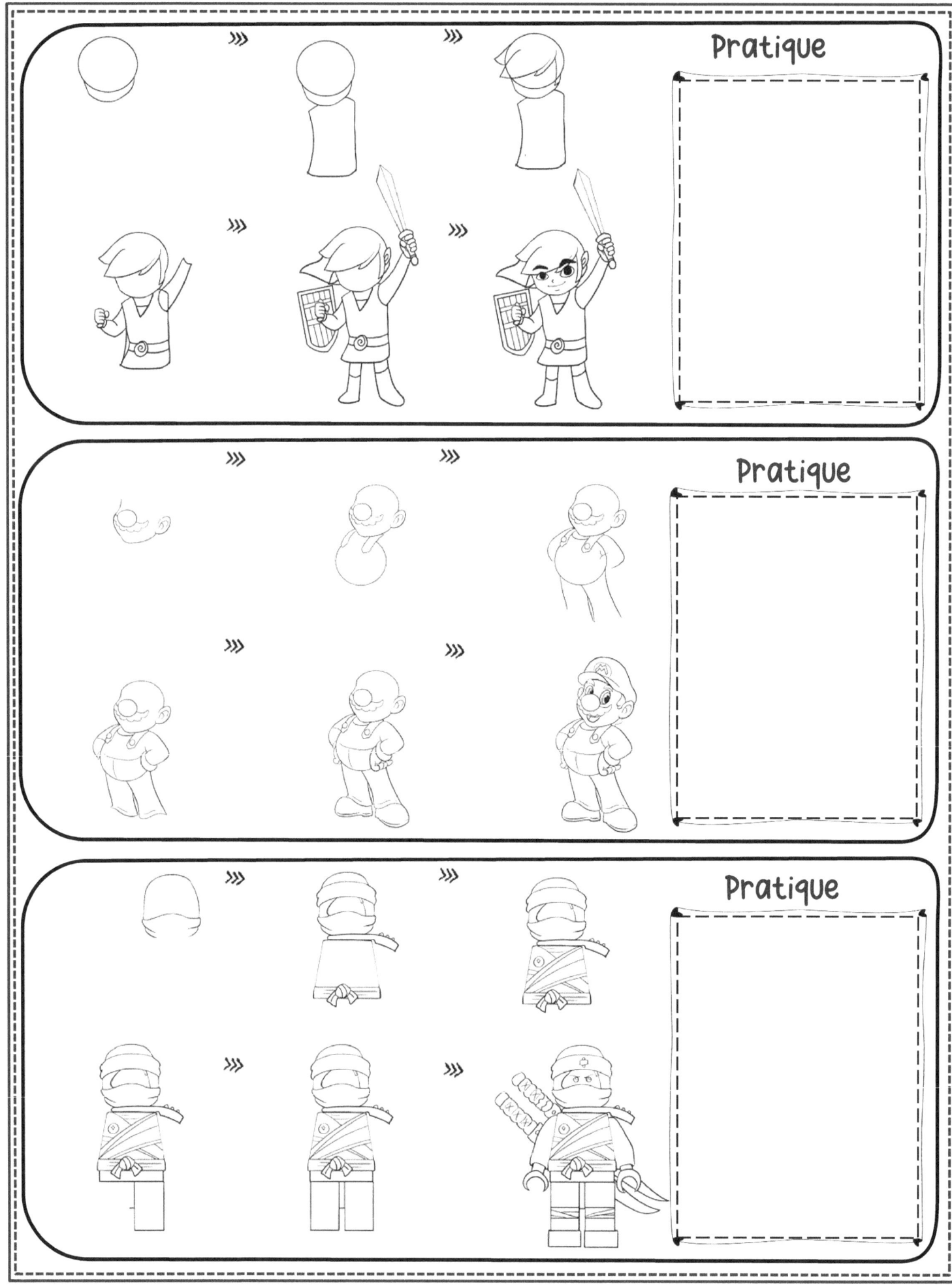

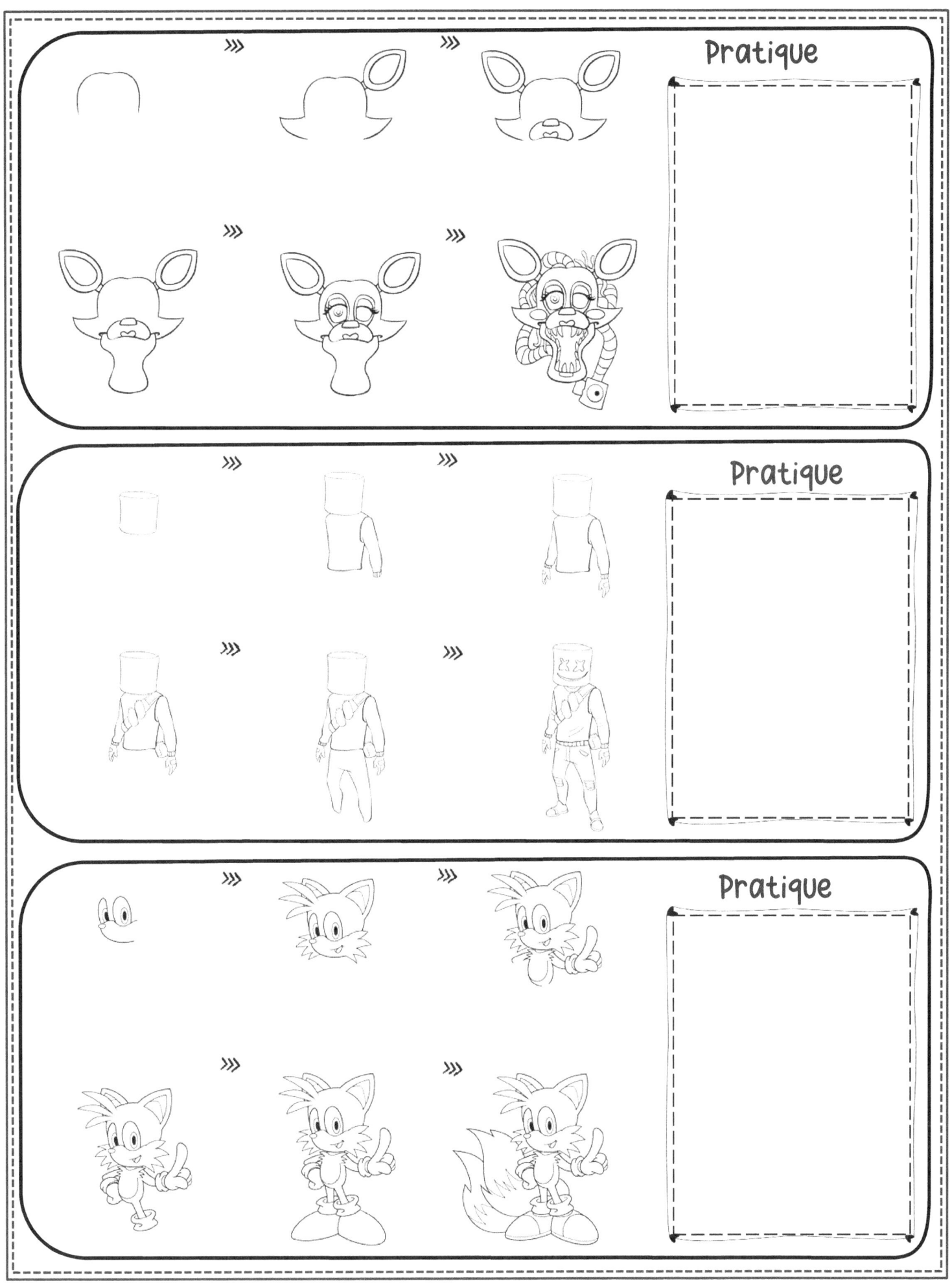

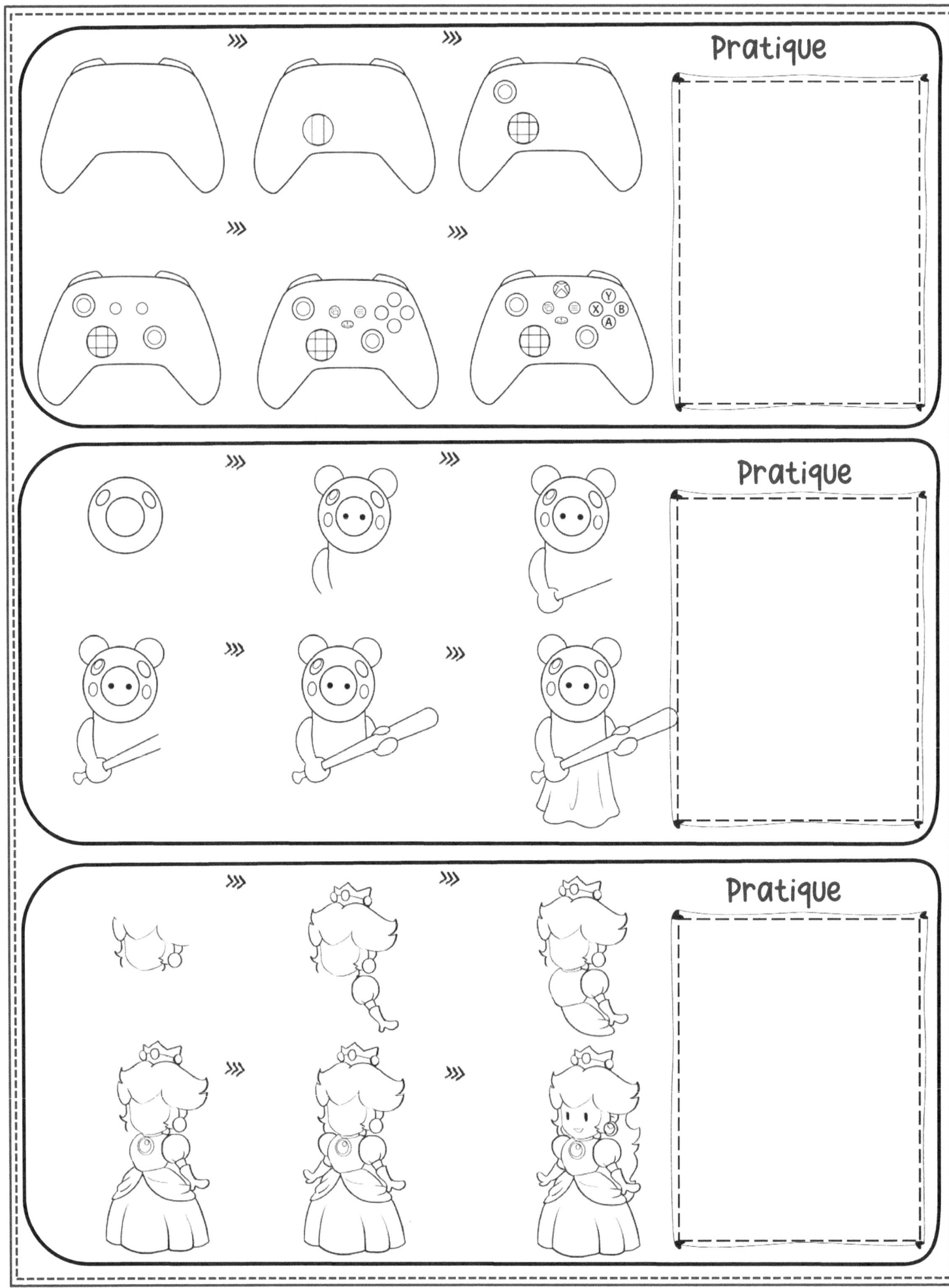

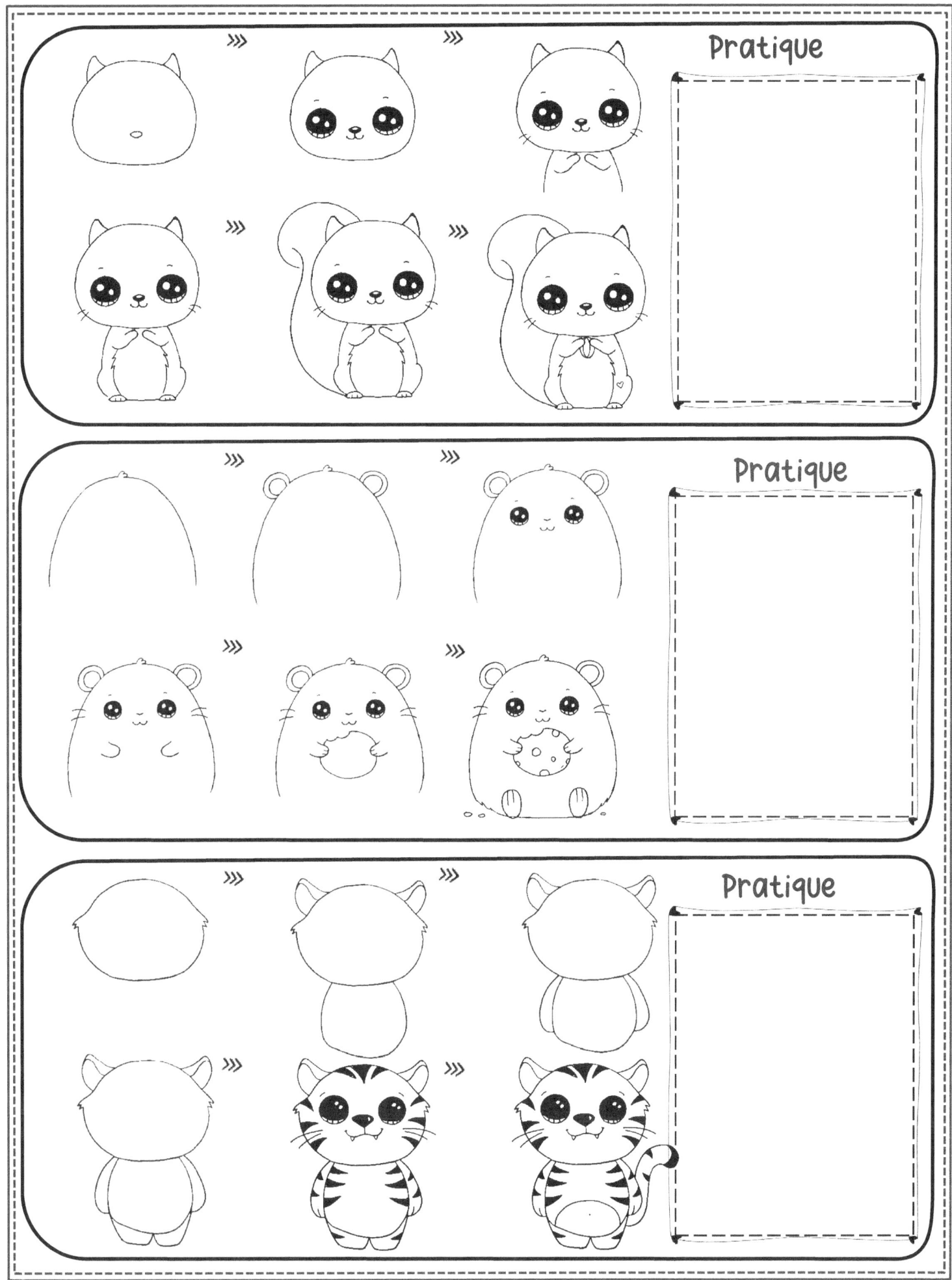

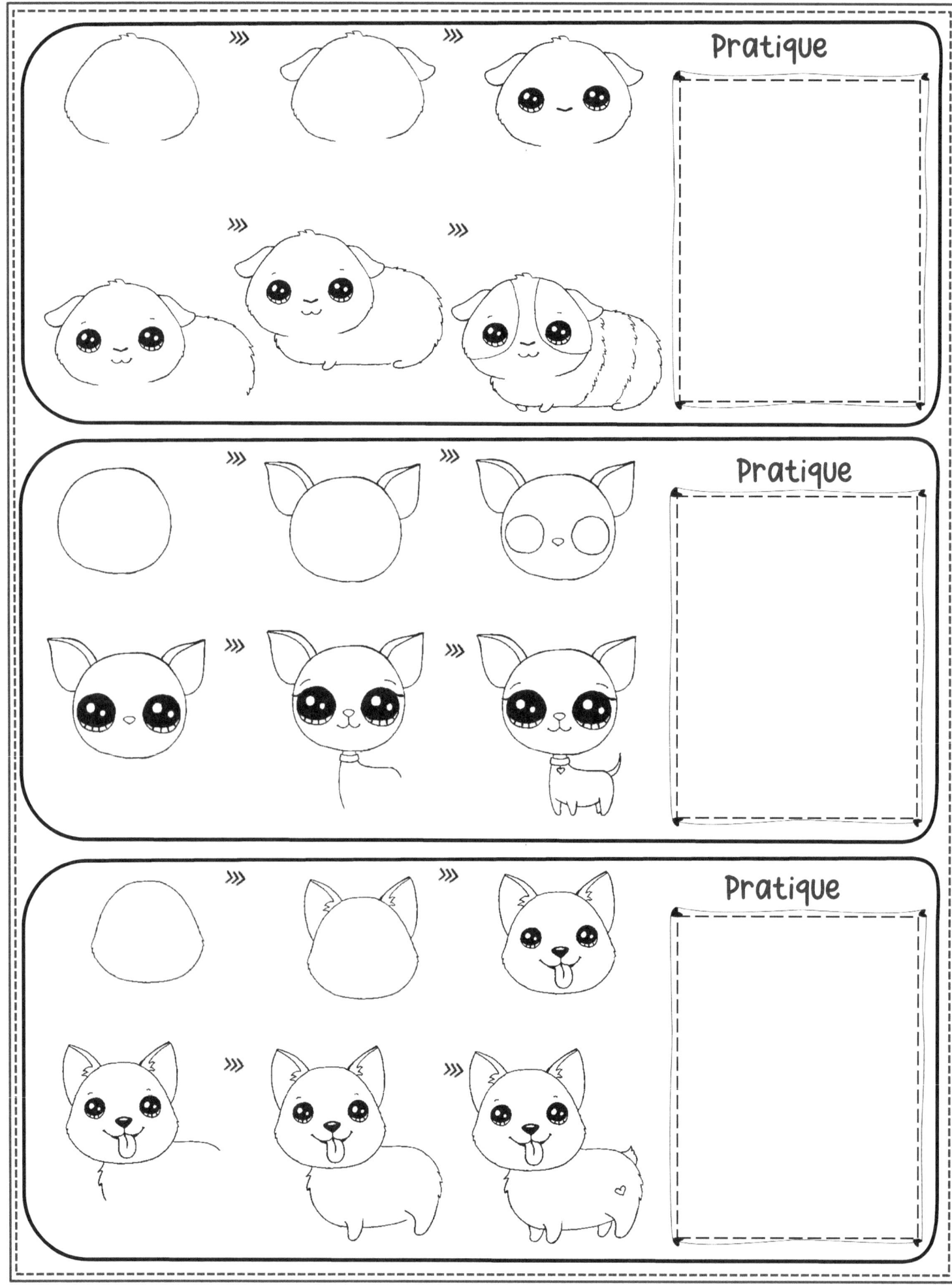

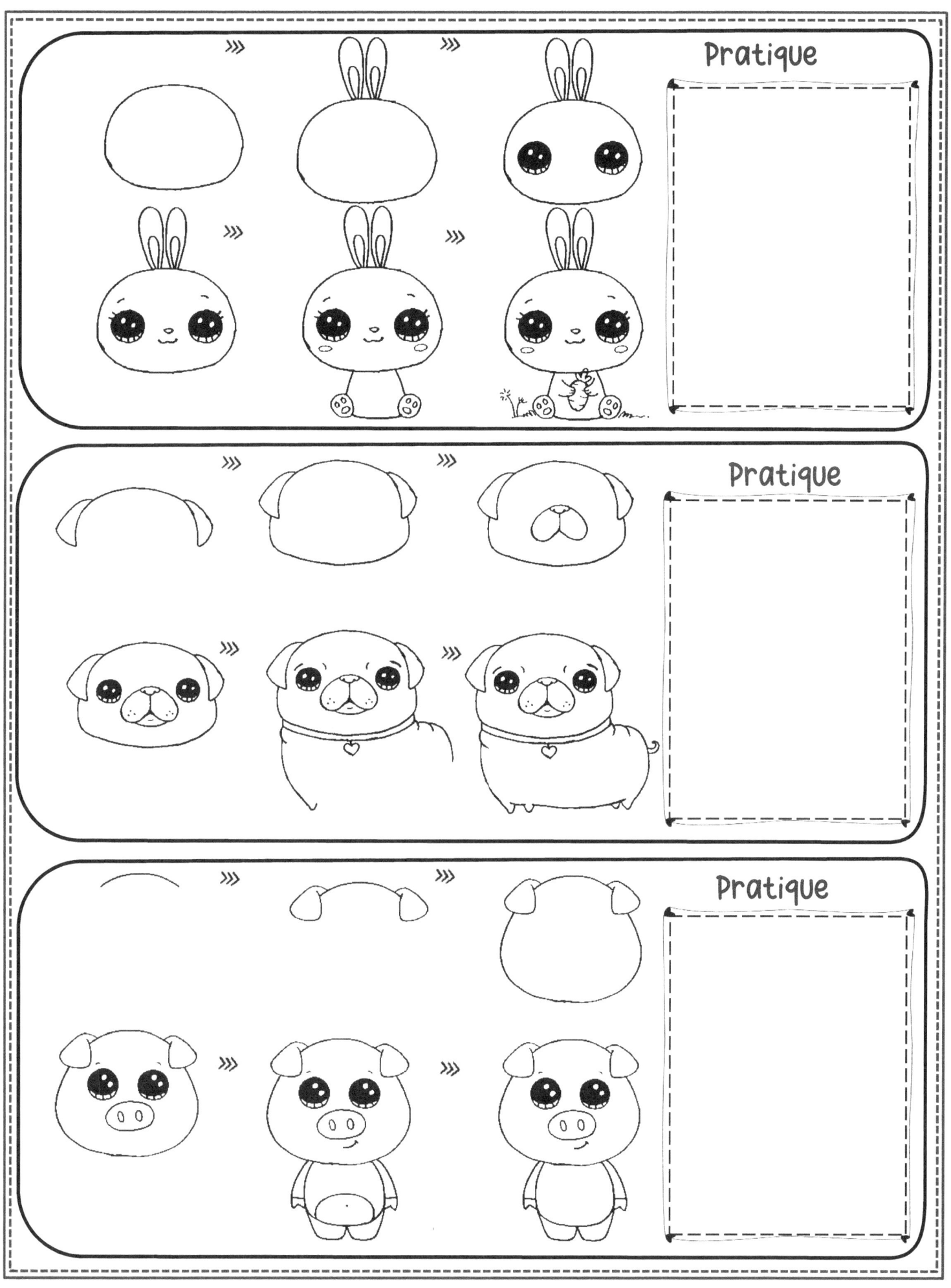

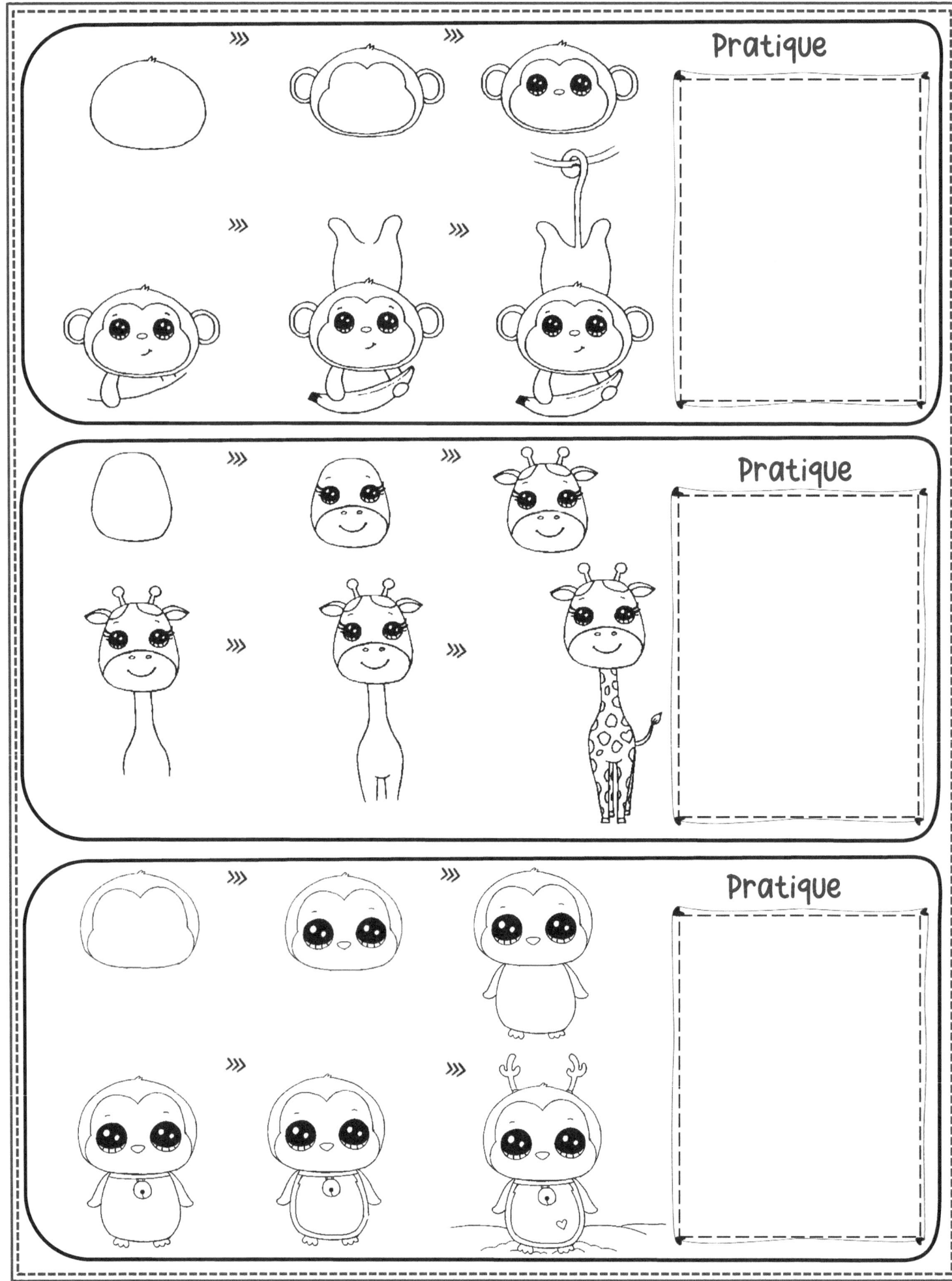

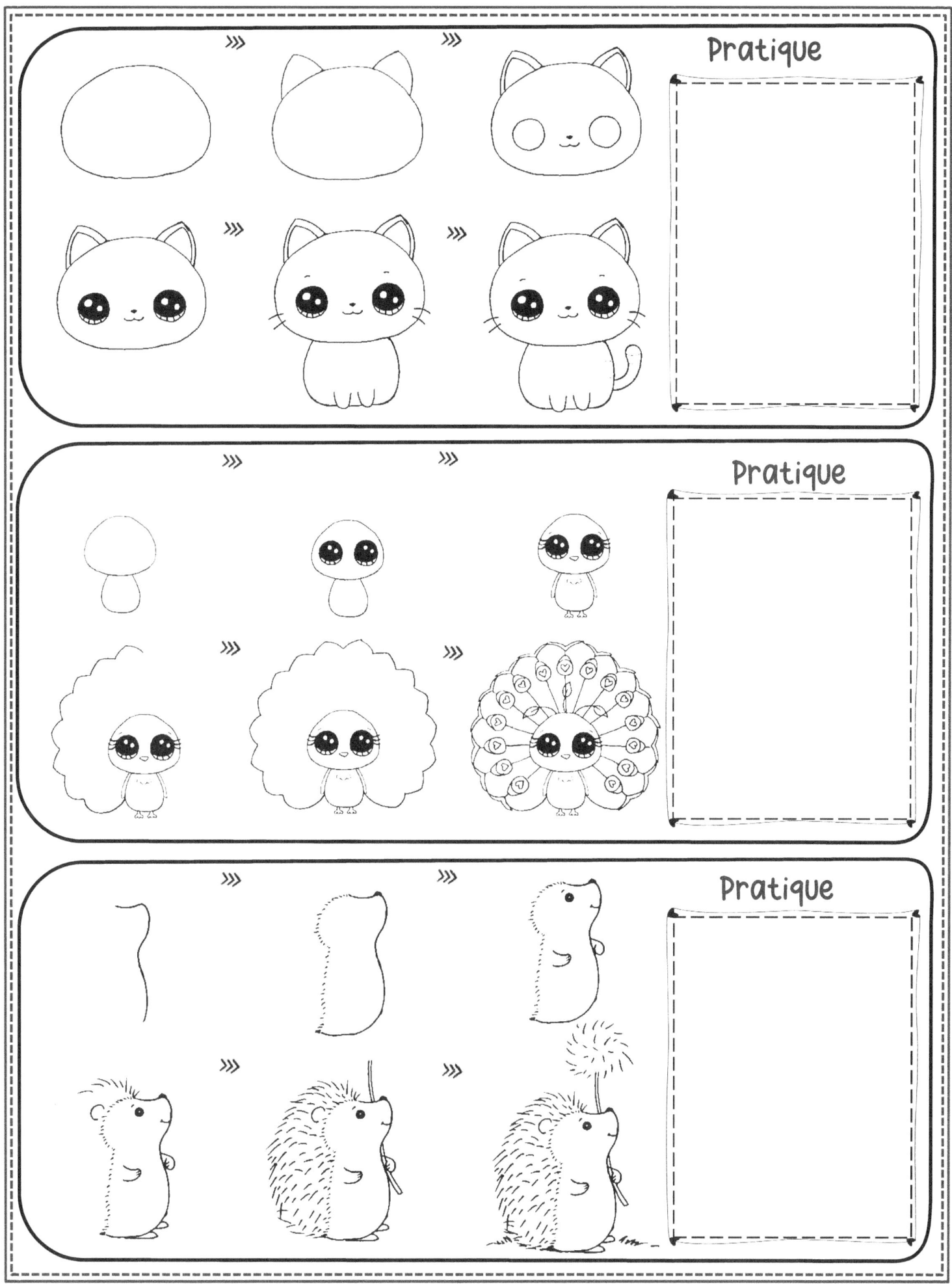

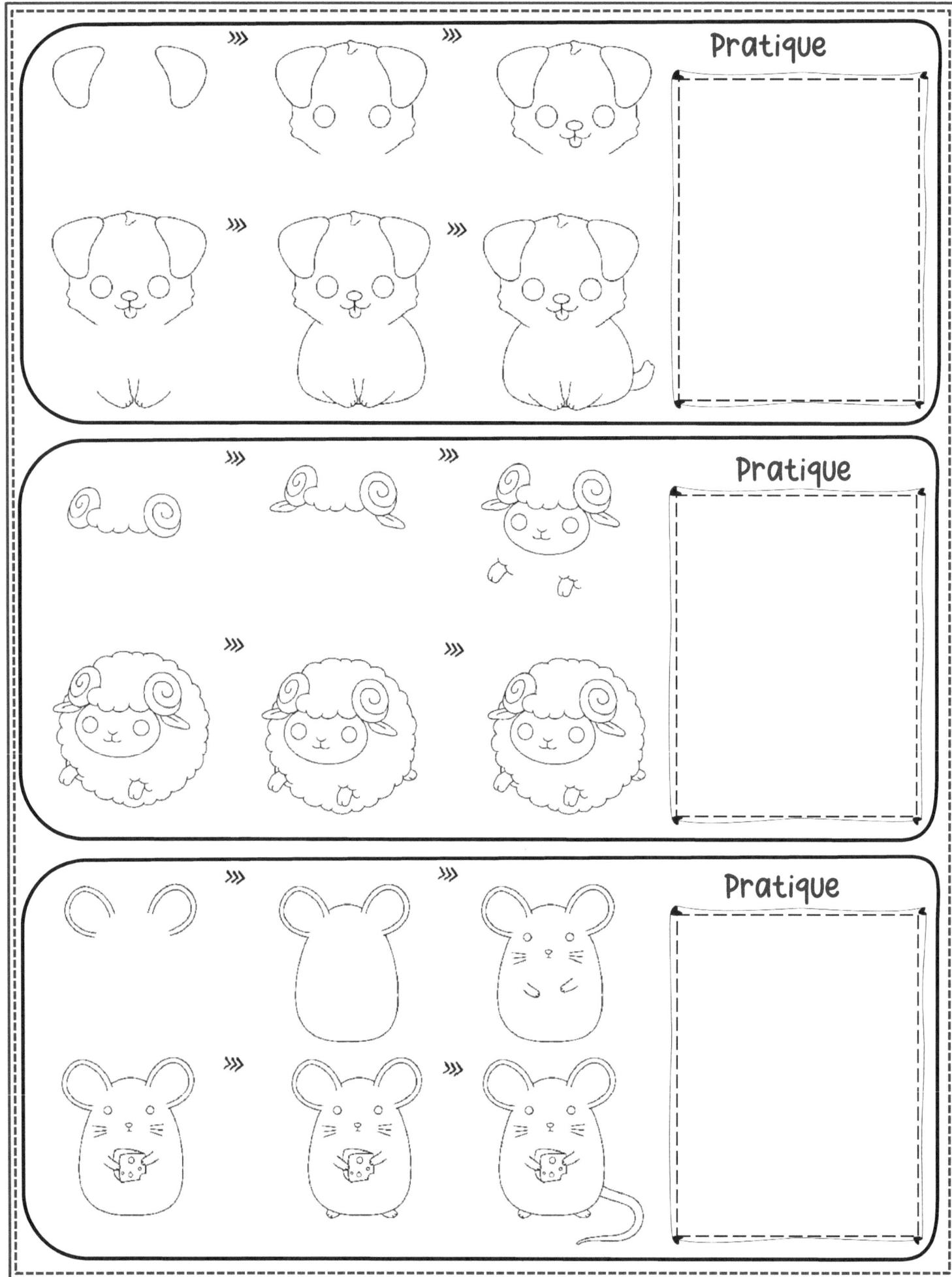
Pratique
Pratique
Pratique

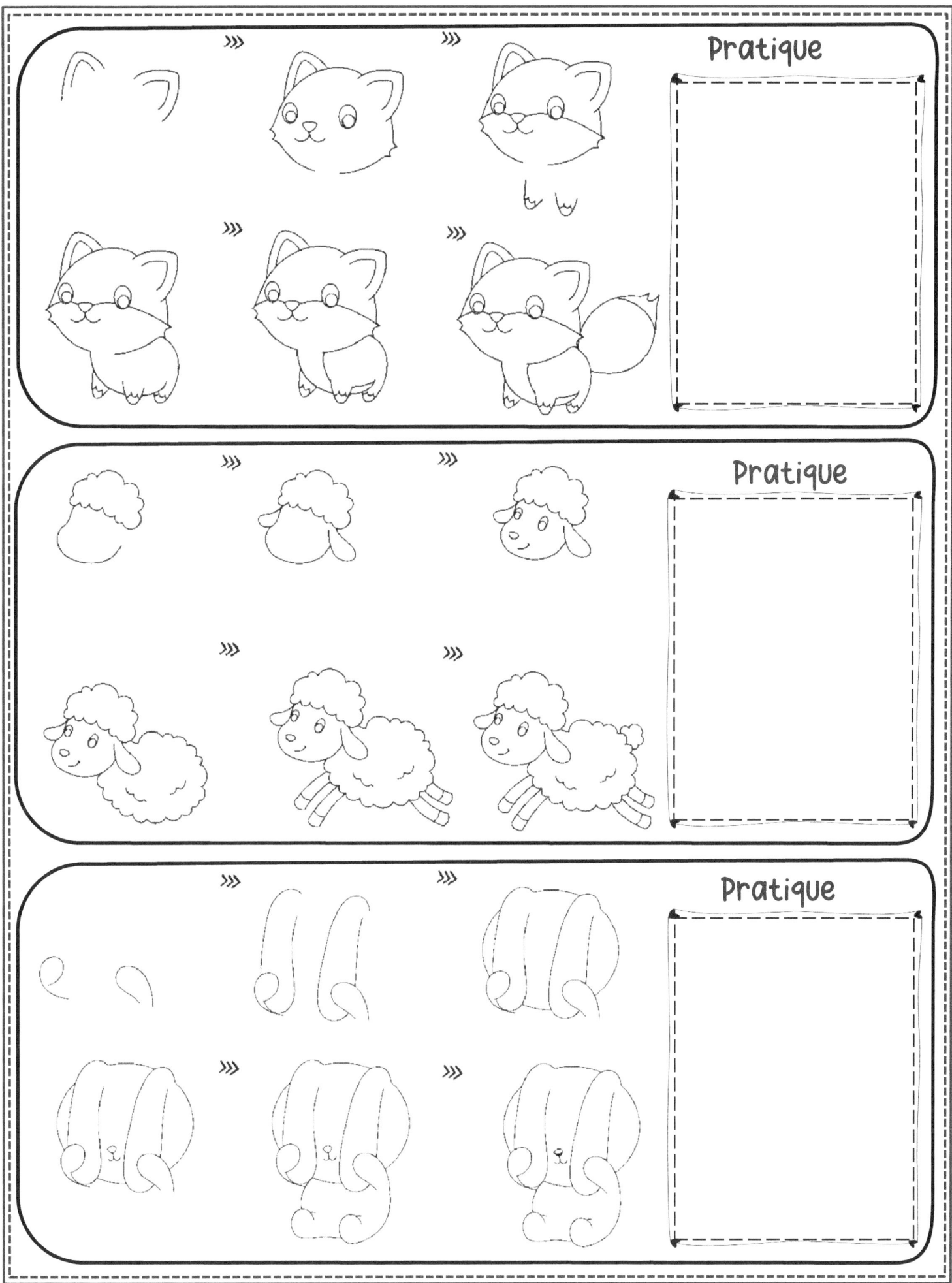

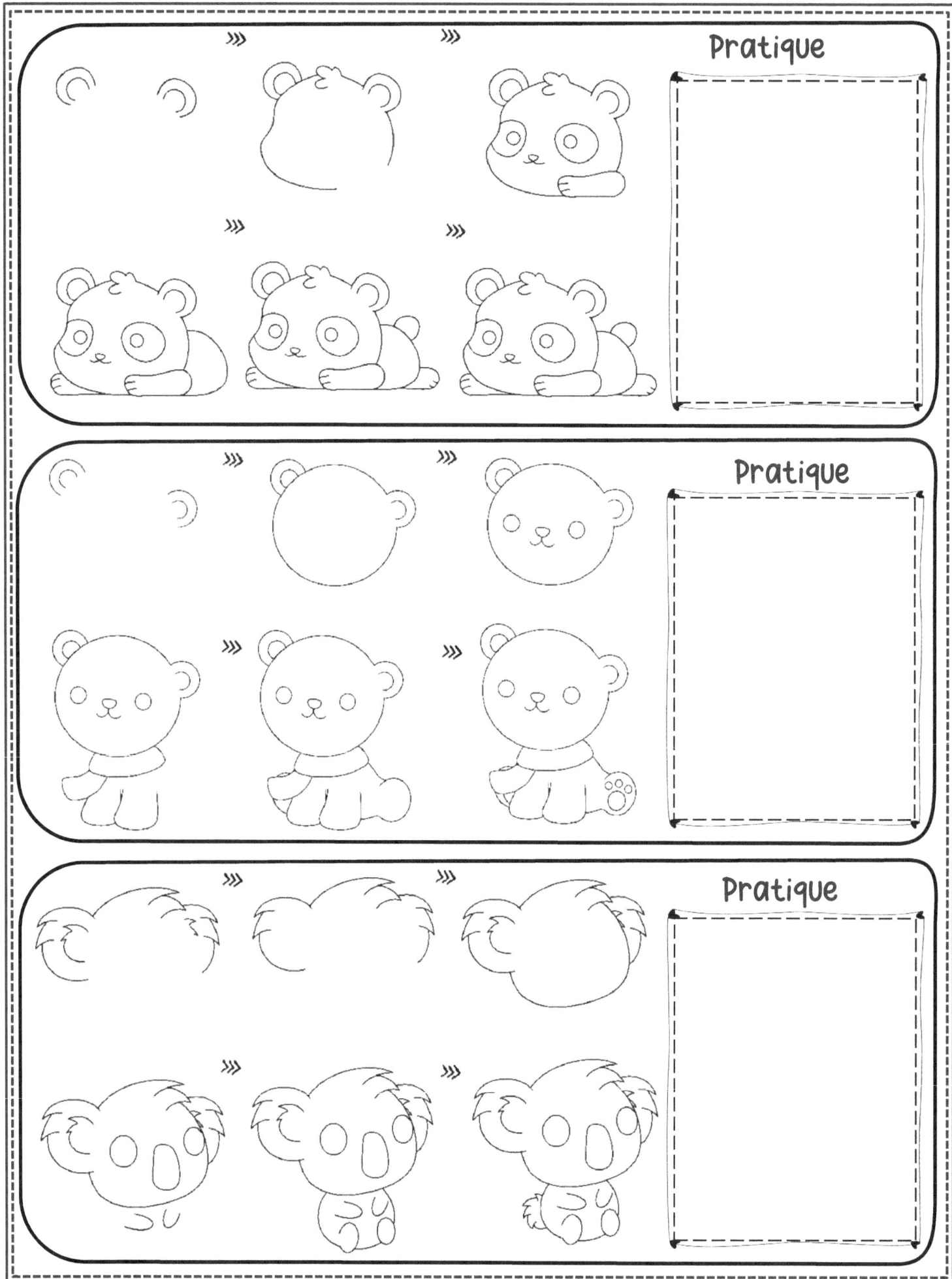

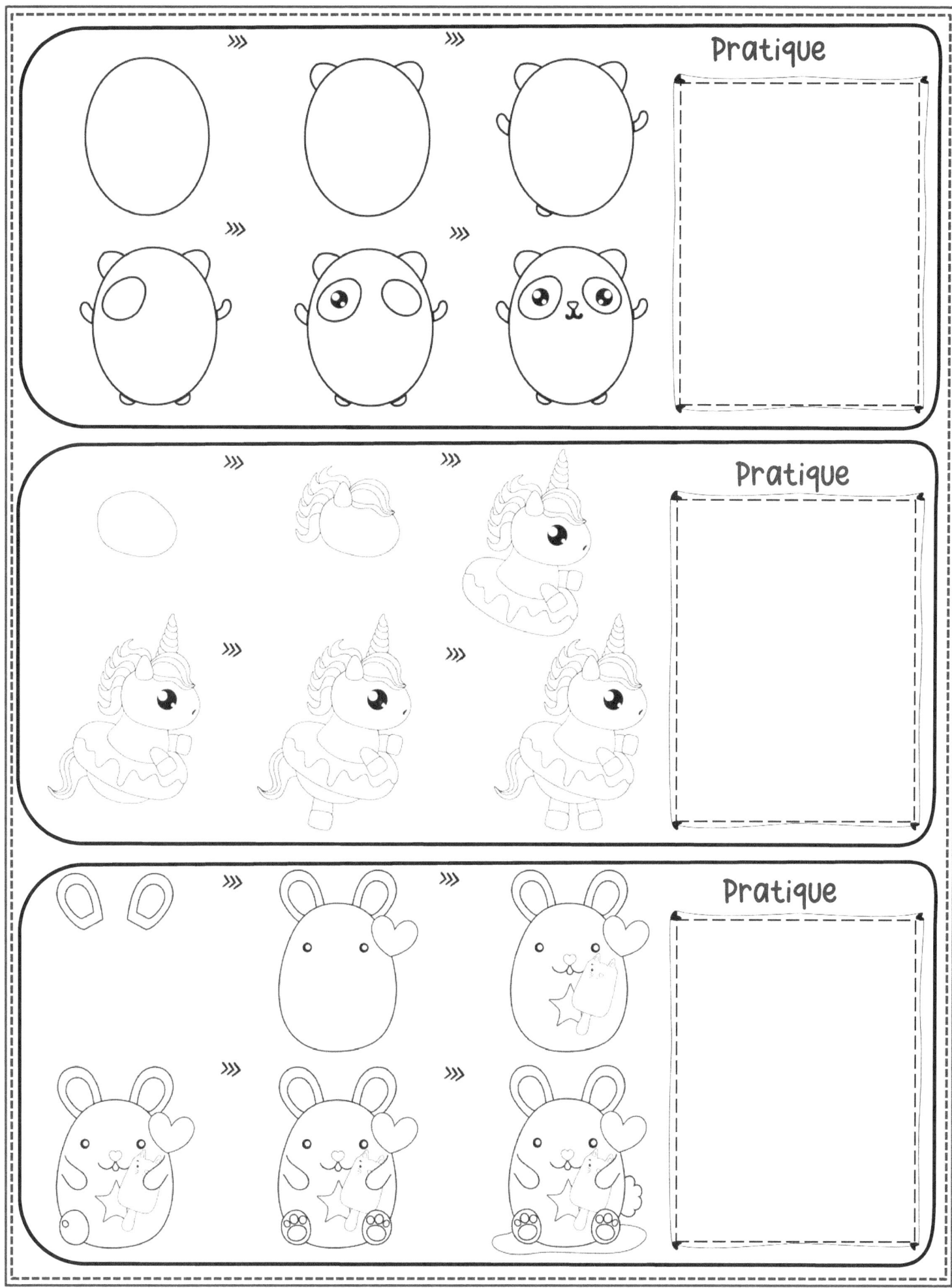

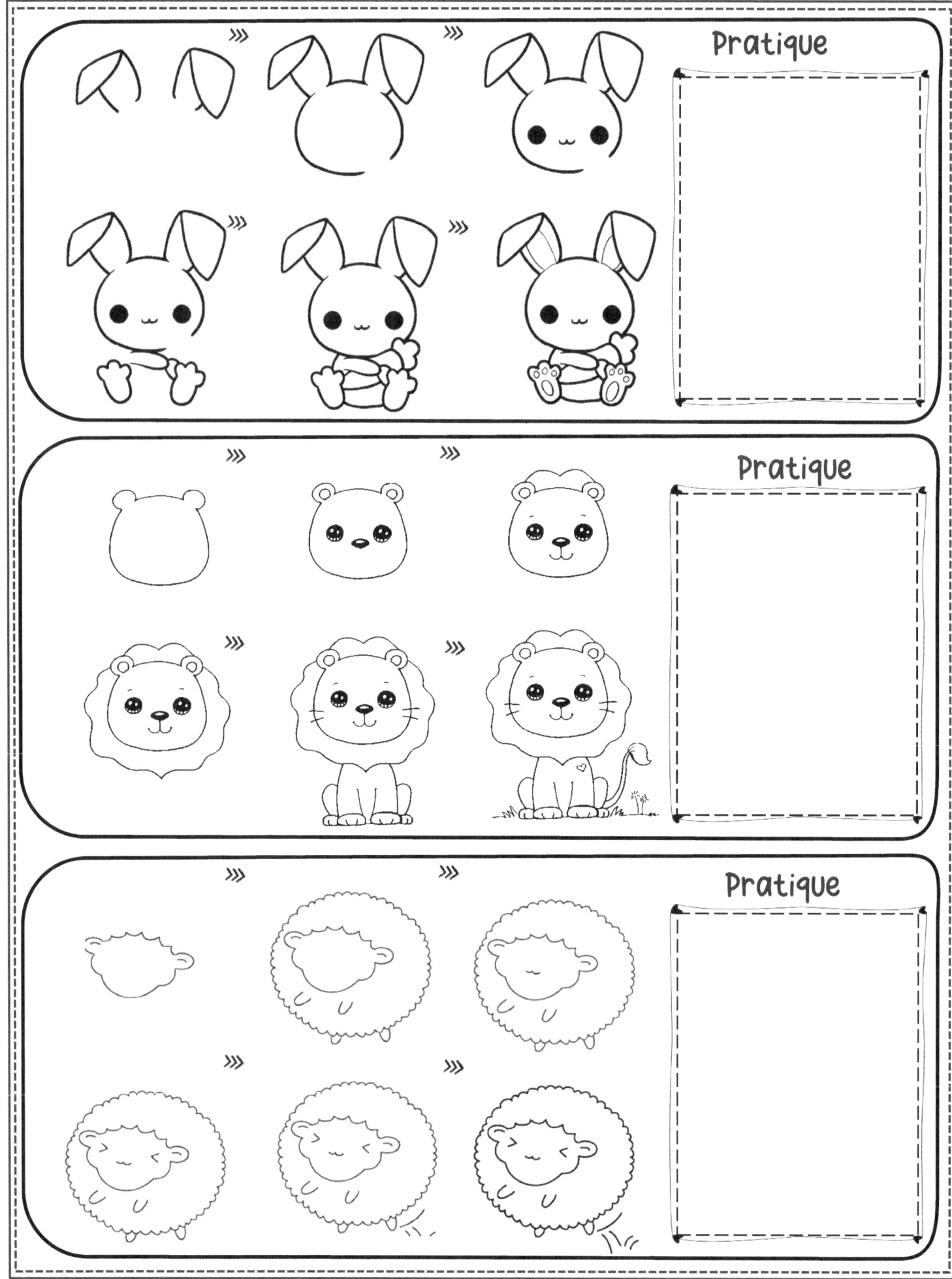

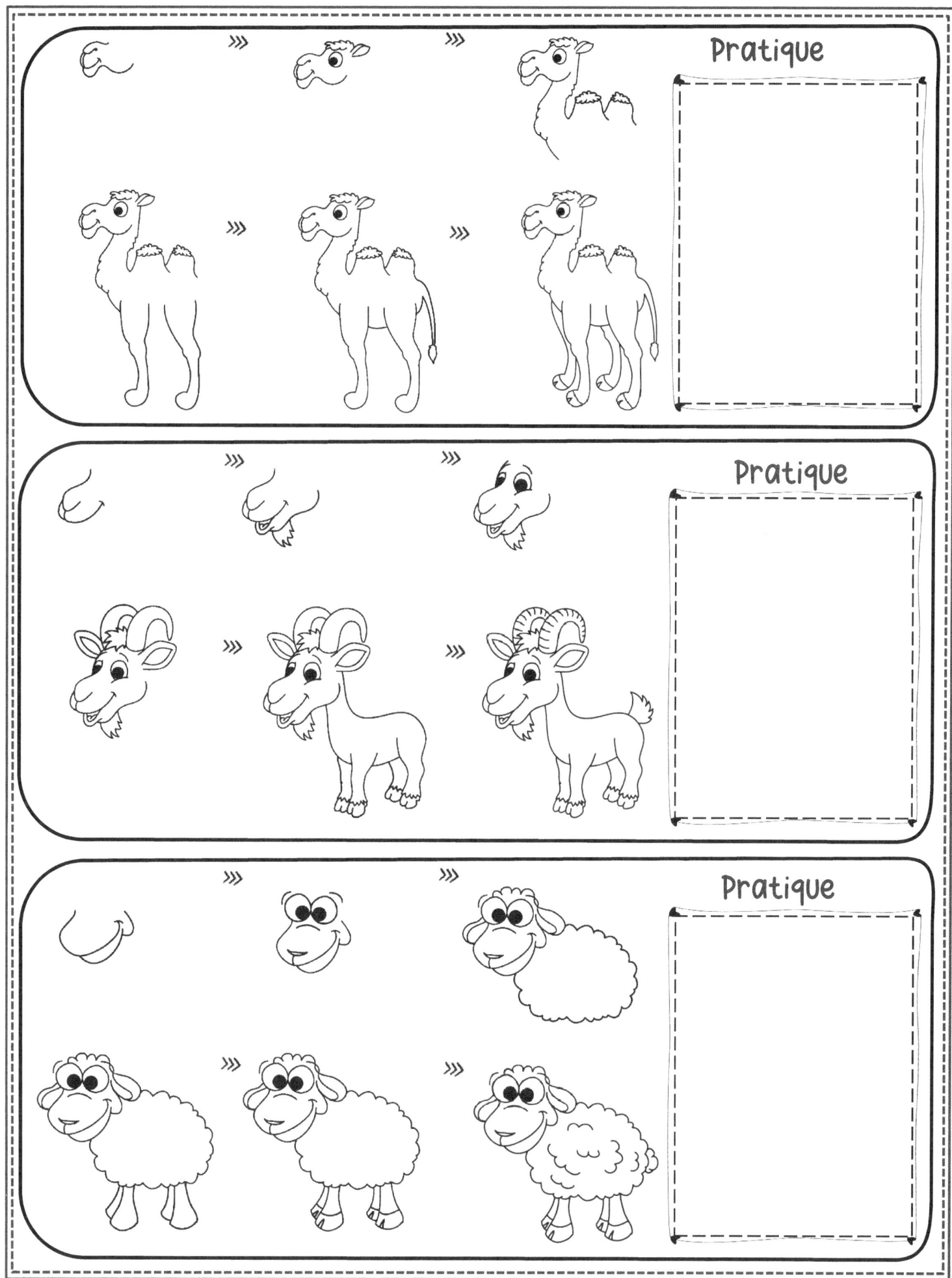

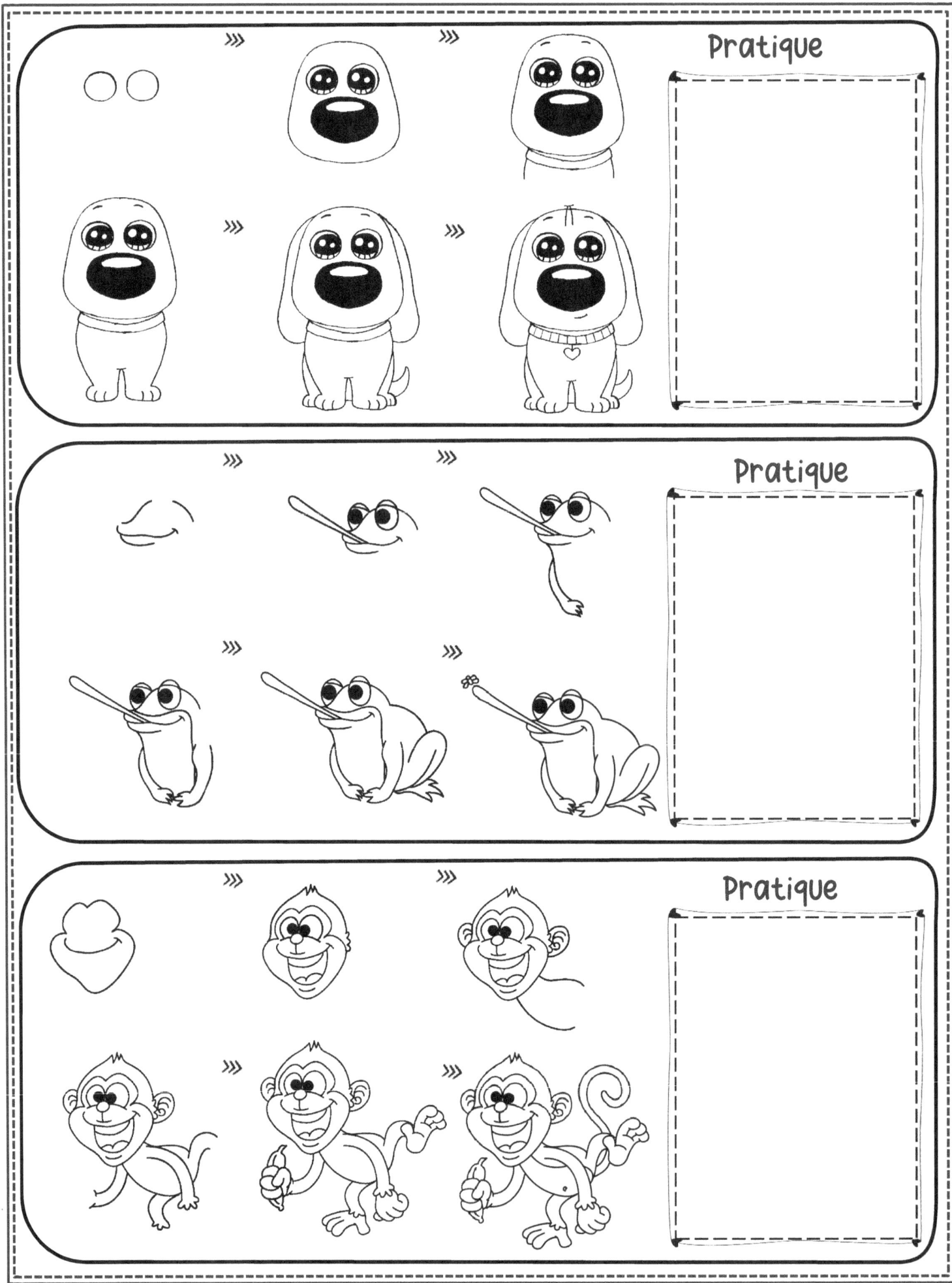

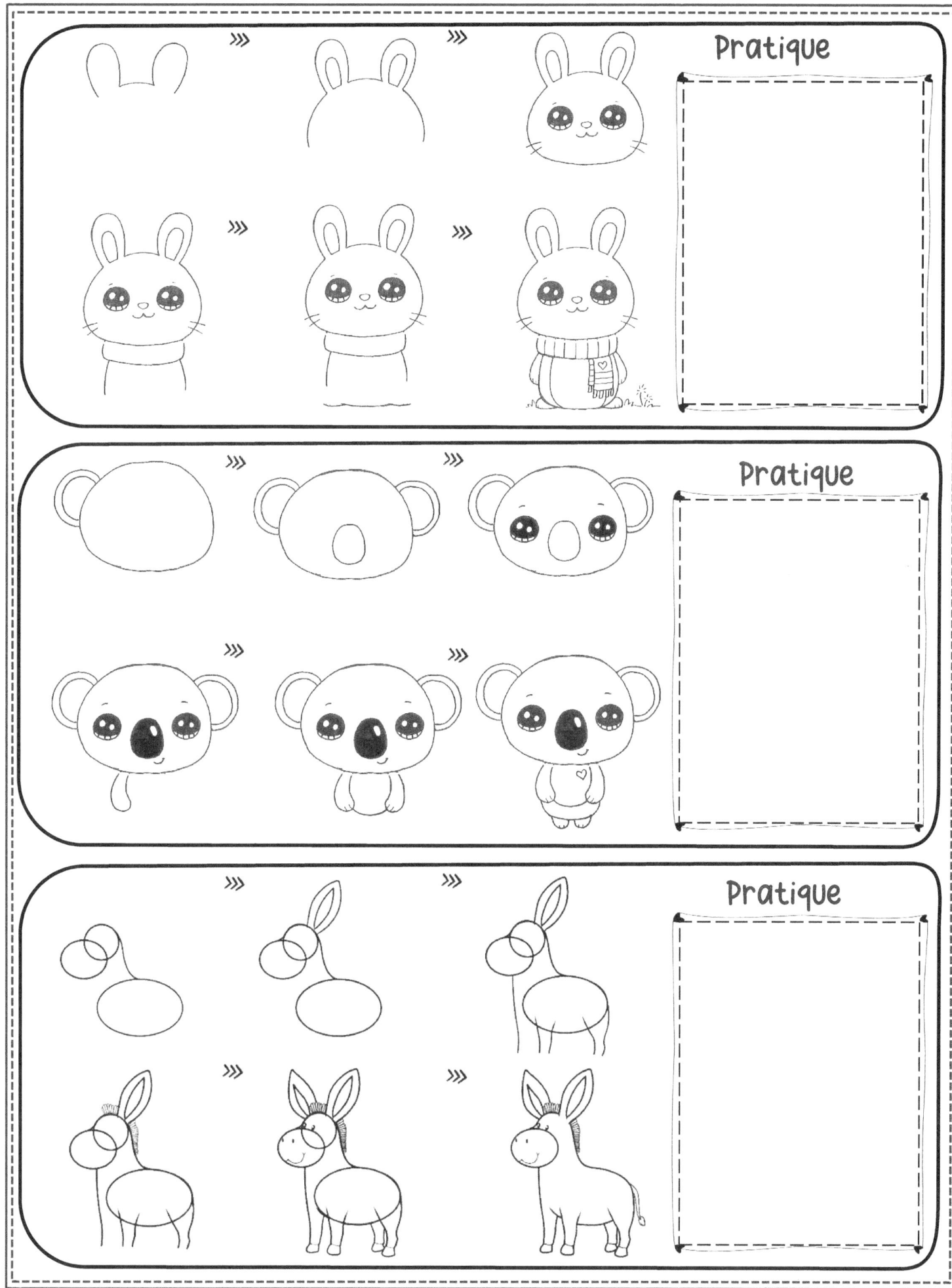

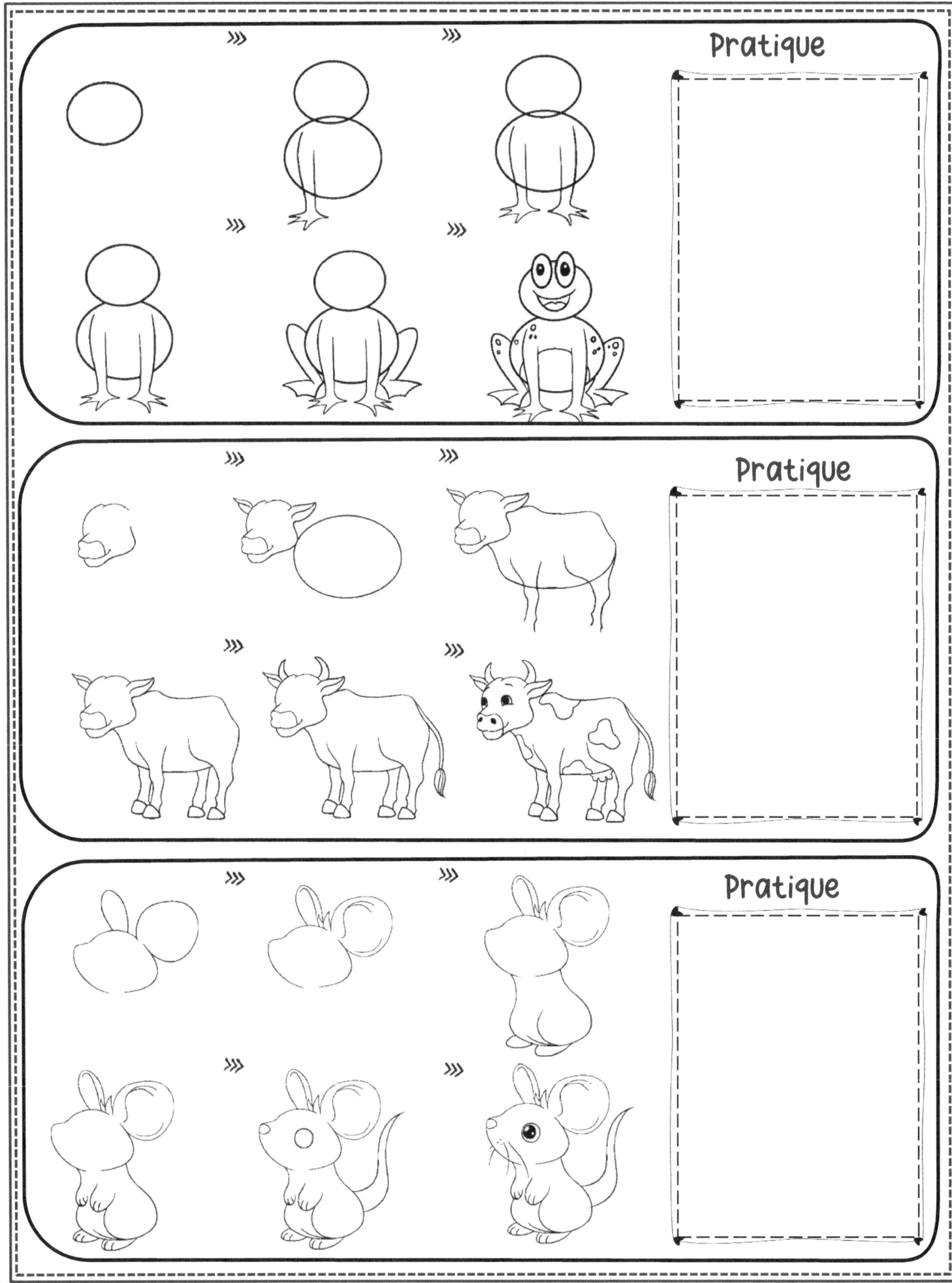

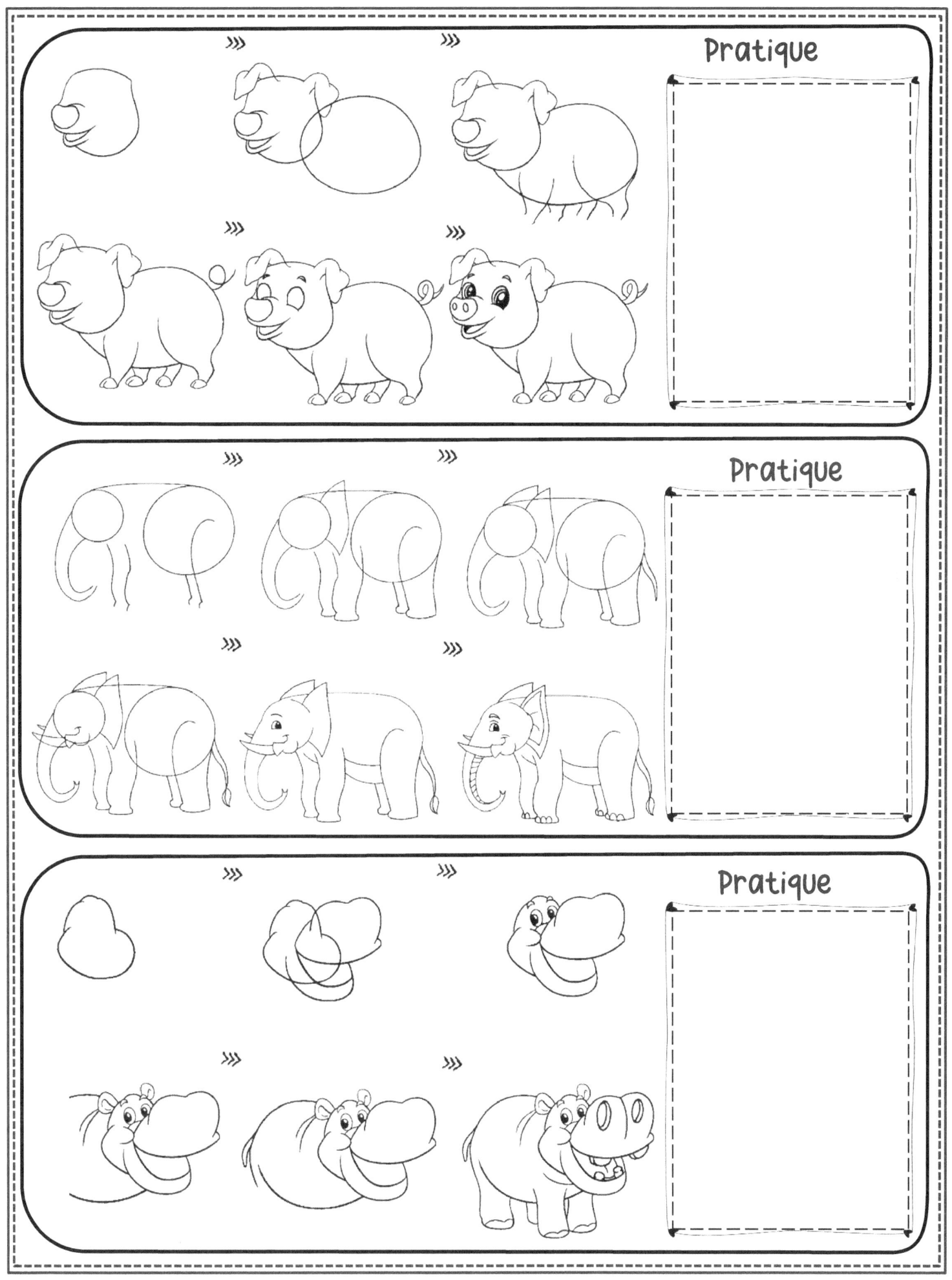

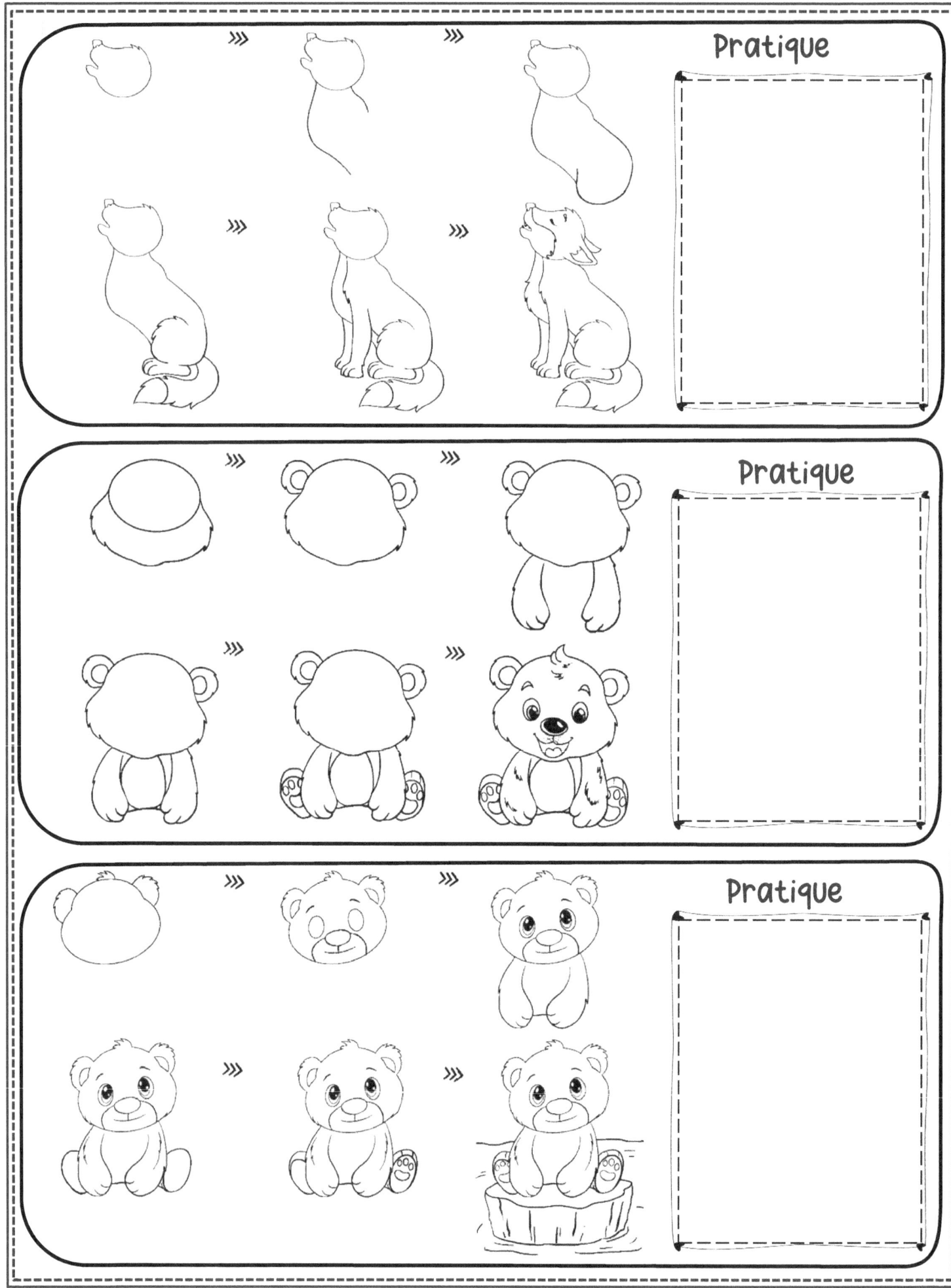

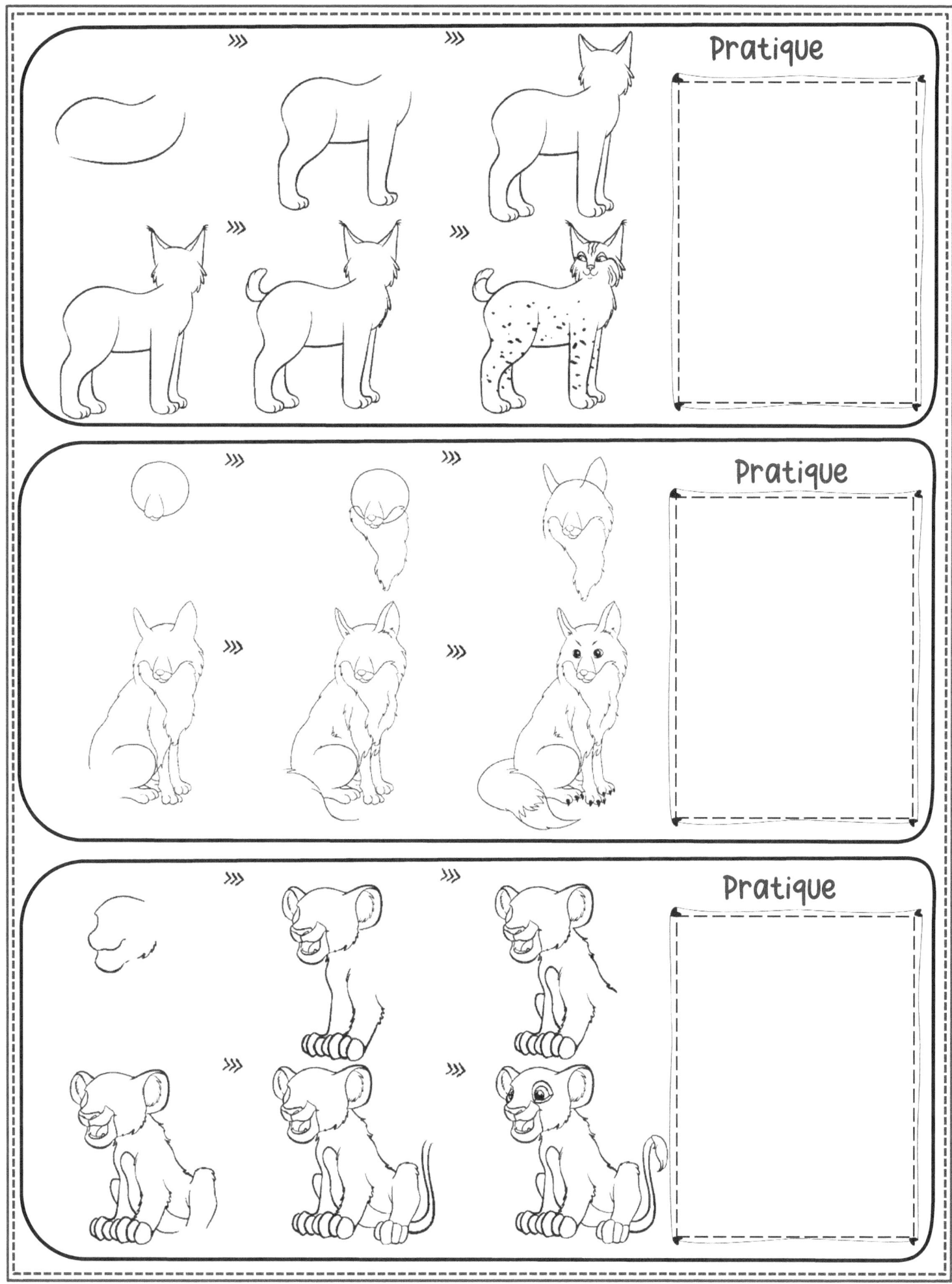

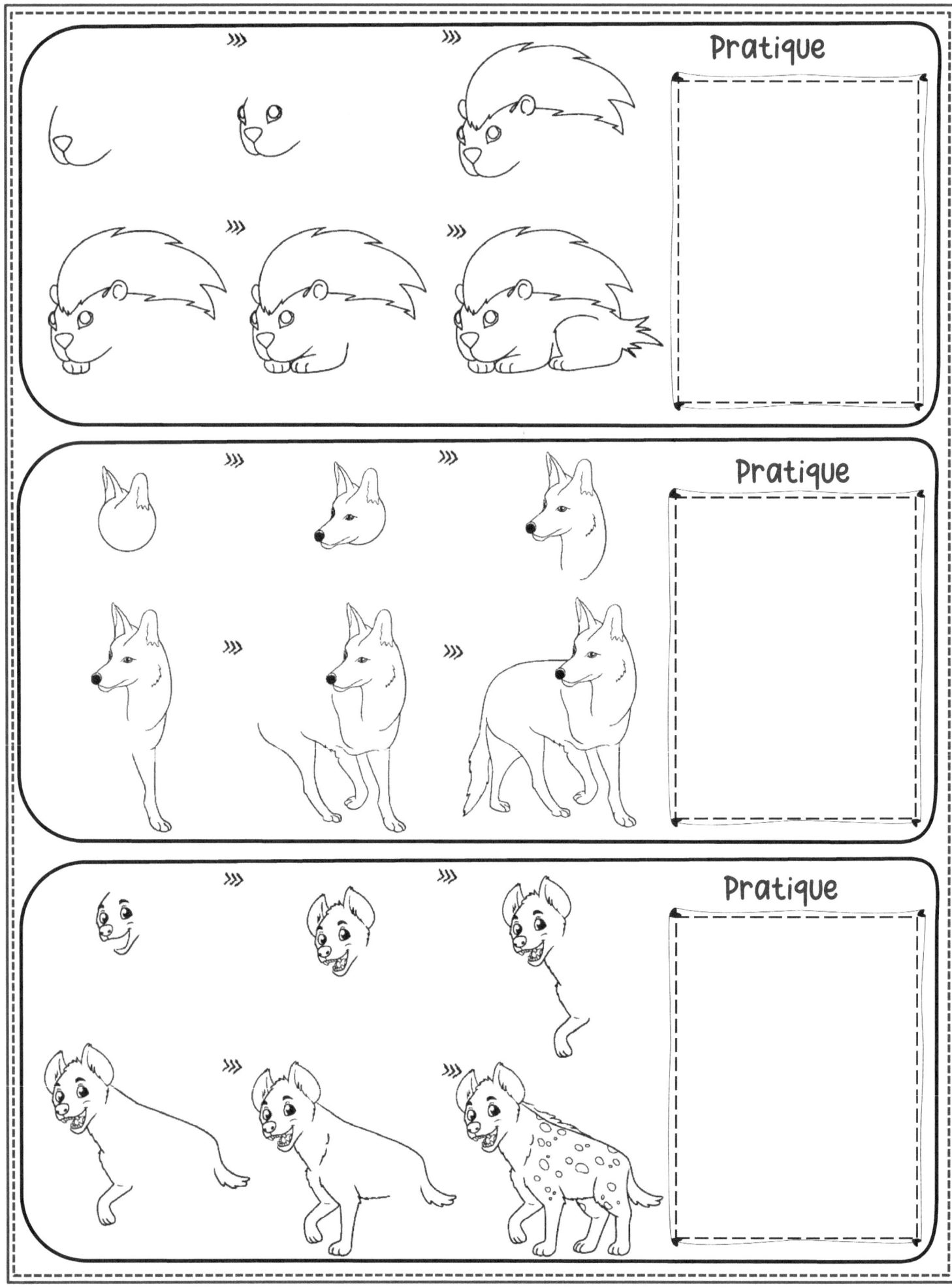

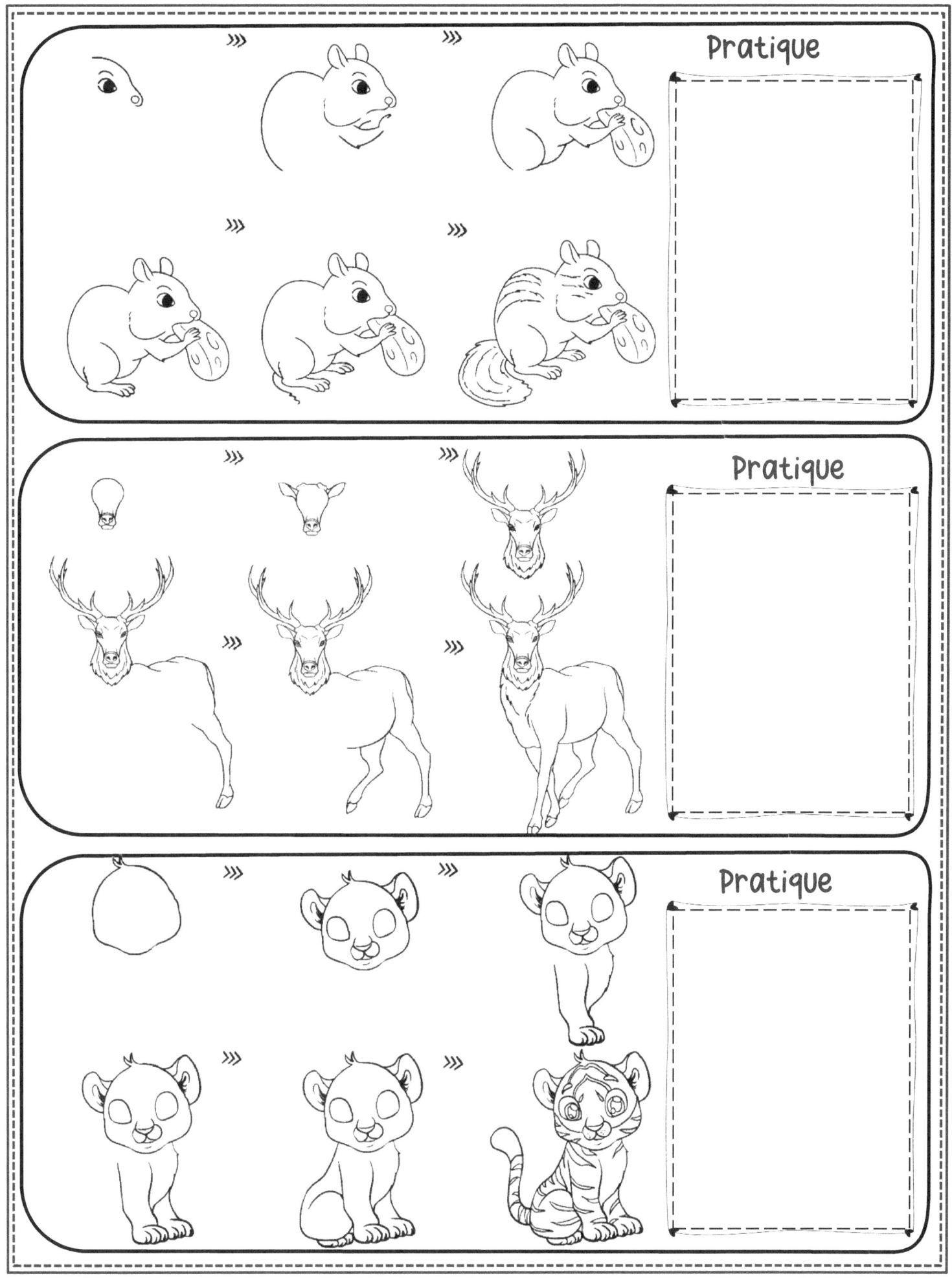

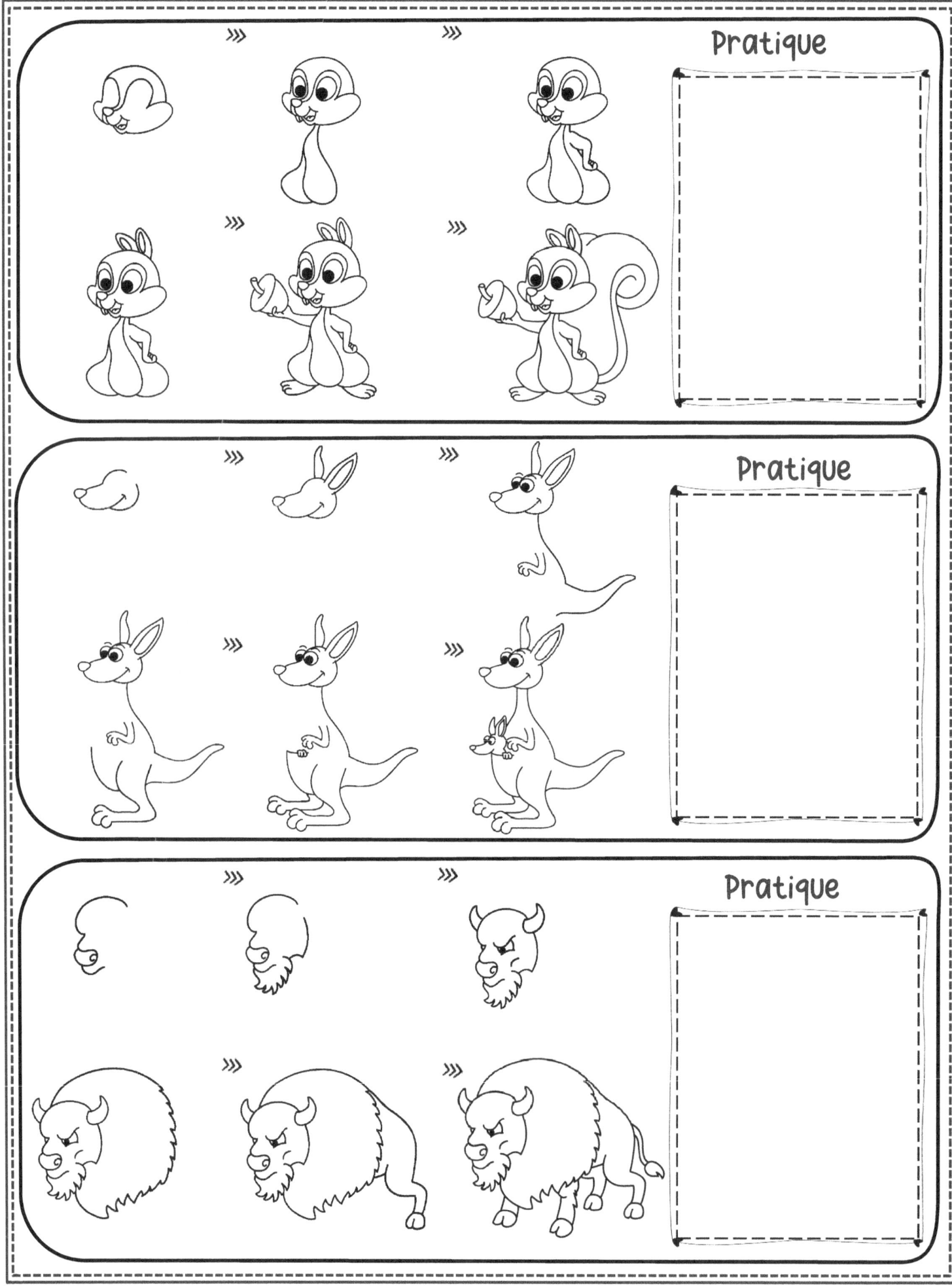

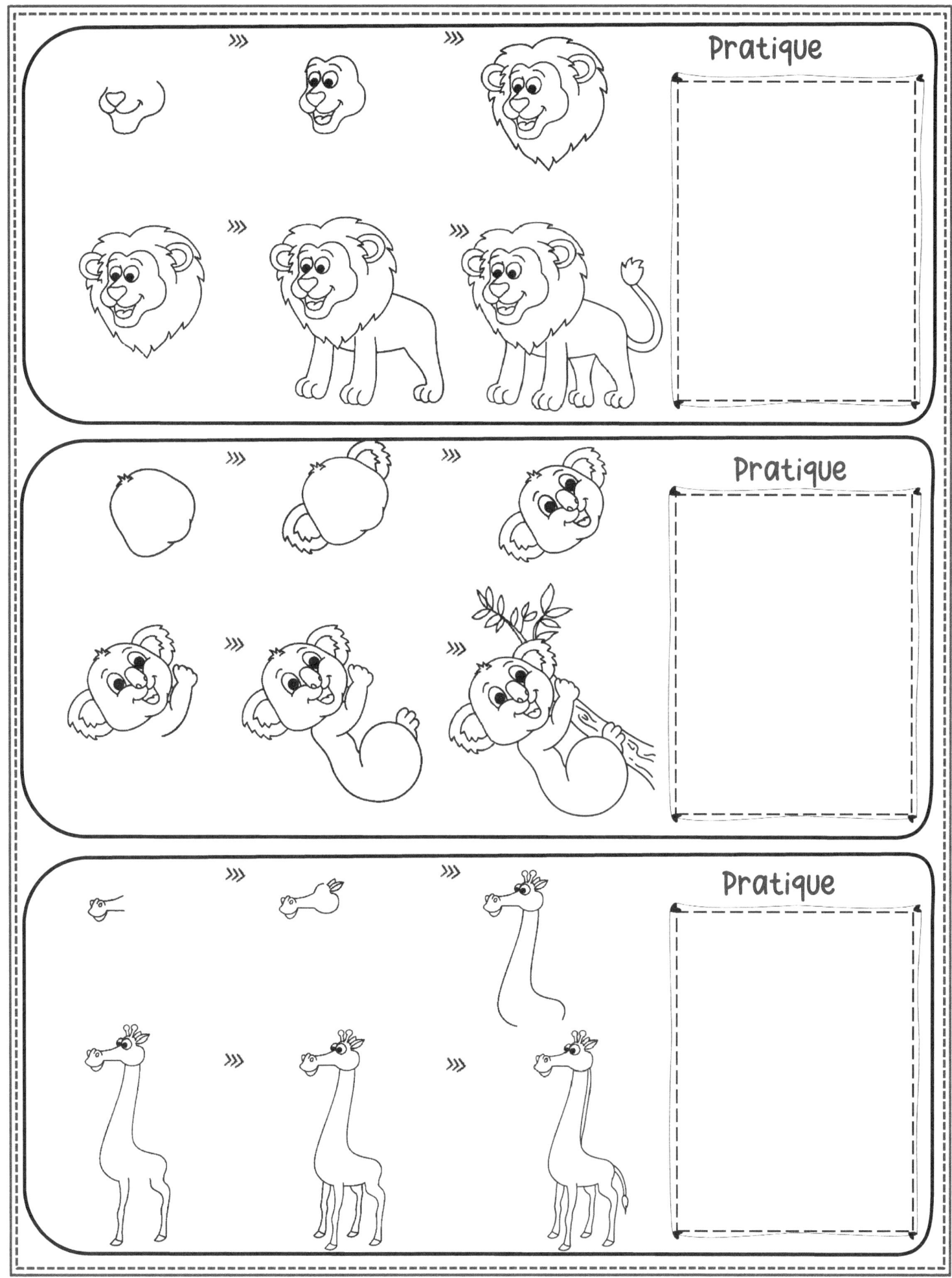

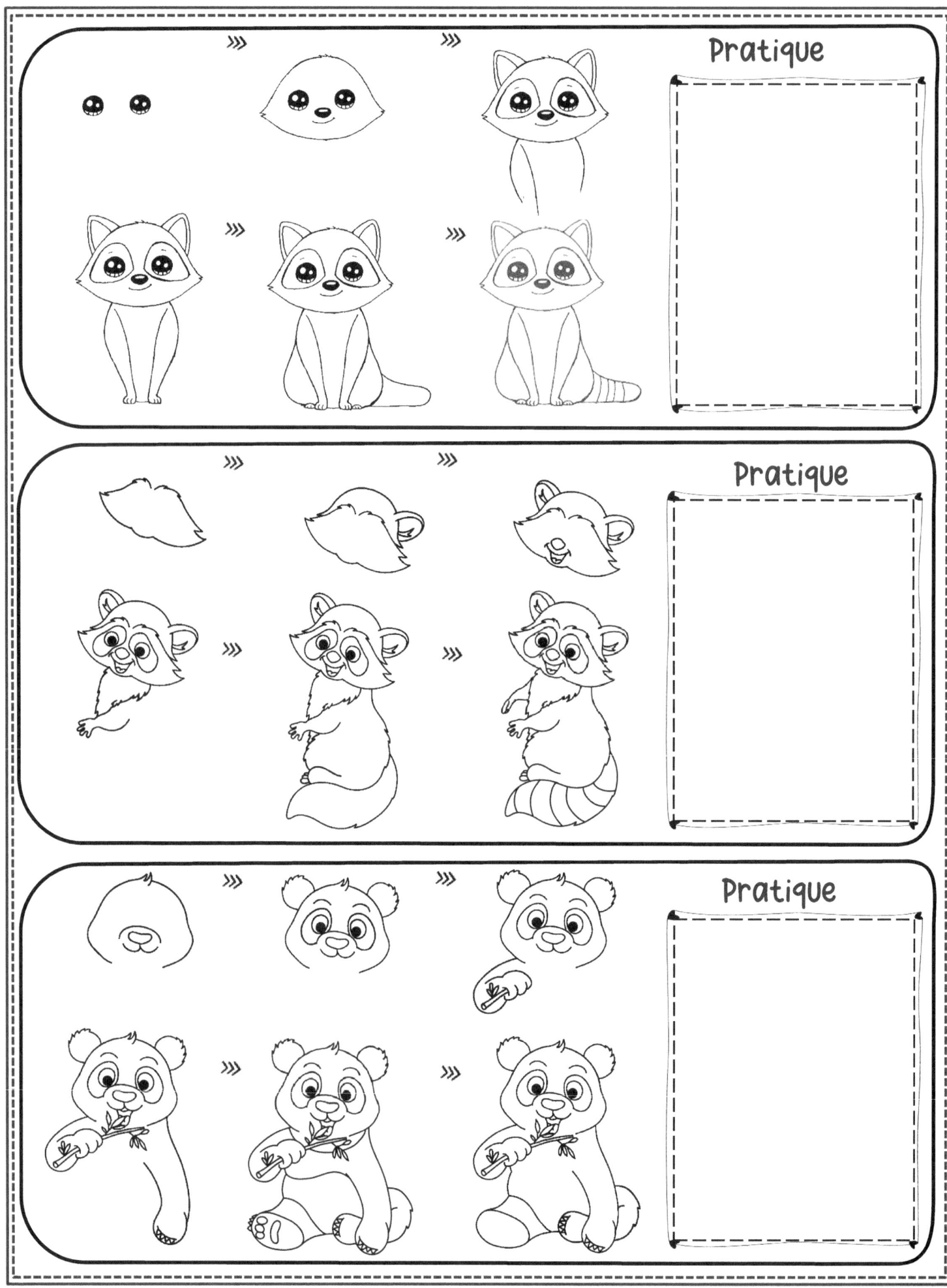

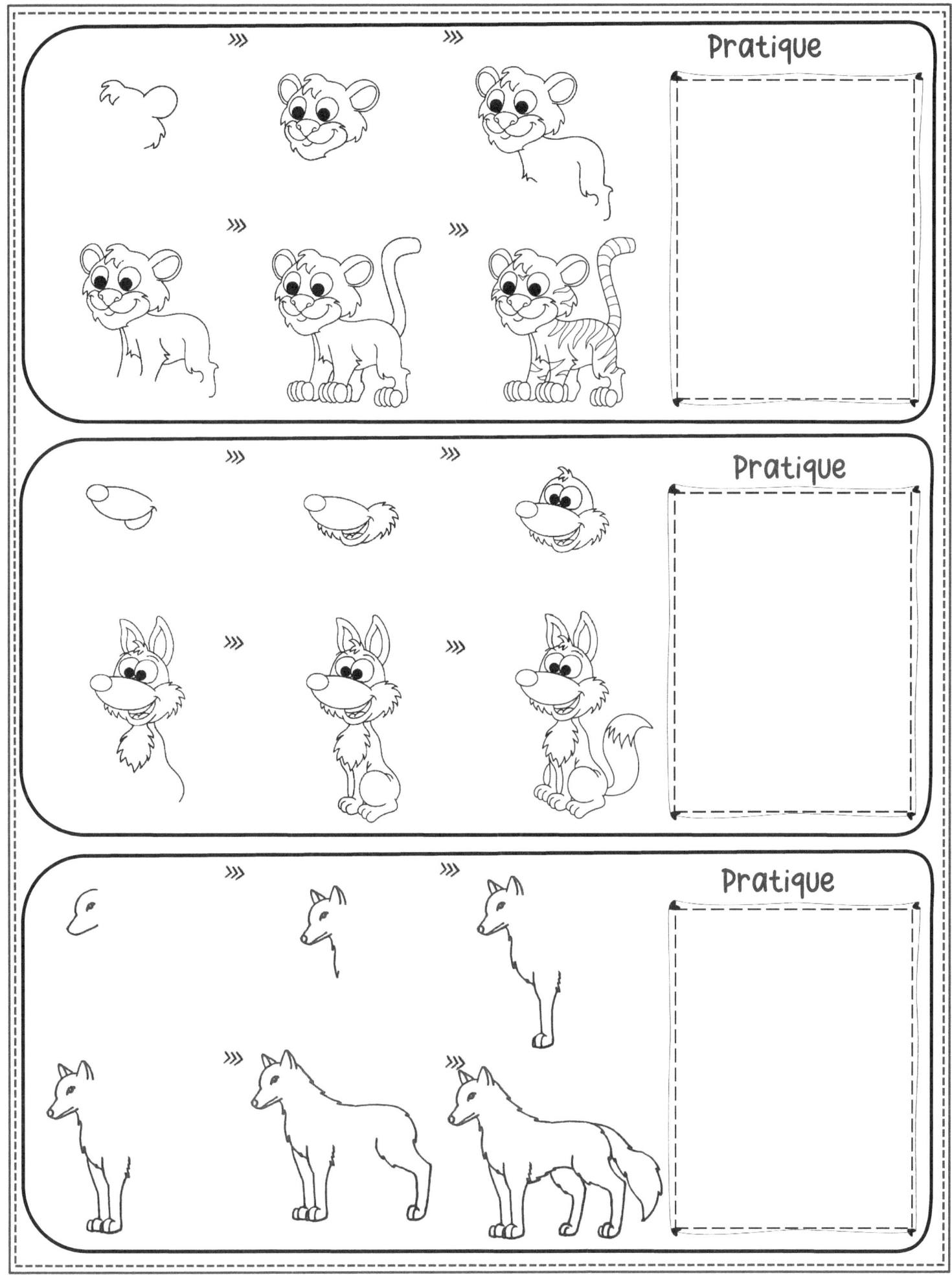

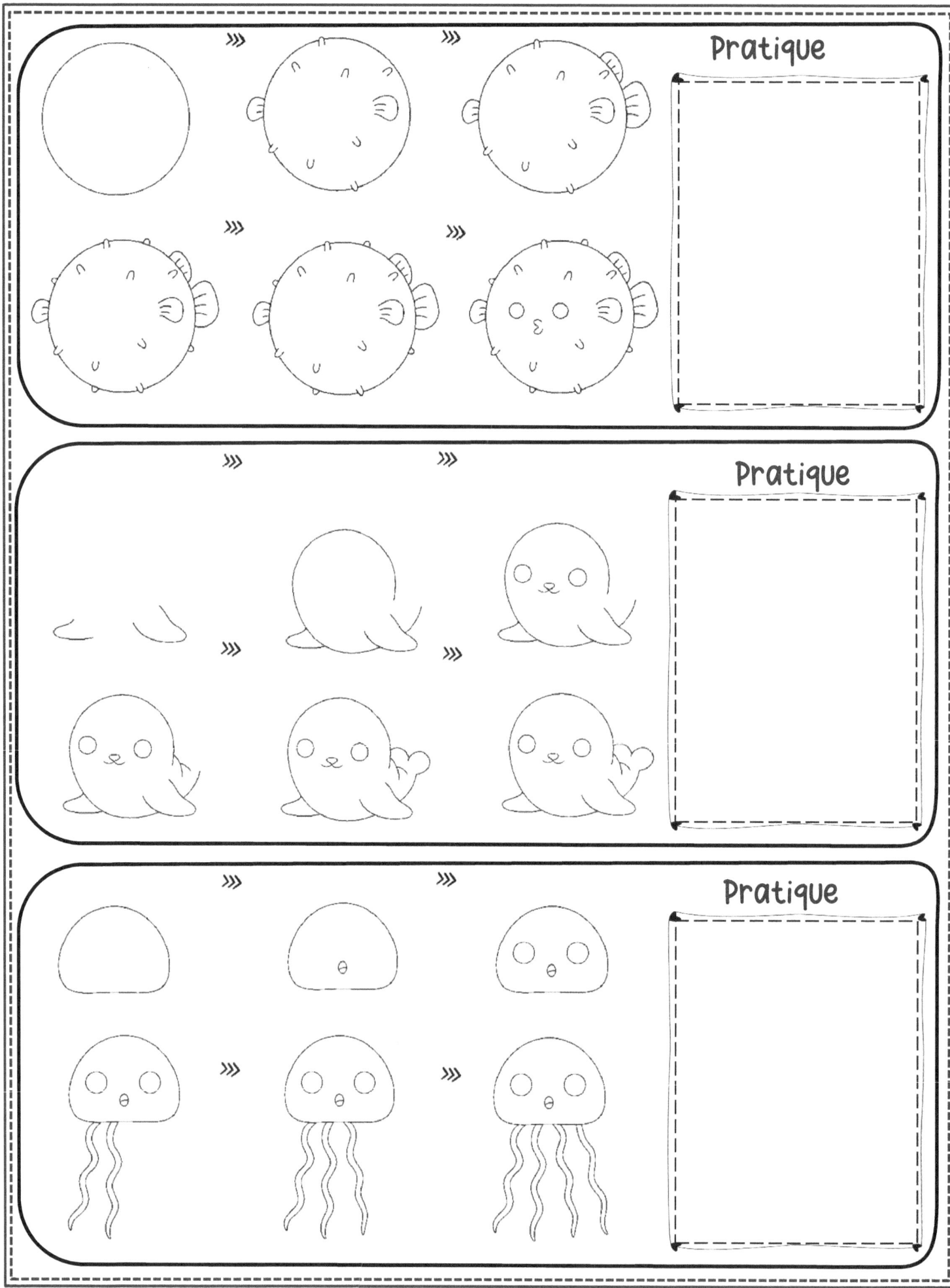

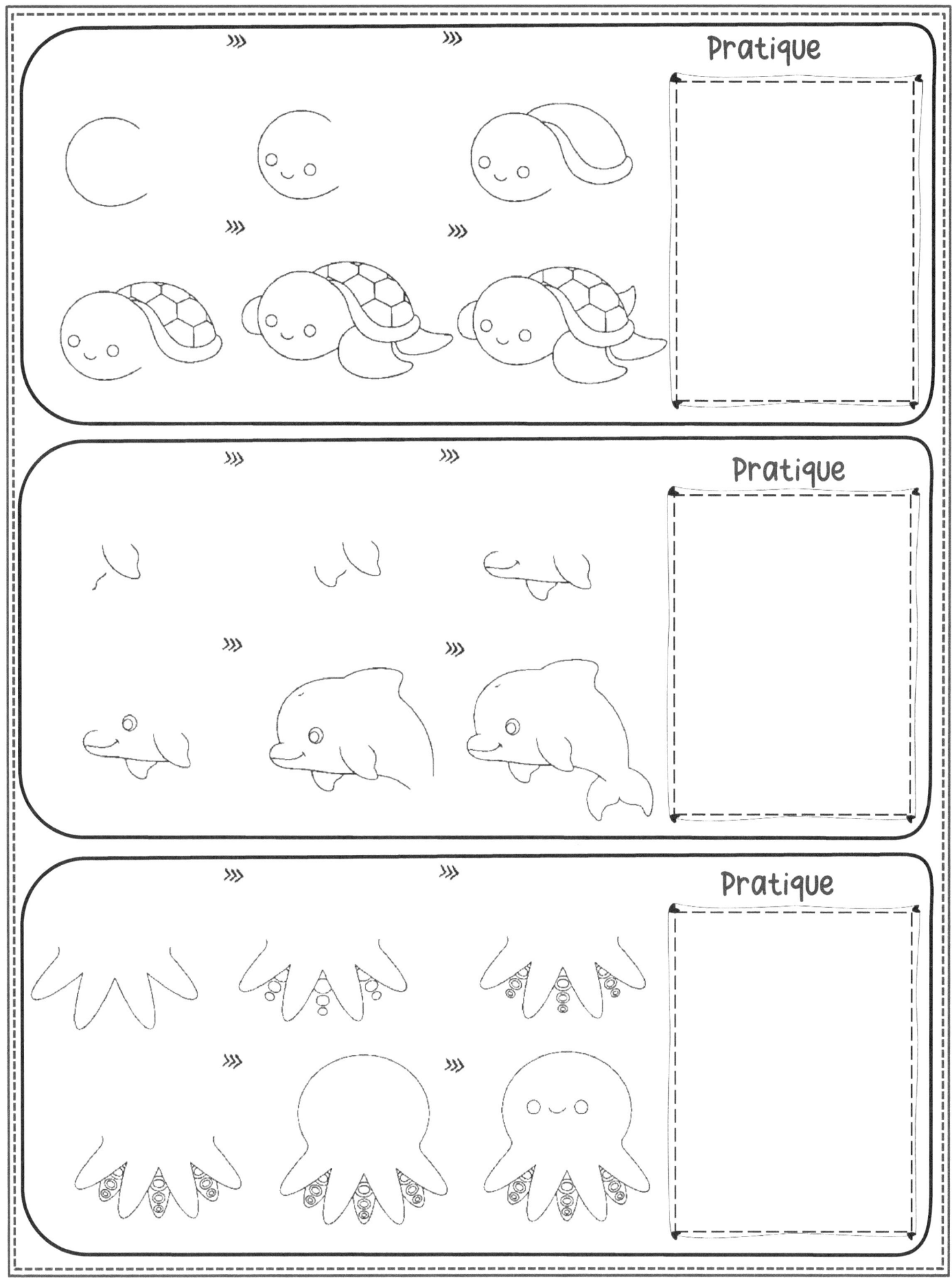

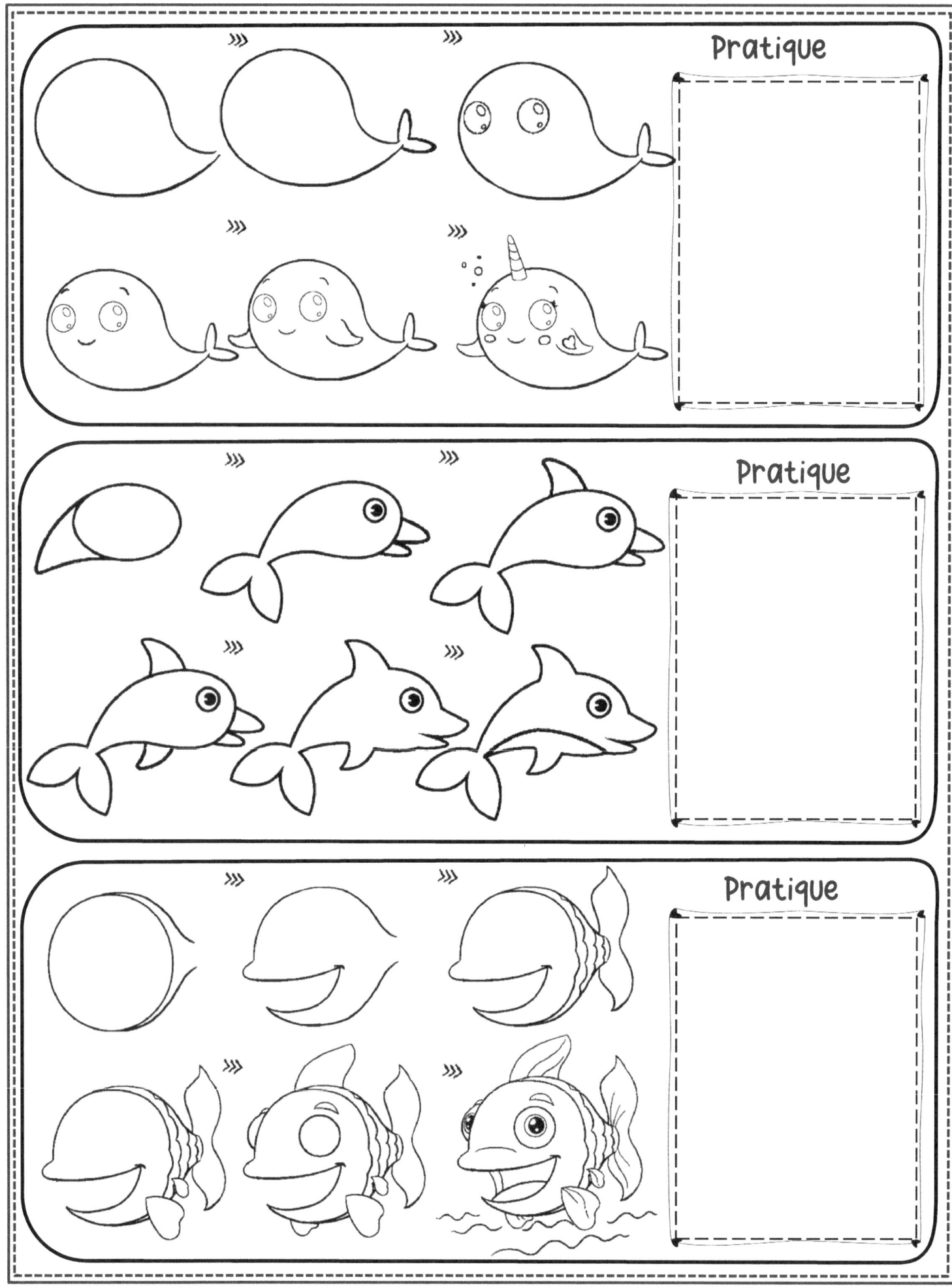

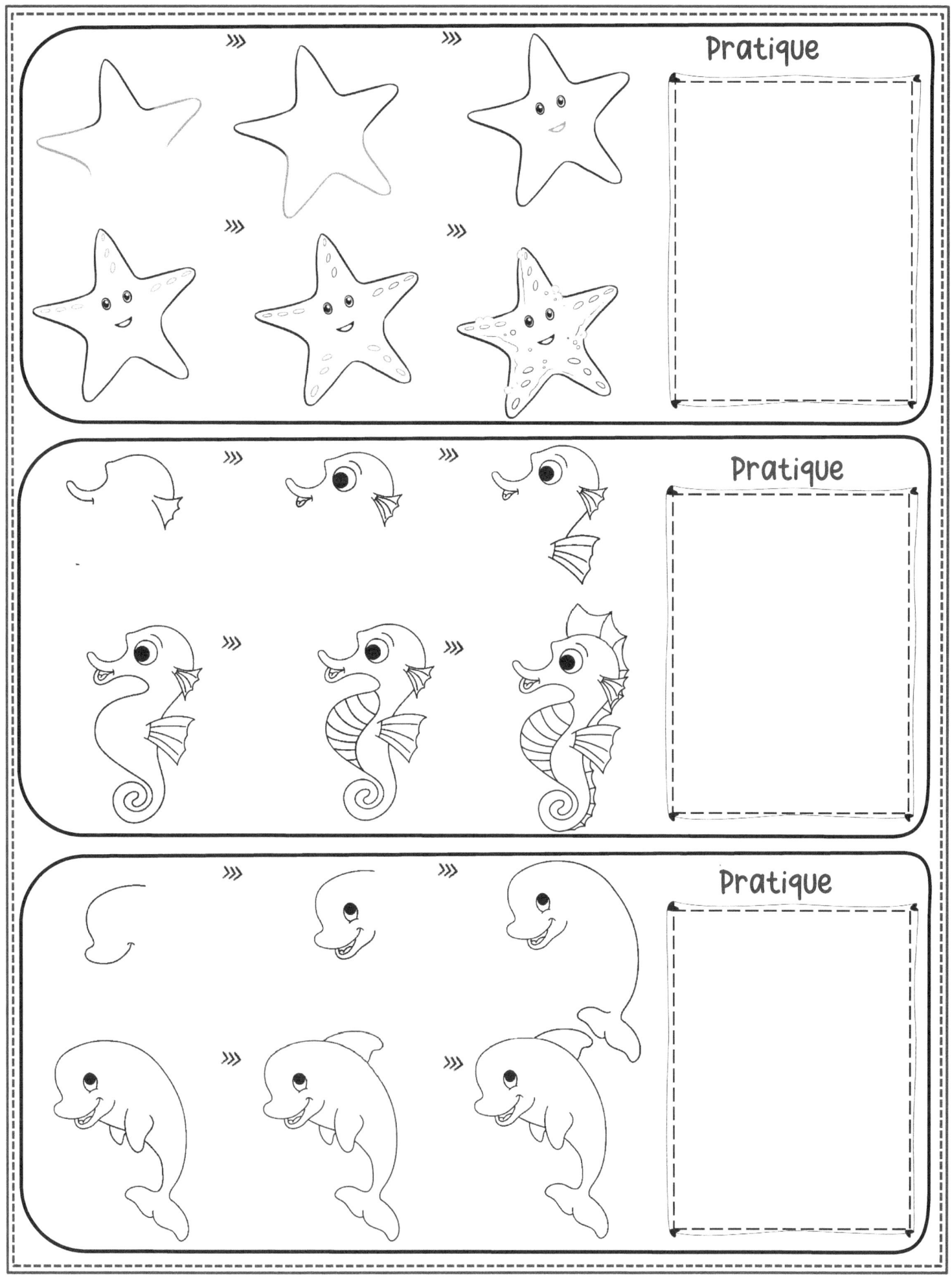

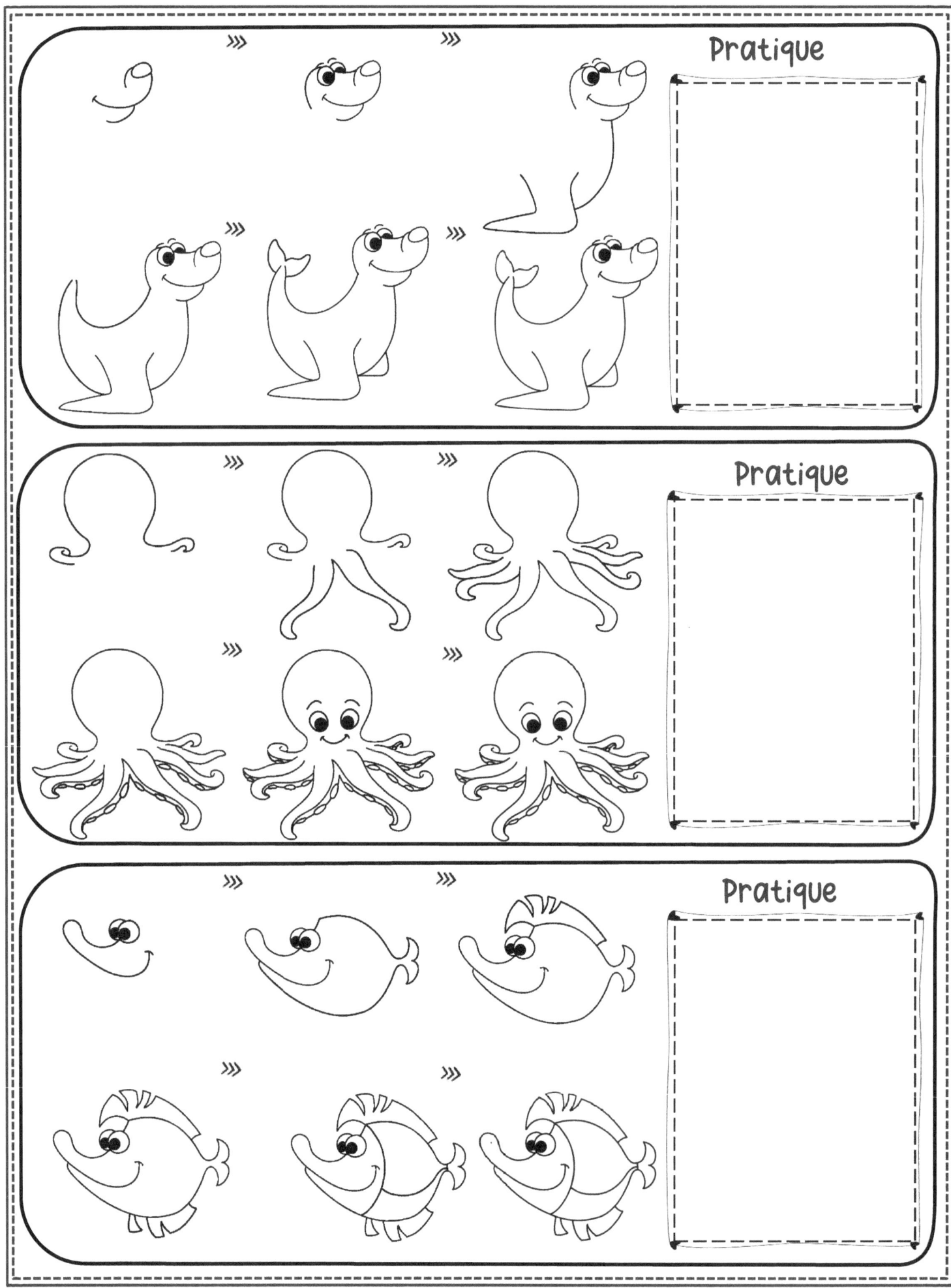

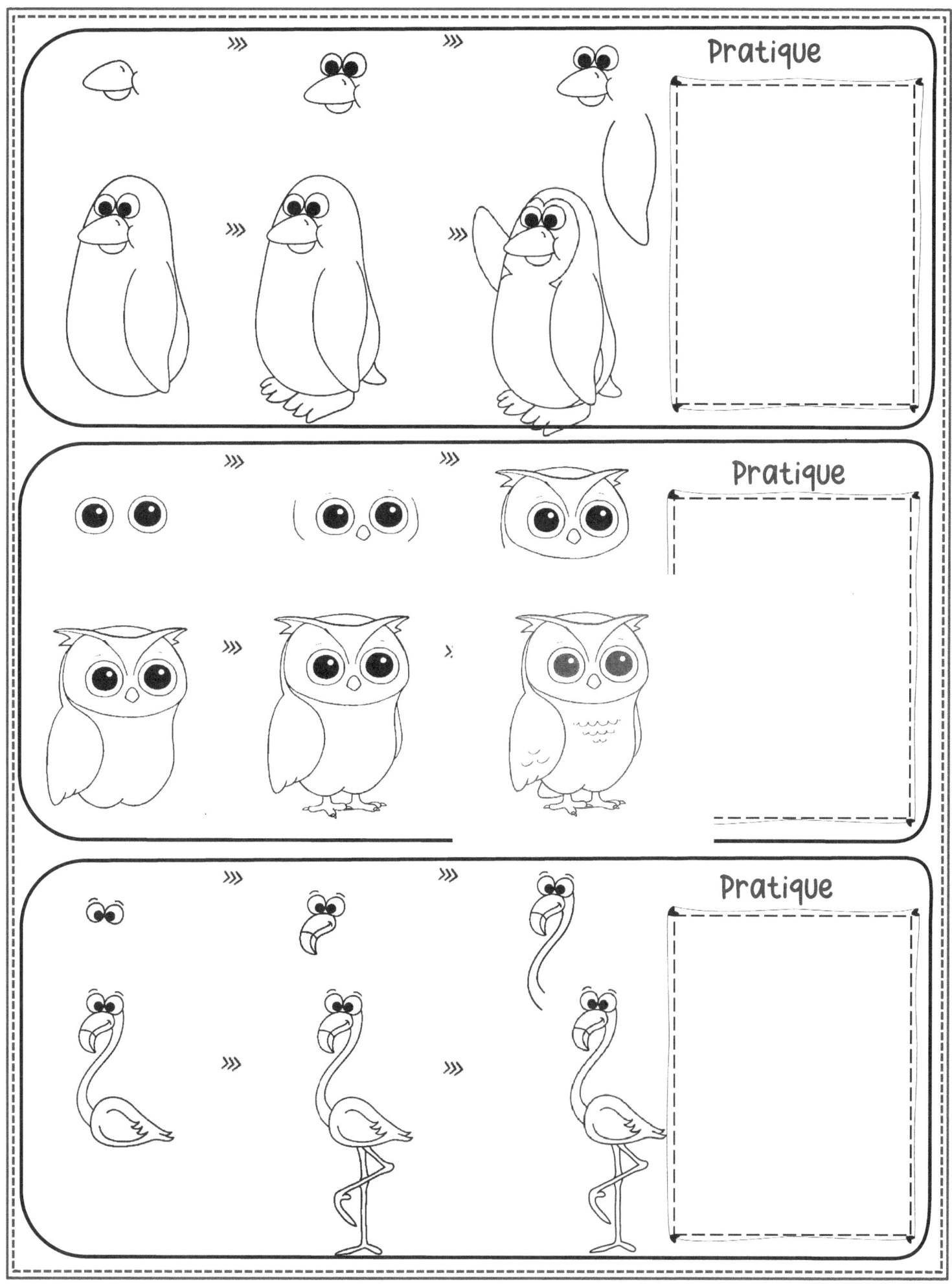

Pratique

Pratique

Pratique

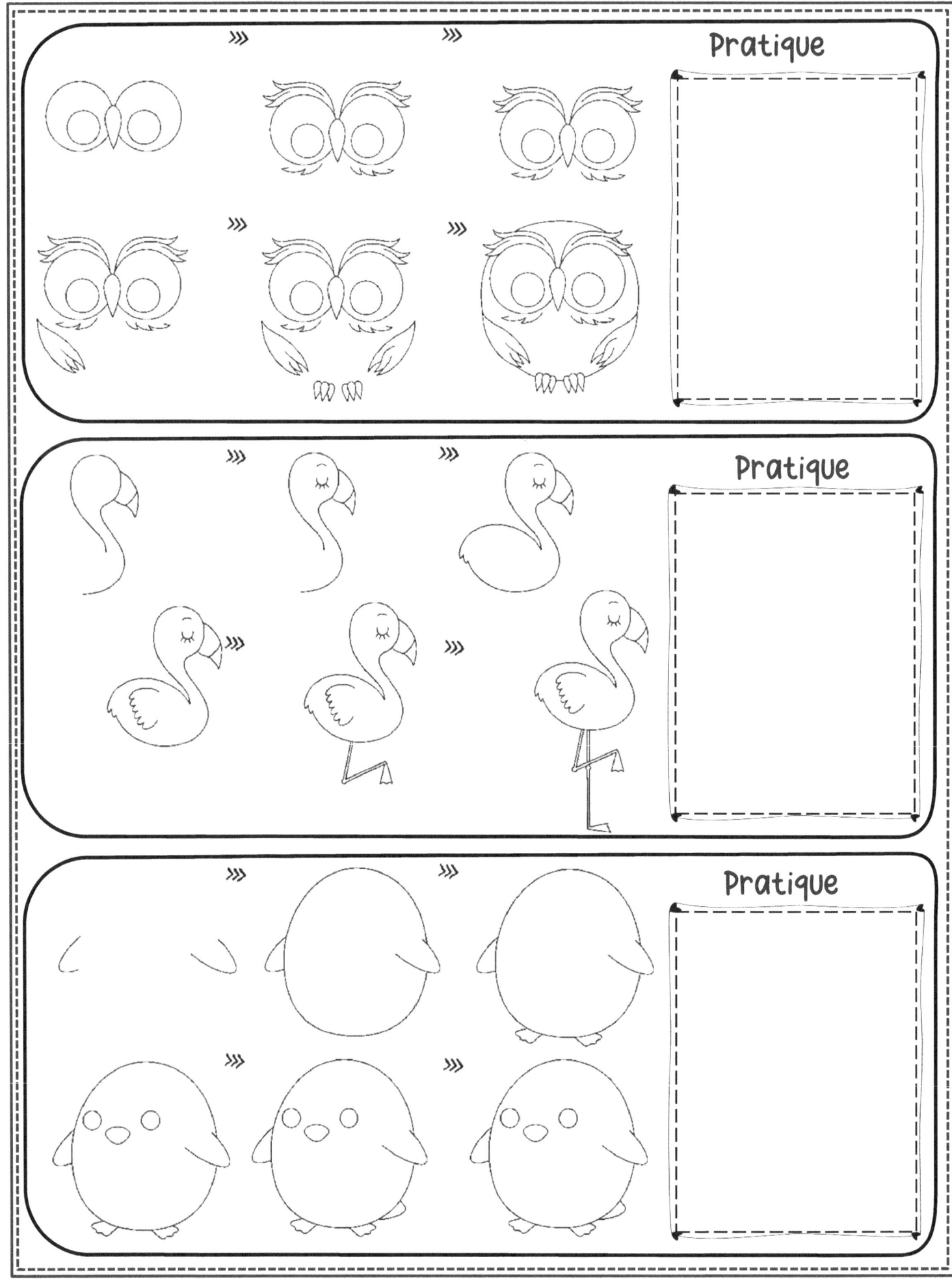

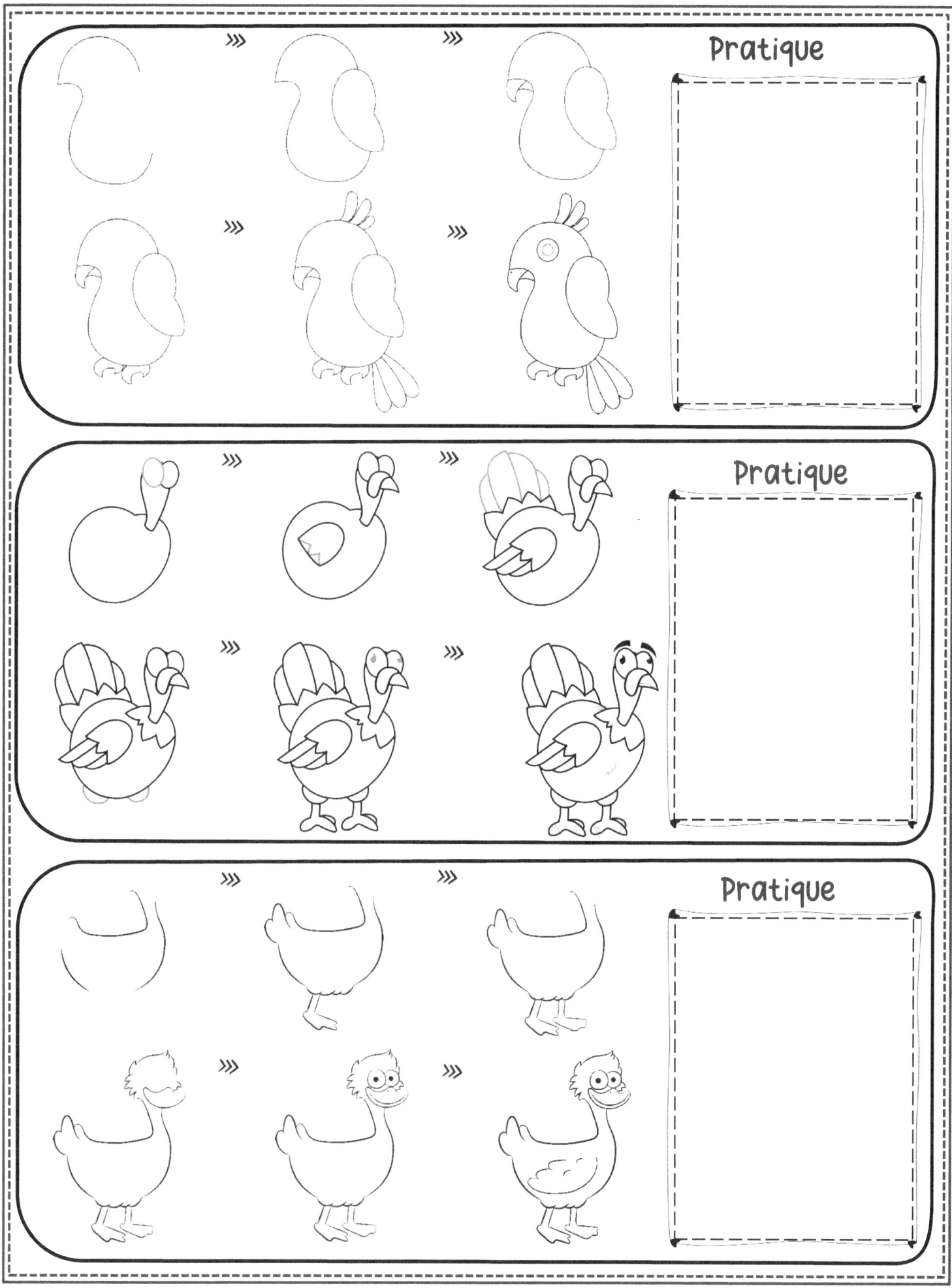

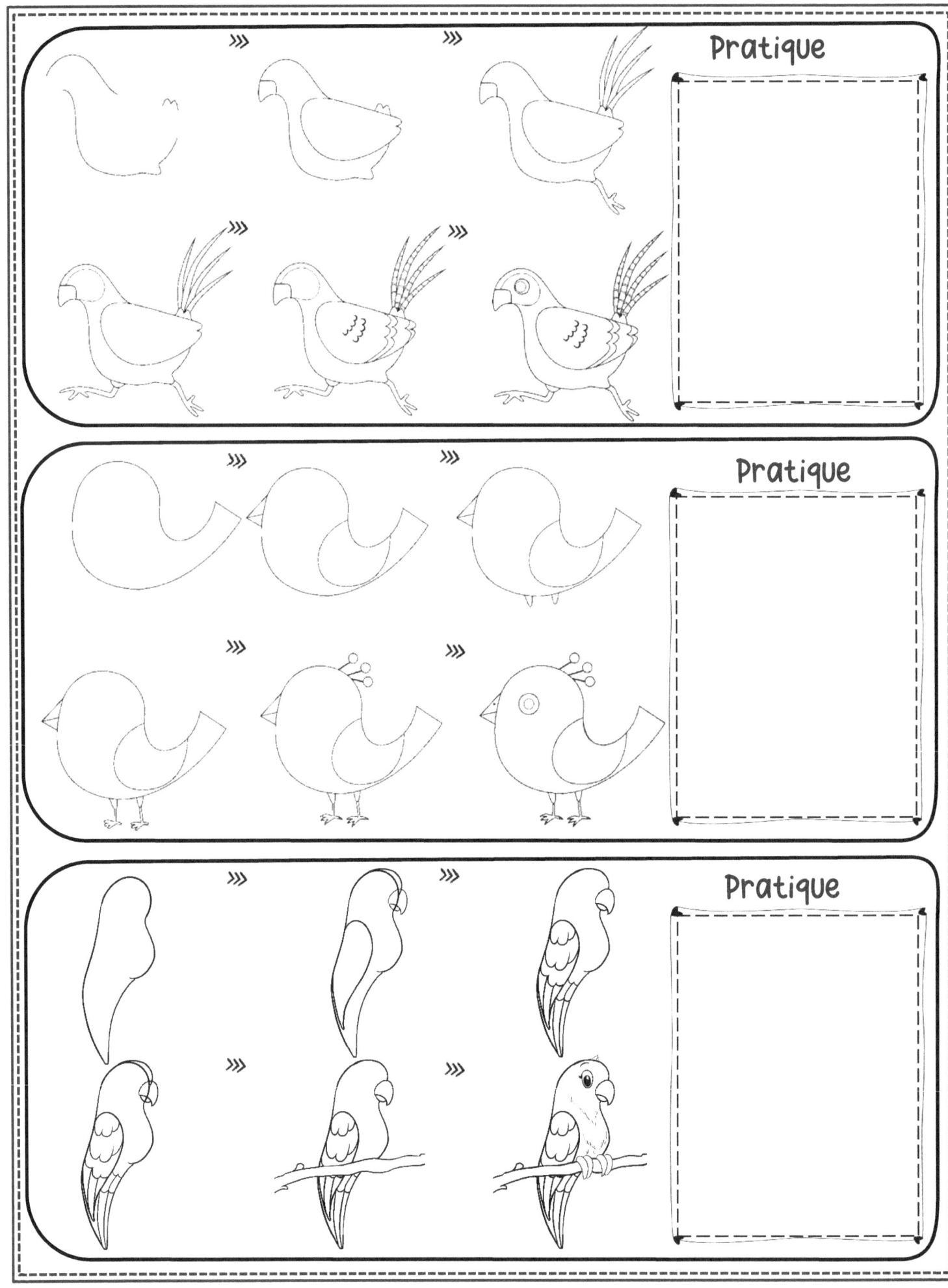

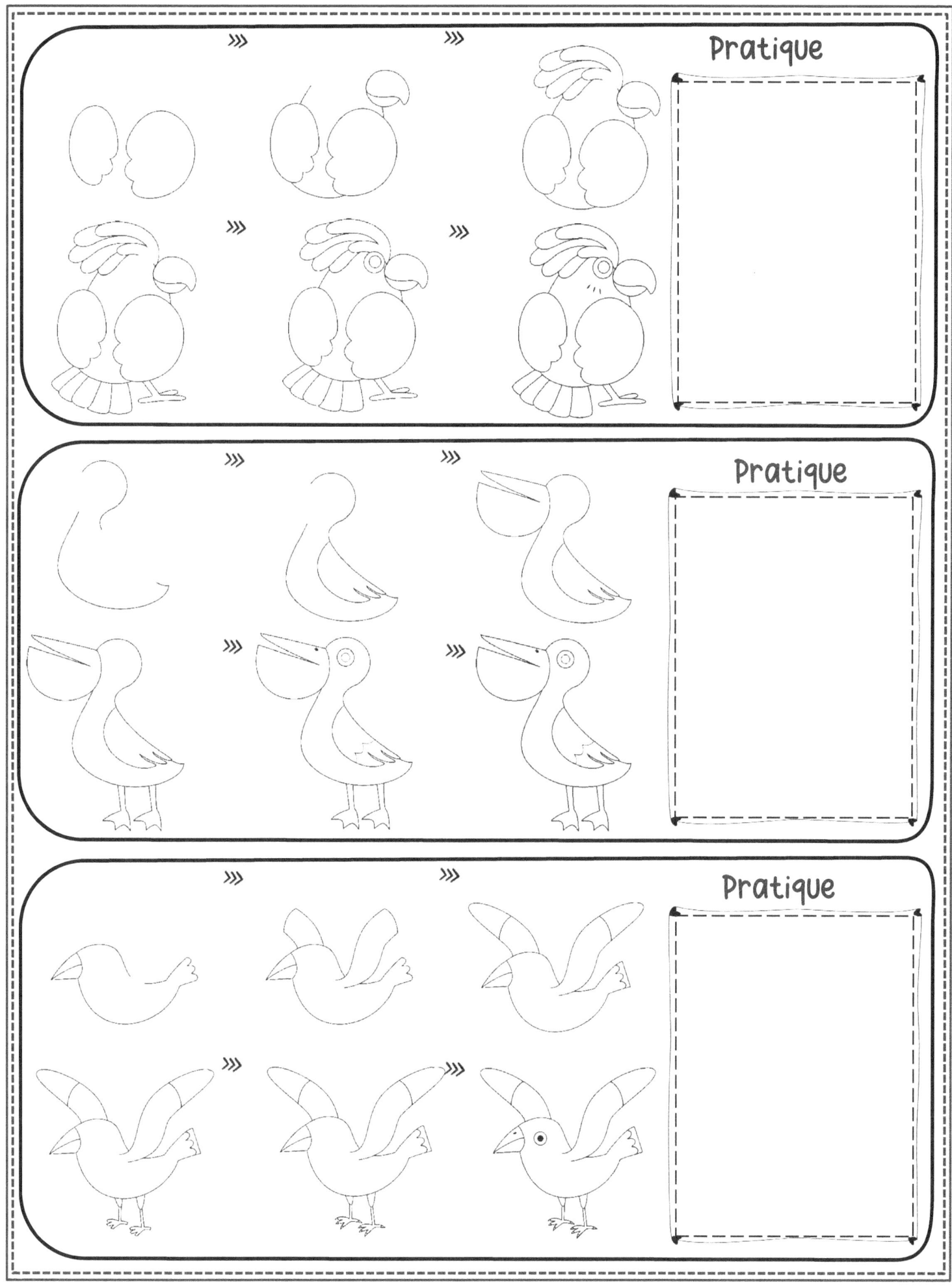

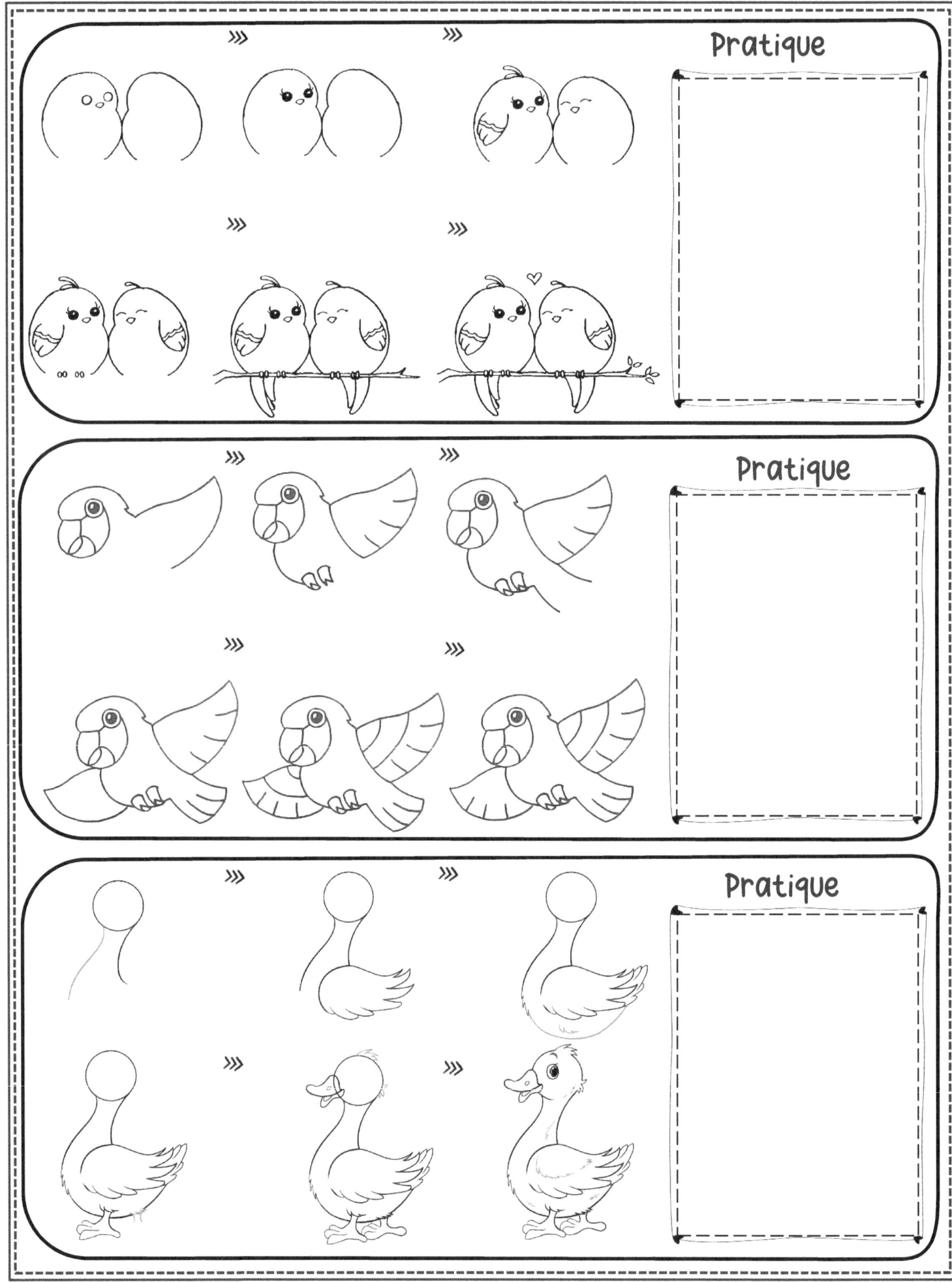

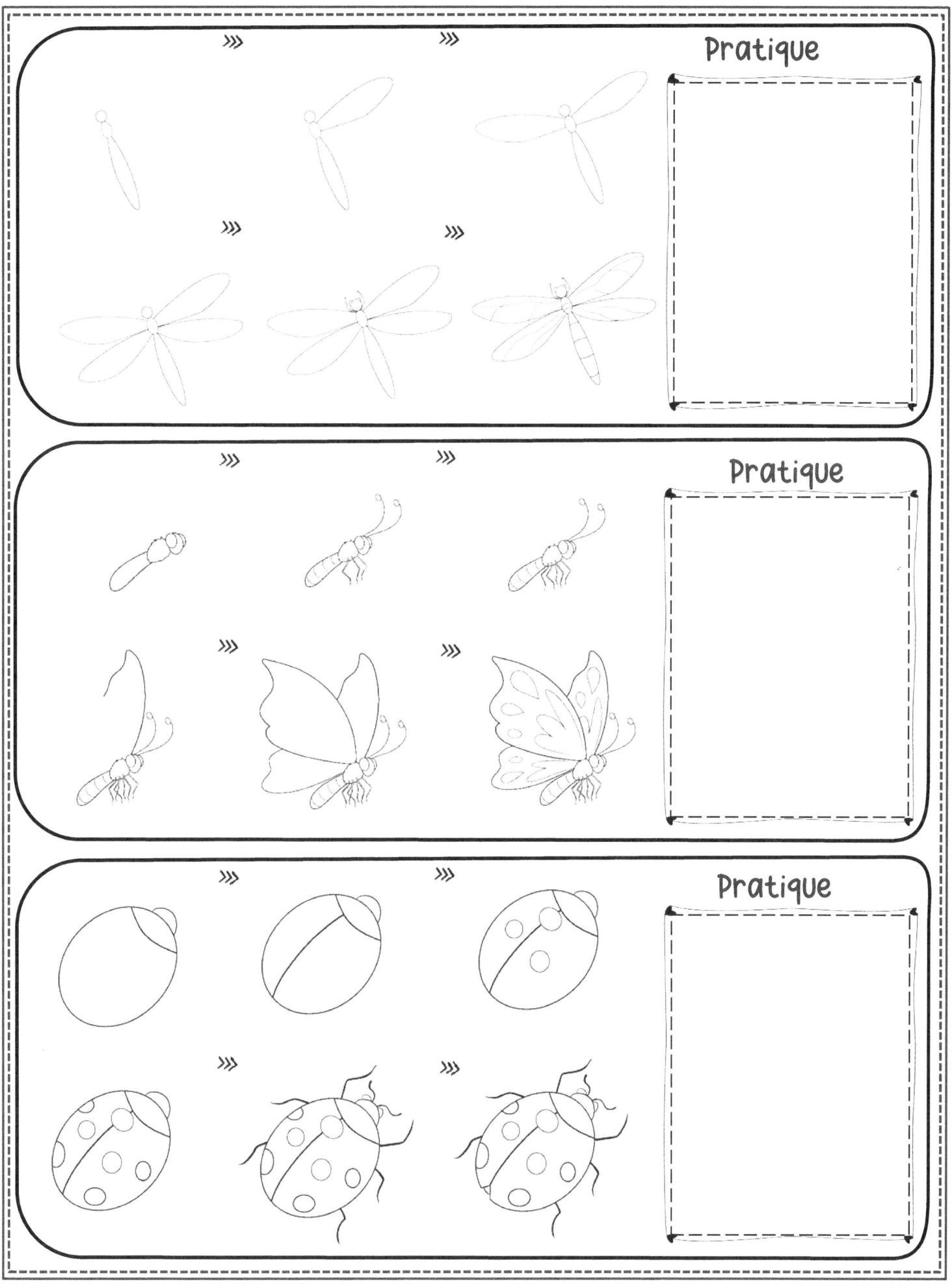

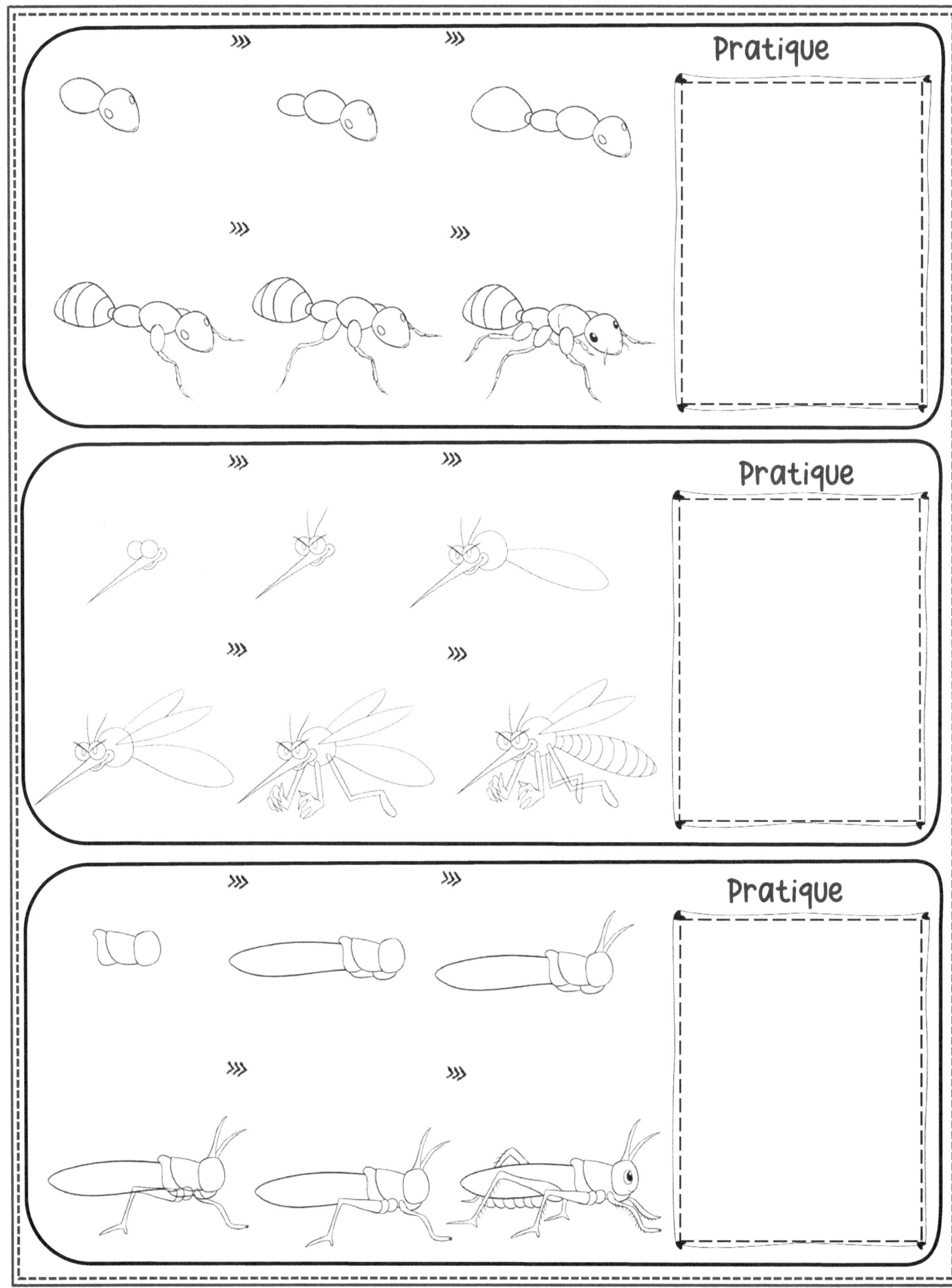

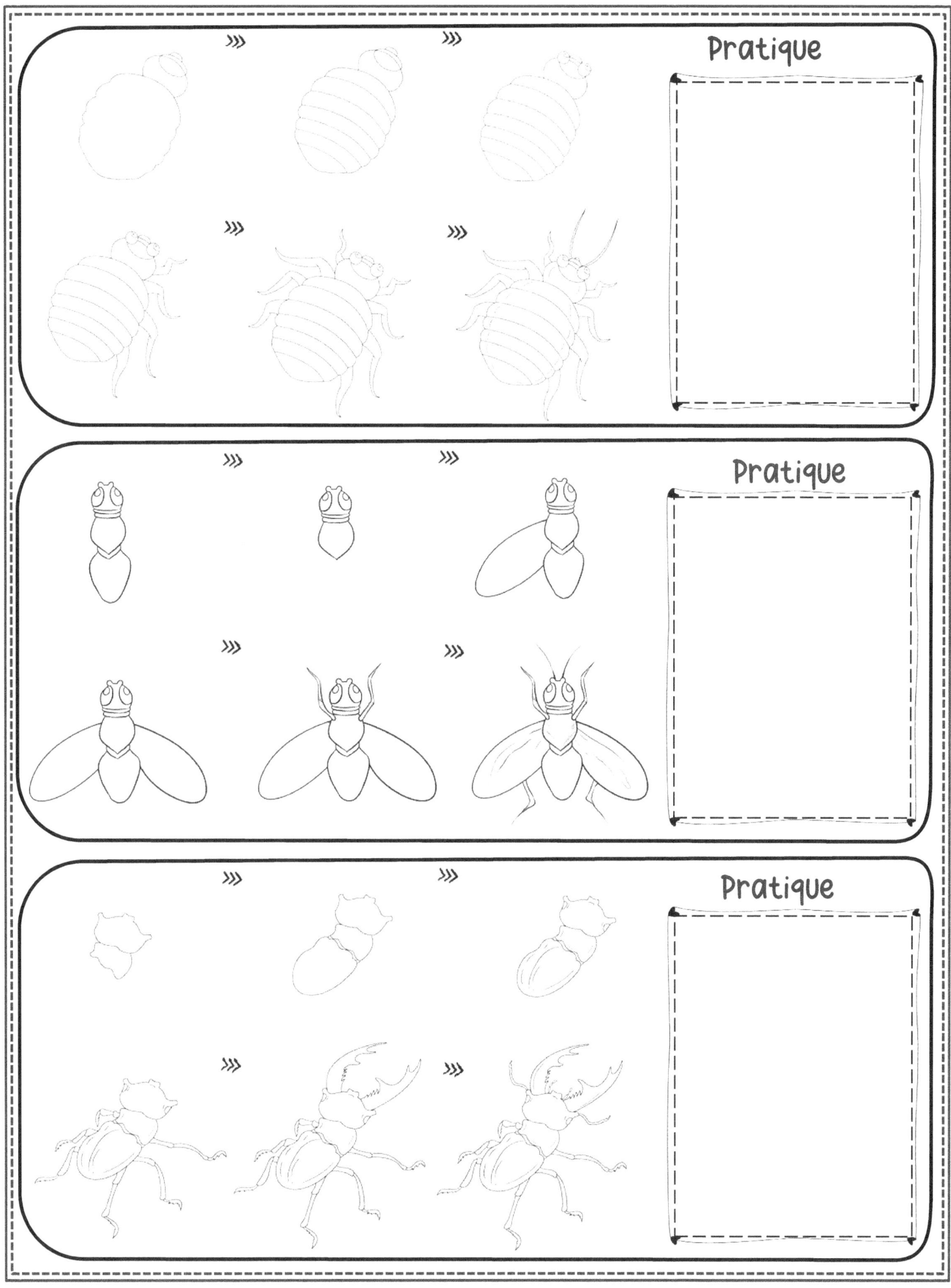

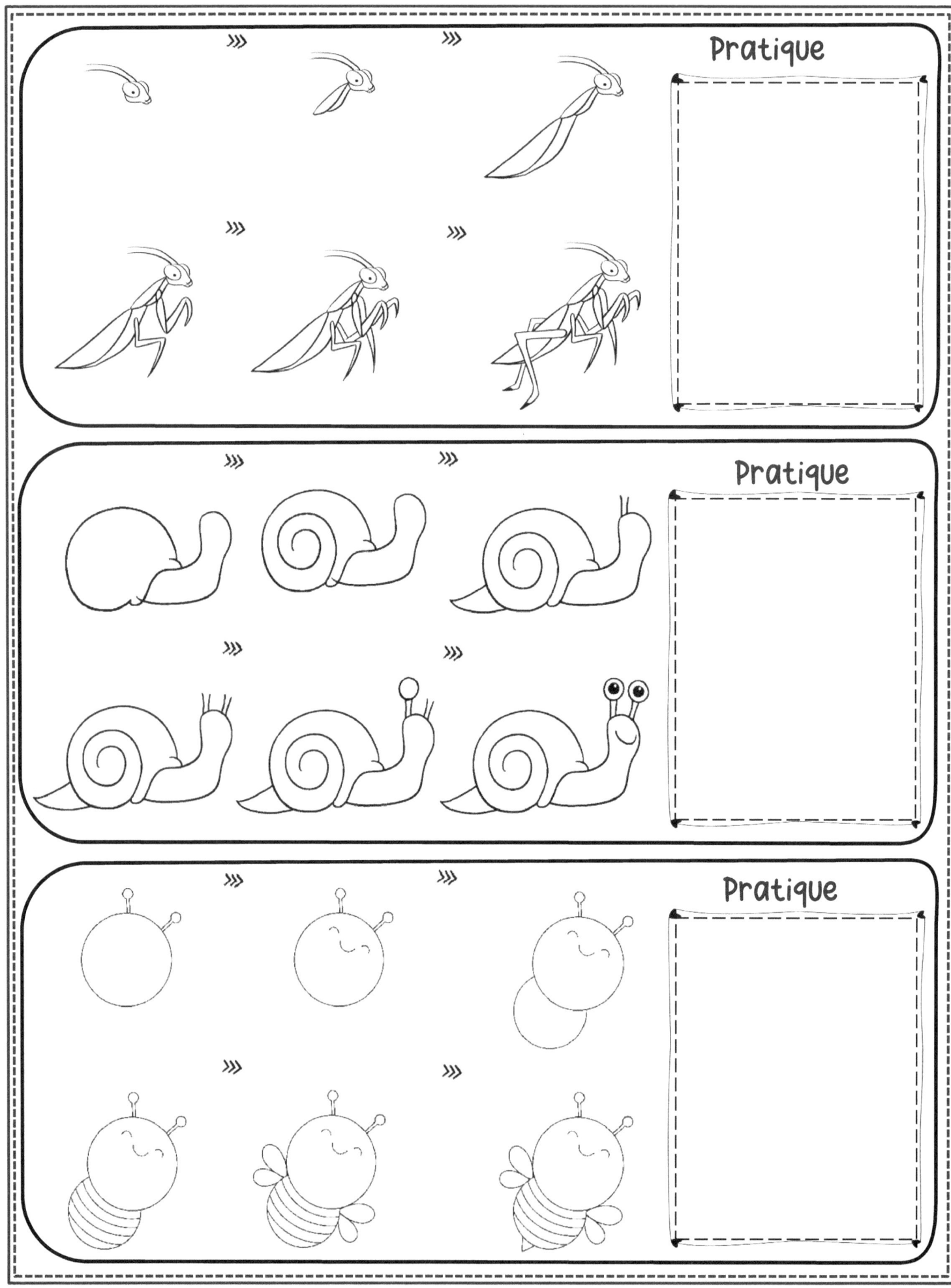

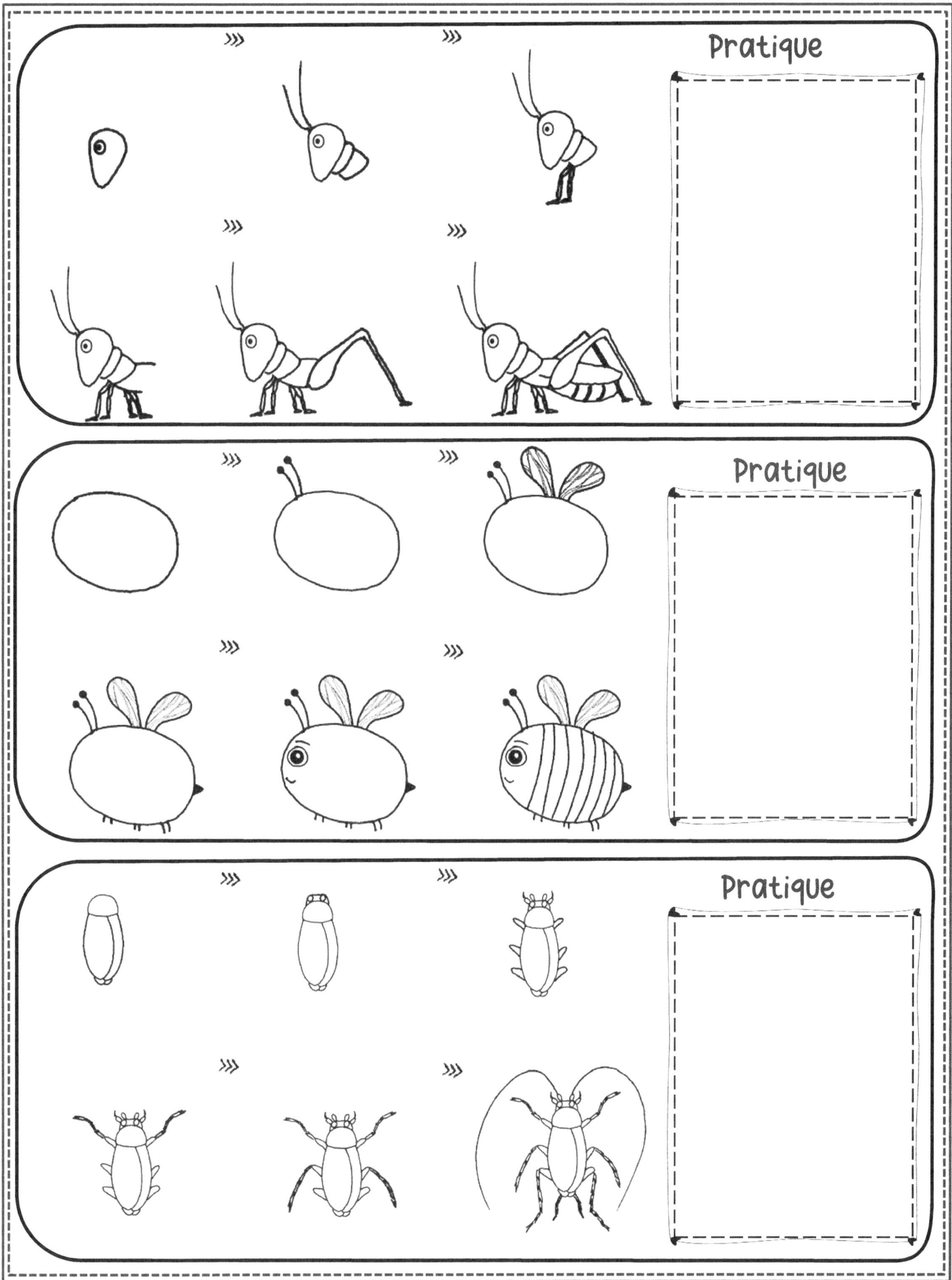

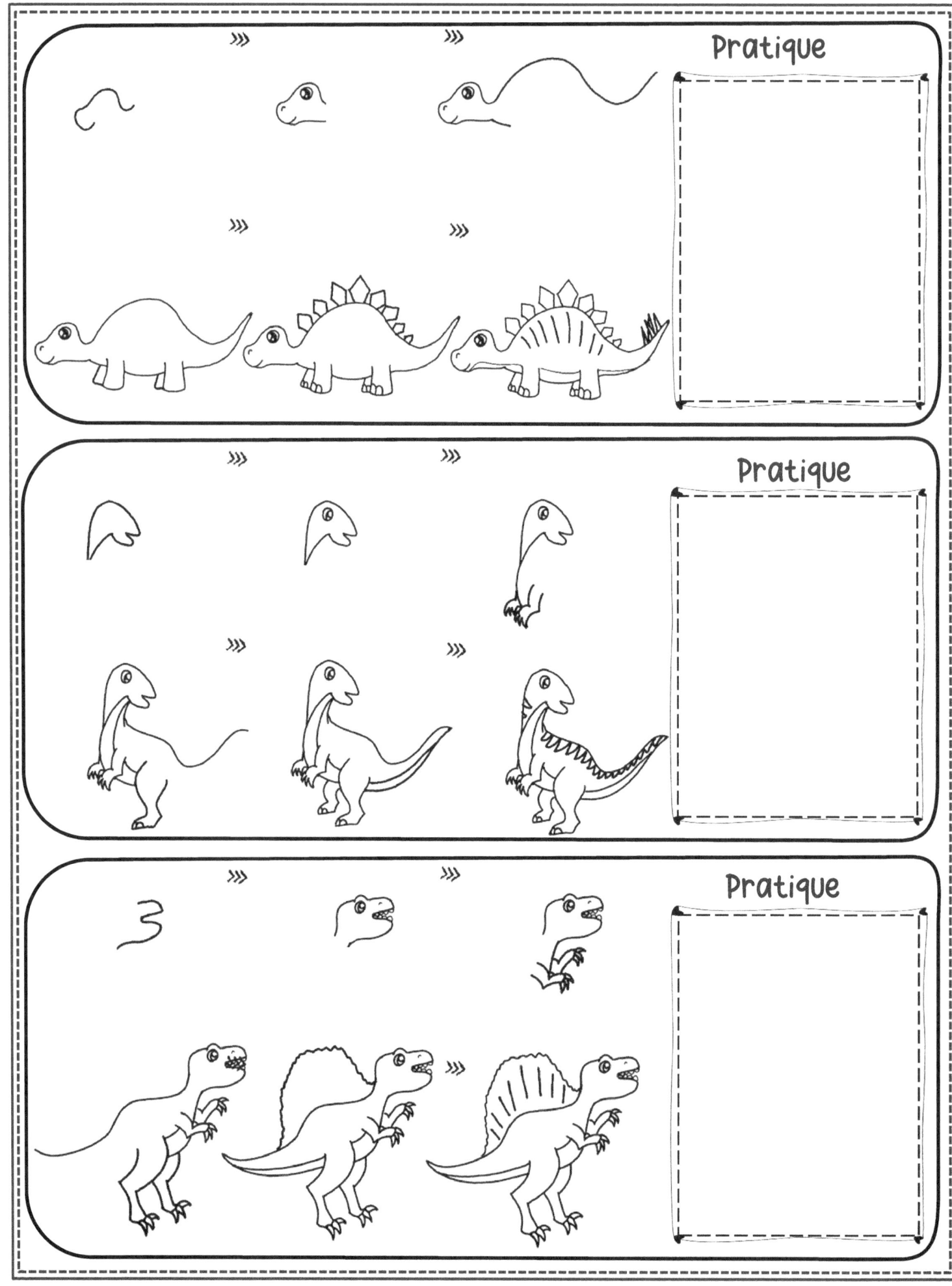

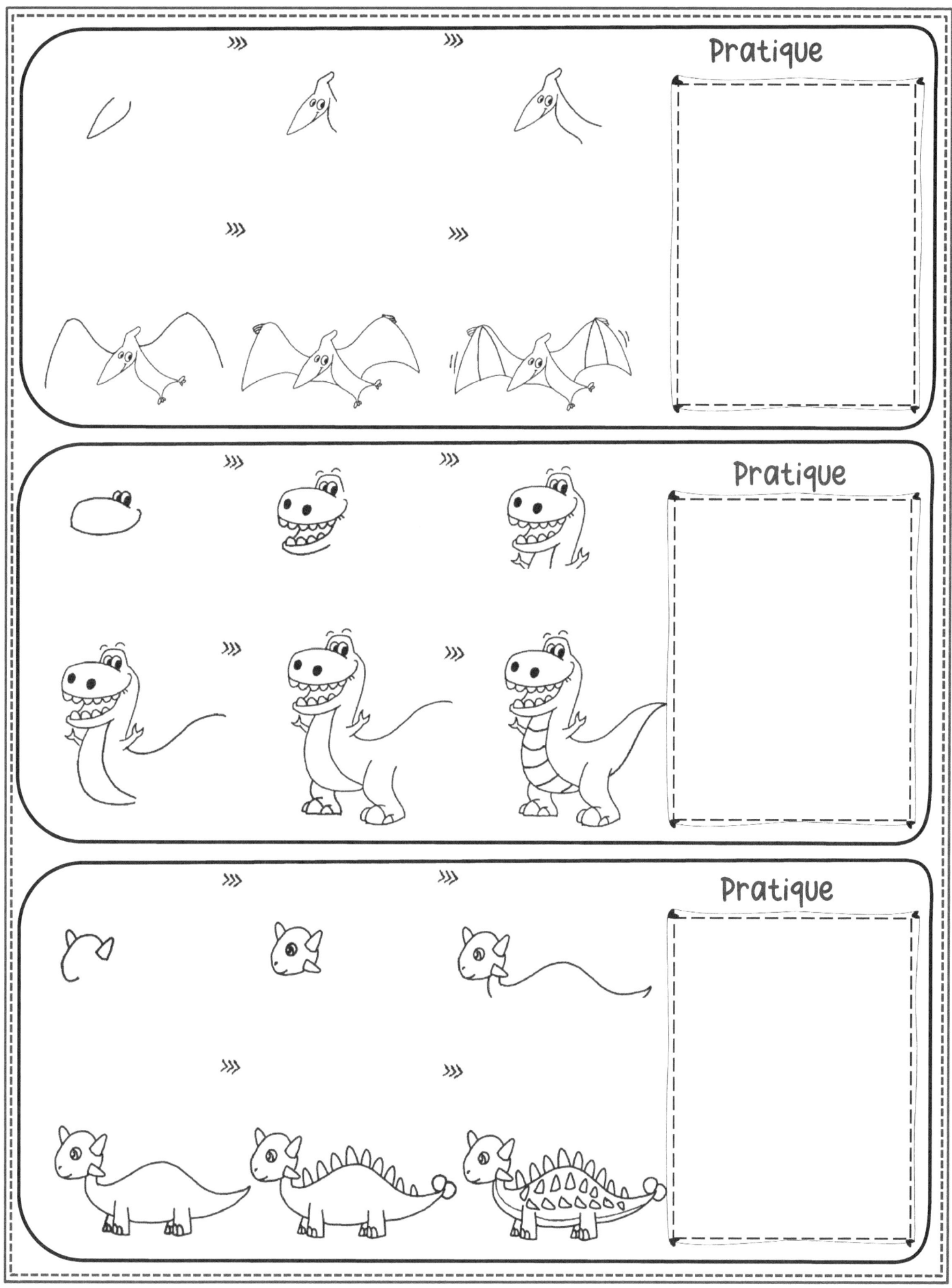

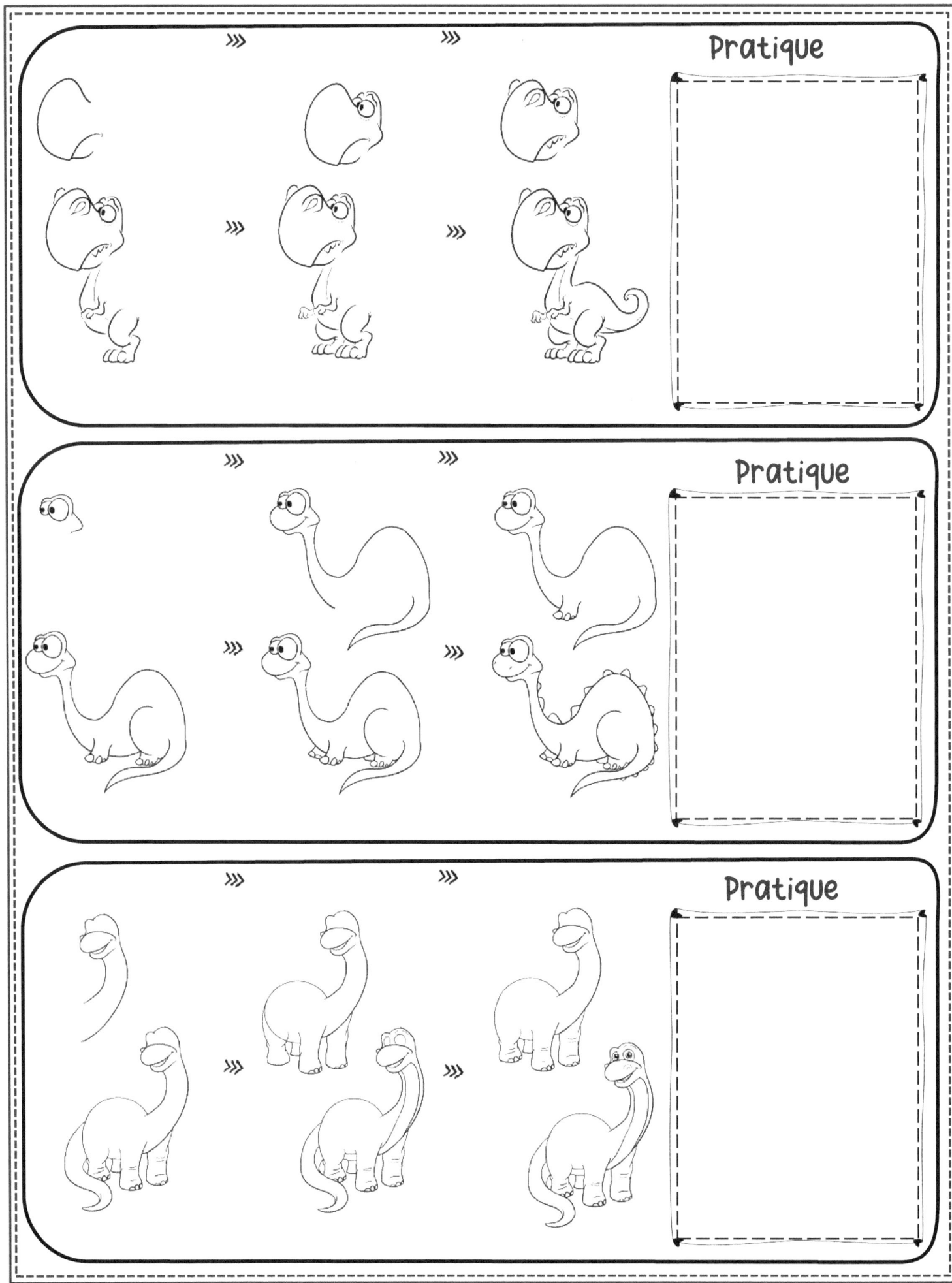

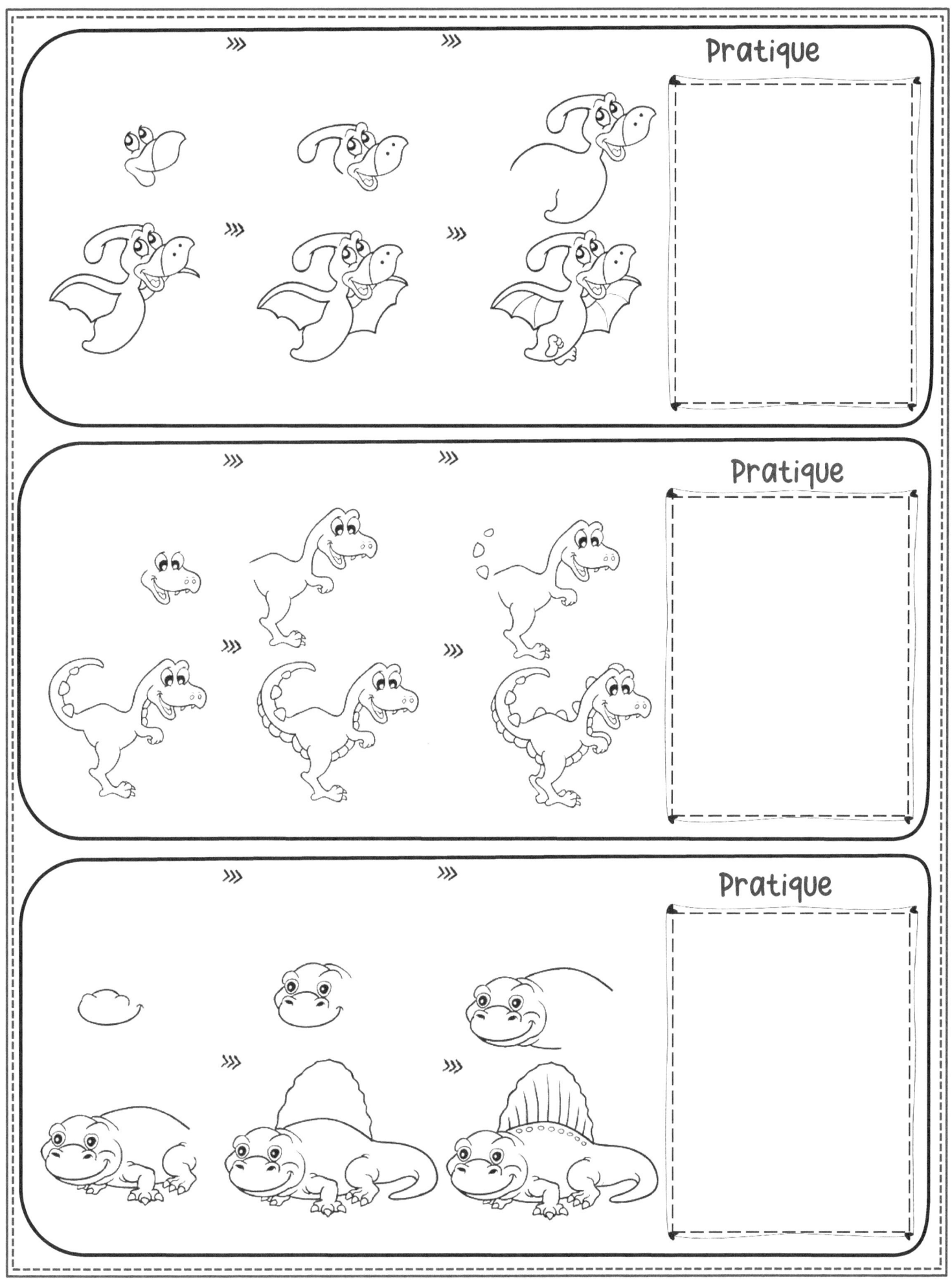

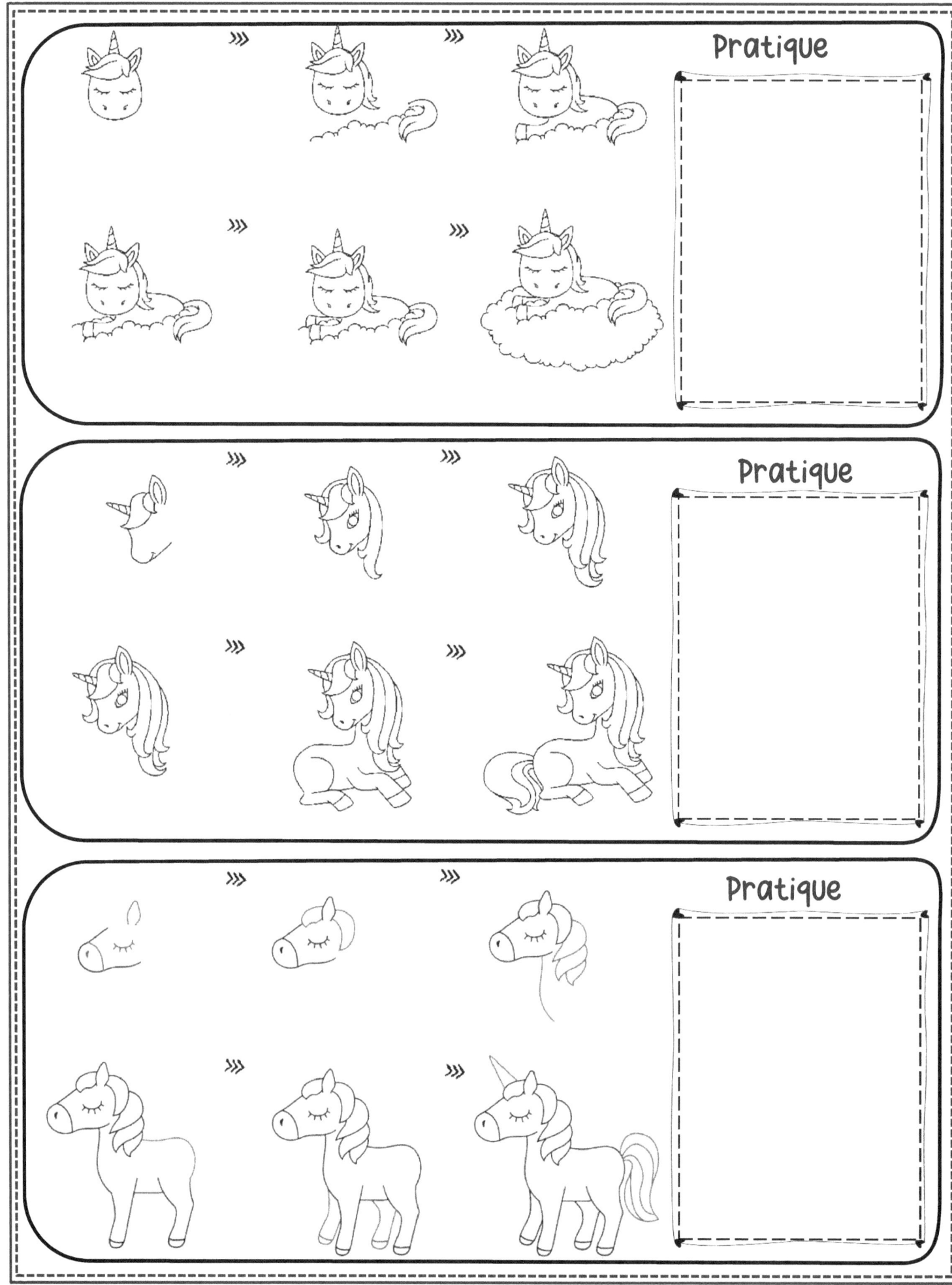

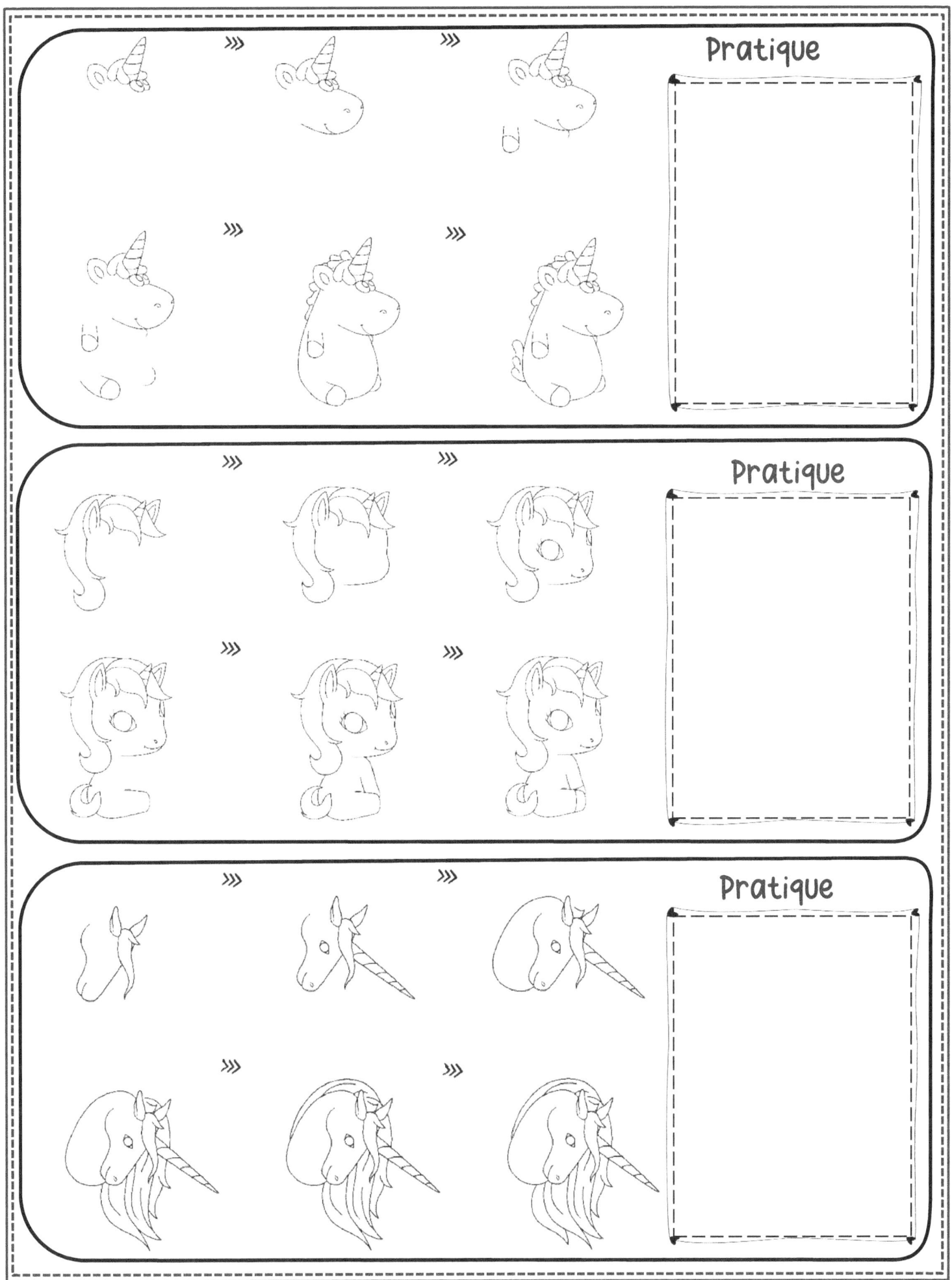

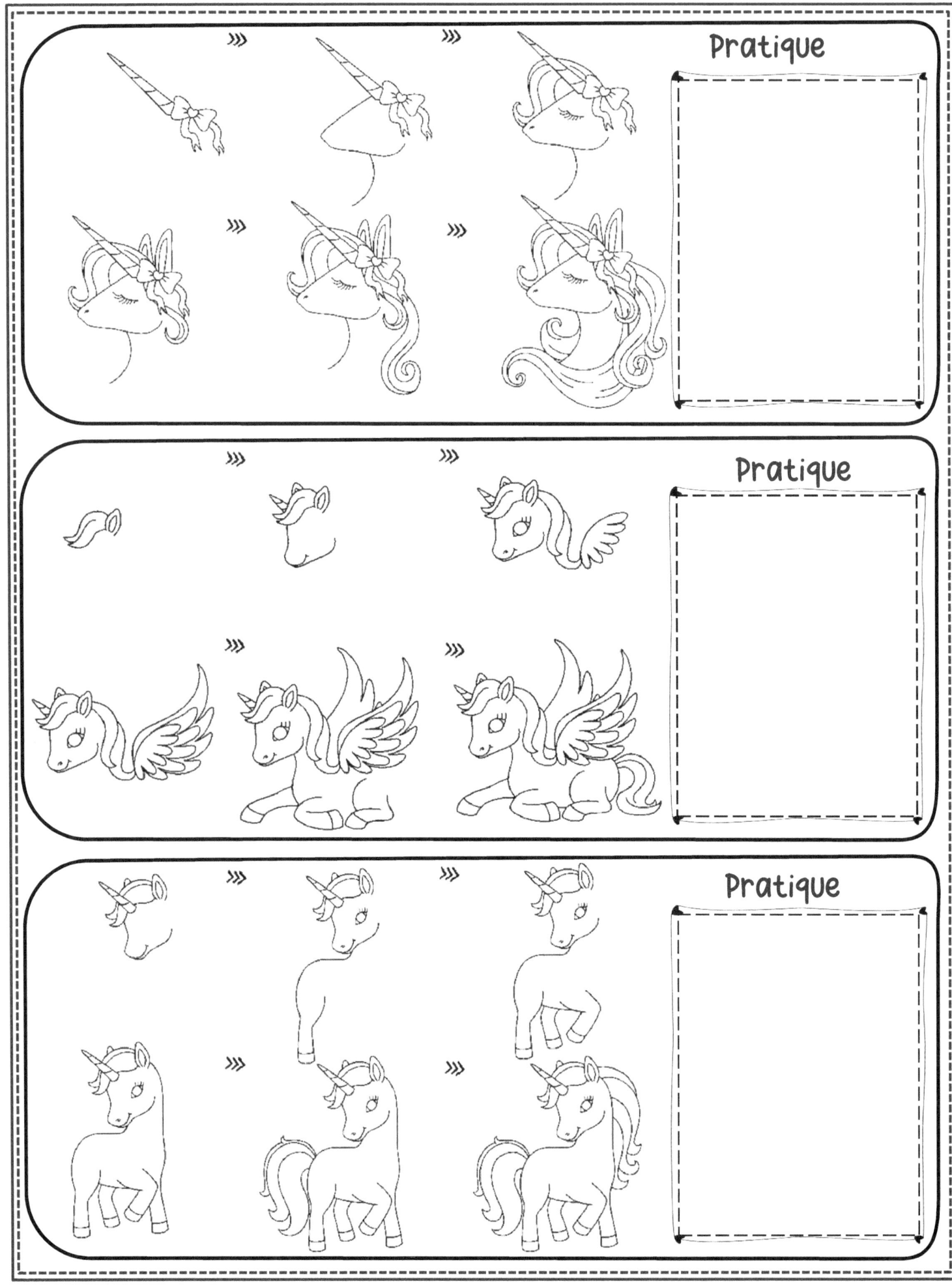

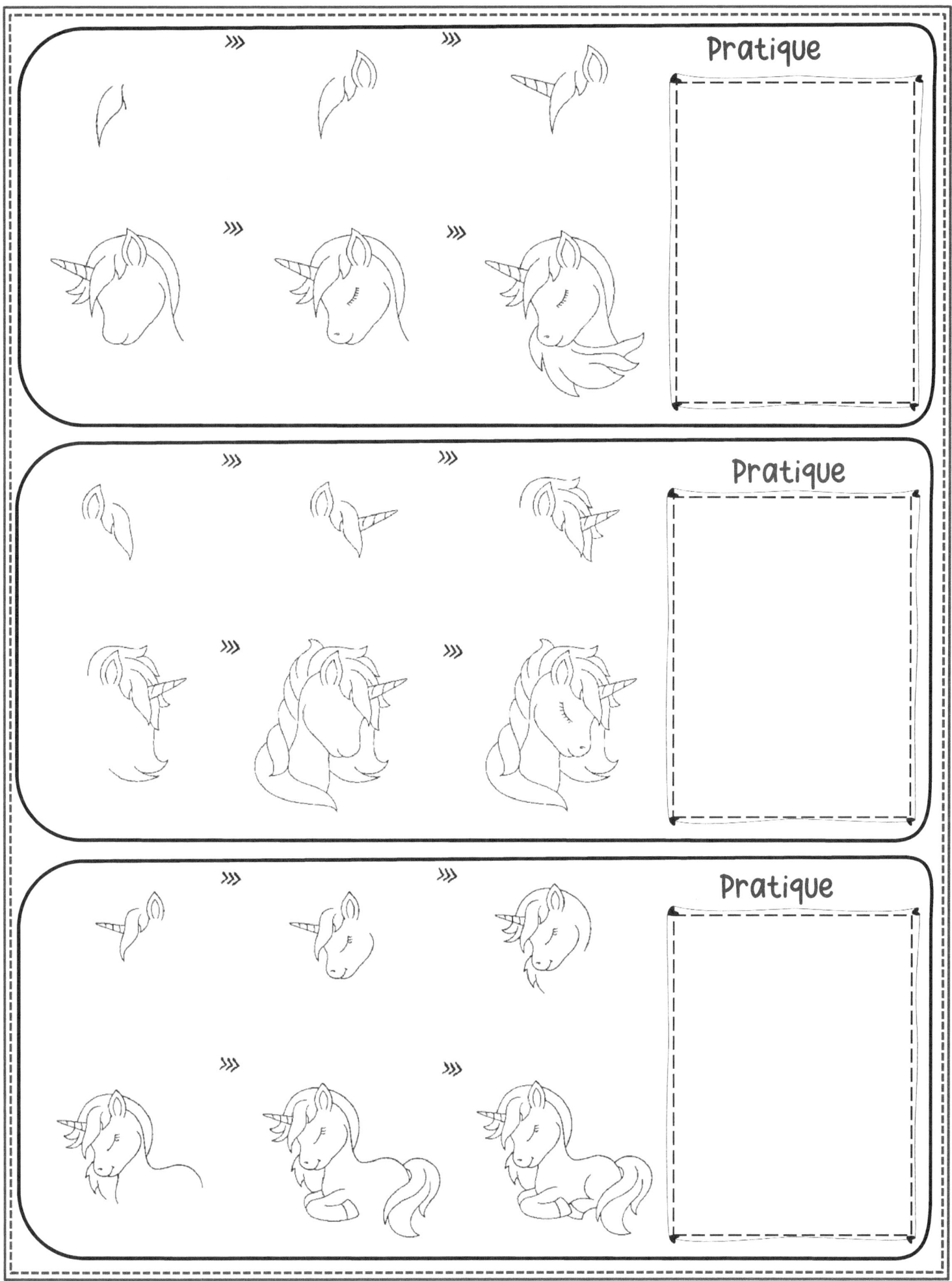

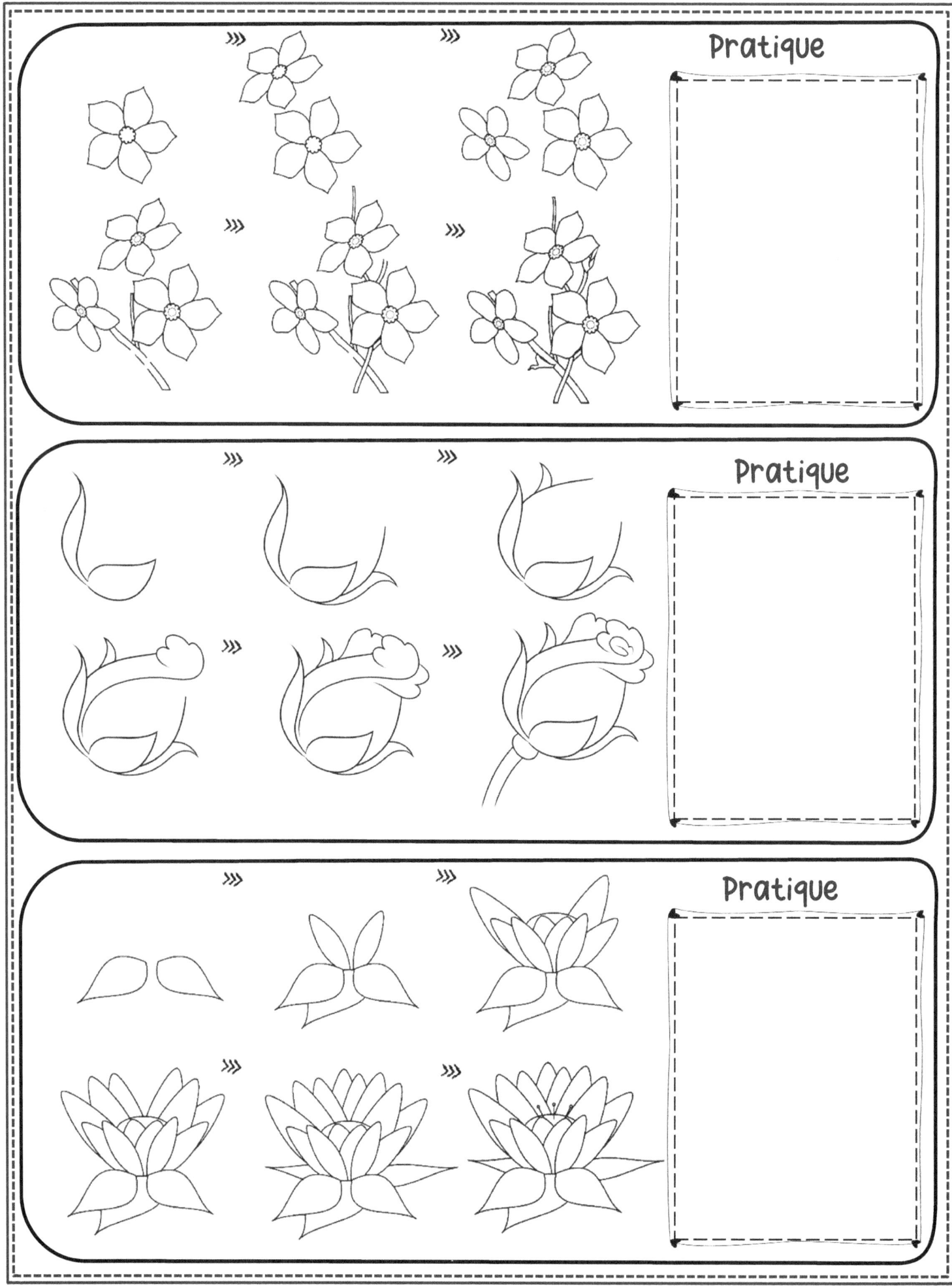

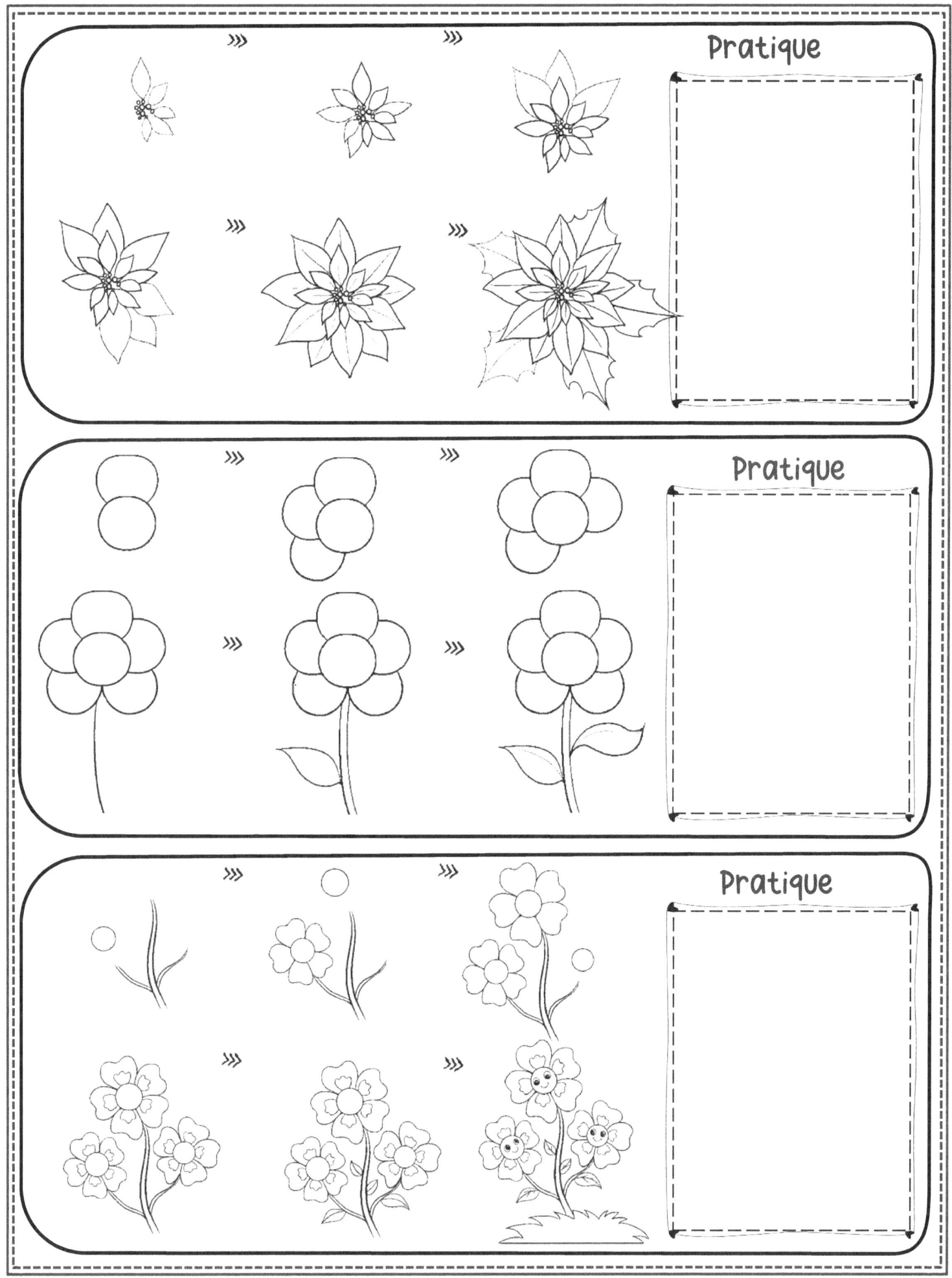
Pratique

Pratique

Pratique

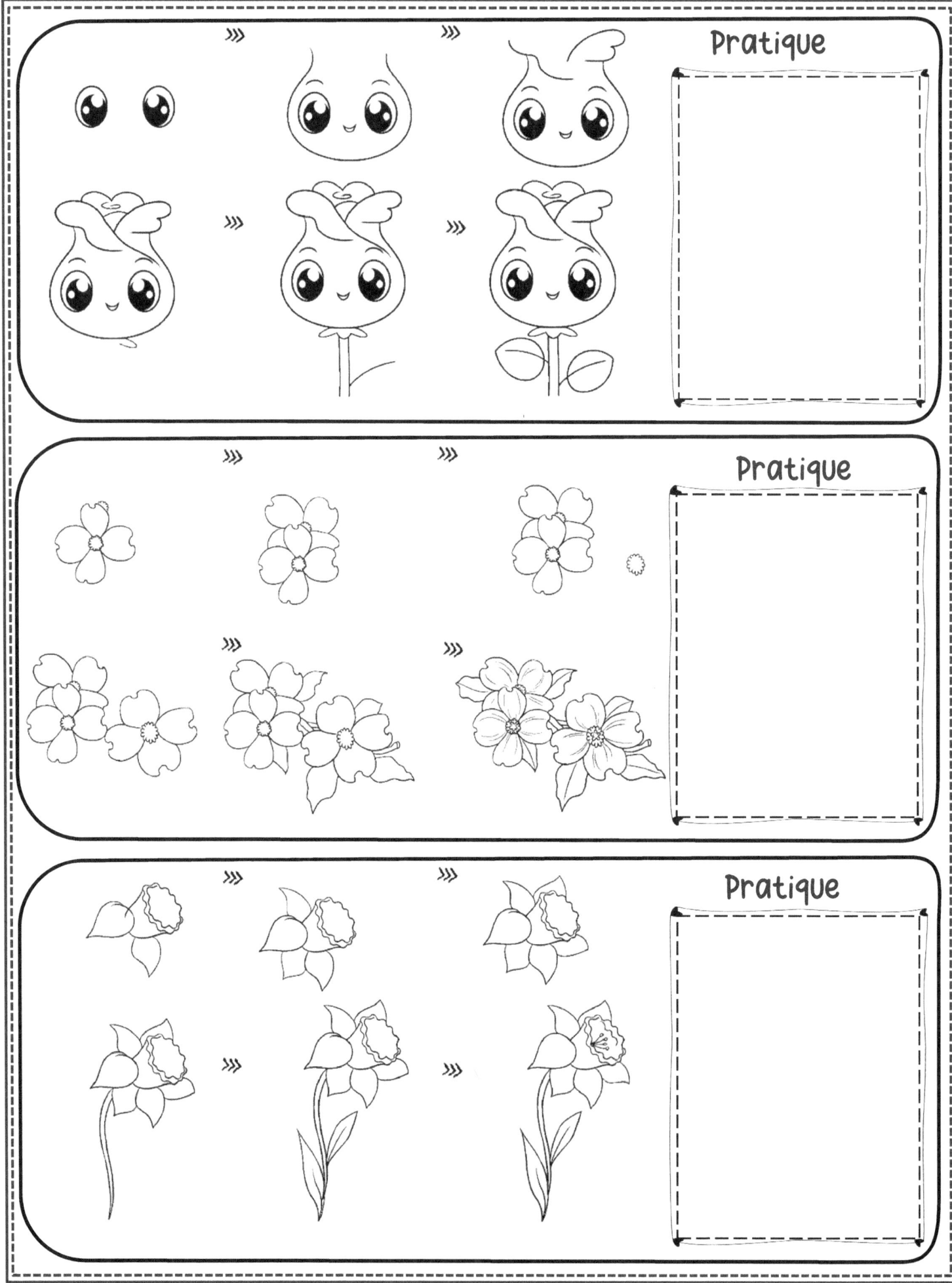

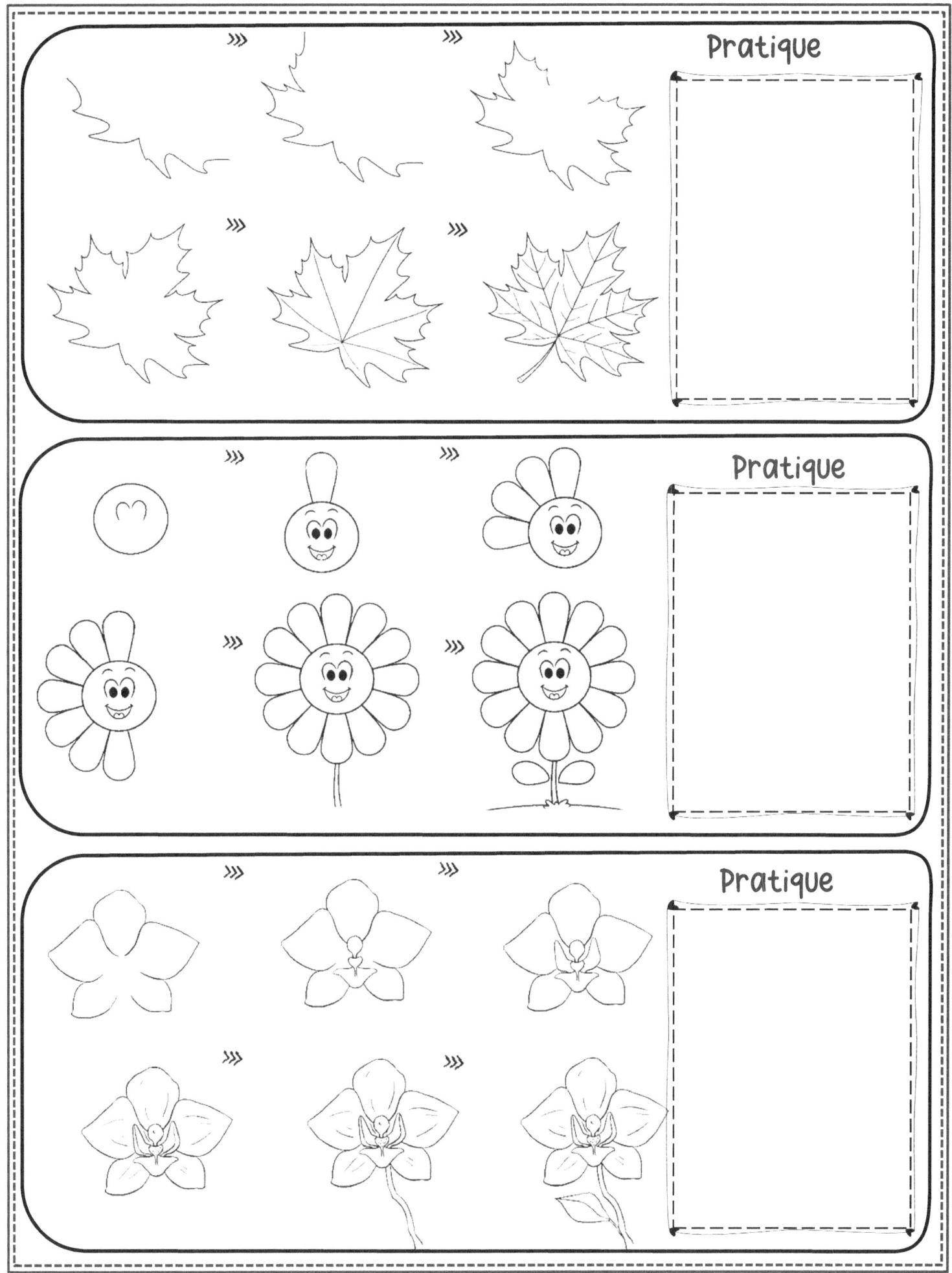

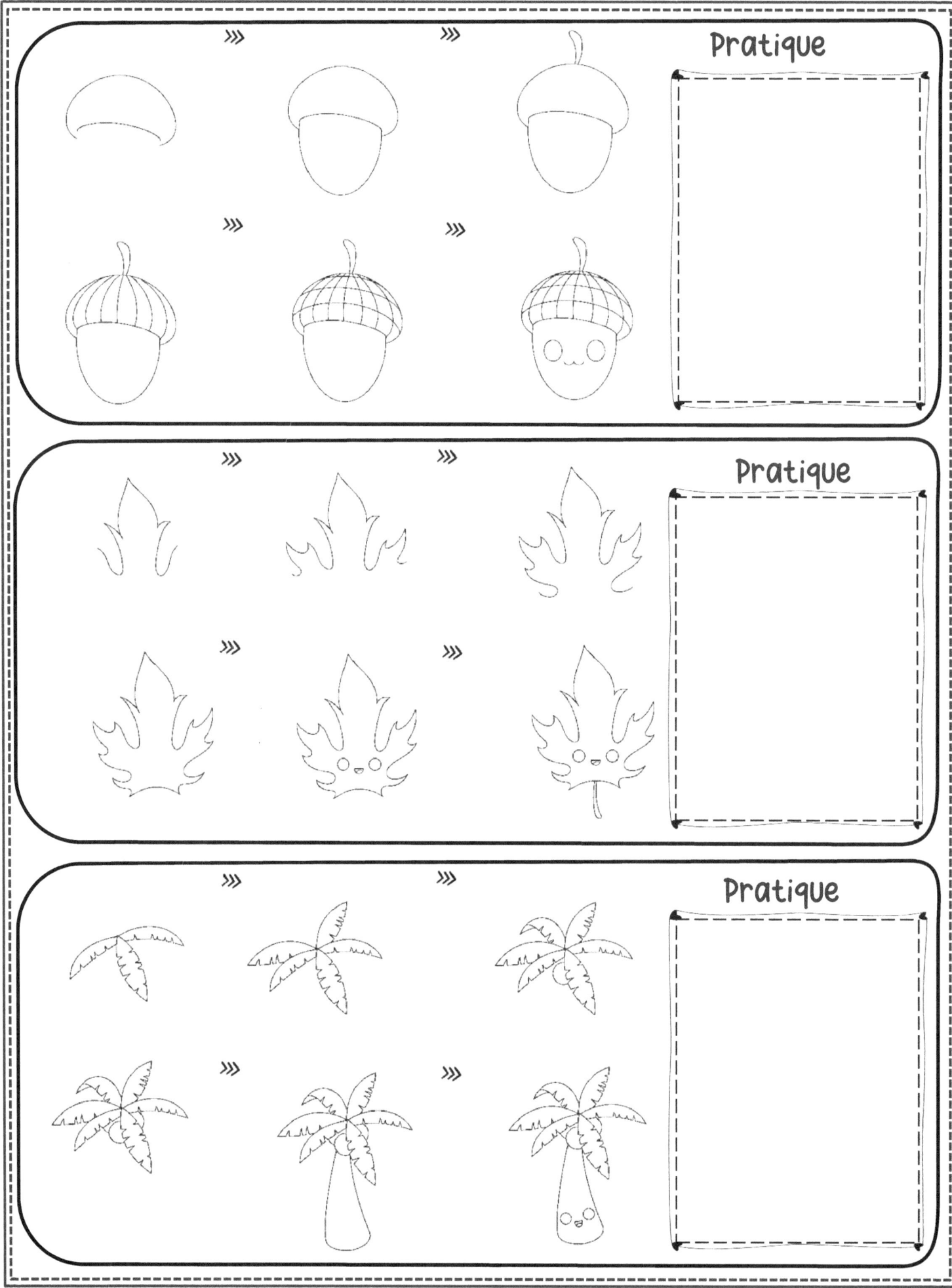

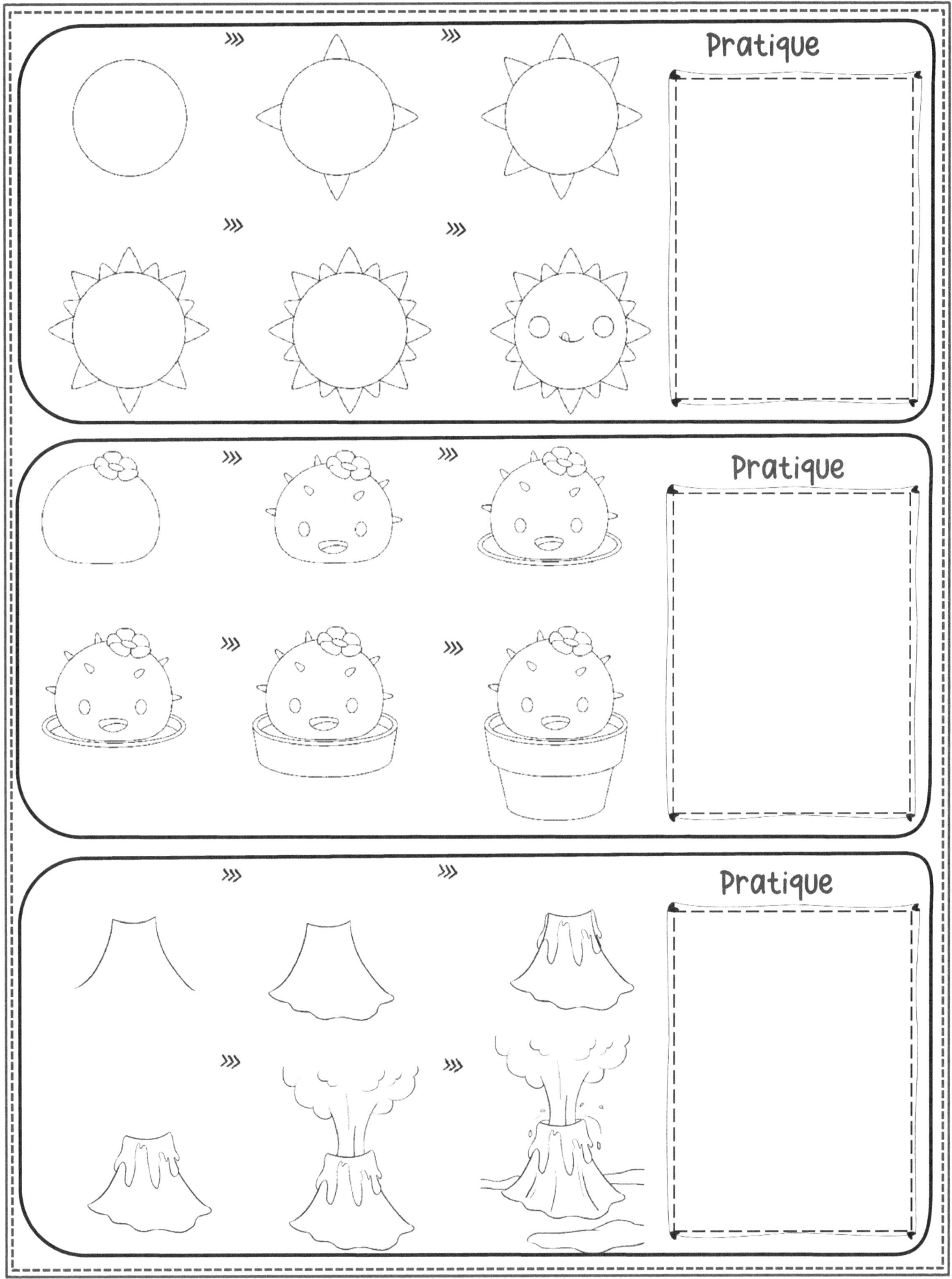

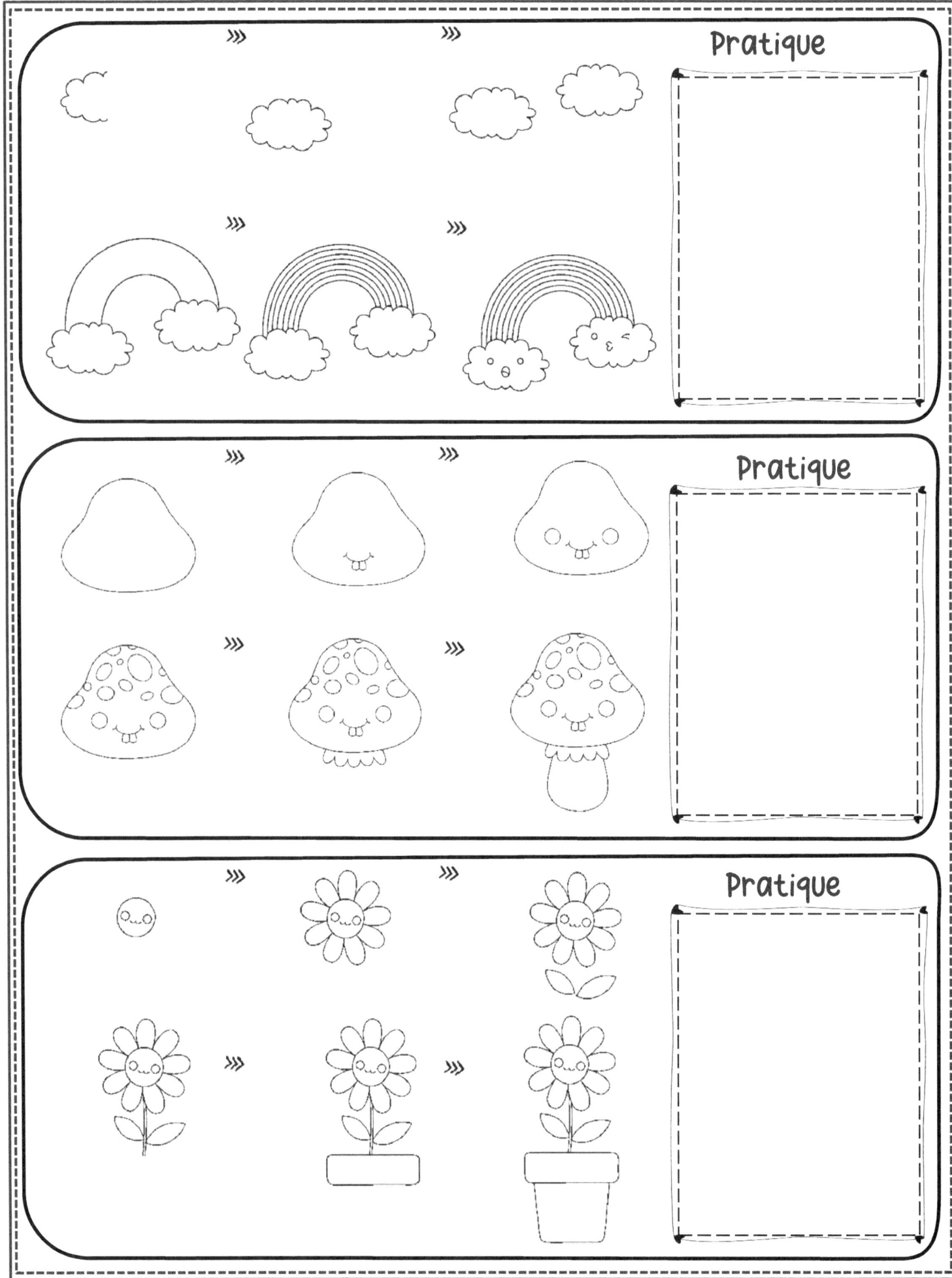

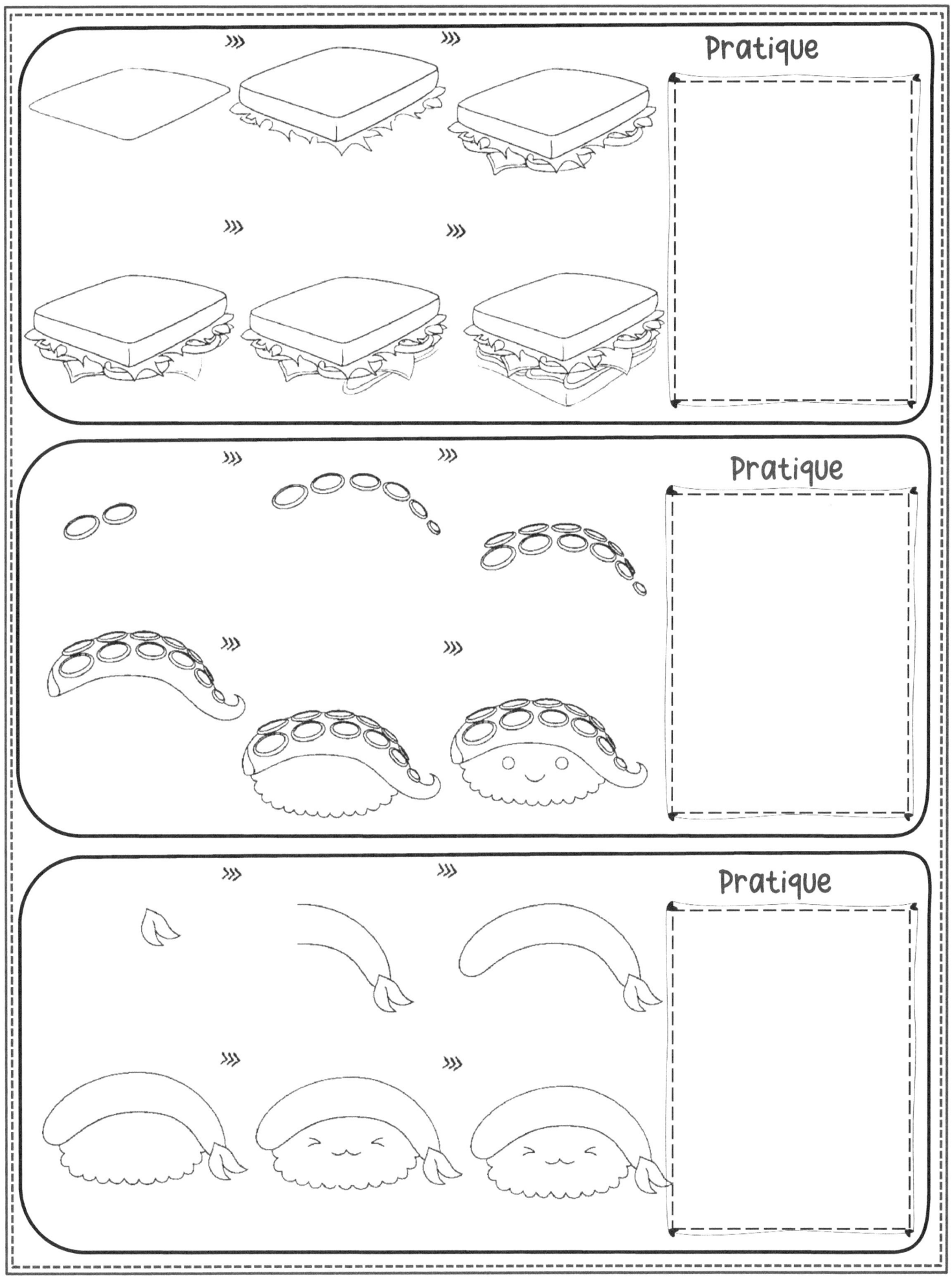

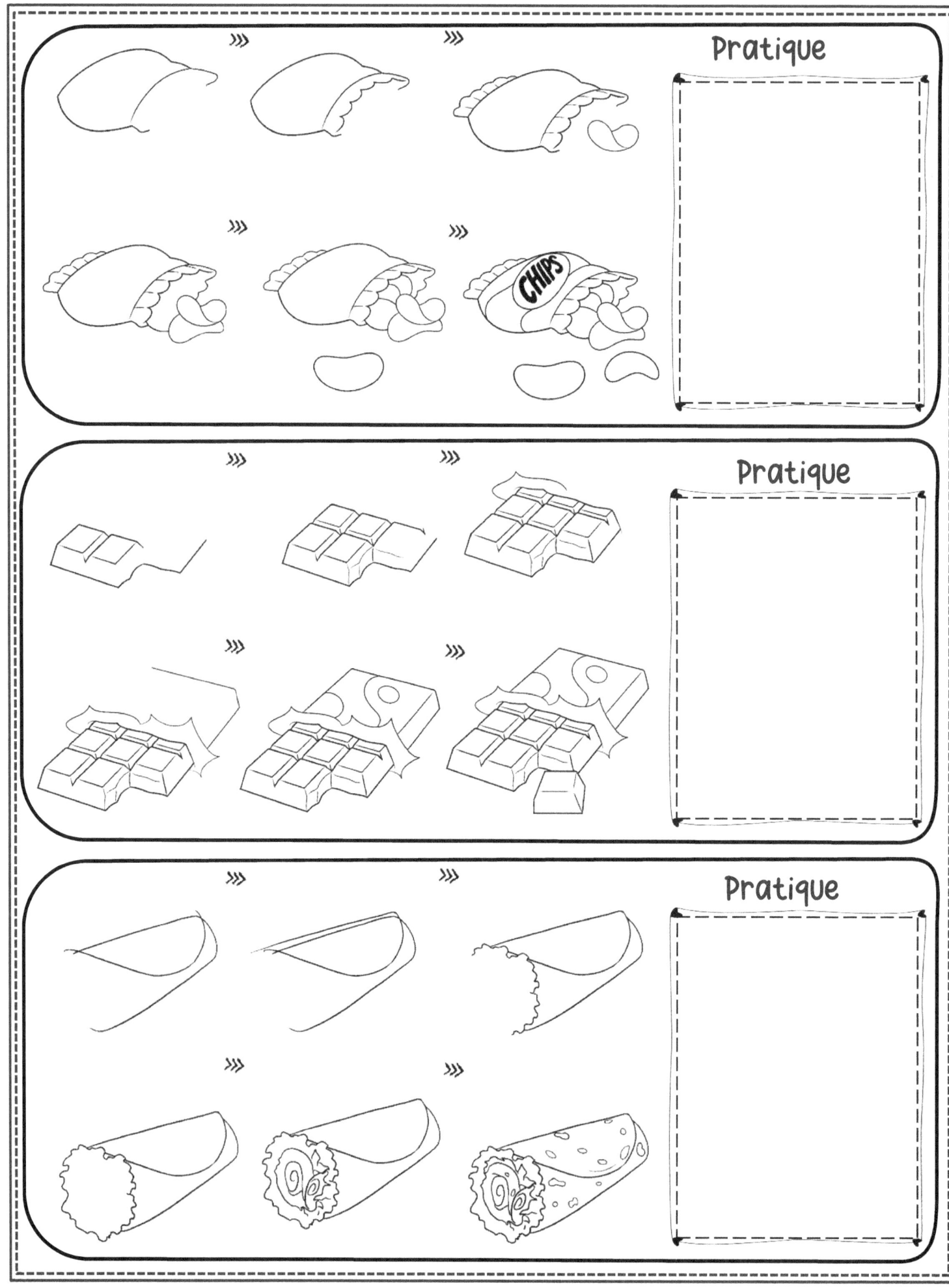

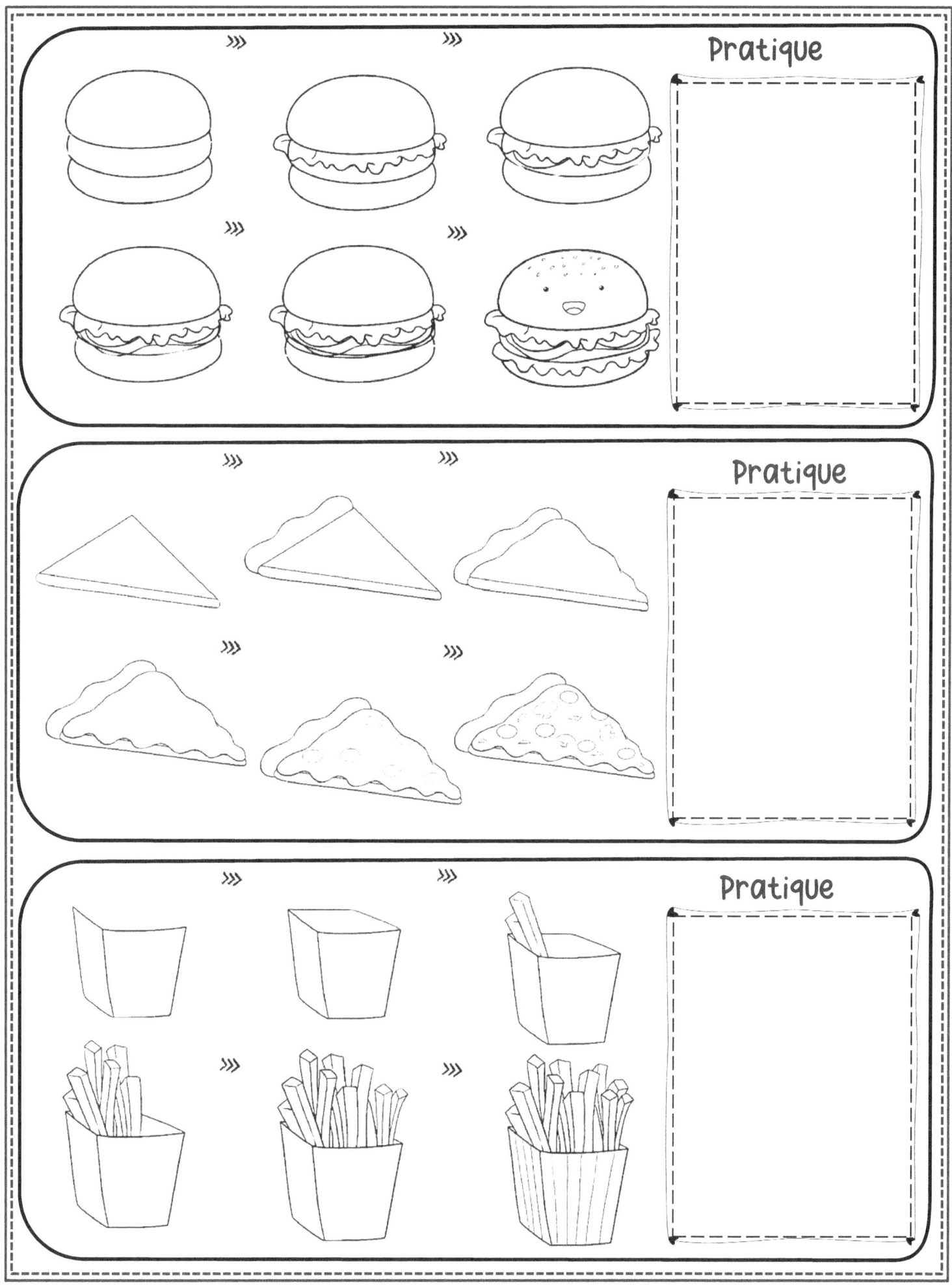

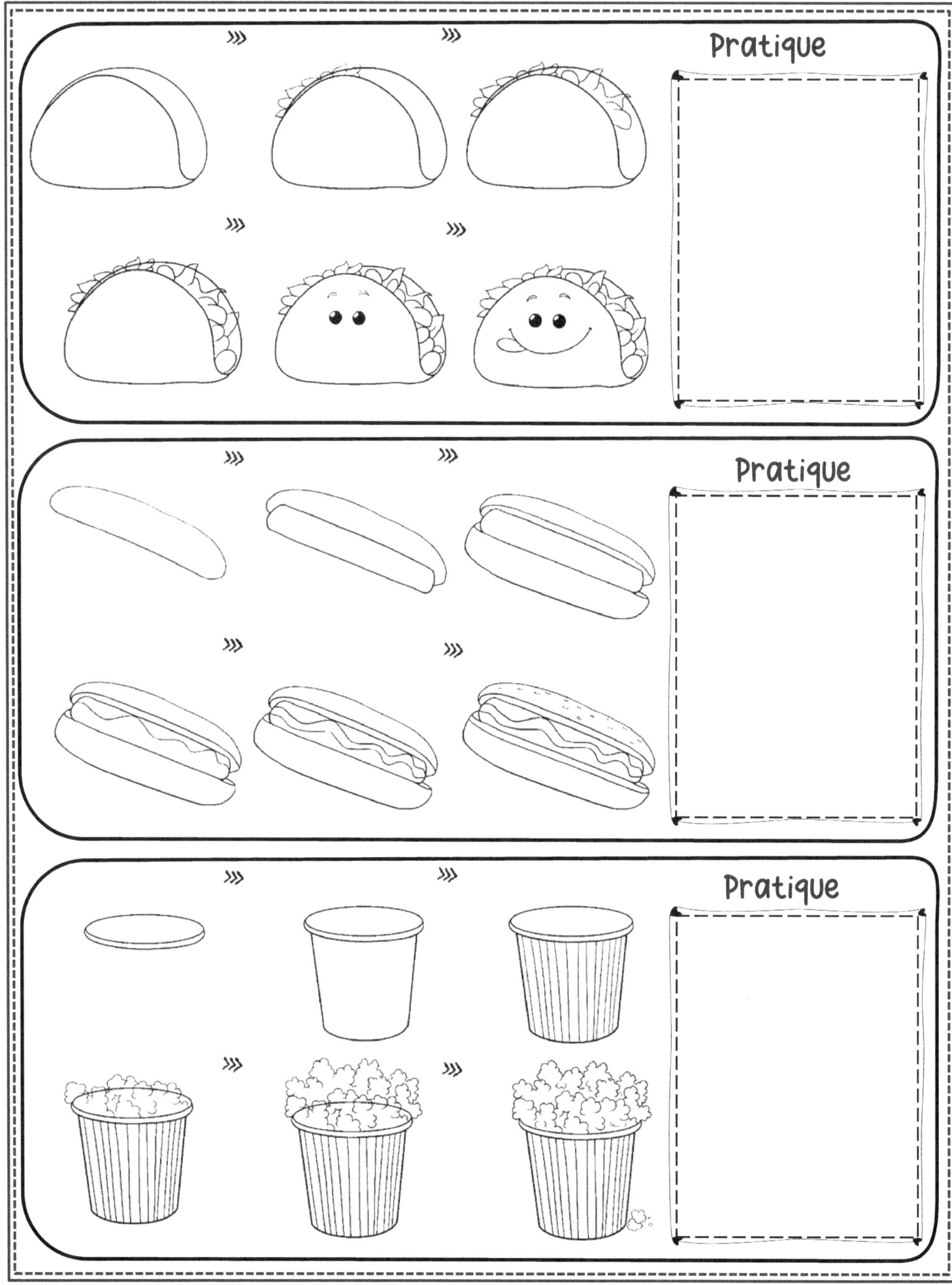

Pratique

Pratique

Pratique

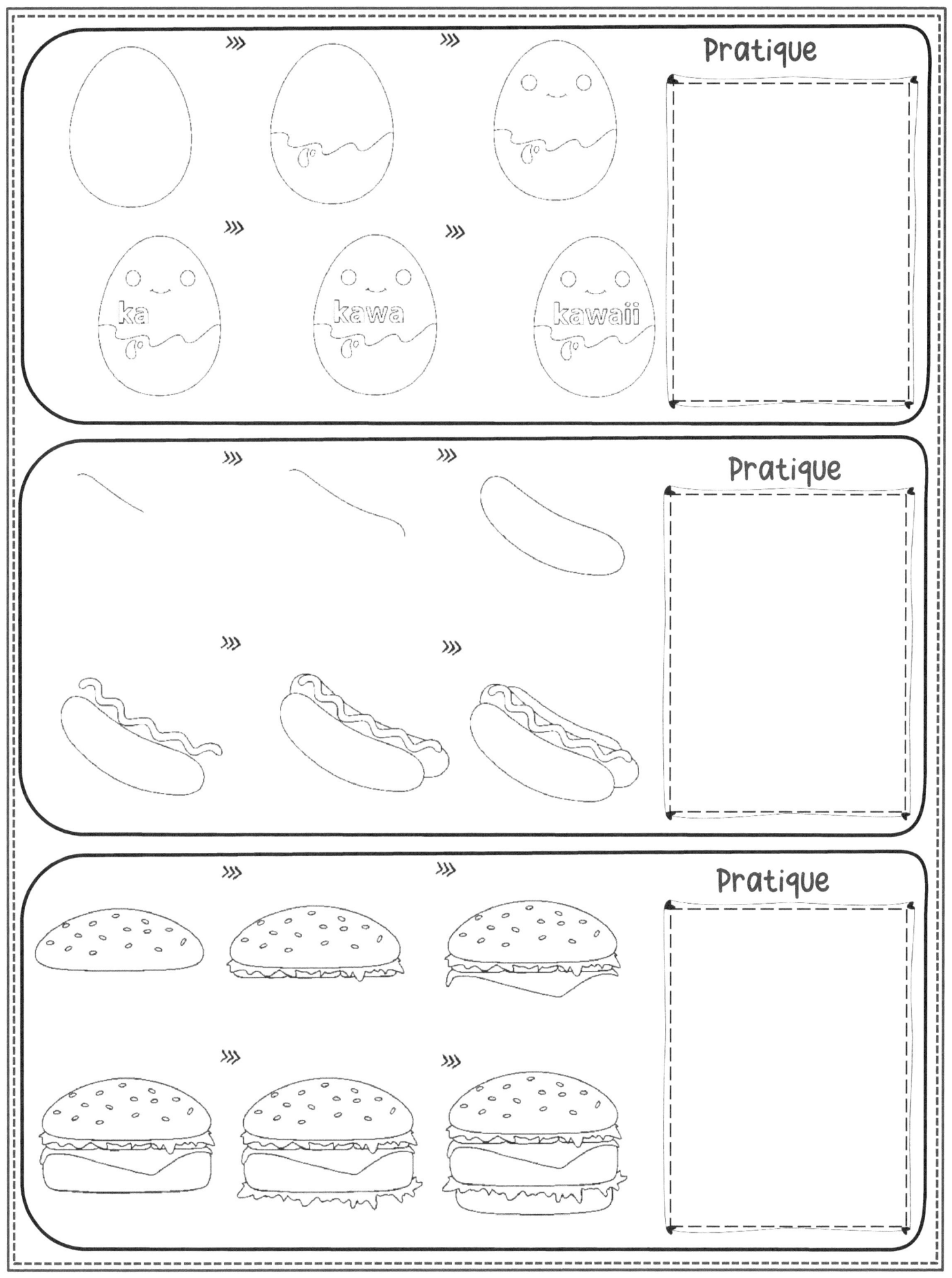

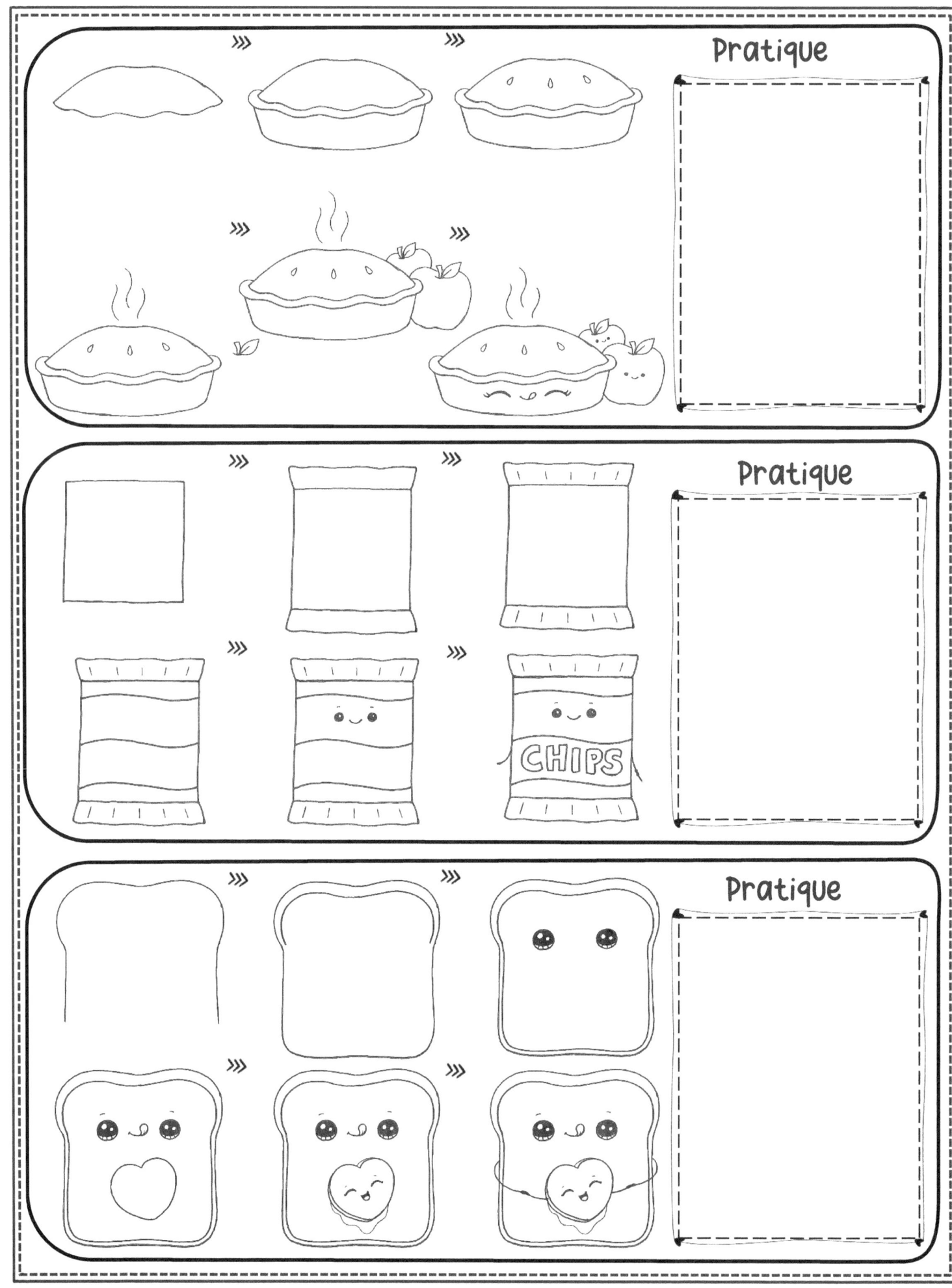

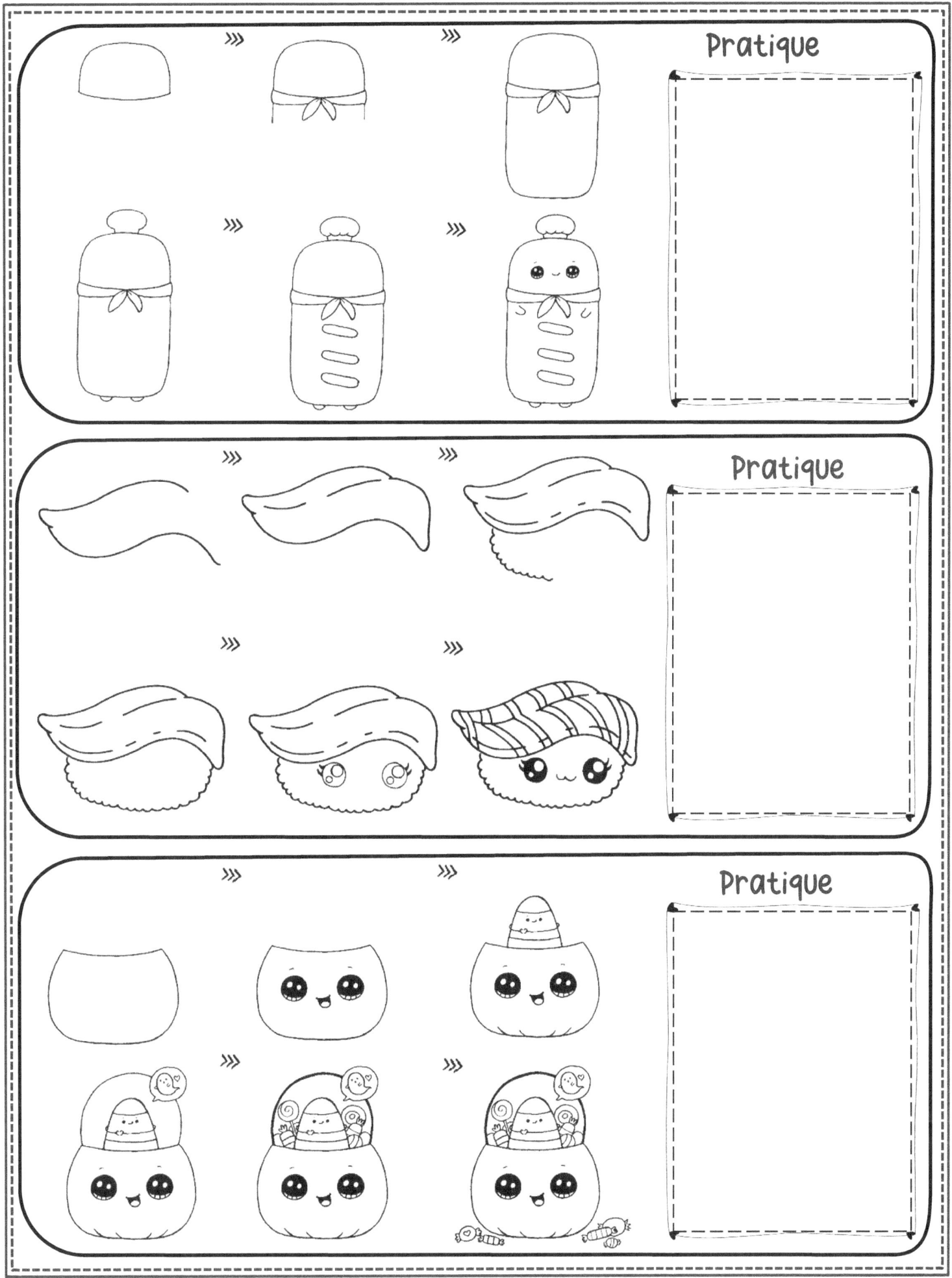

Pratique

Pratique

Pratique

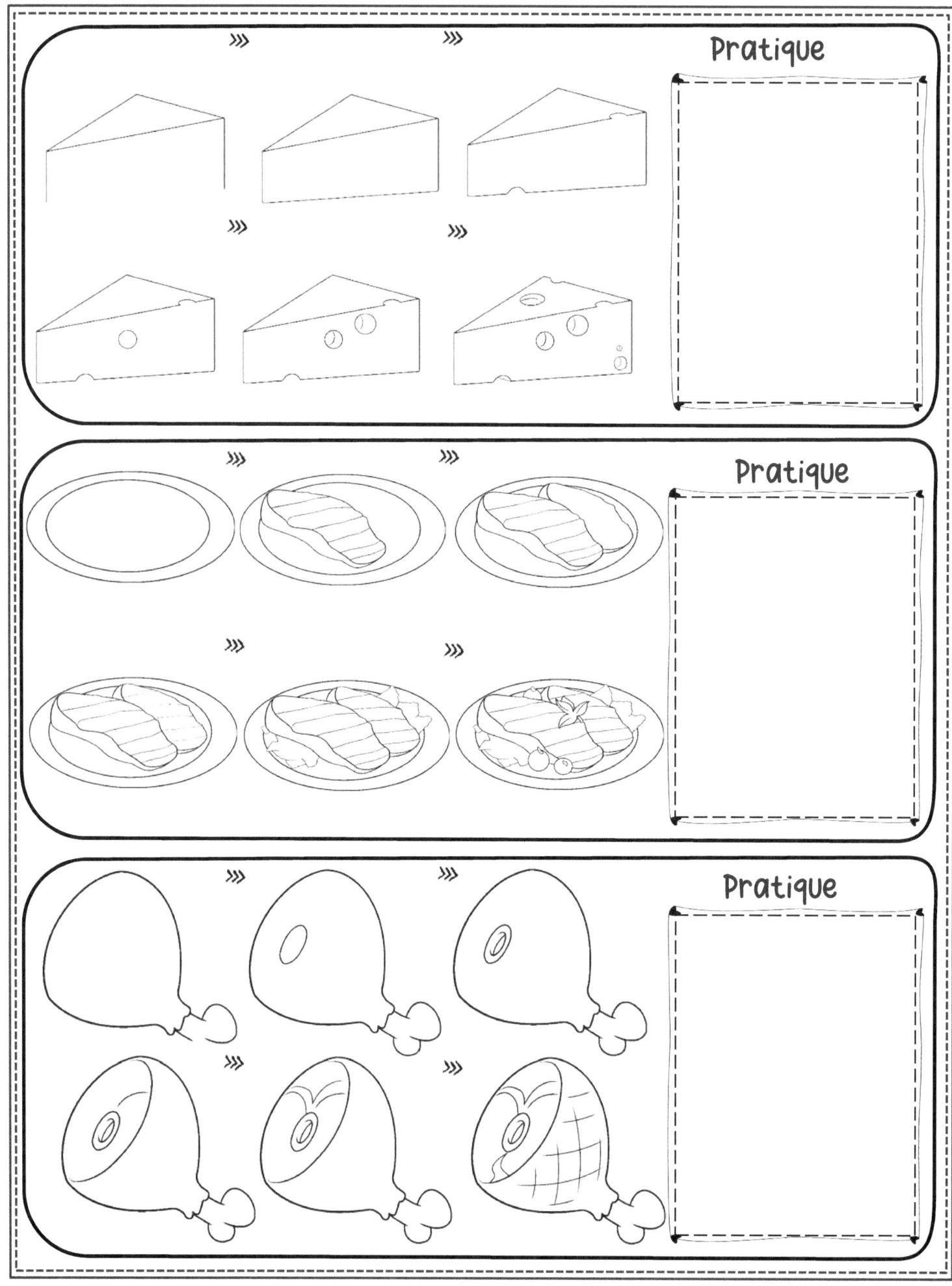

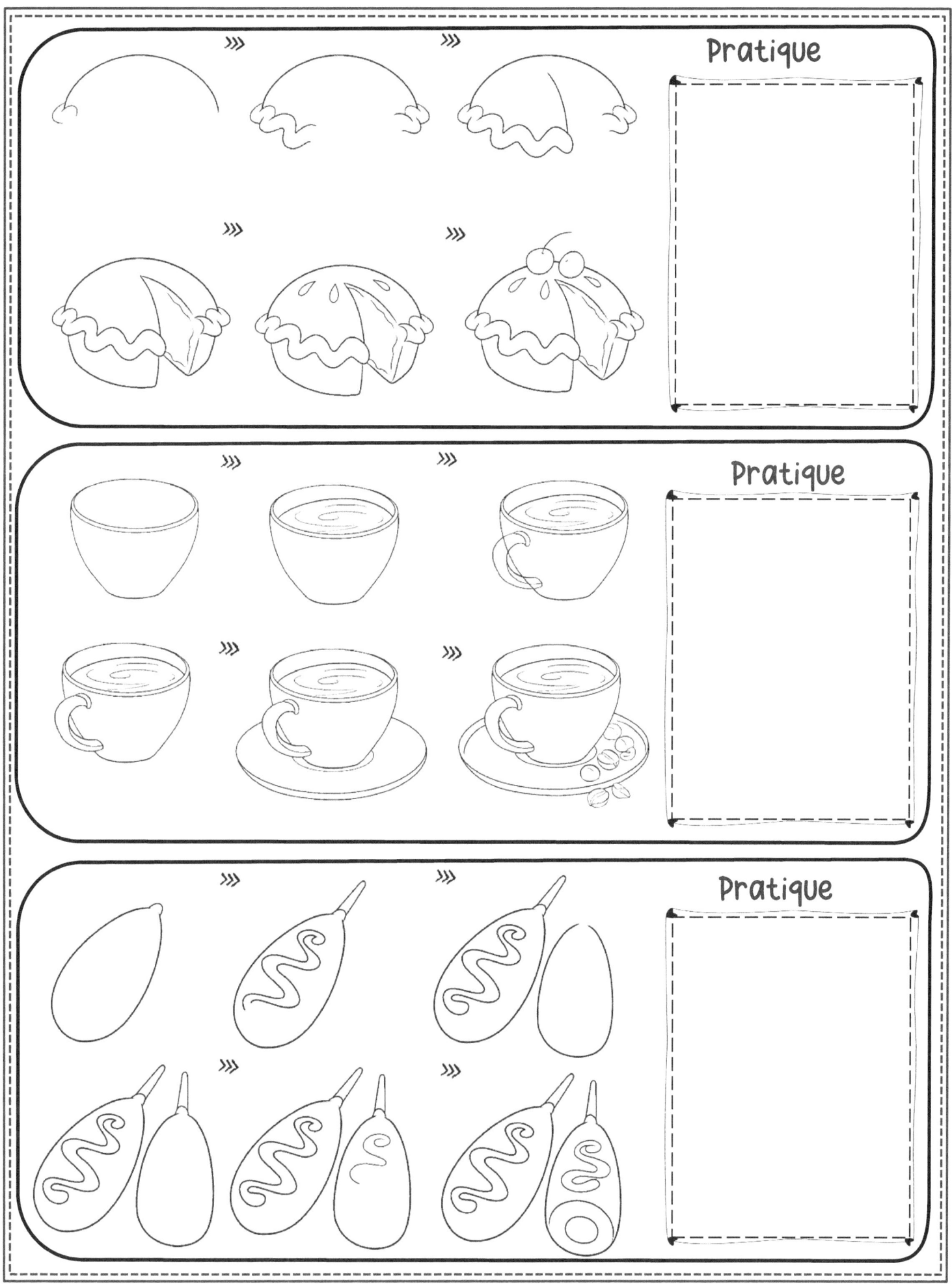

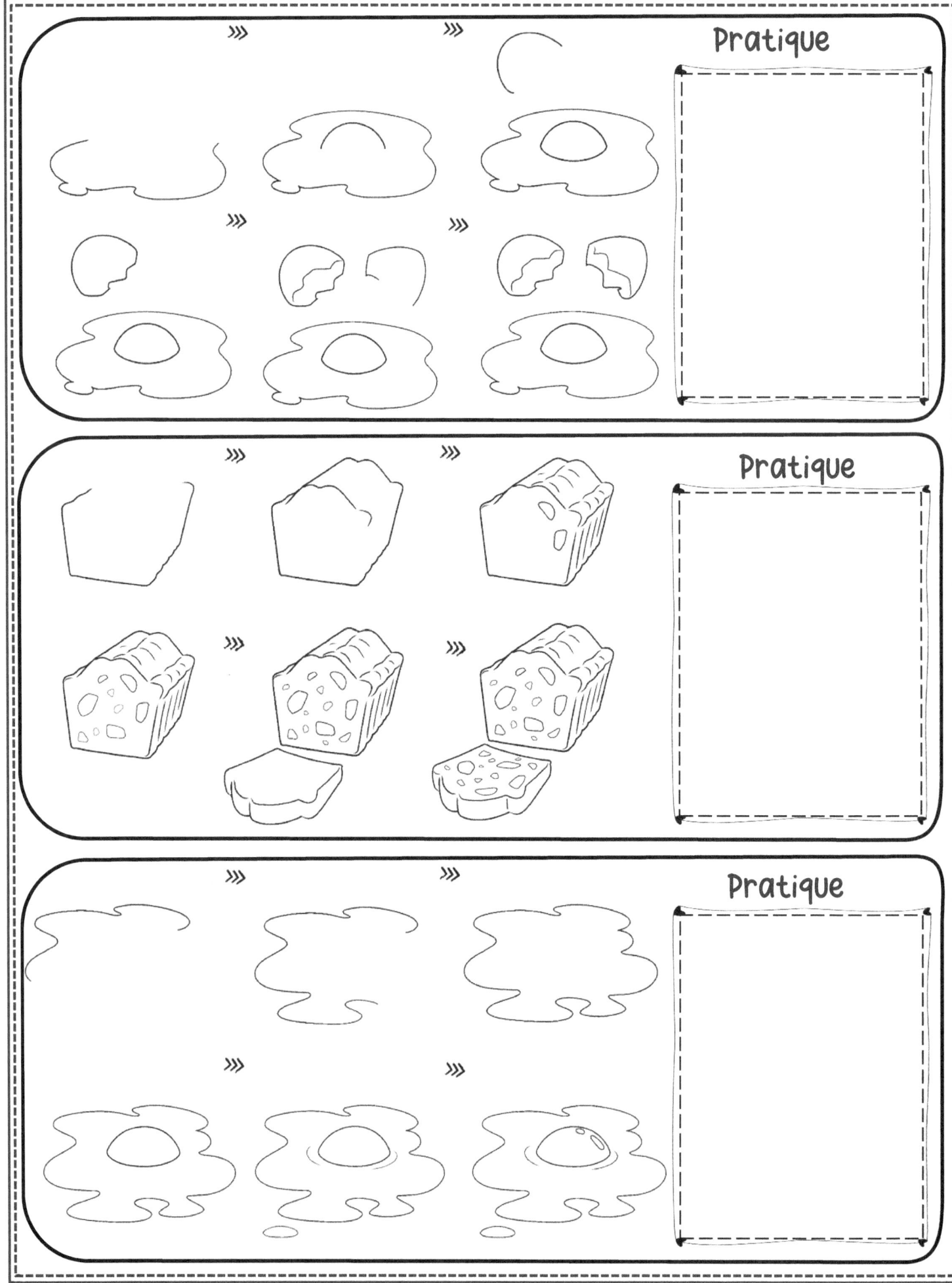

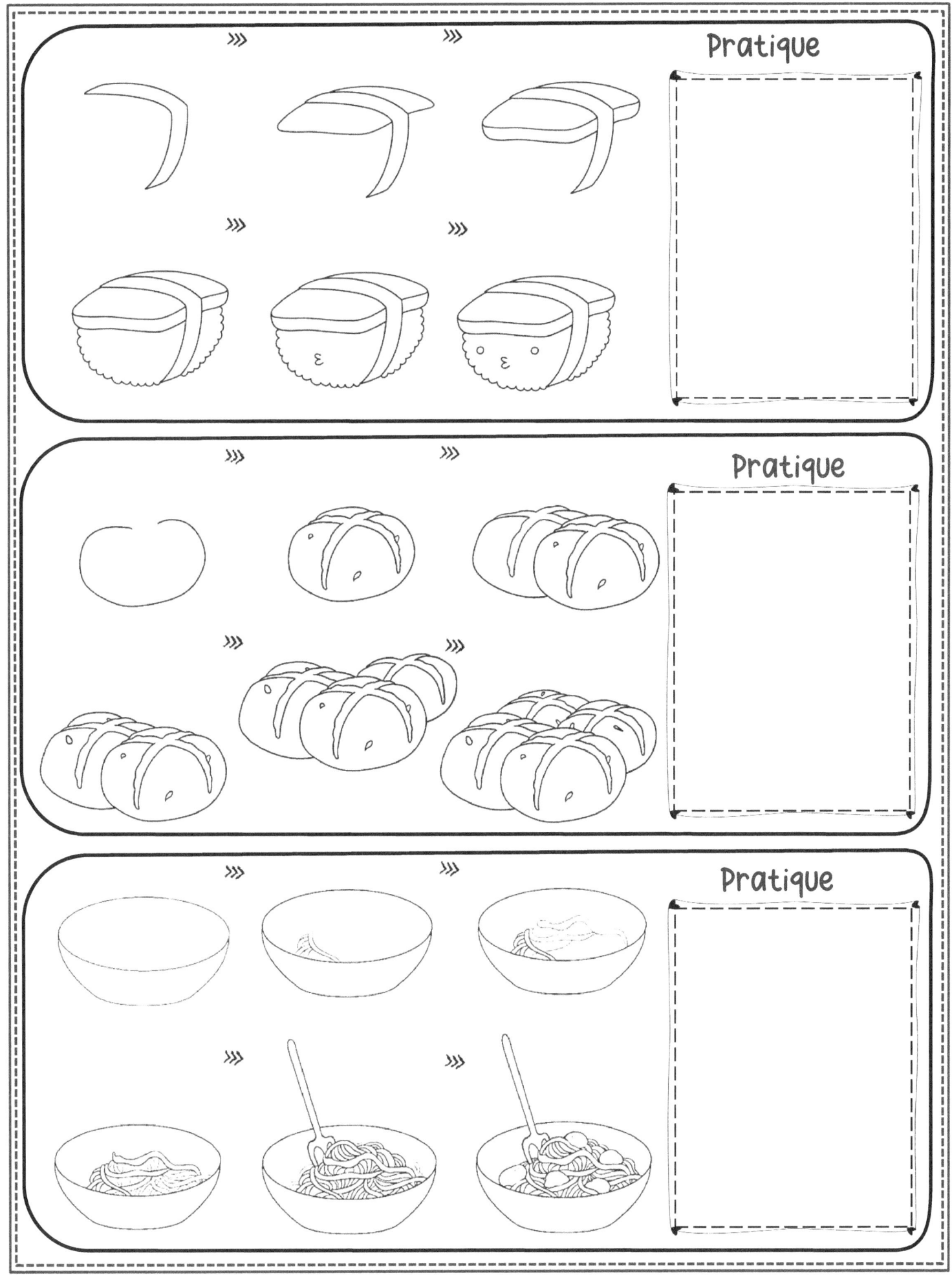

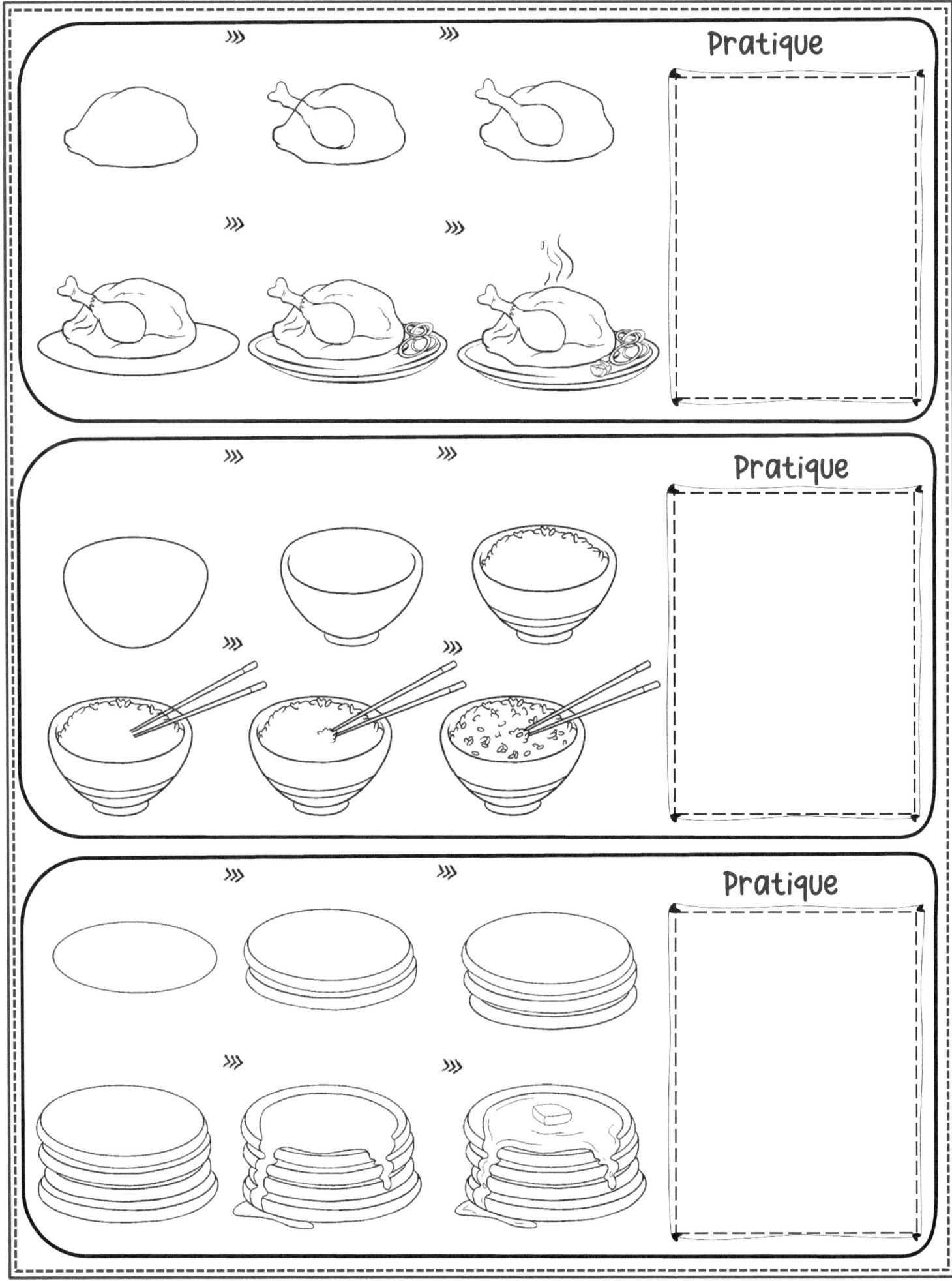

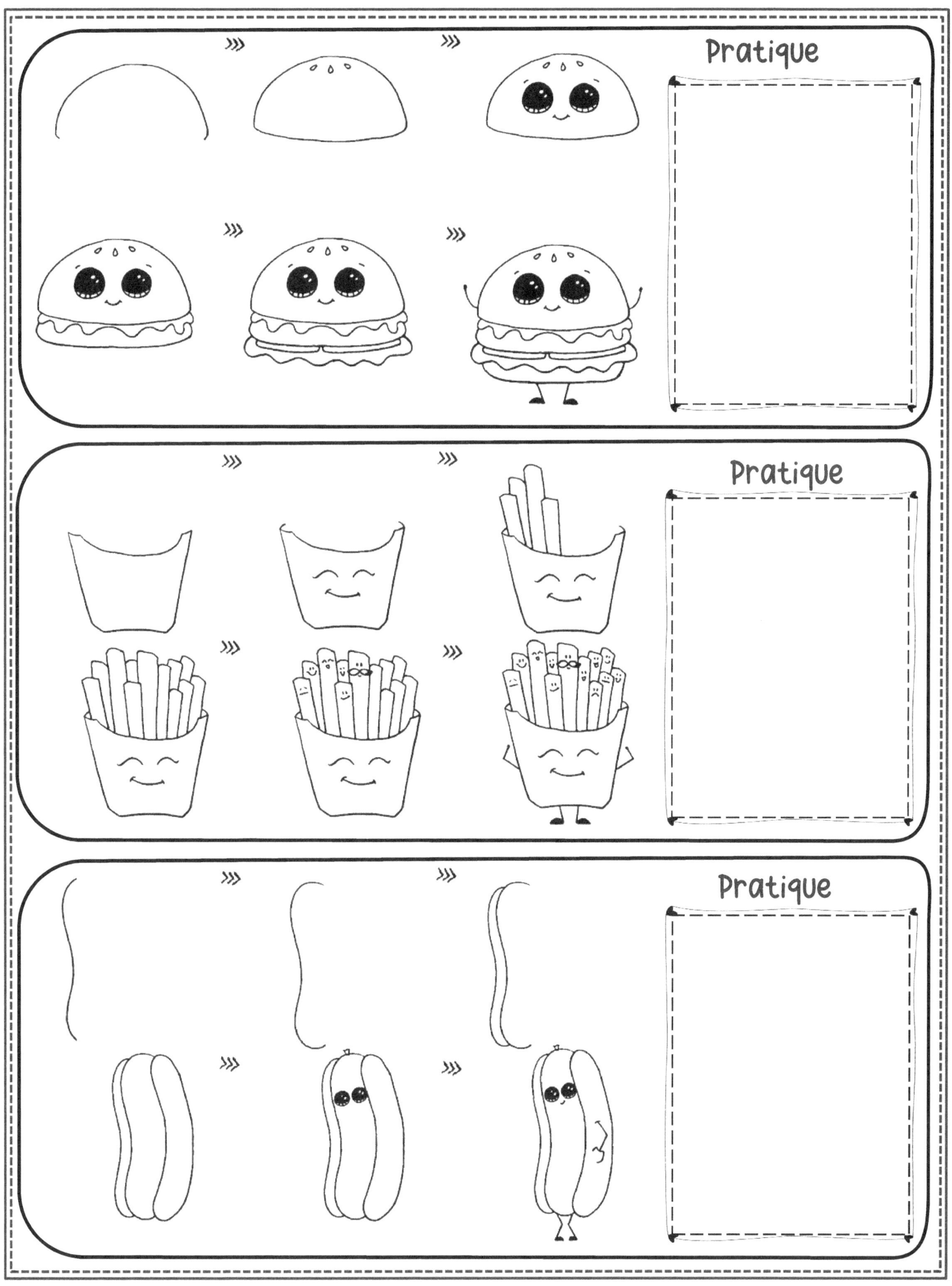

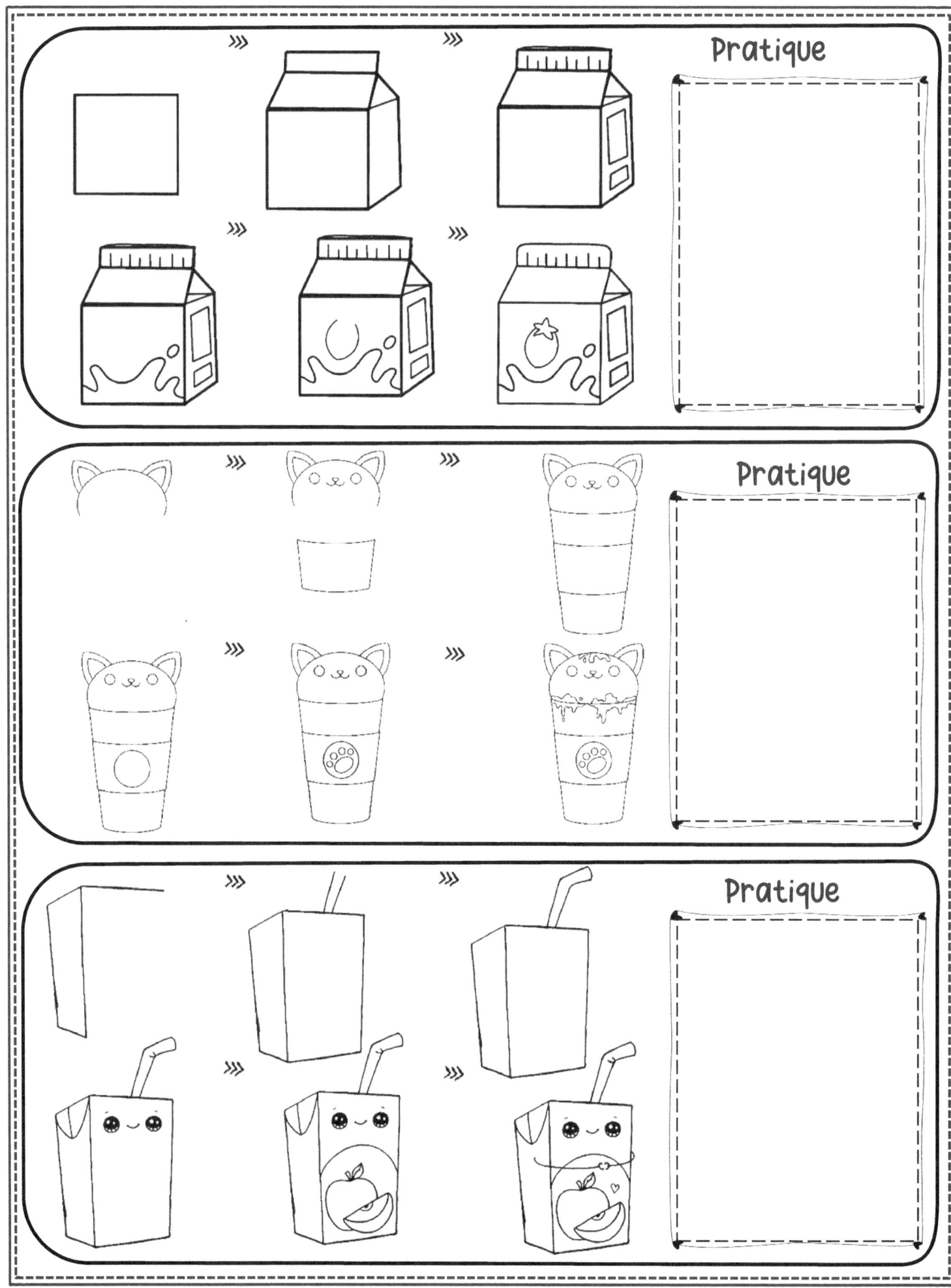

Pratique

Pratique

Pratique

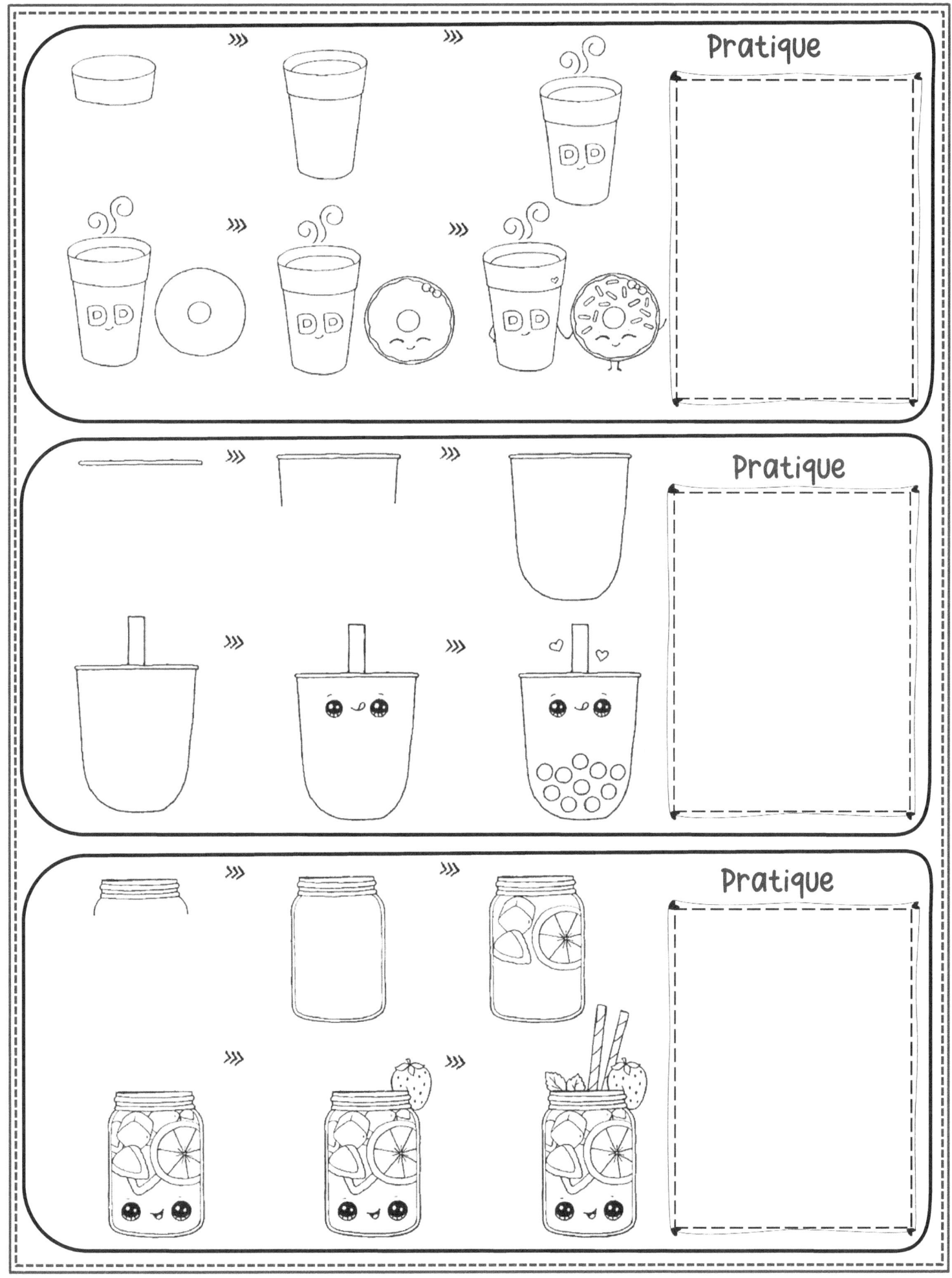

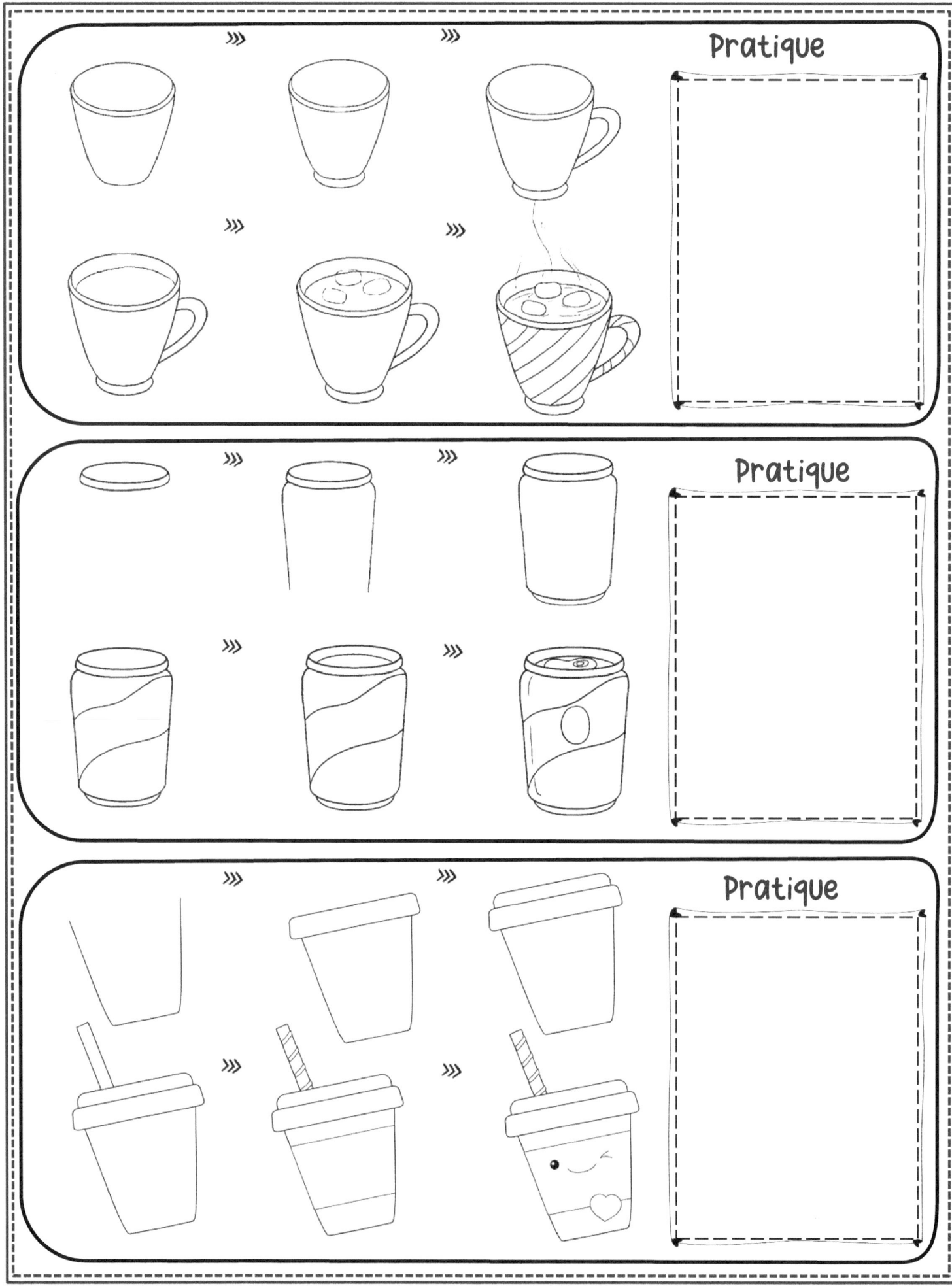

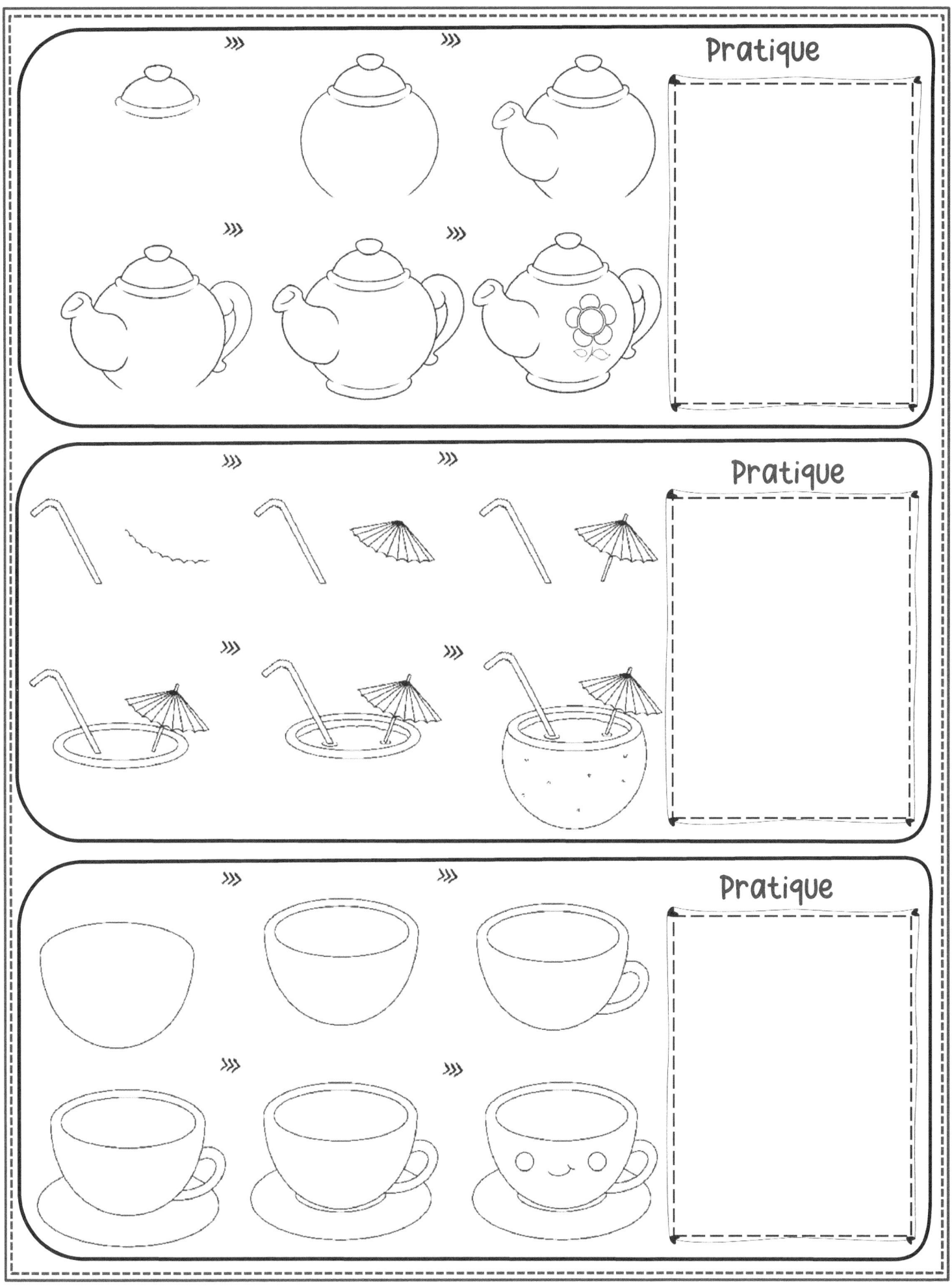

Pratique

Pratique

Pratique

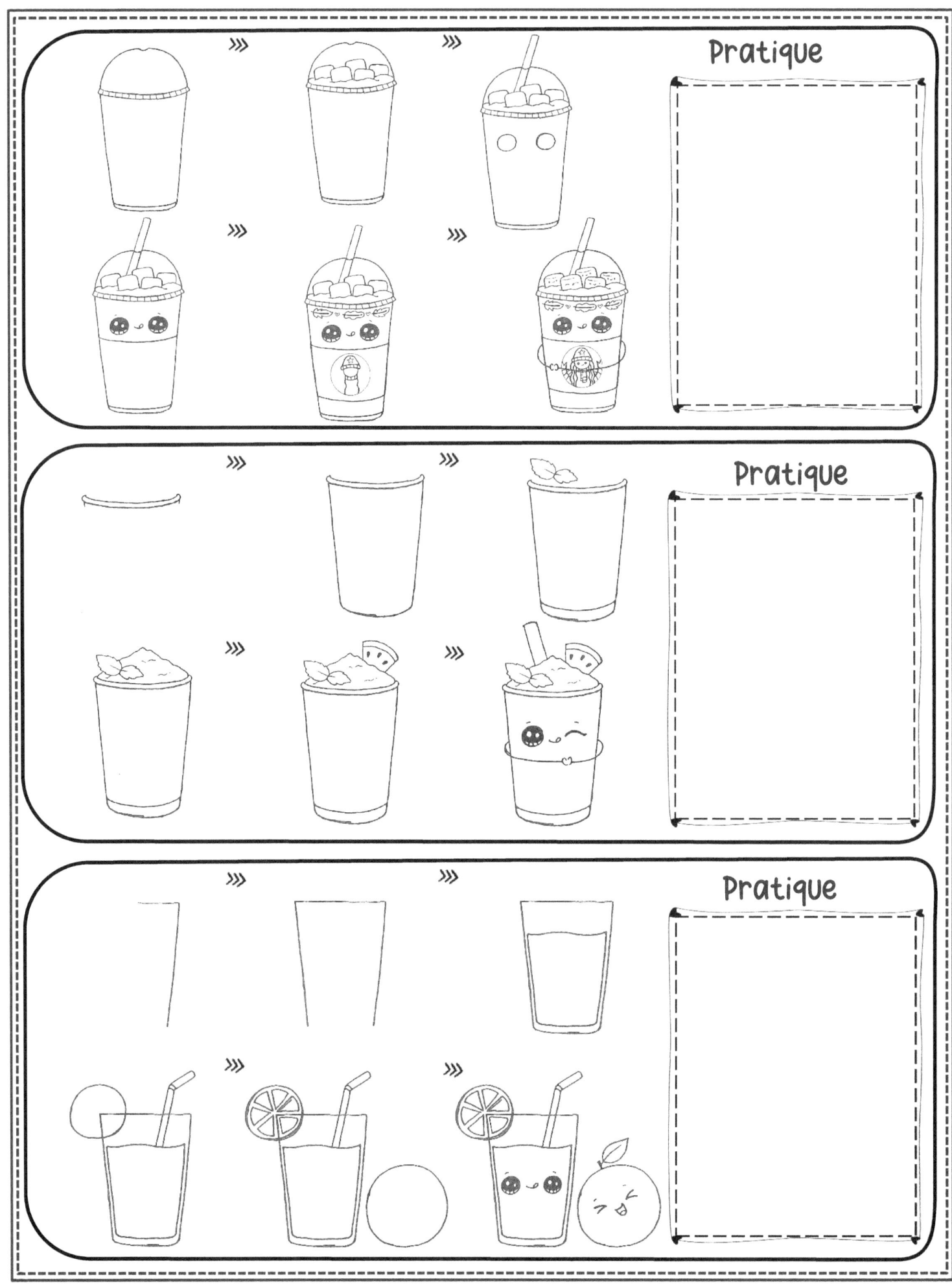

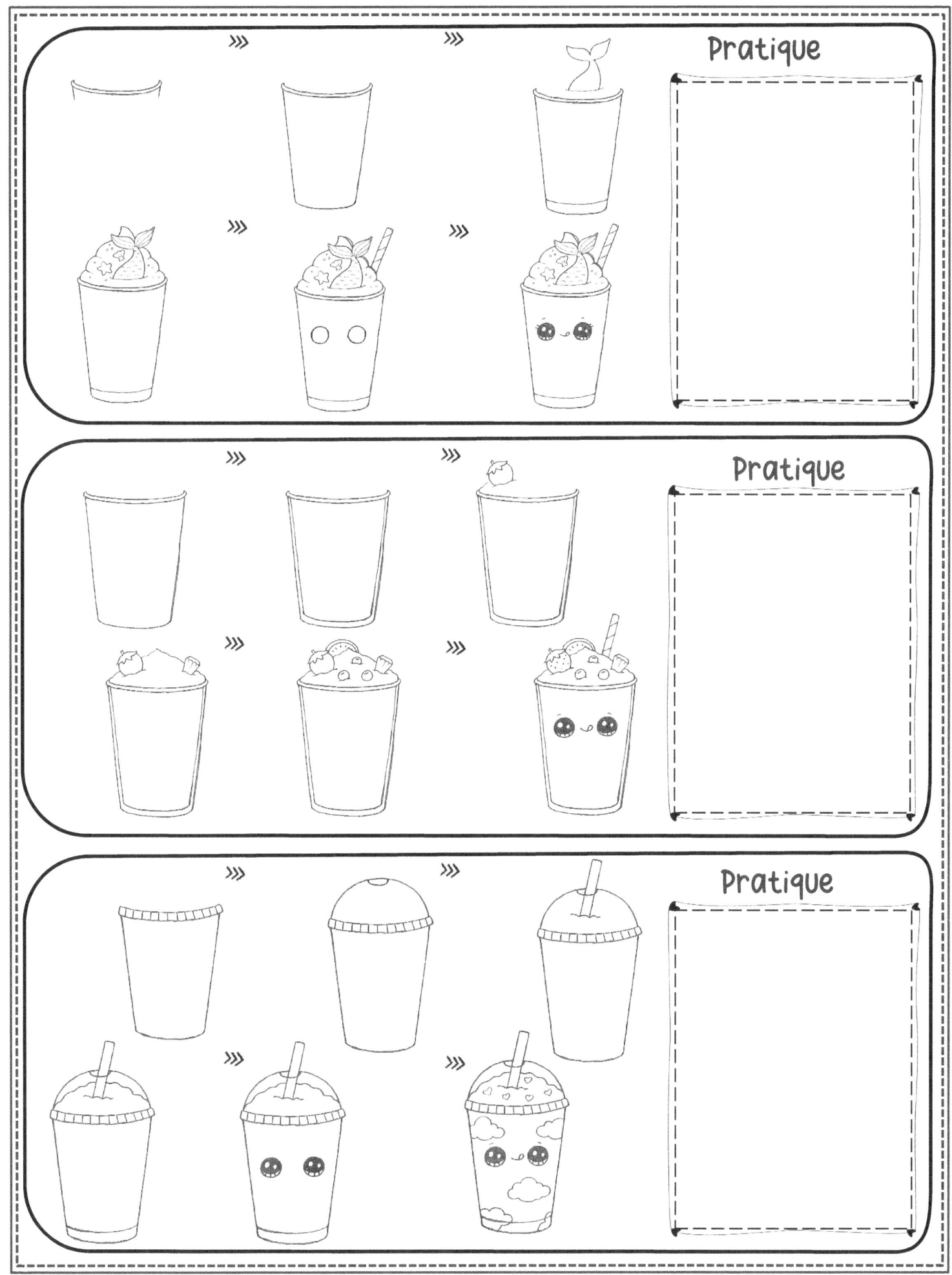

Pratique

Pratique

Pratique

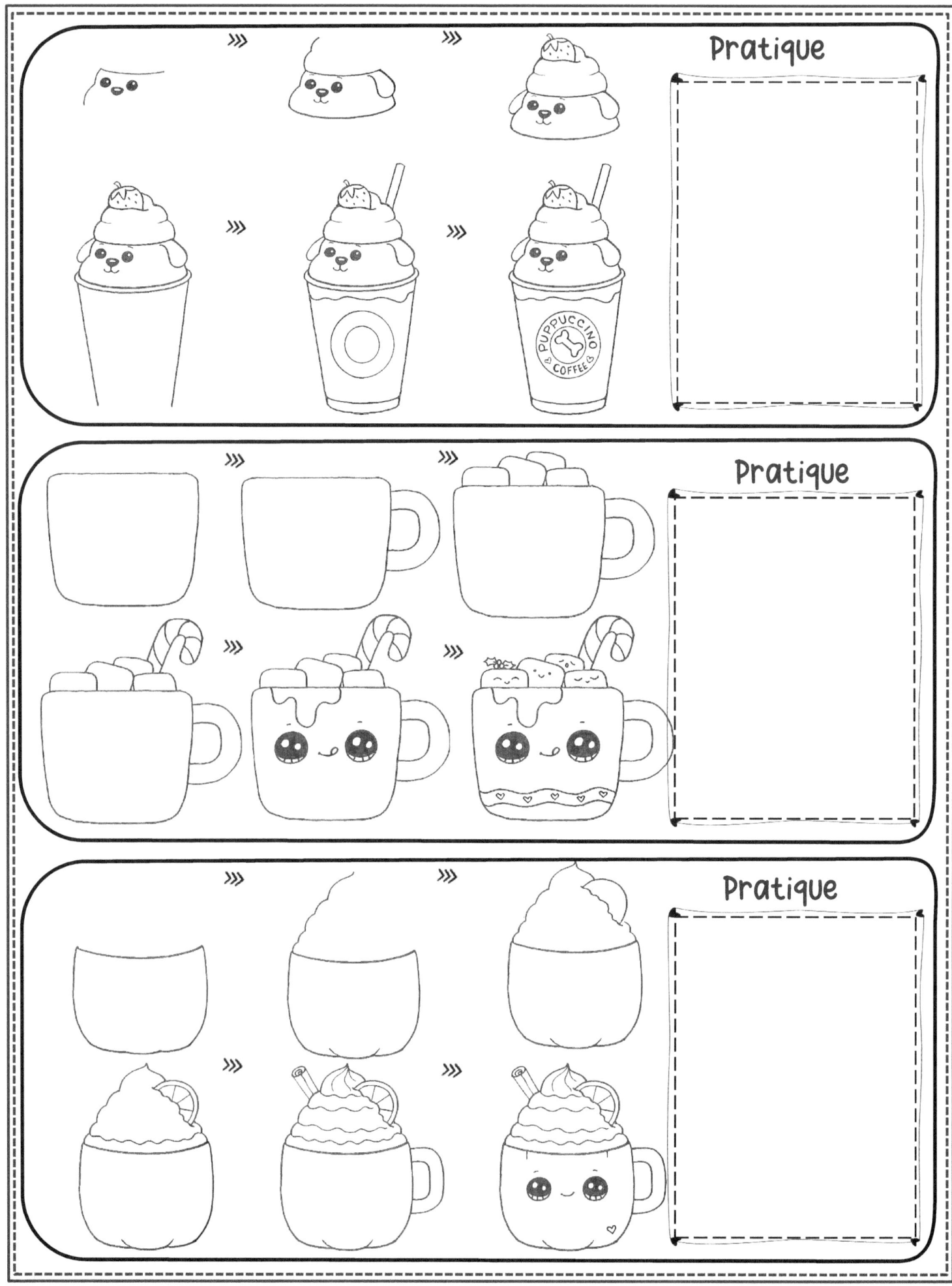

Pratique

Pratique

Pratique

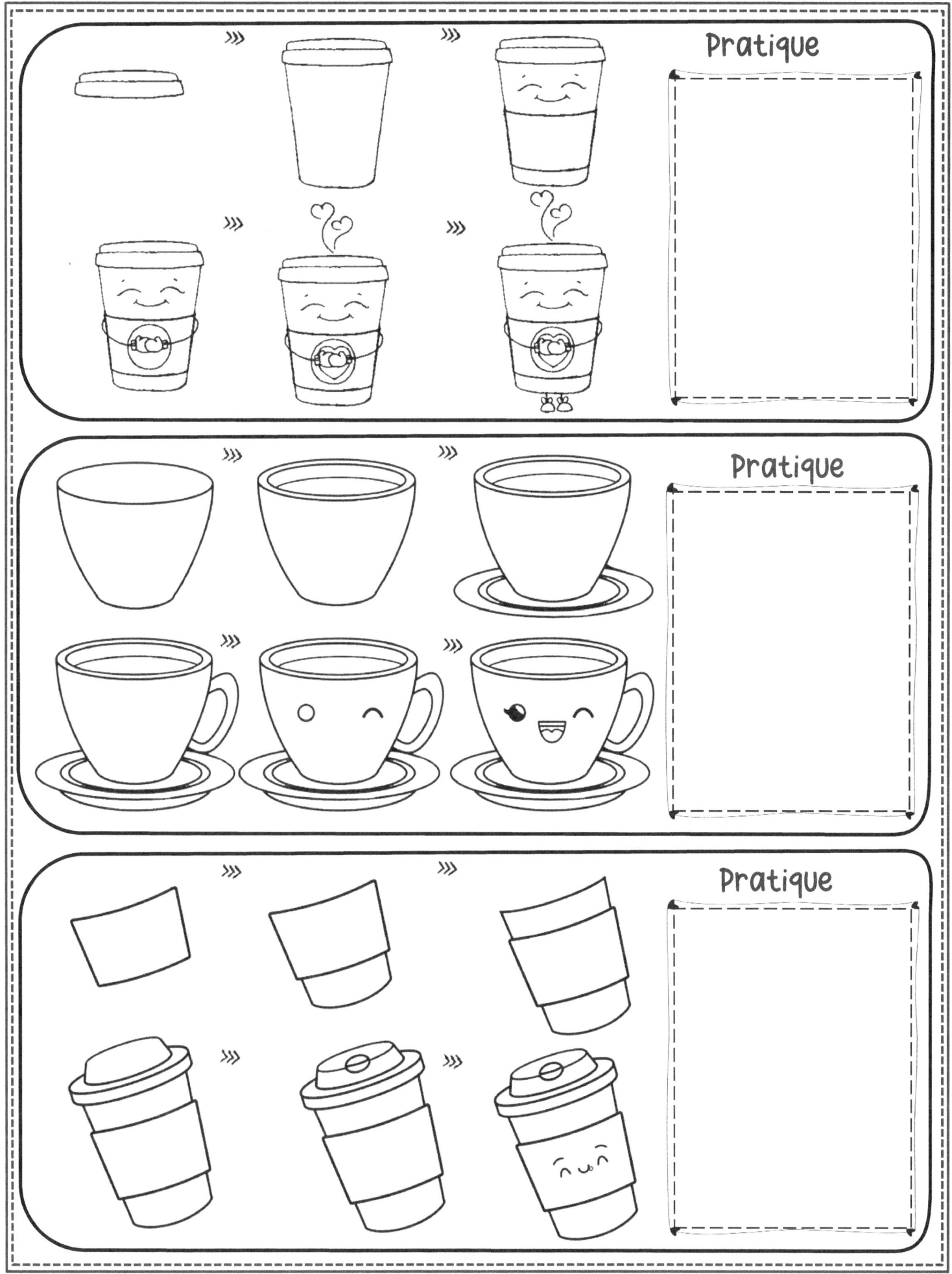

Pratique

Pratique

Pratique

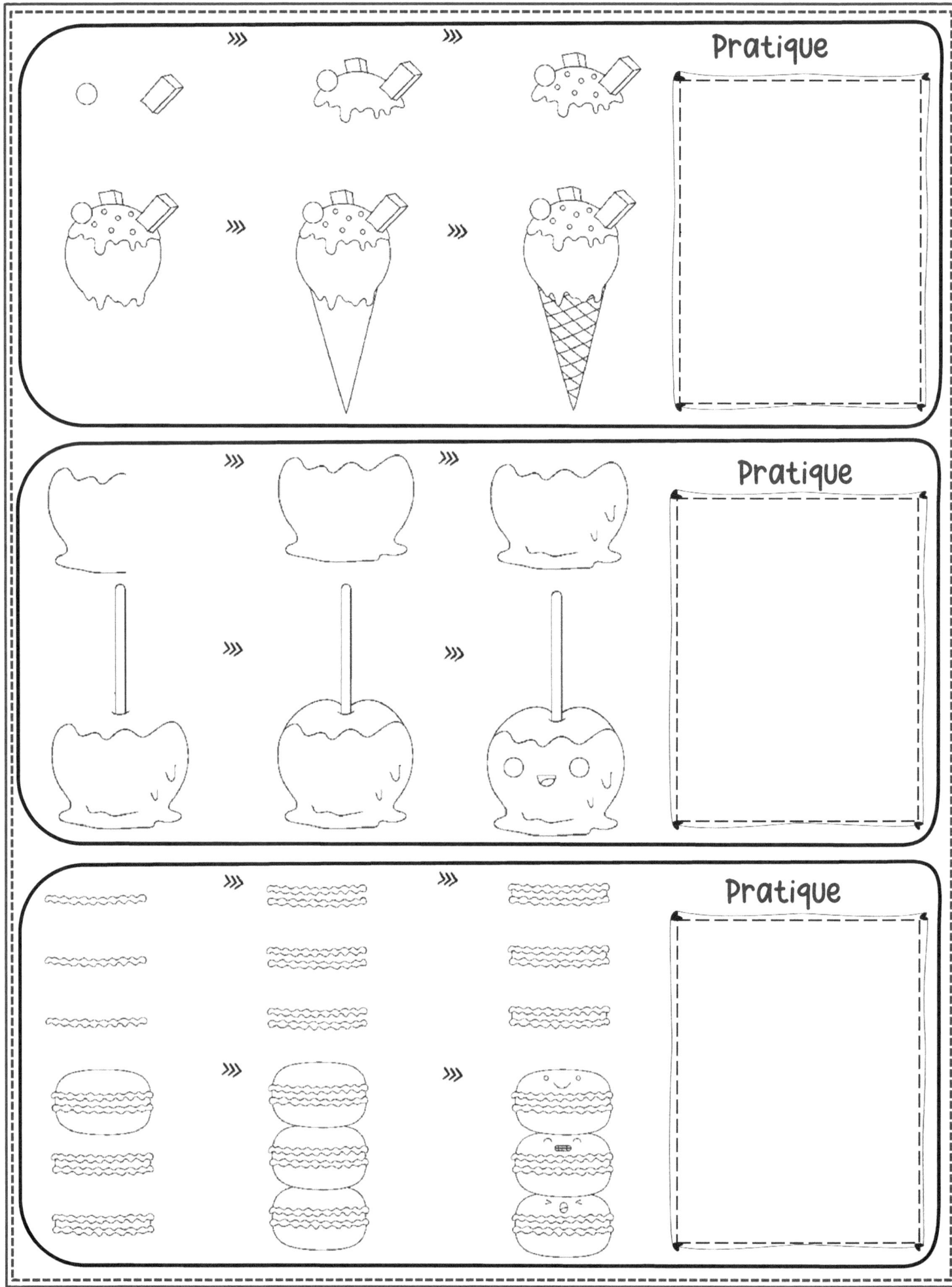

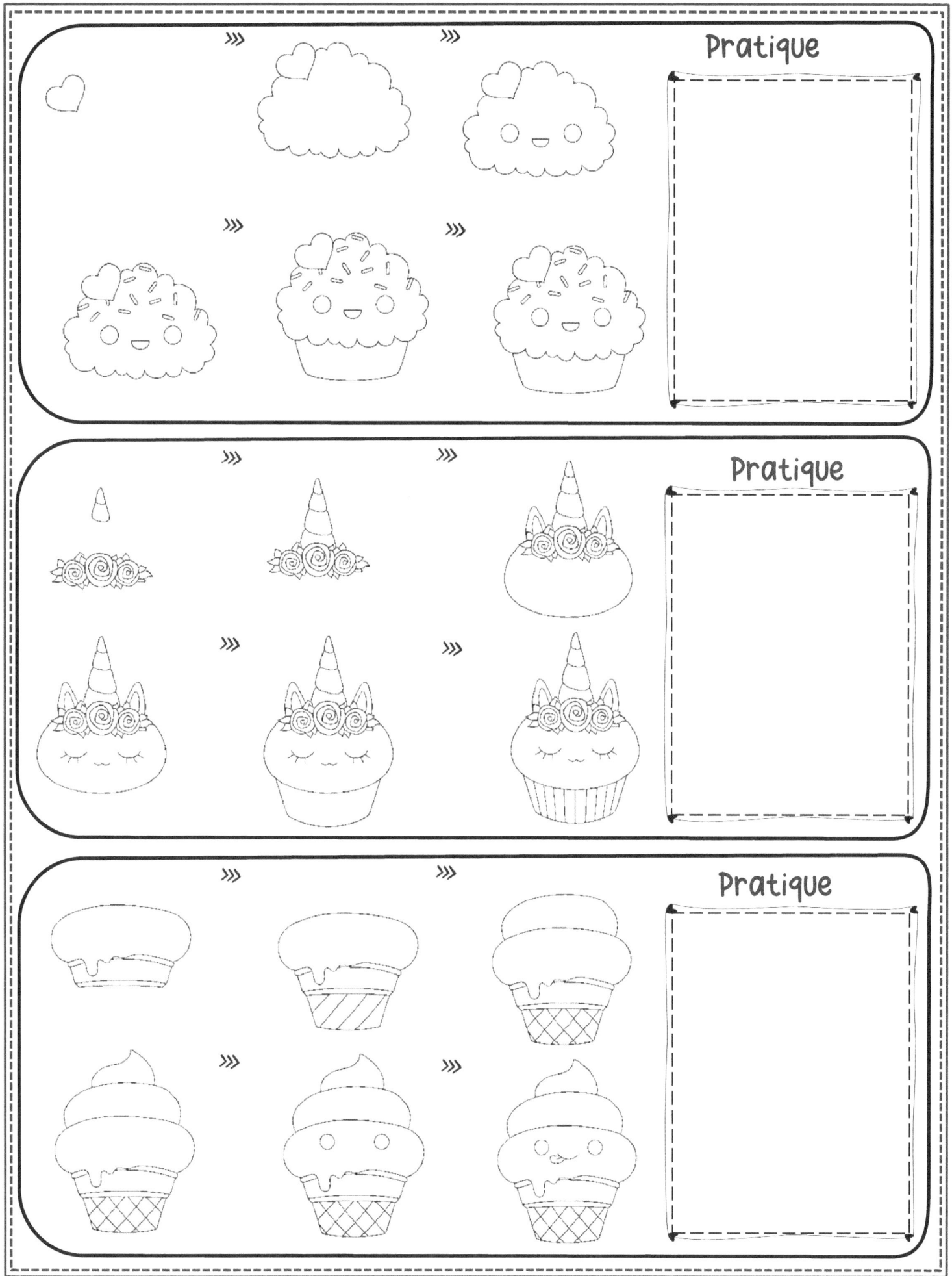

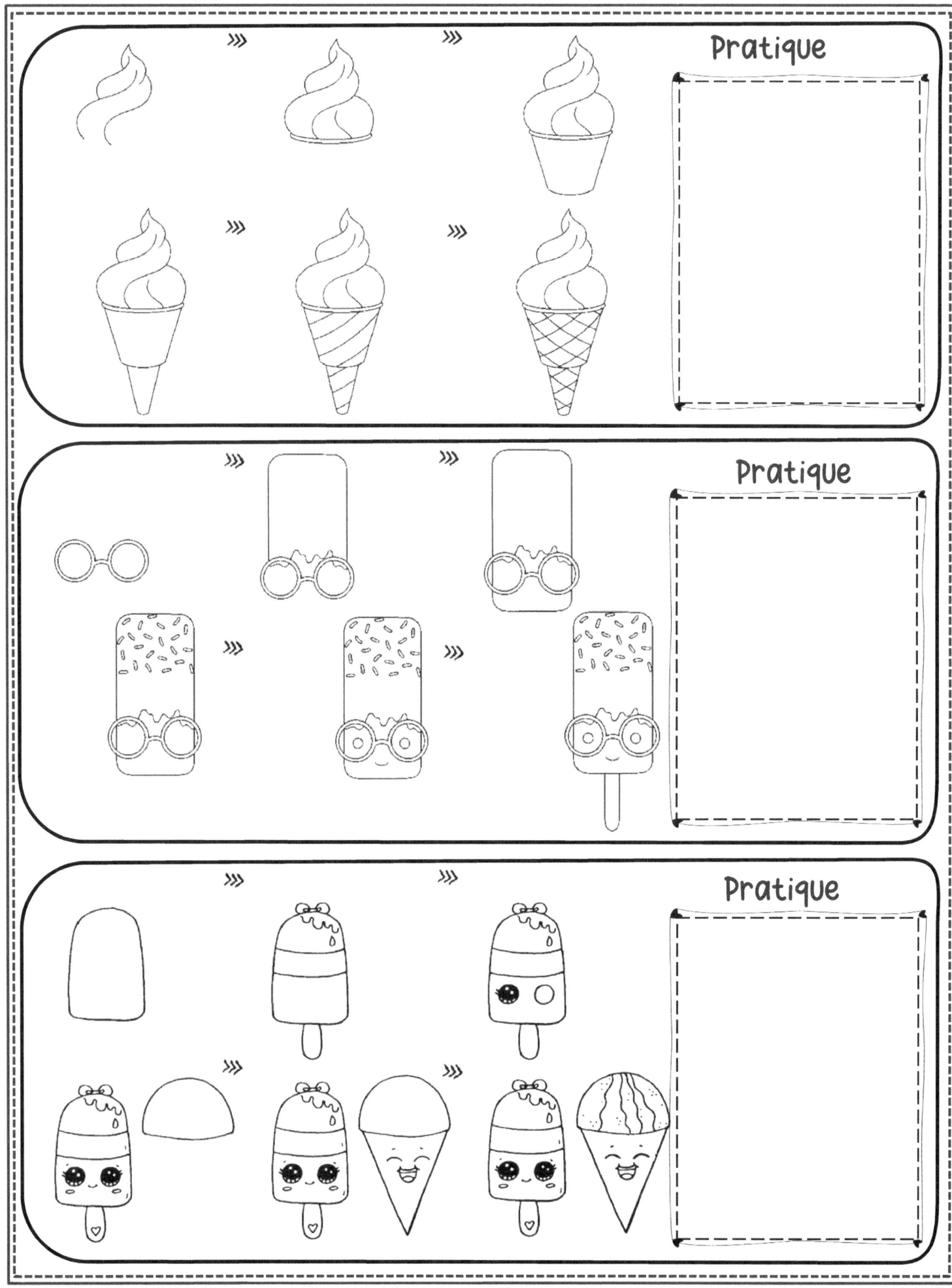

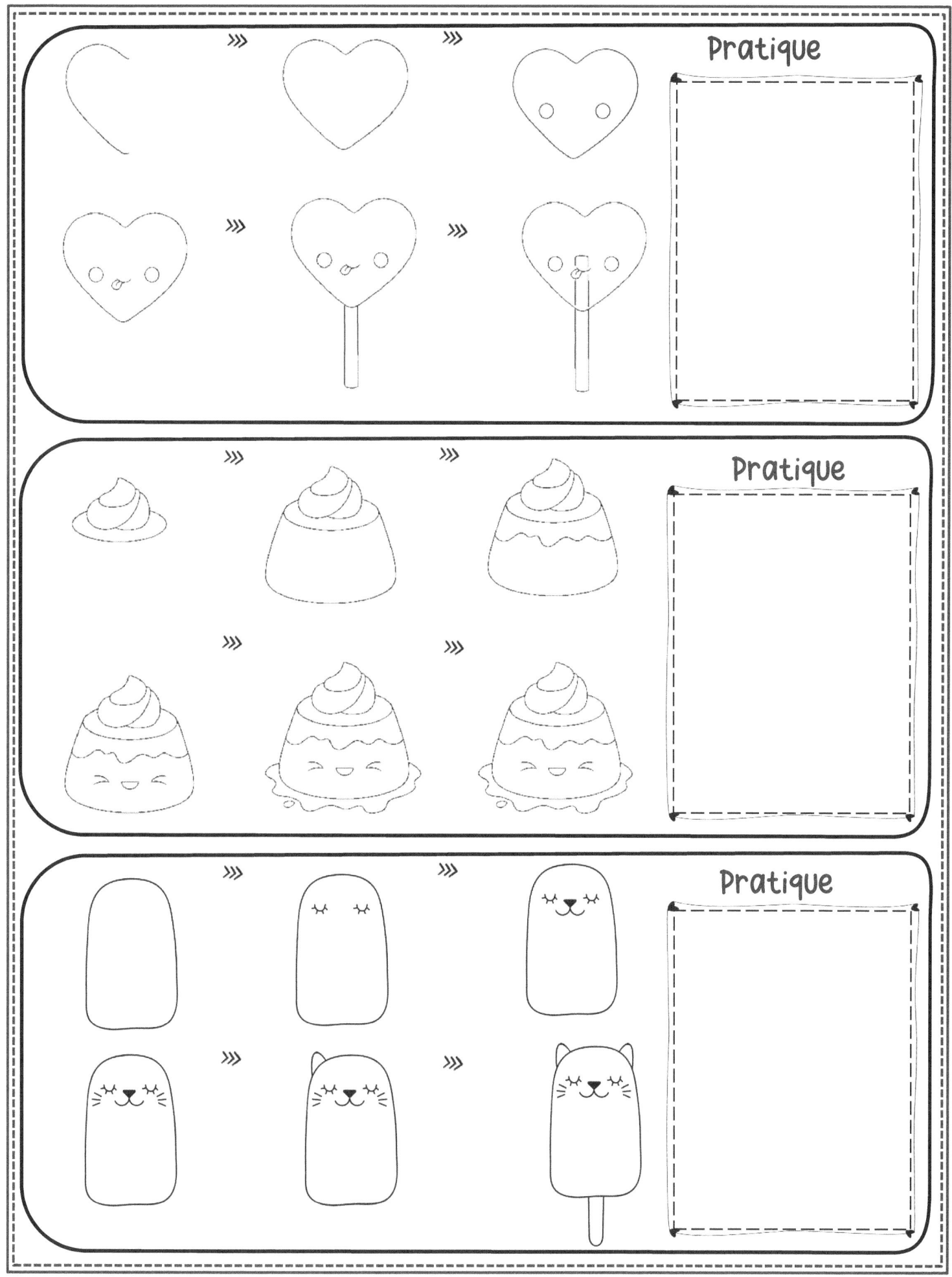

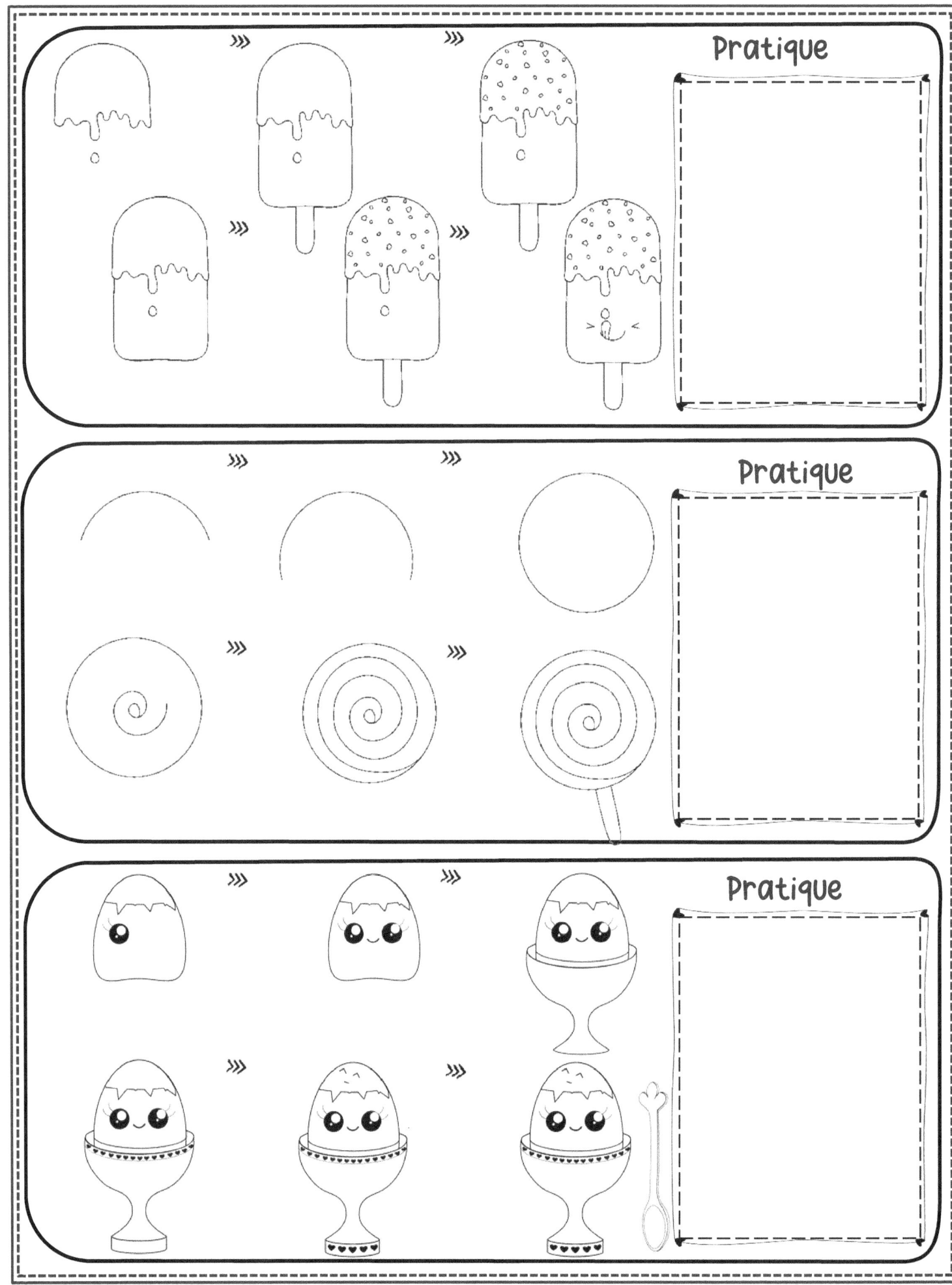

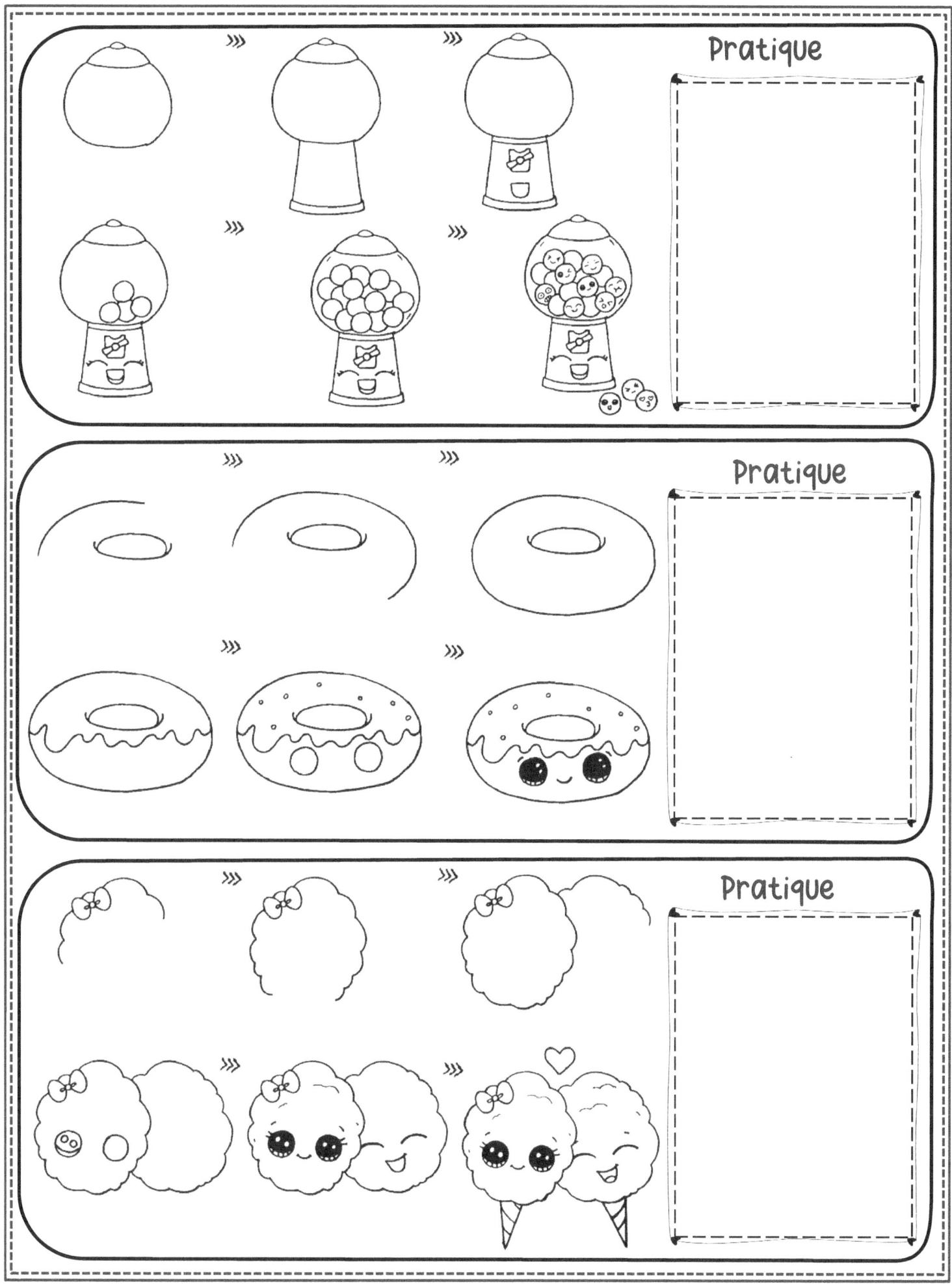

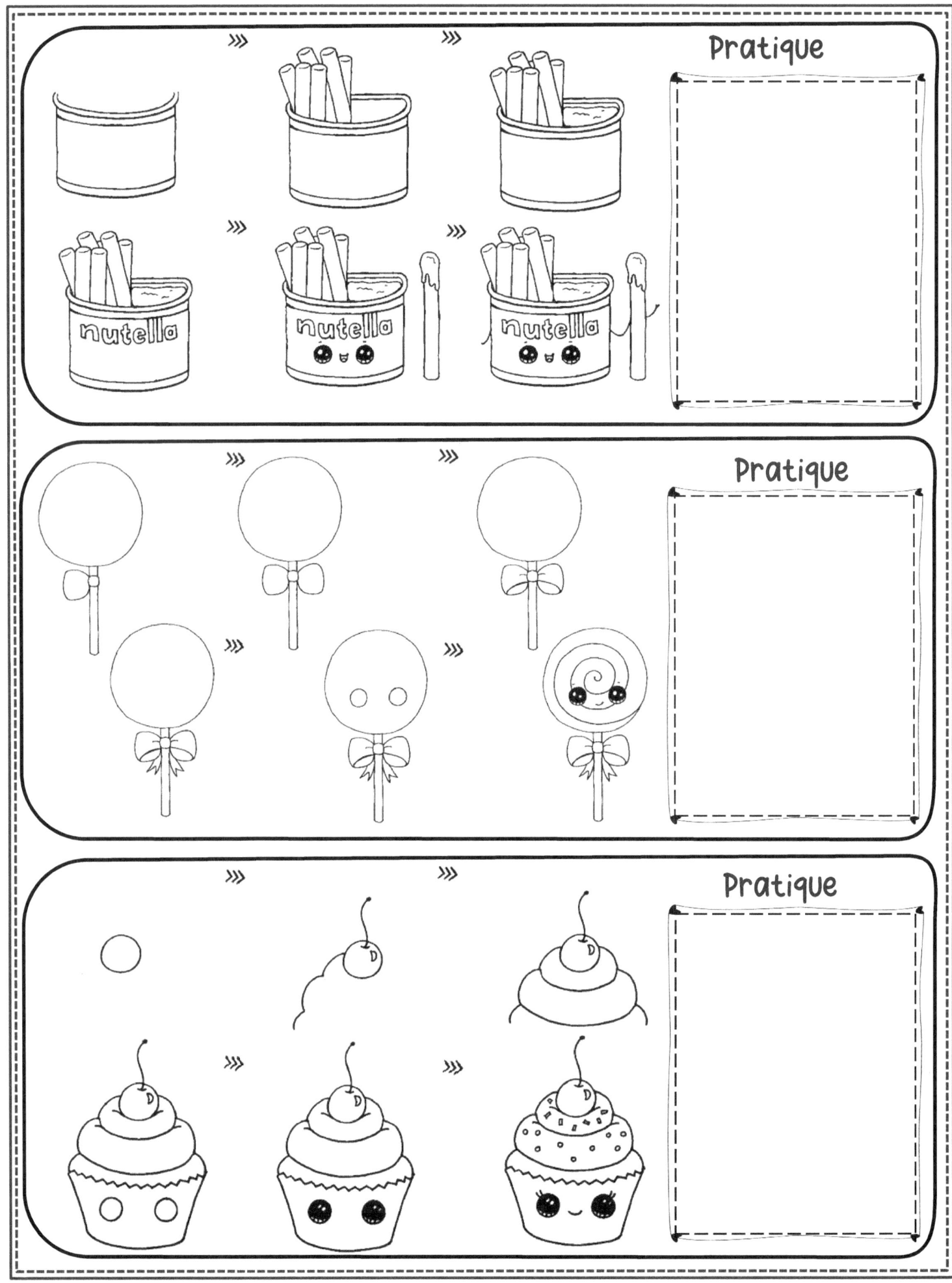

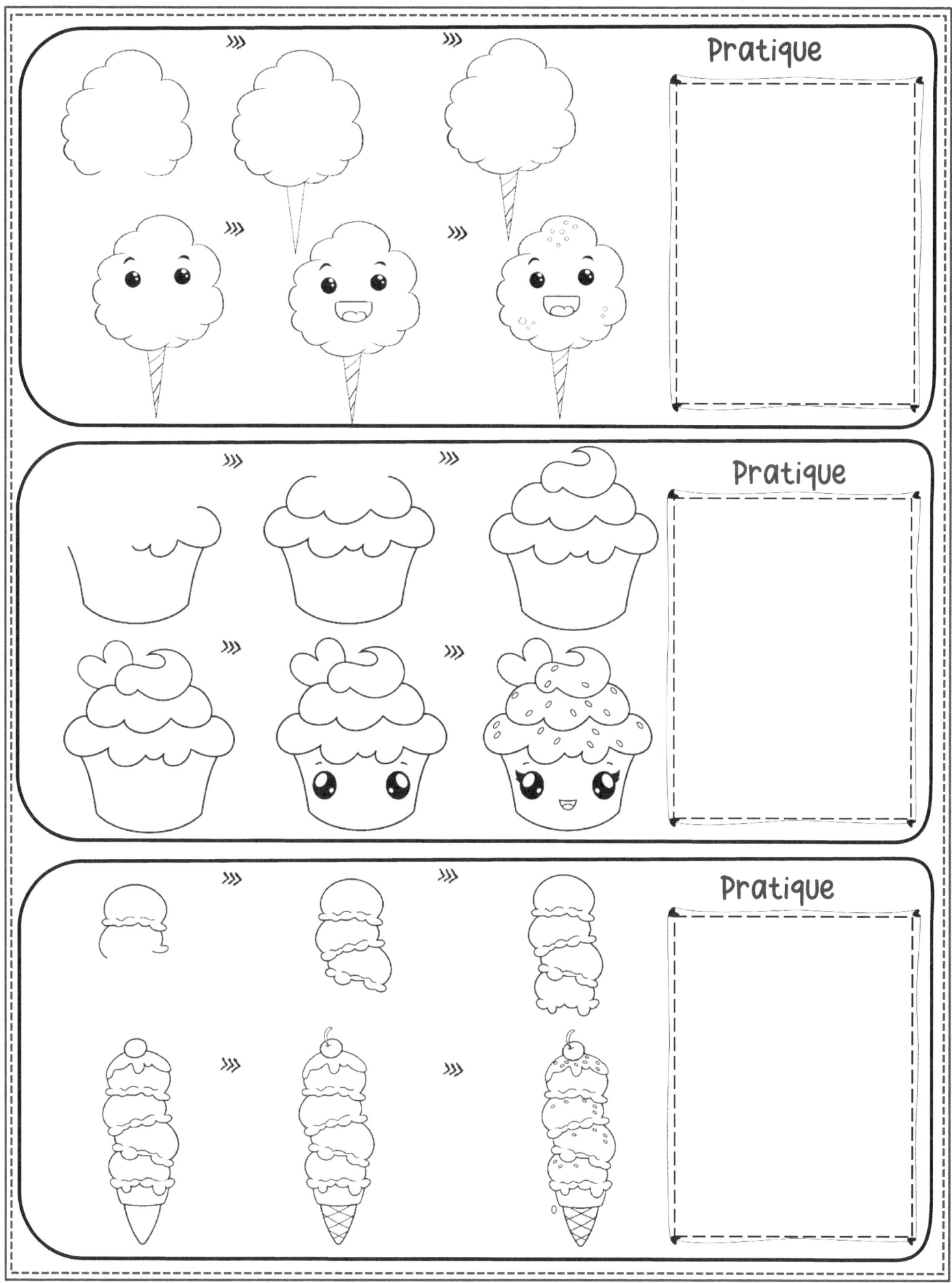

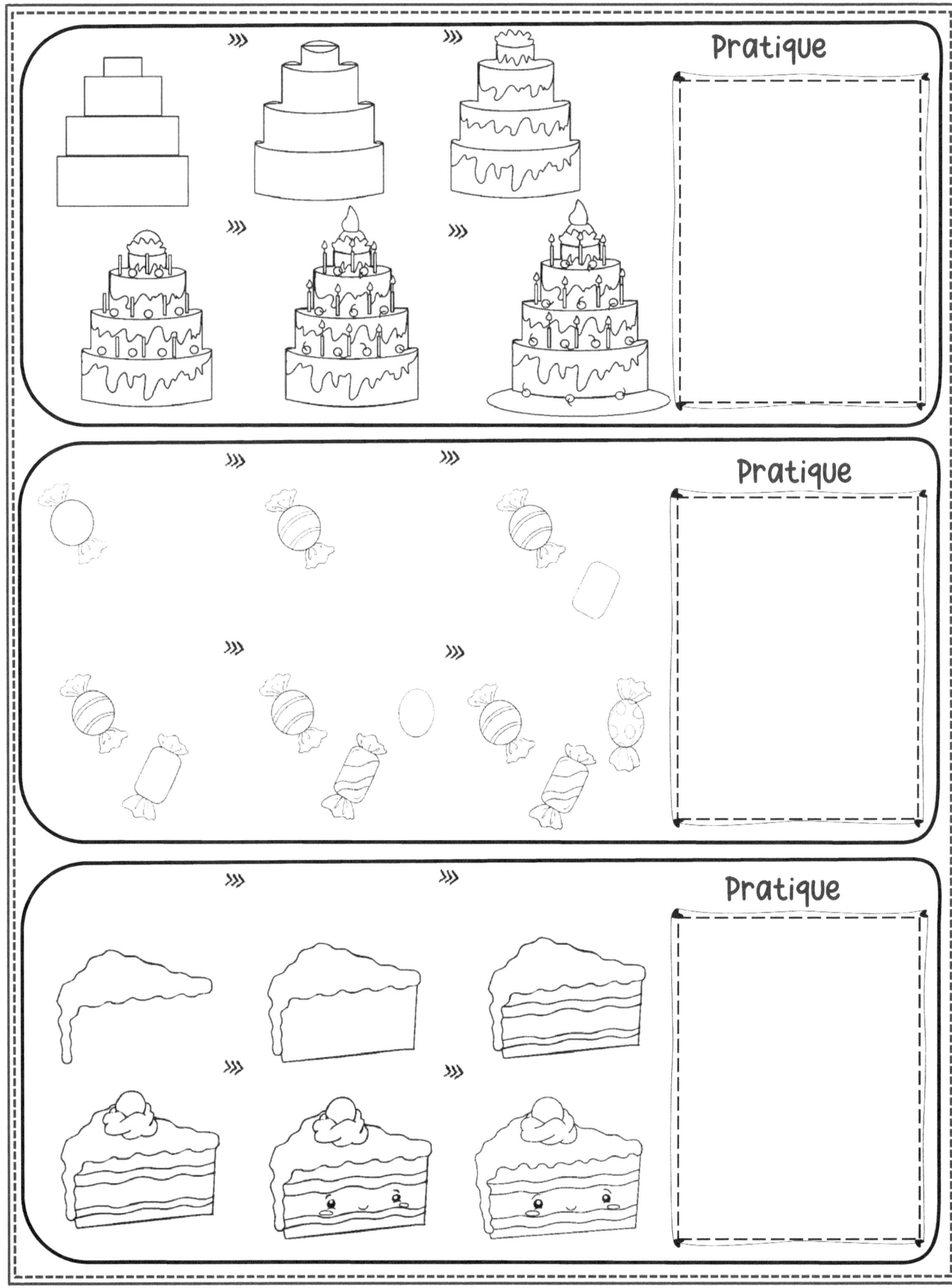

Pratique

Pratique

Pratique

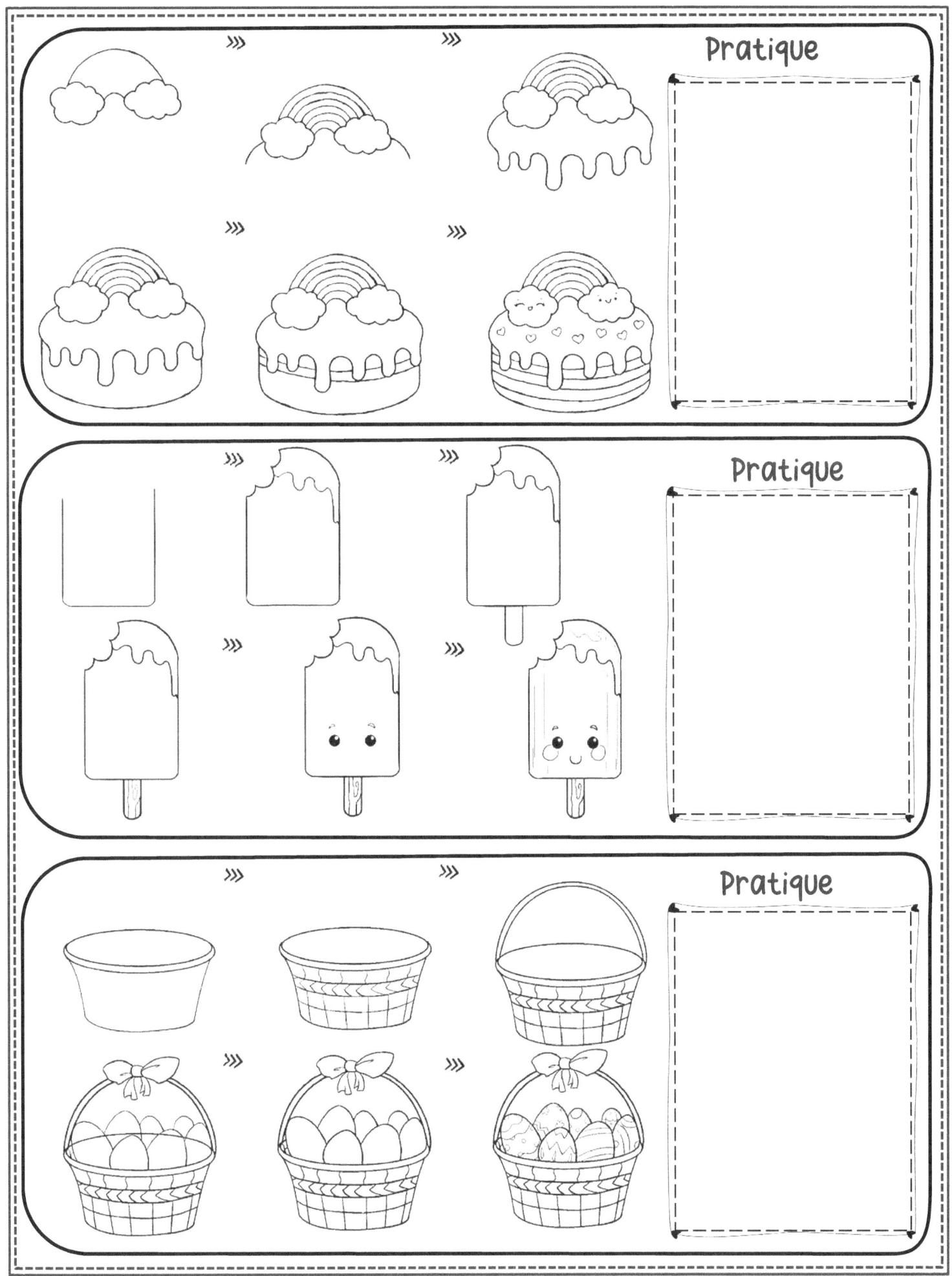

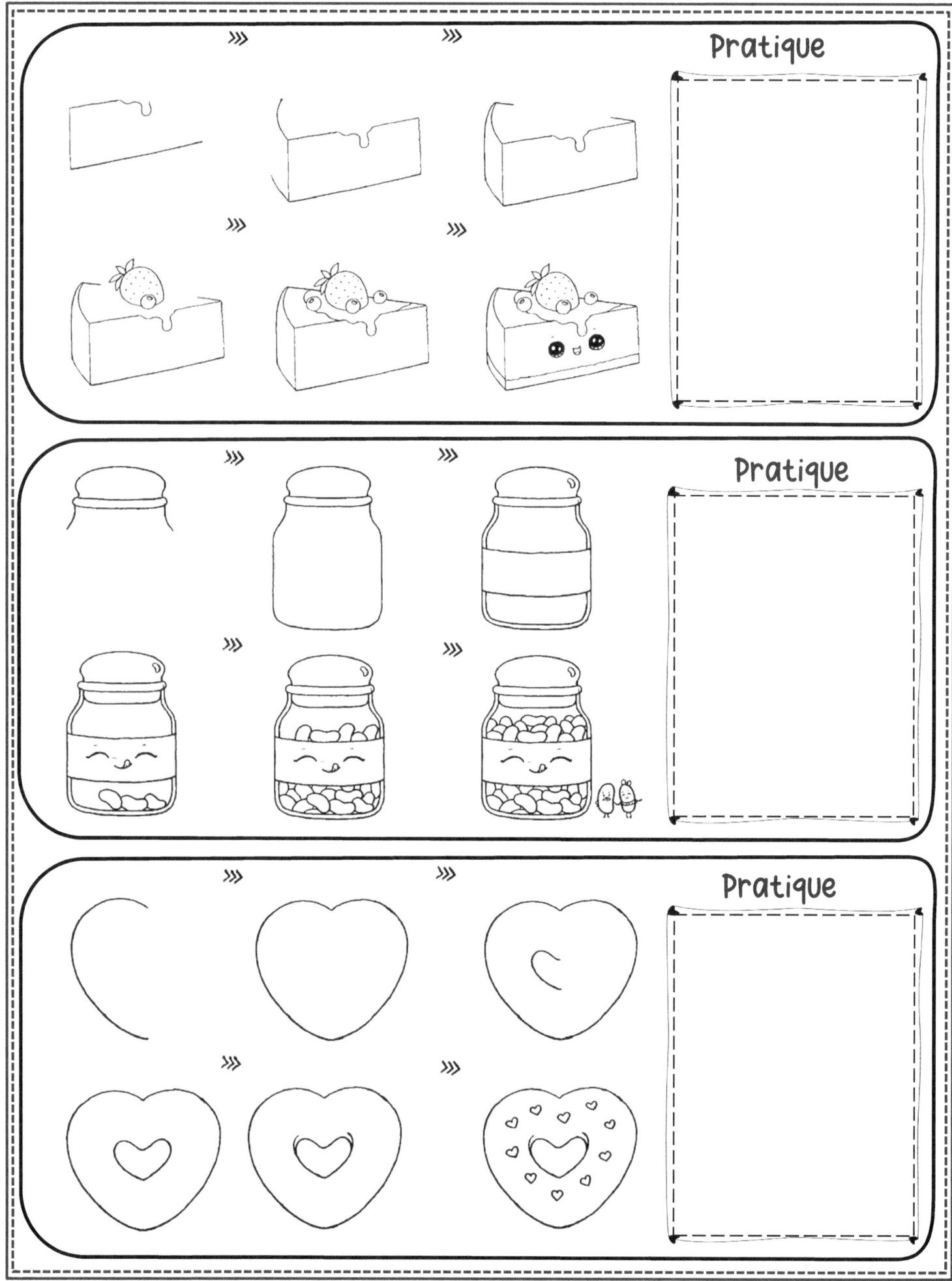

Pratique

Pratique

Pratique

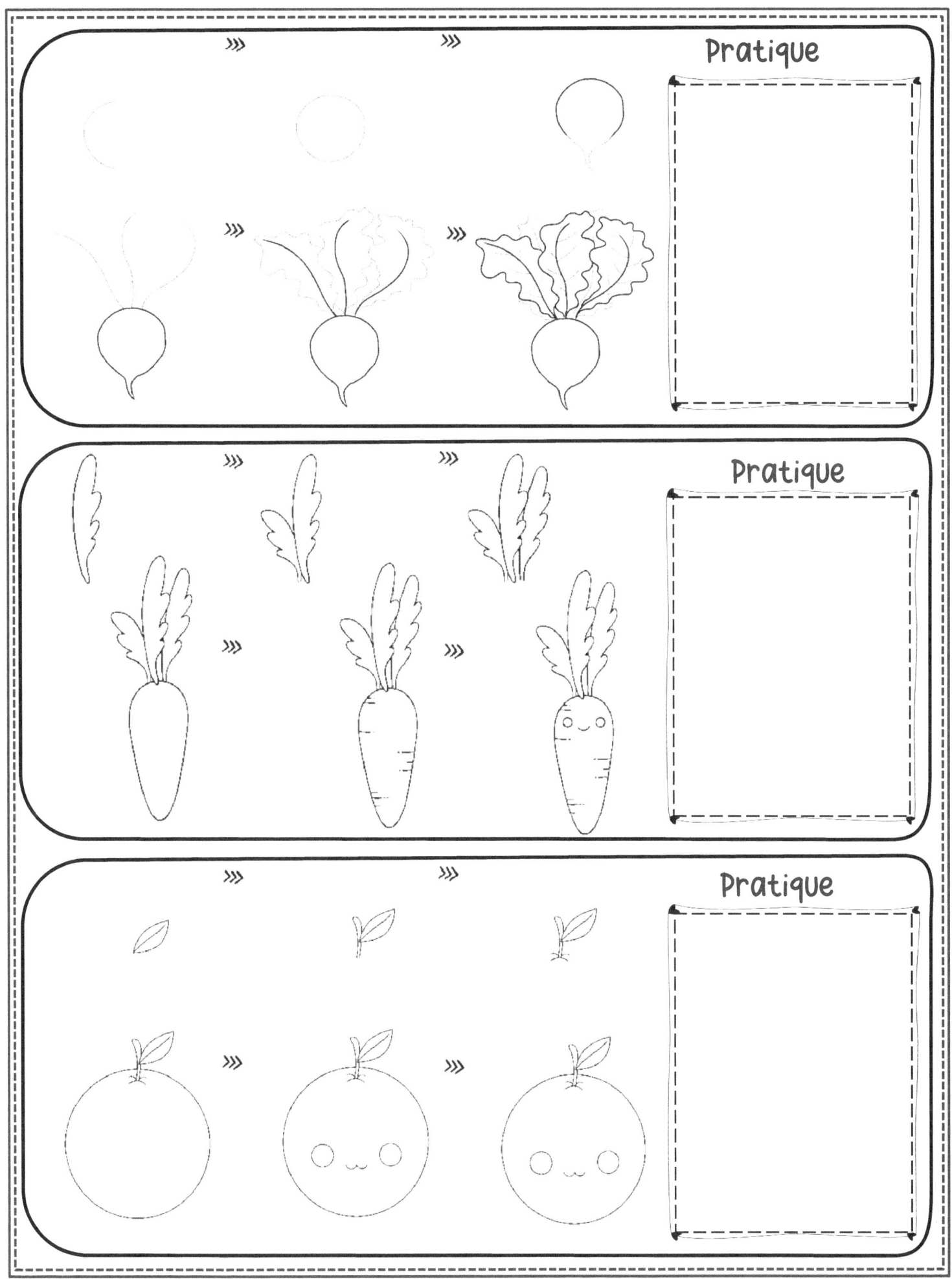

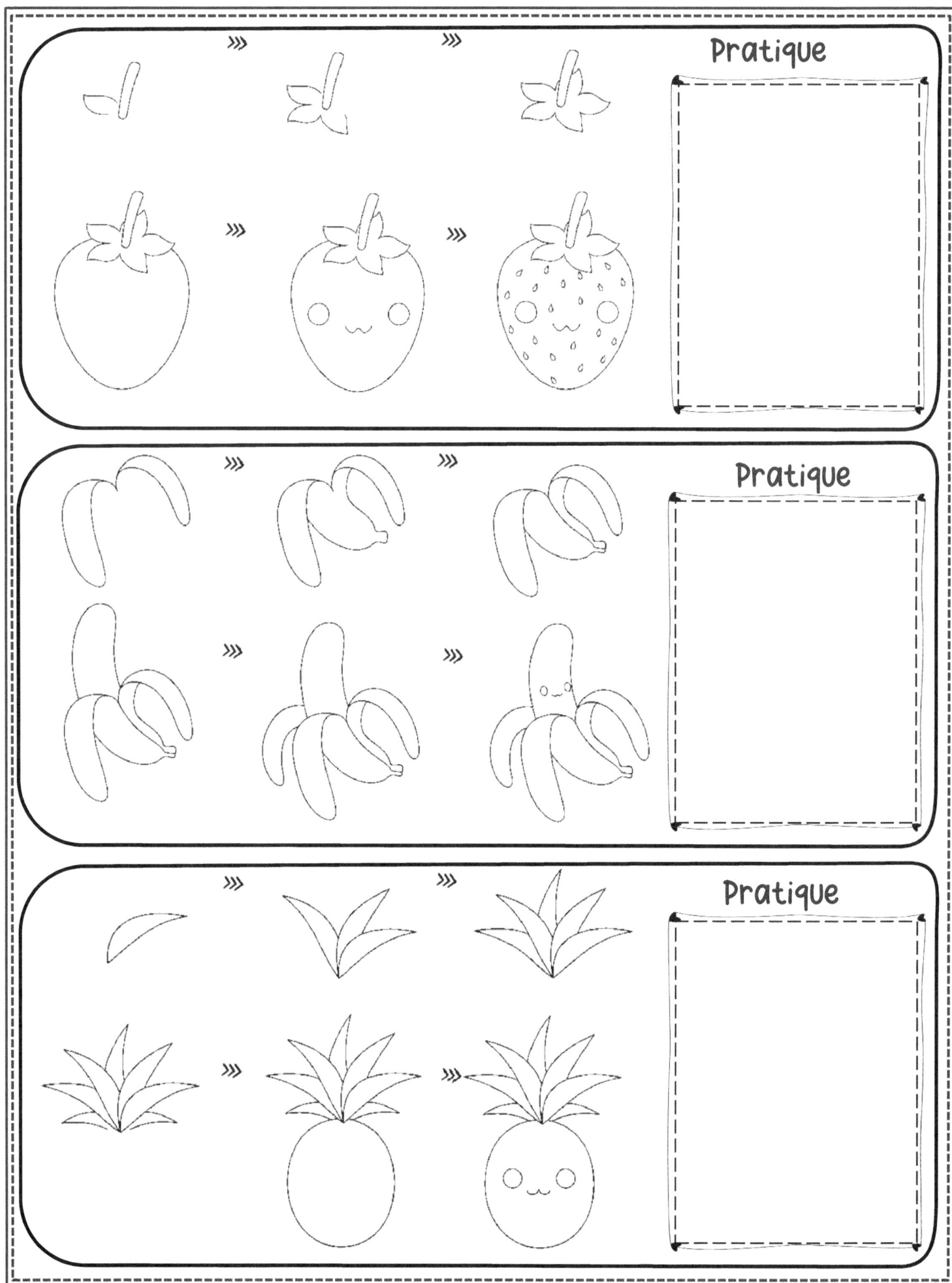

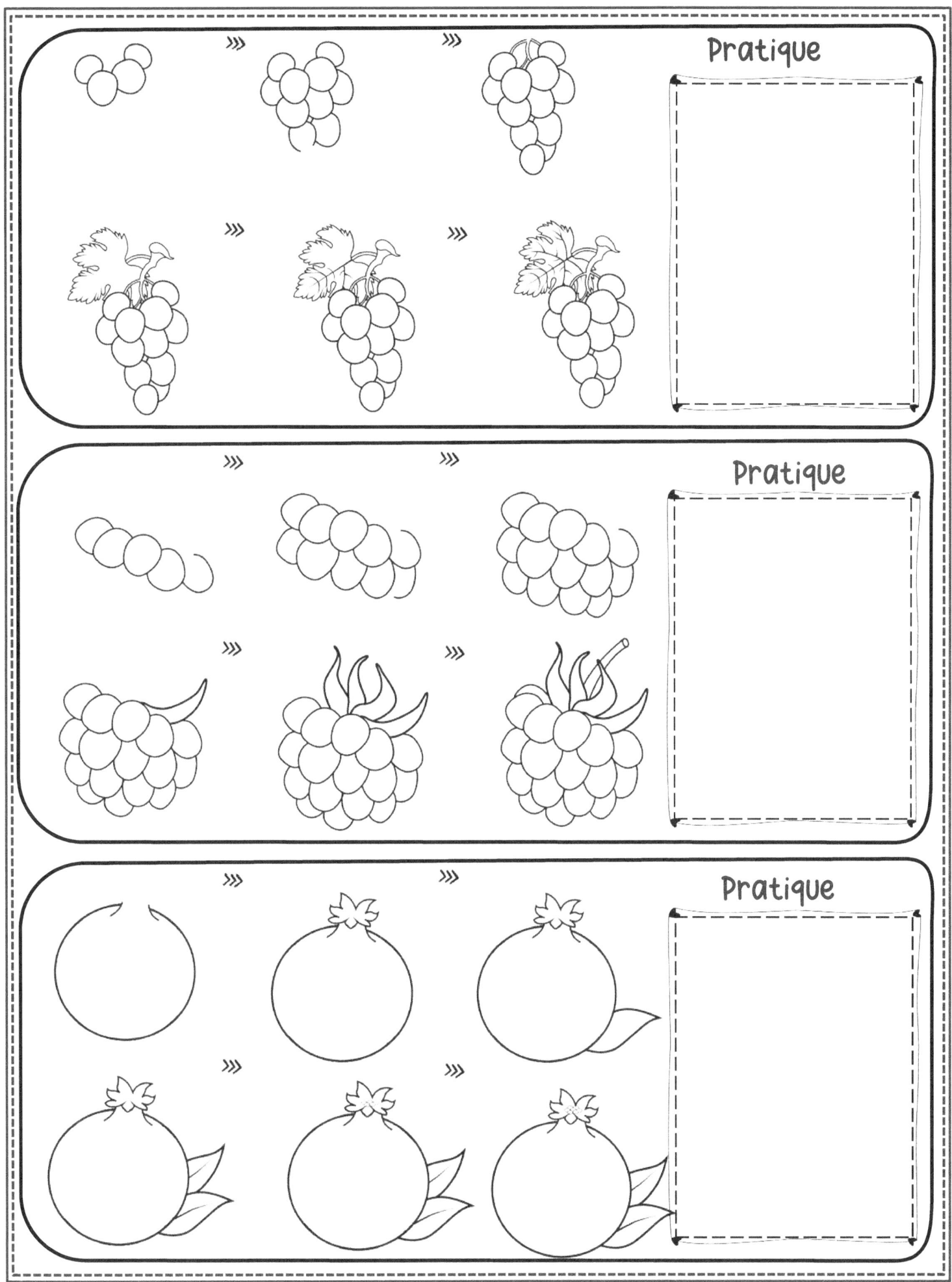

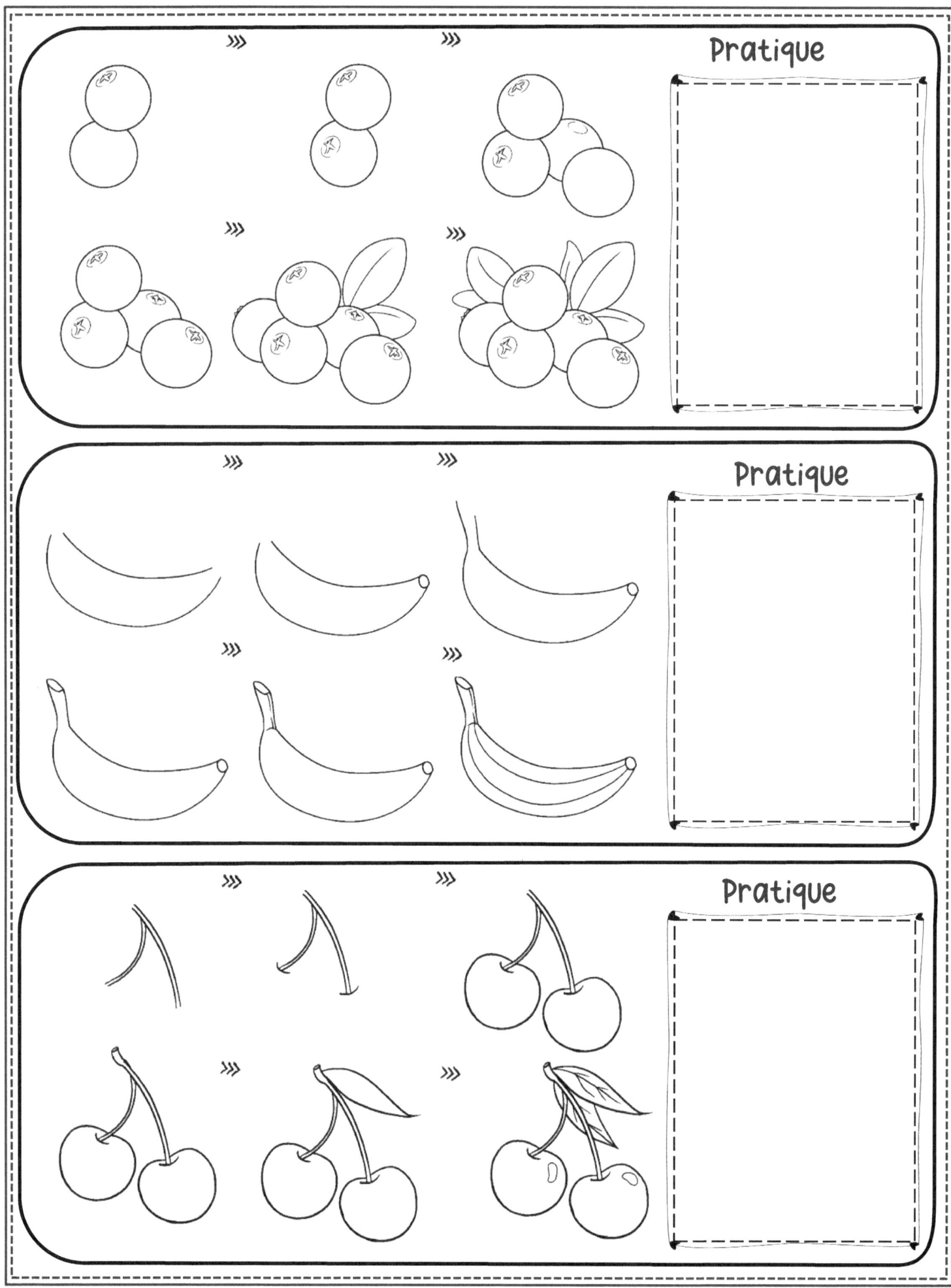

Pratique

Pratique

Pratique

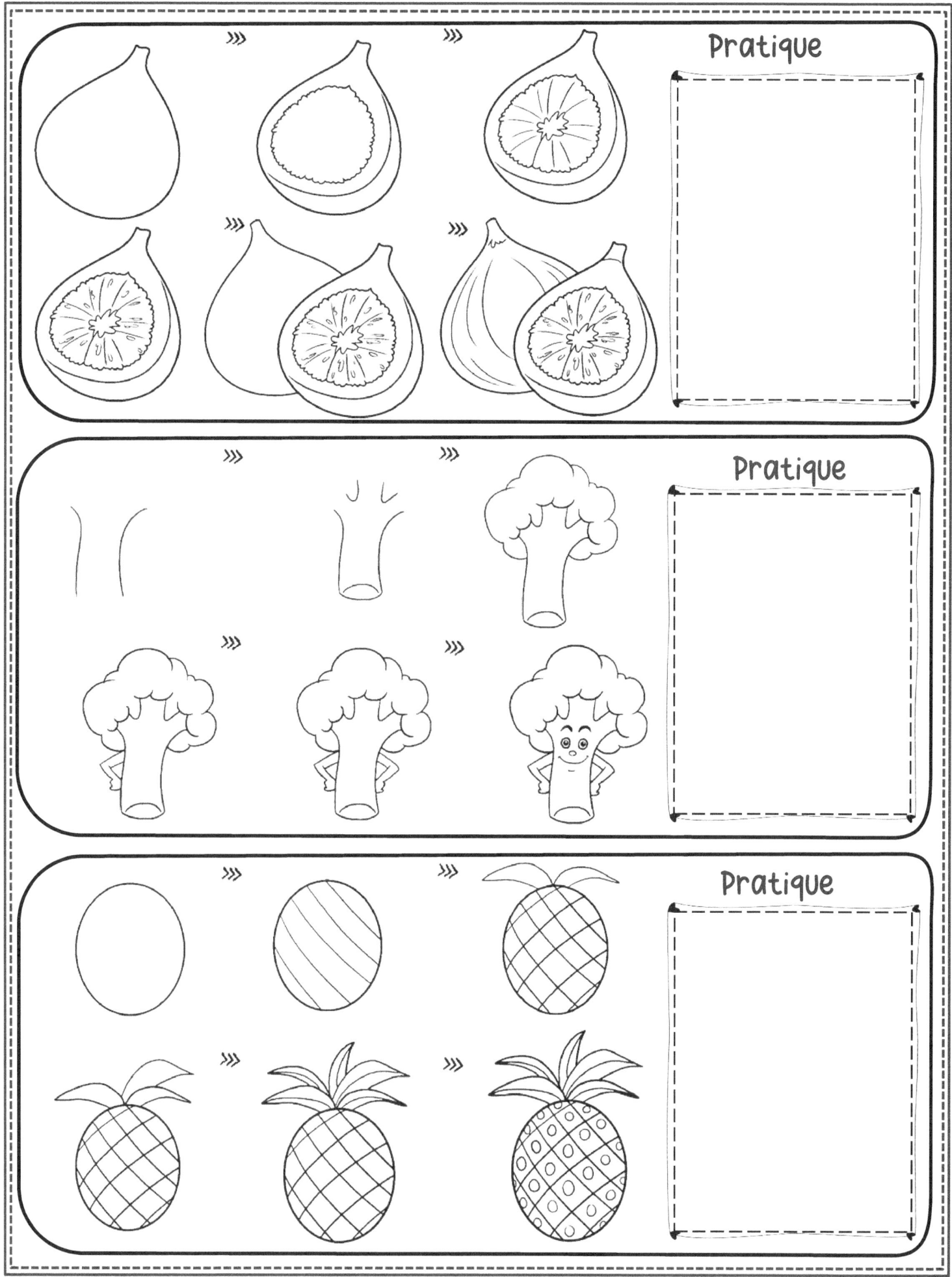

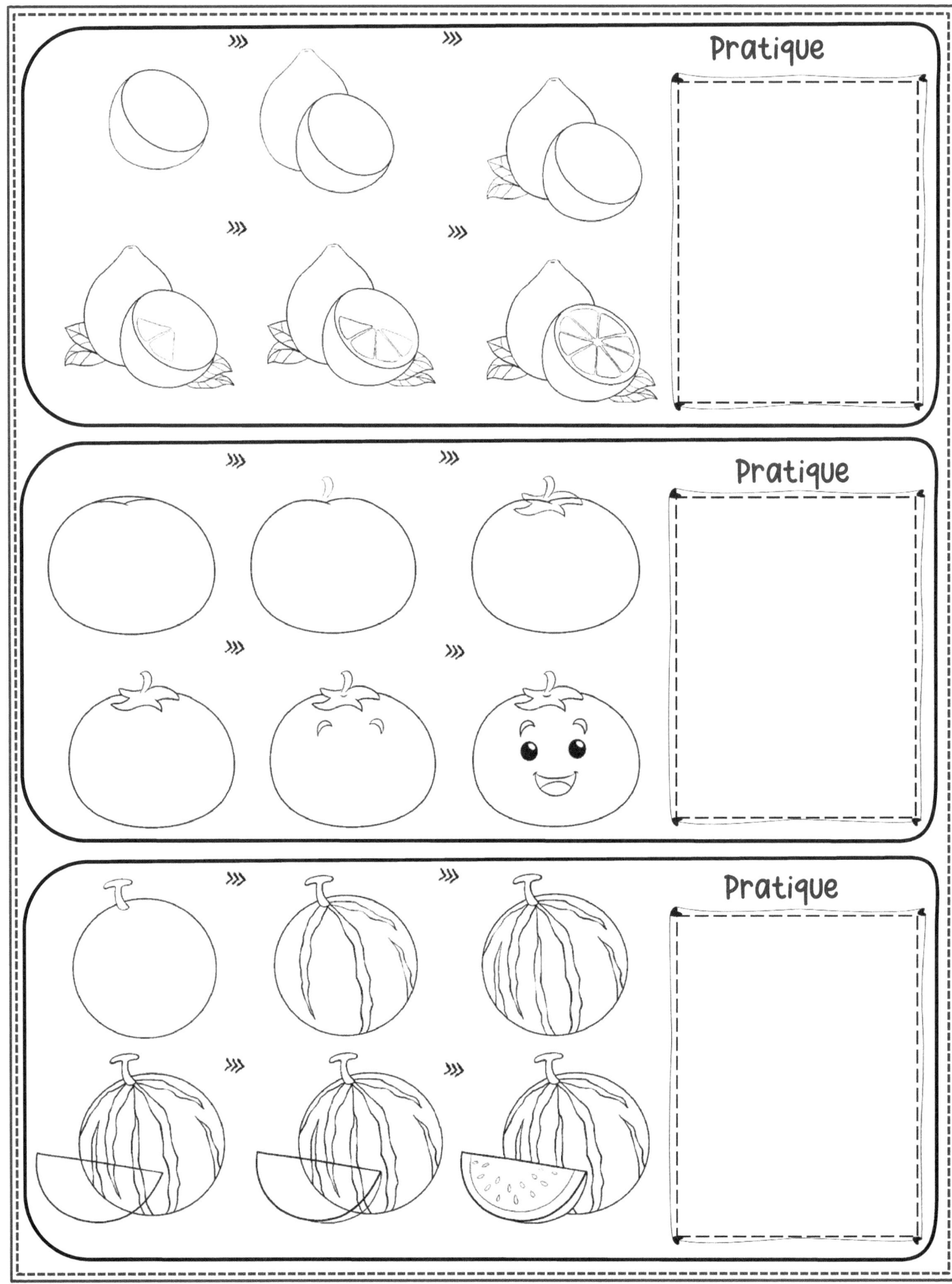

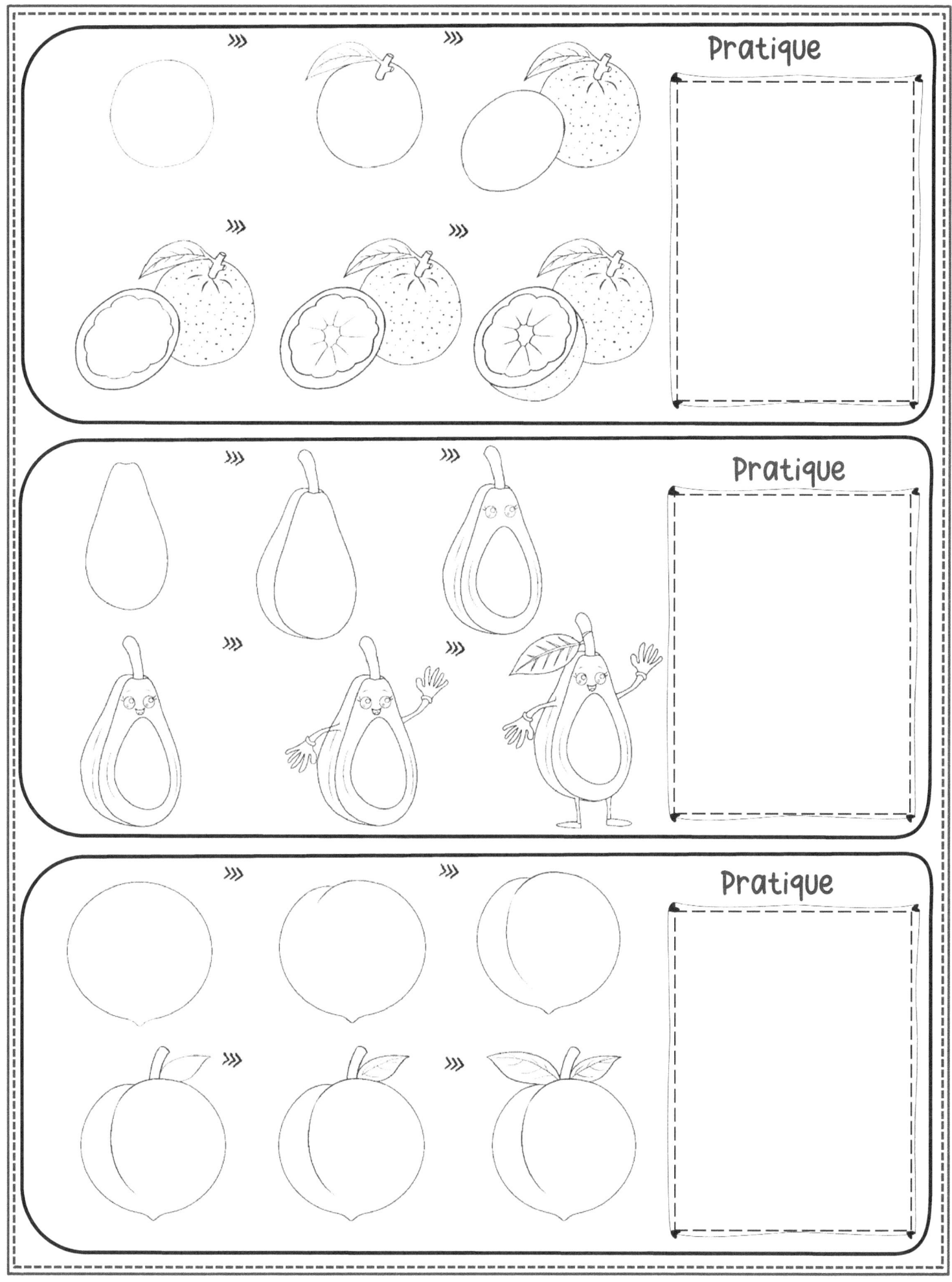
Pratique

Pratique

Pratique

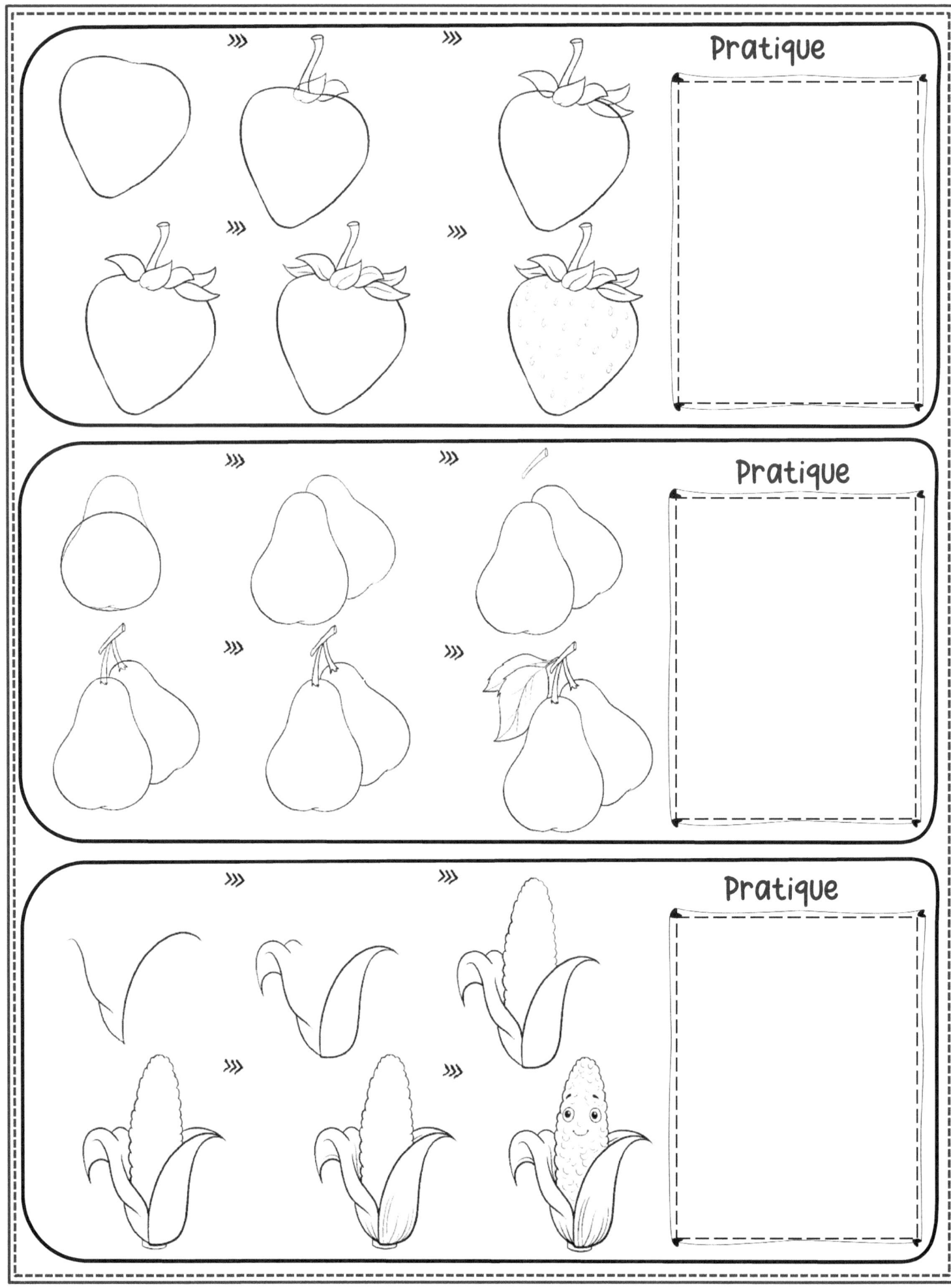

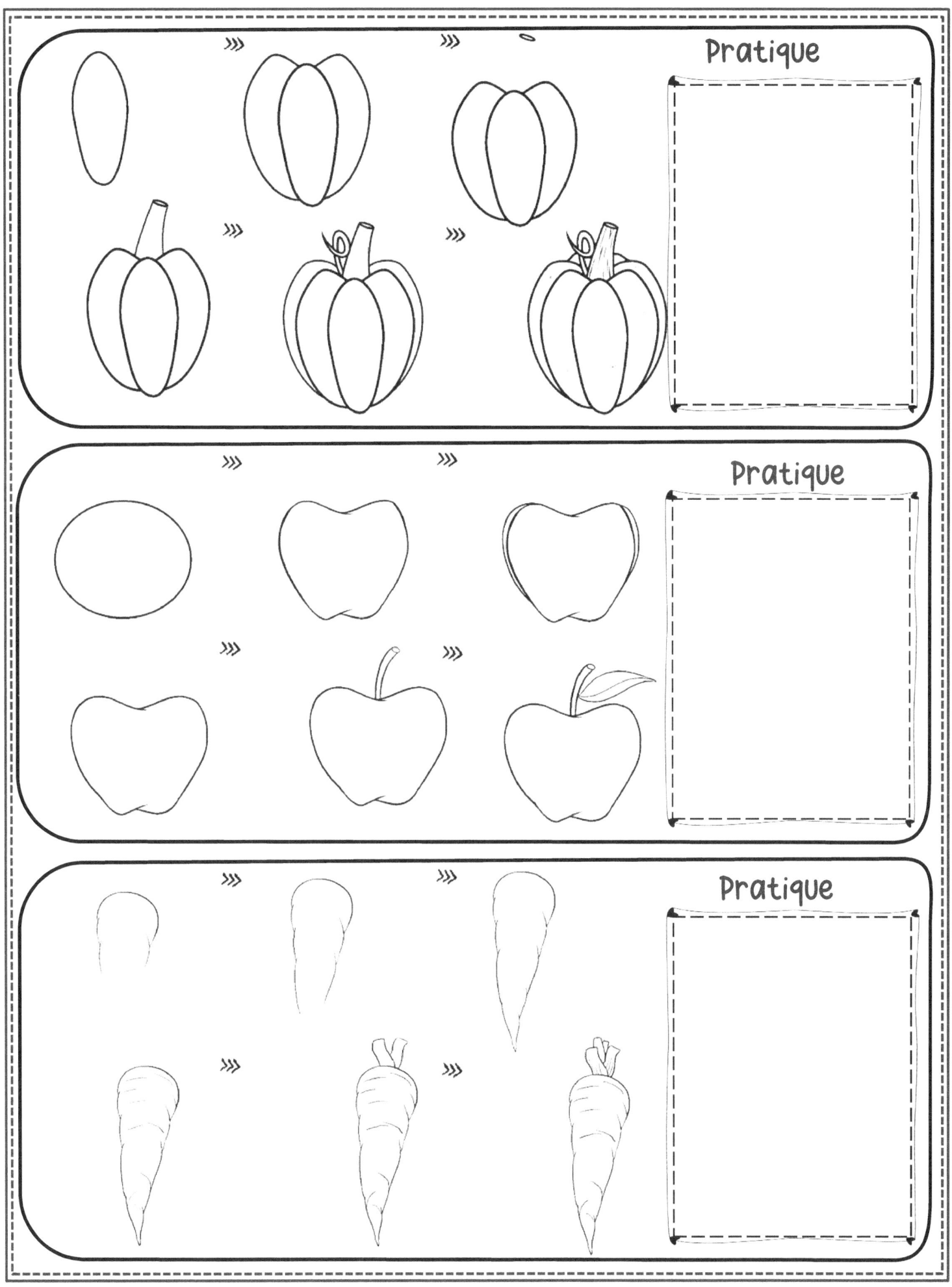

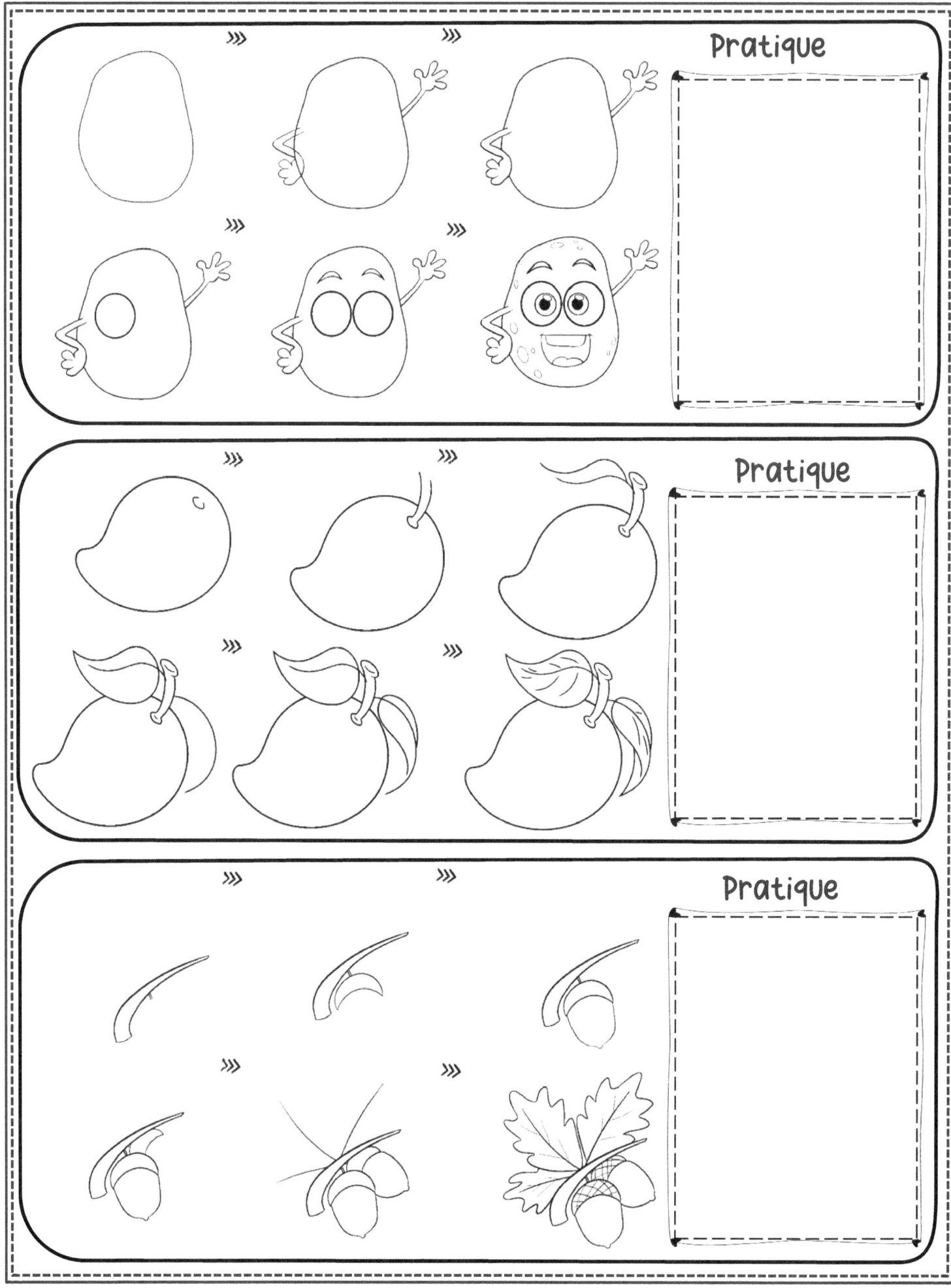

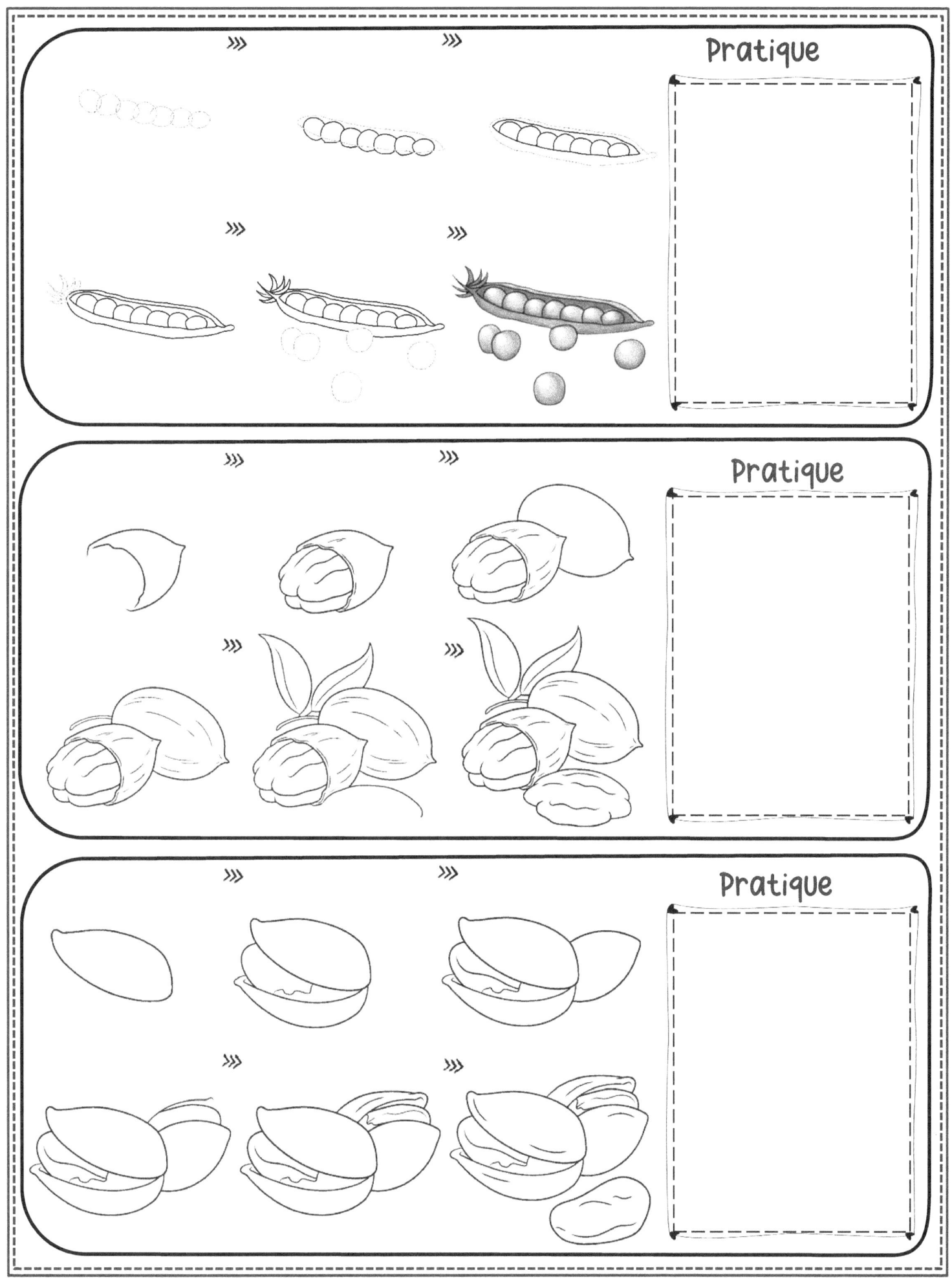

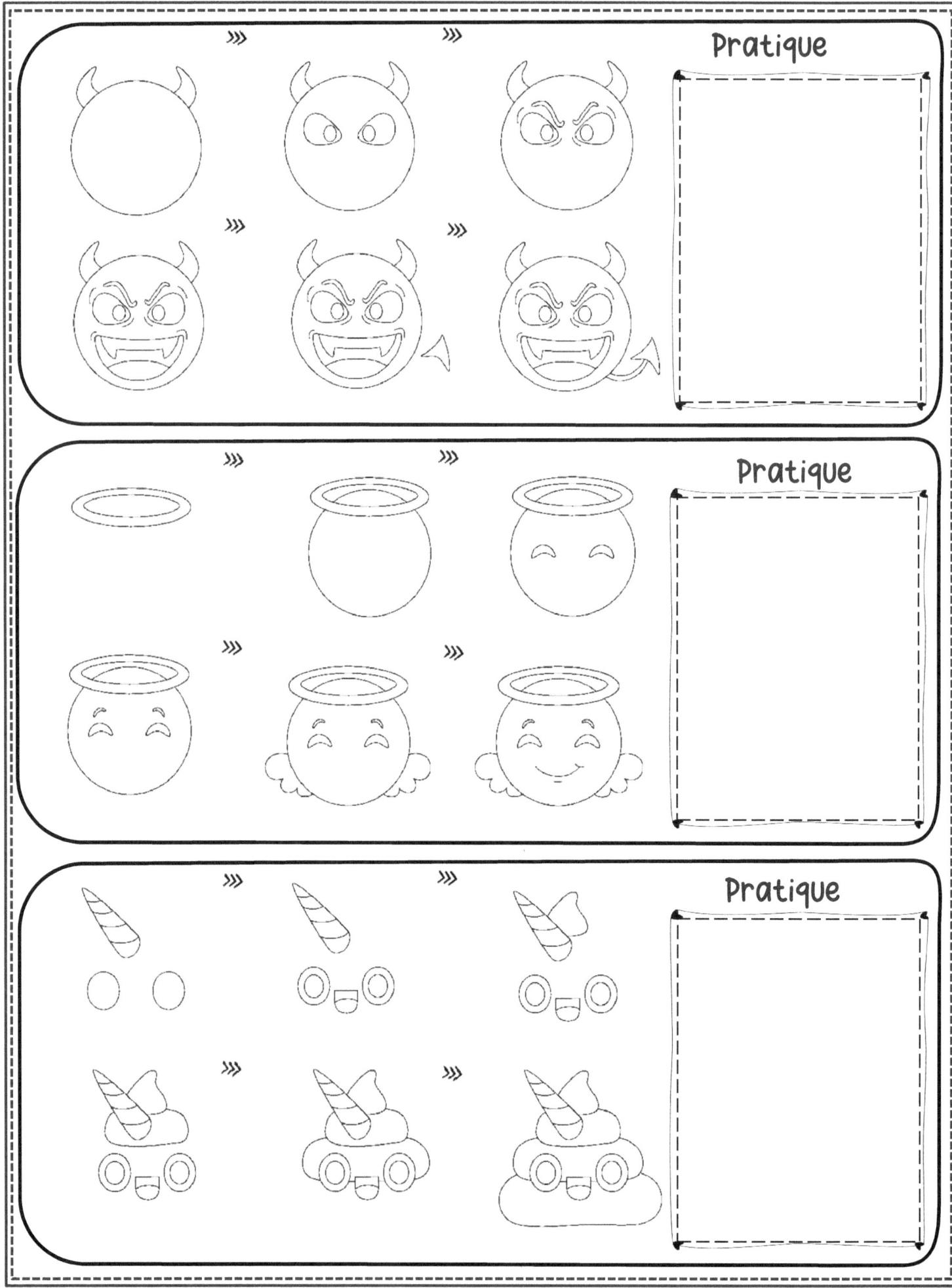

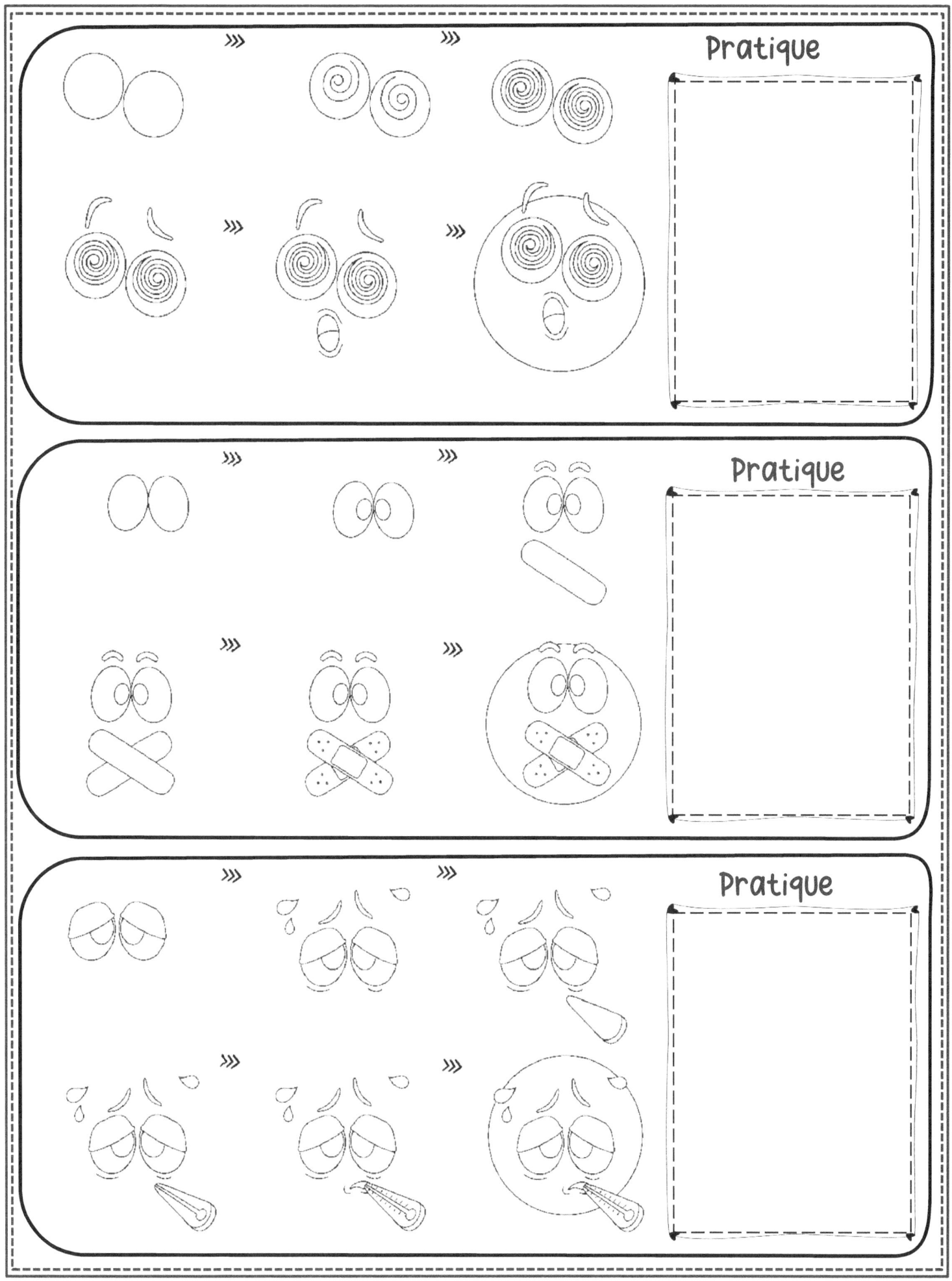

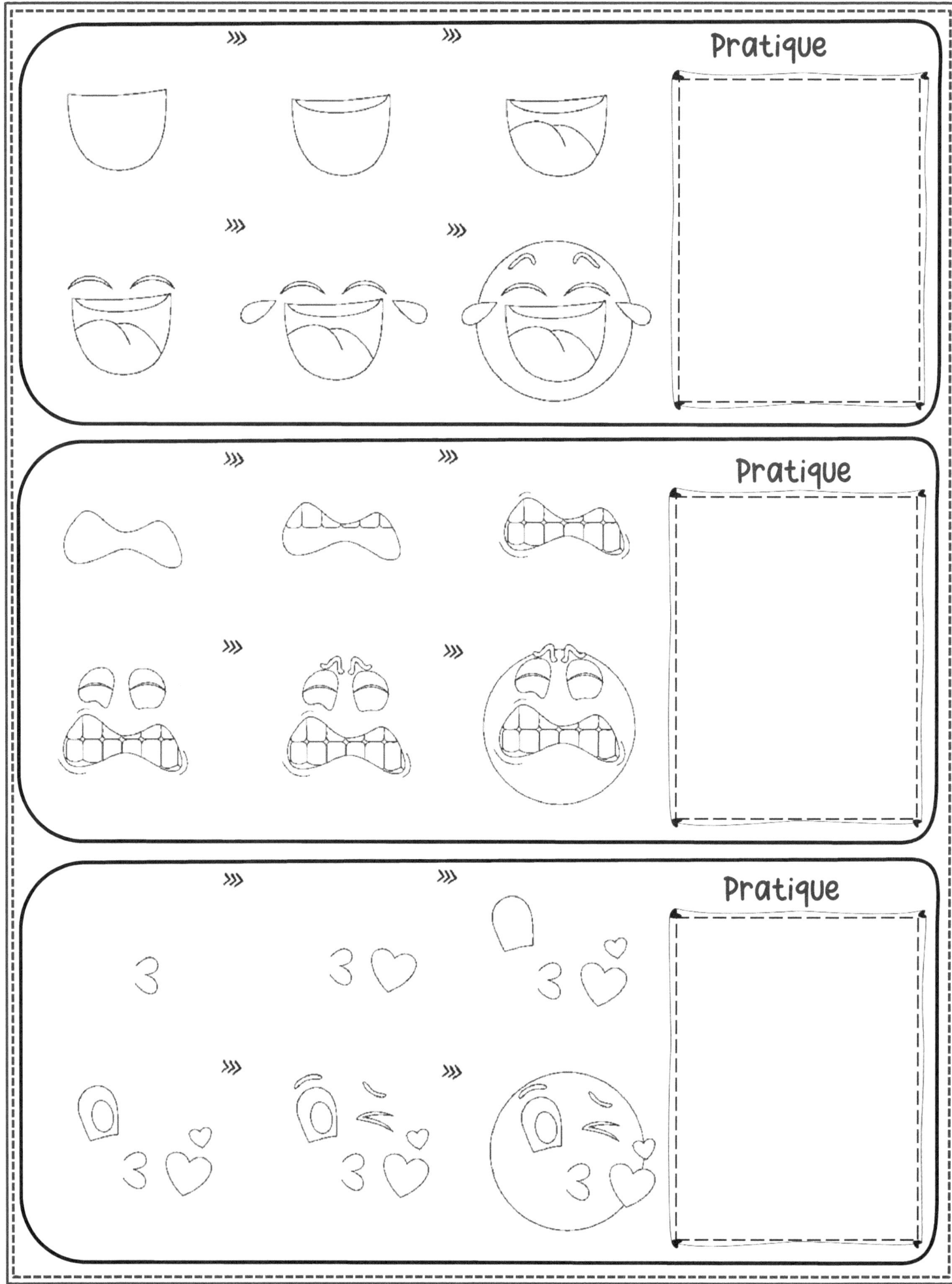

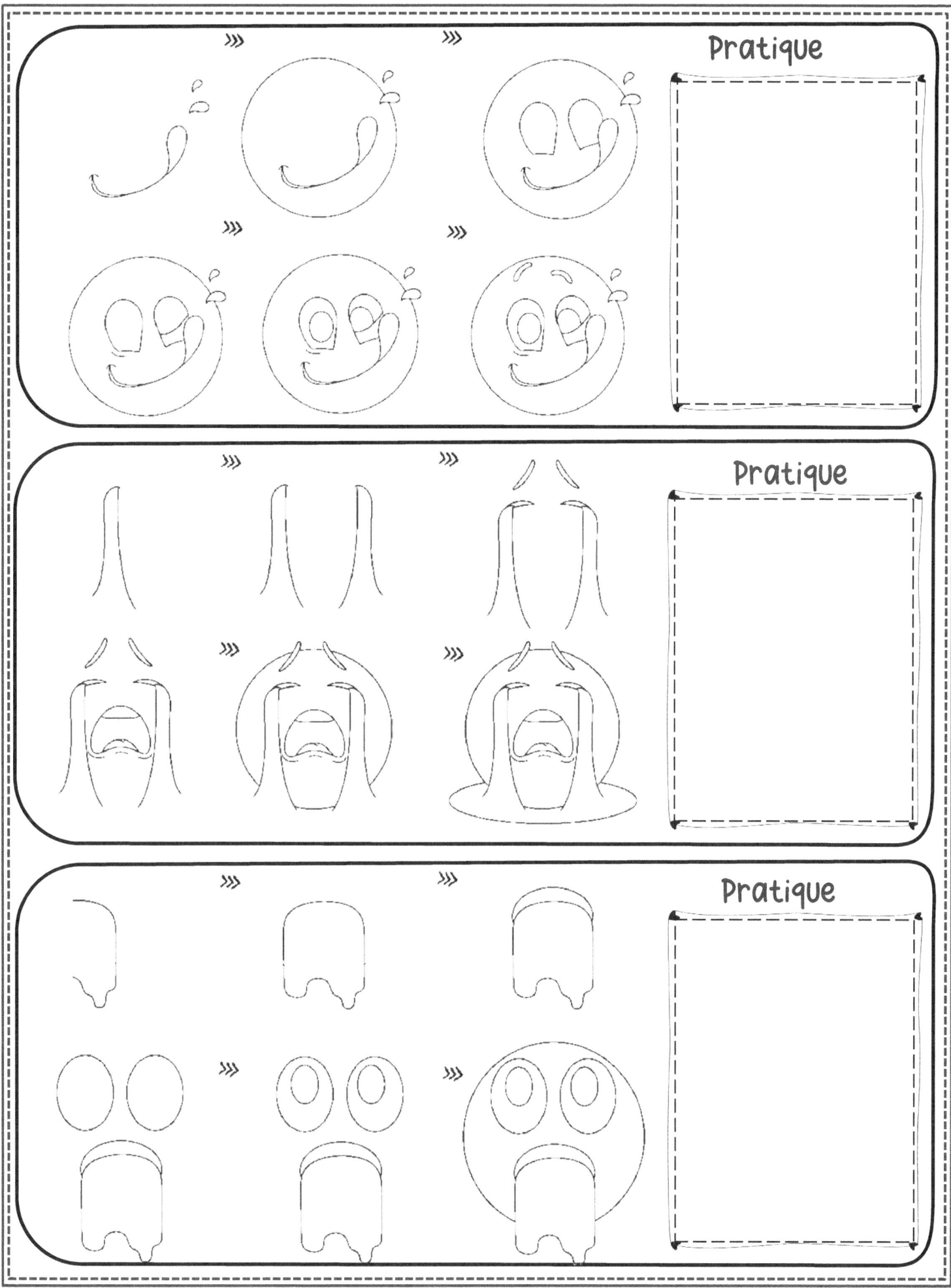

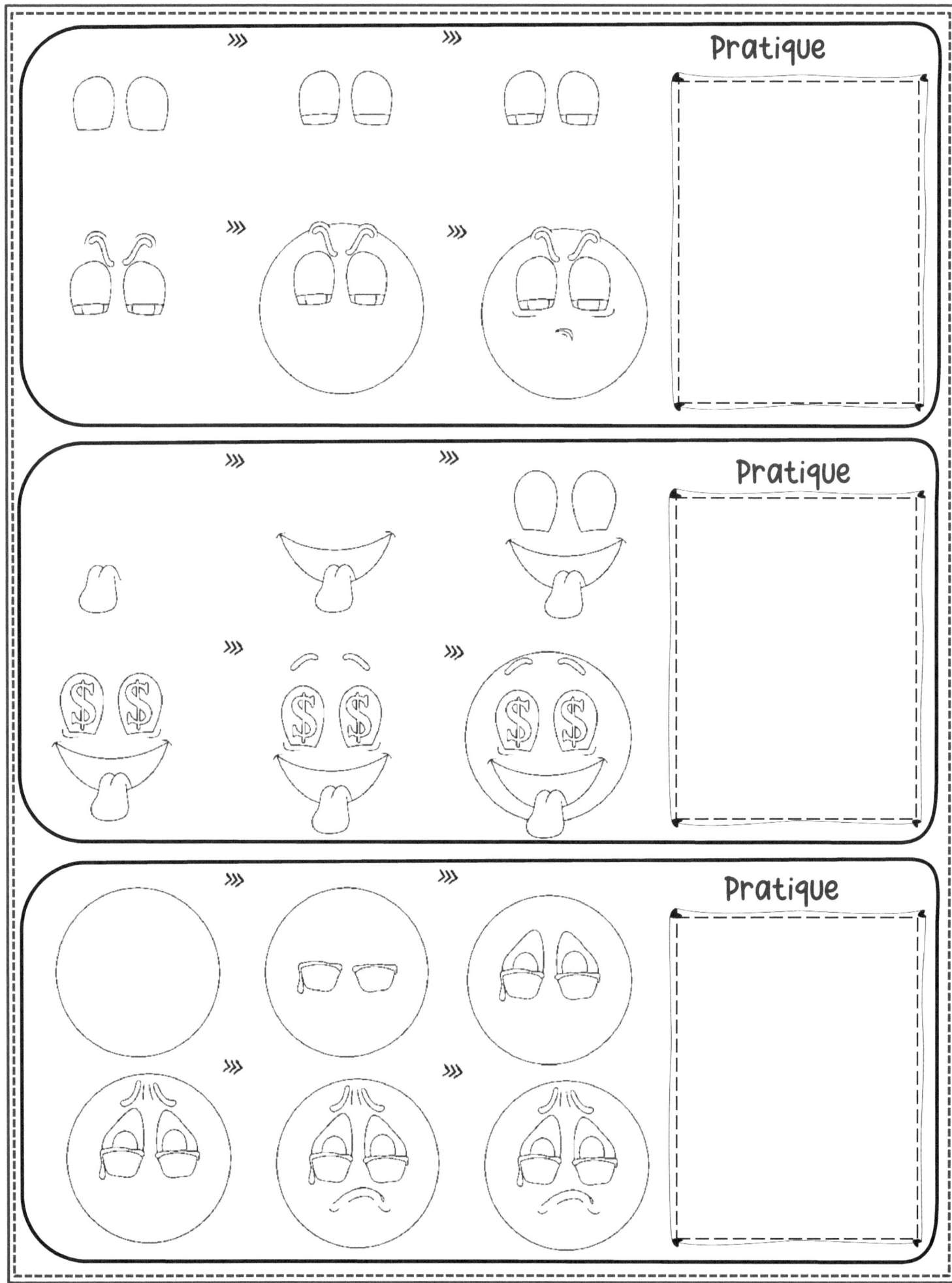

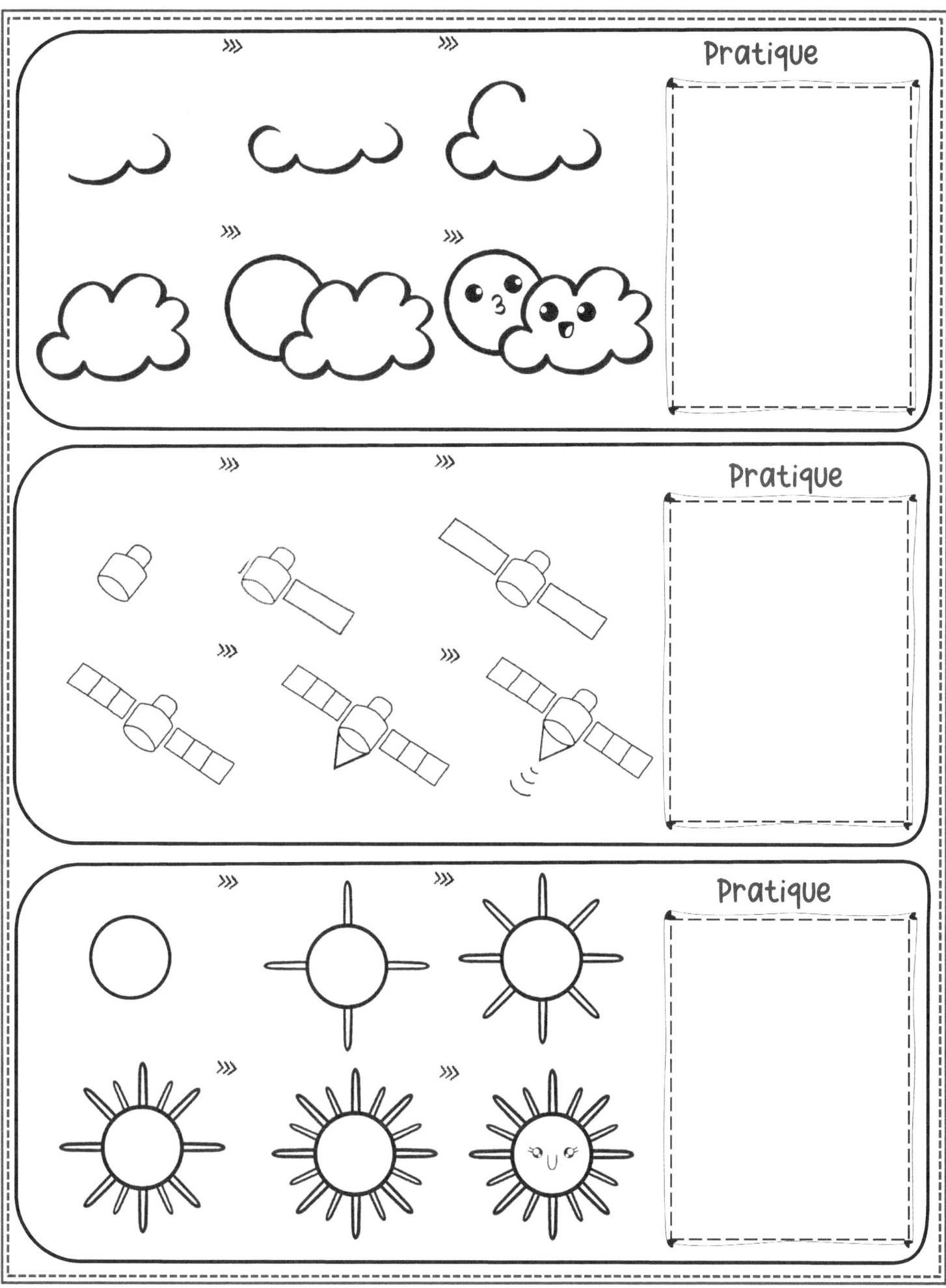

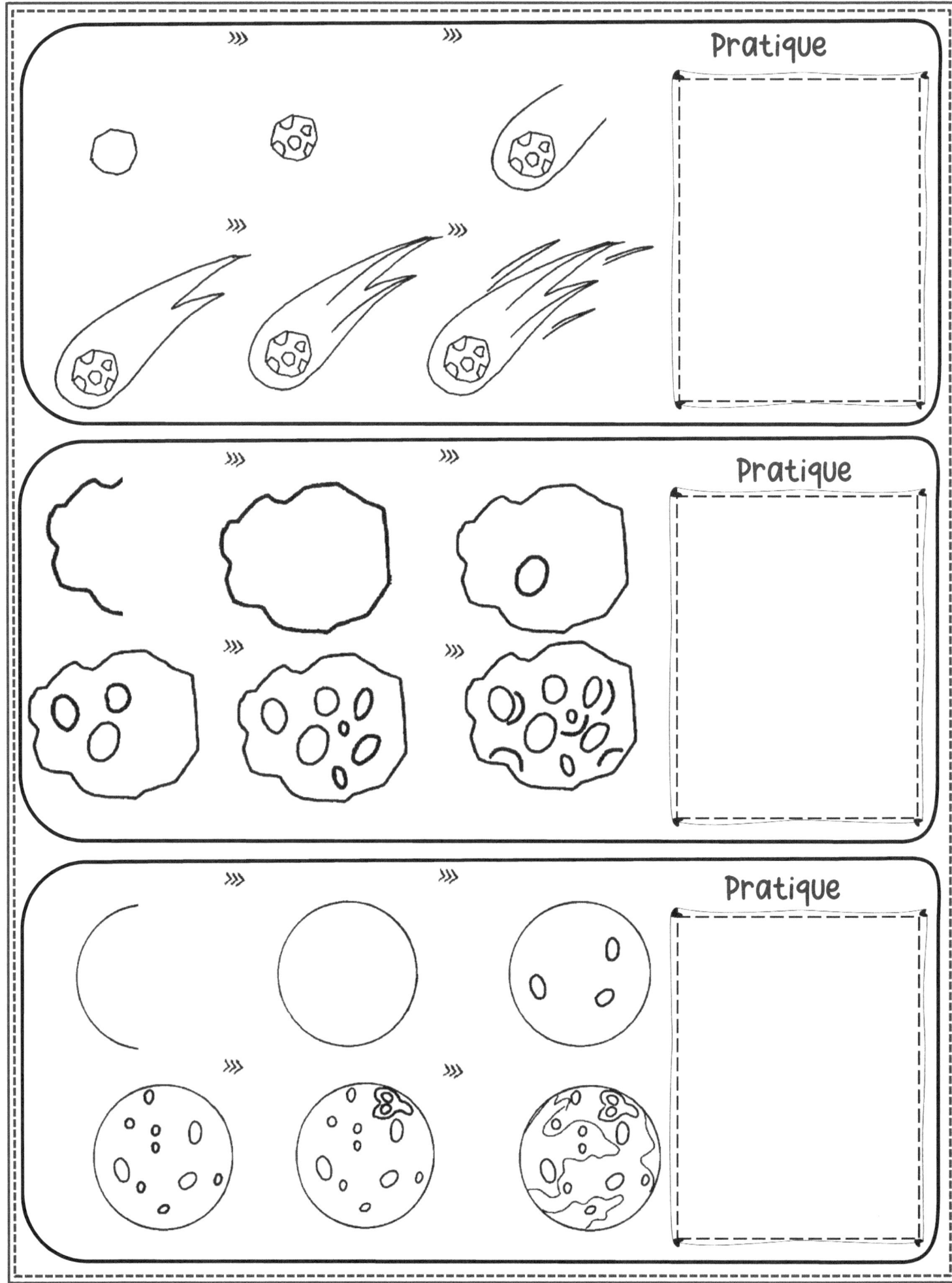

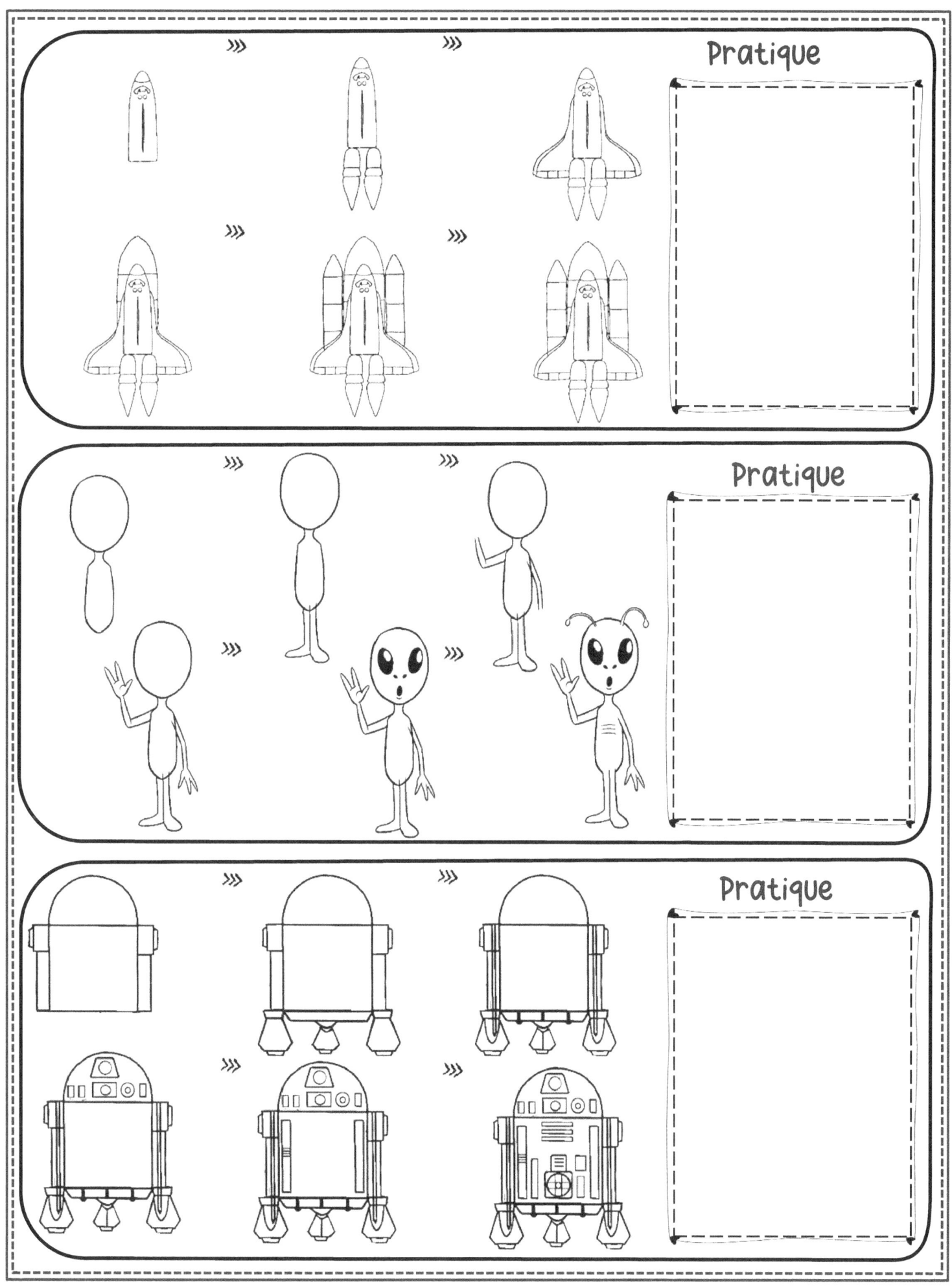

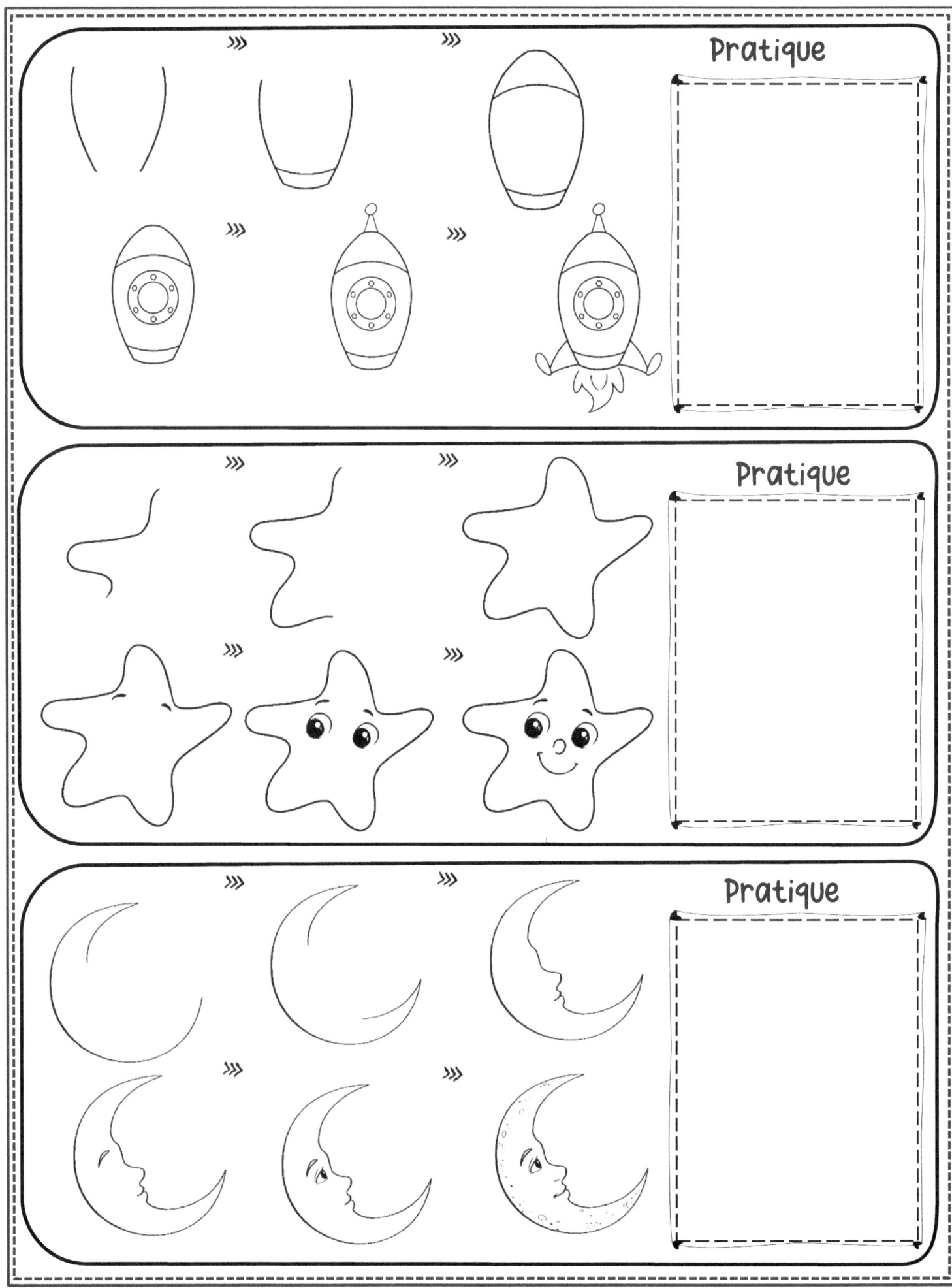

Pratique

Pratique

Pratique

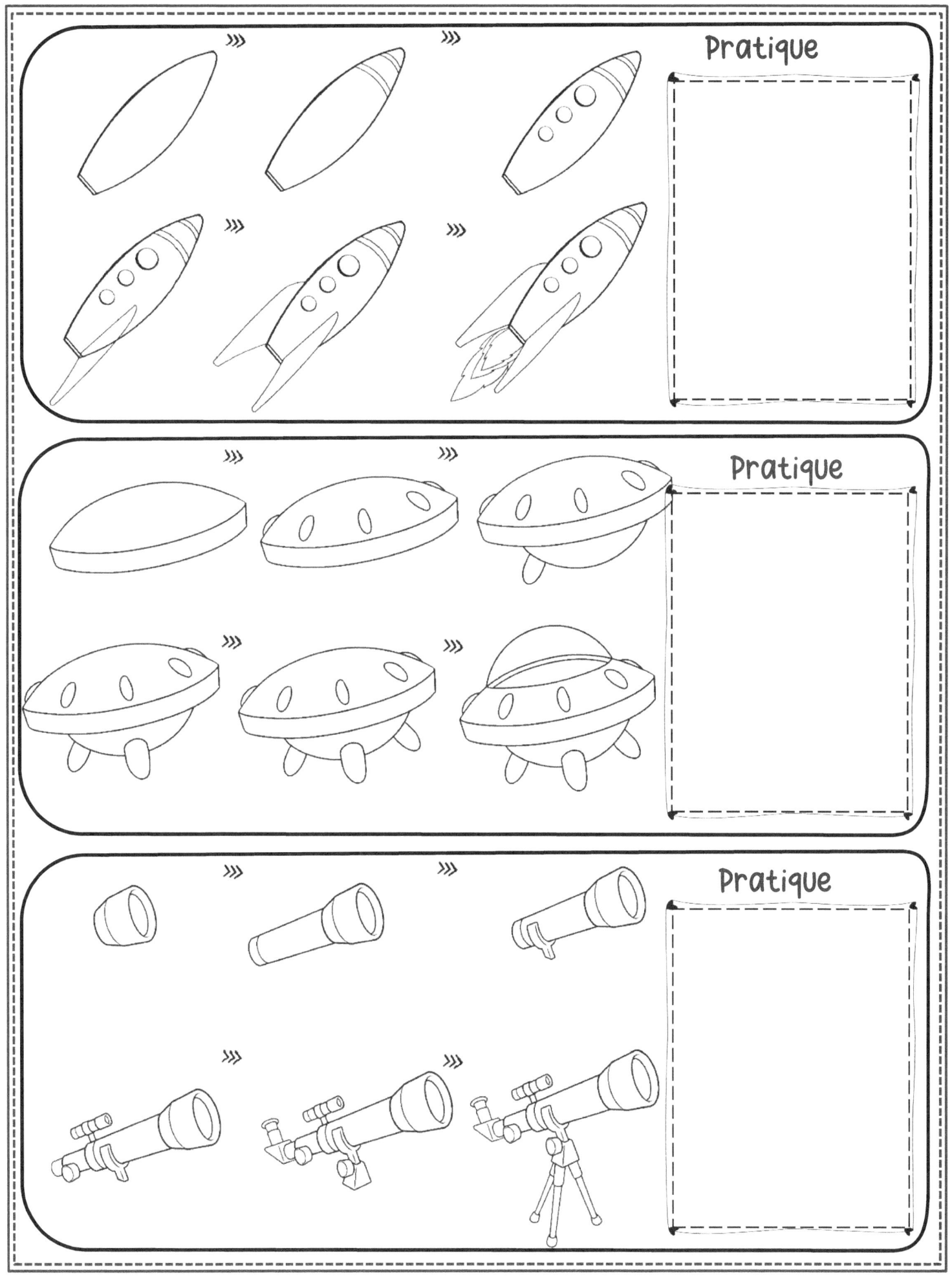

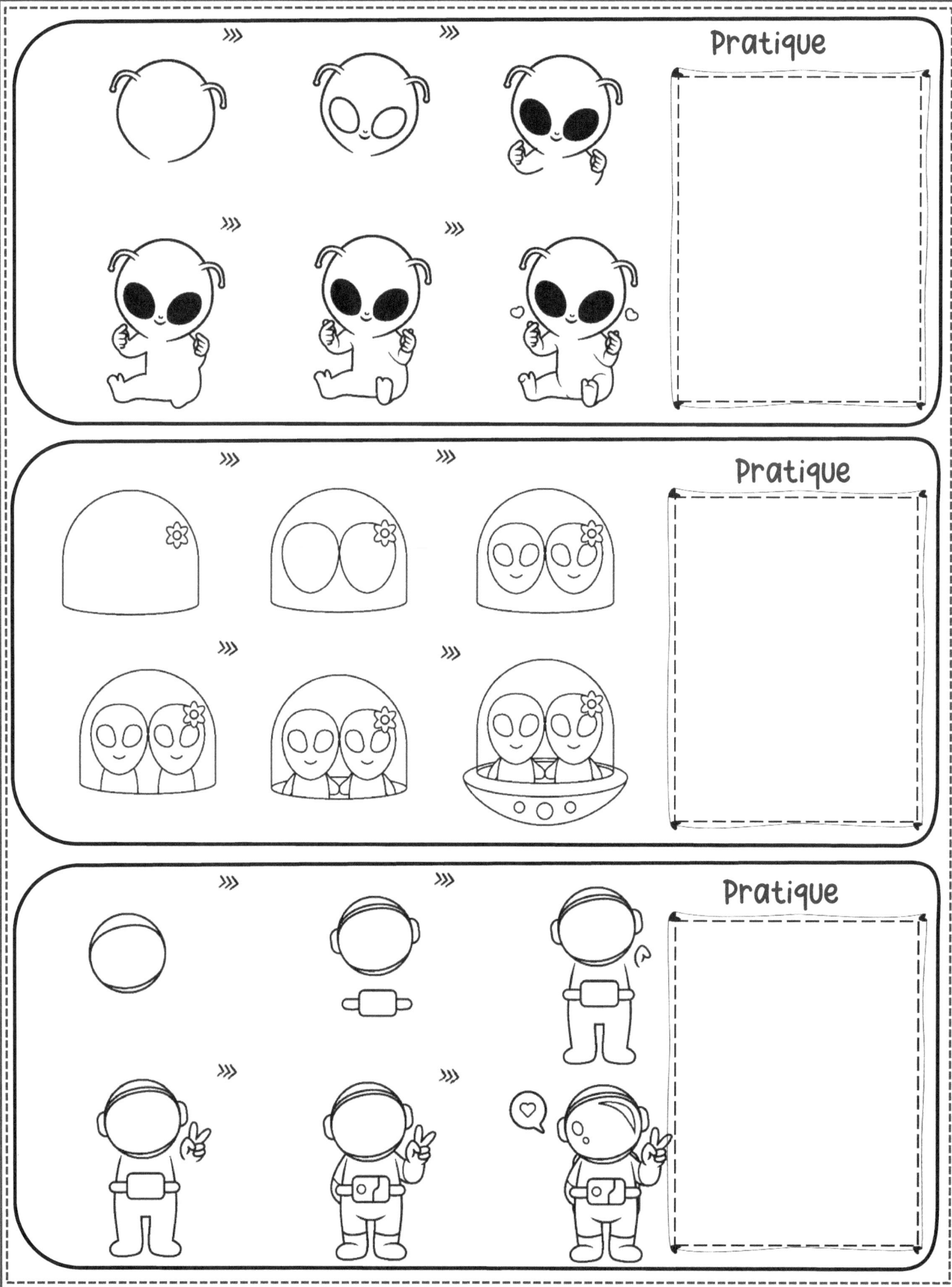

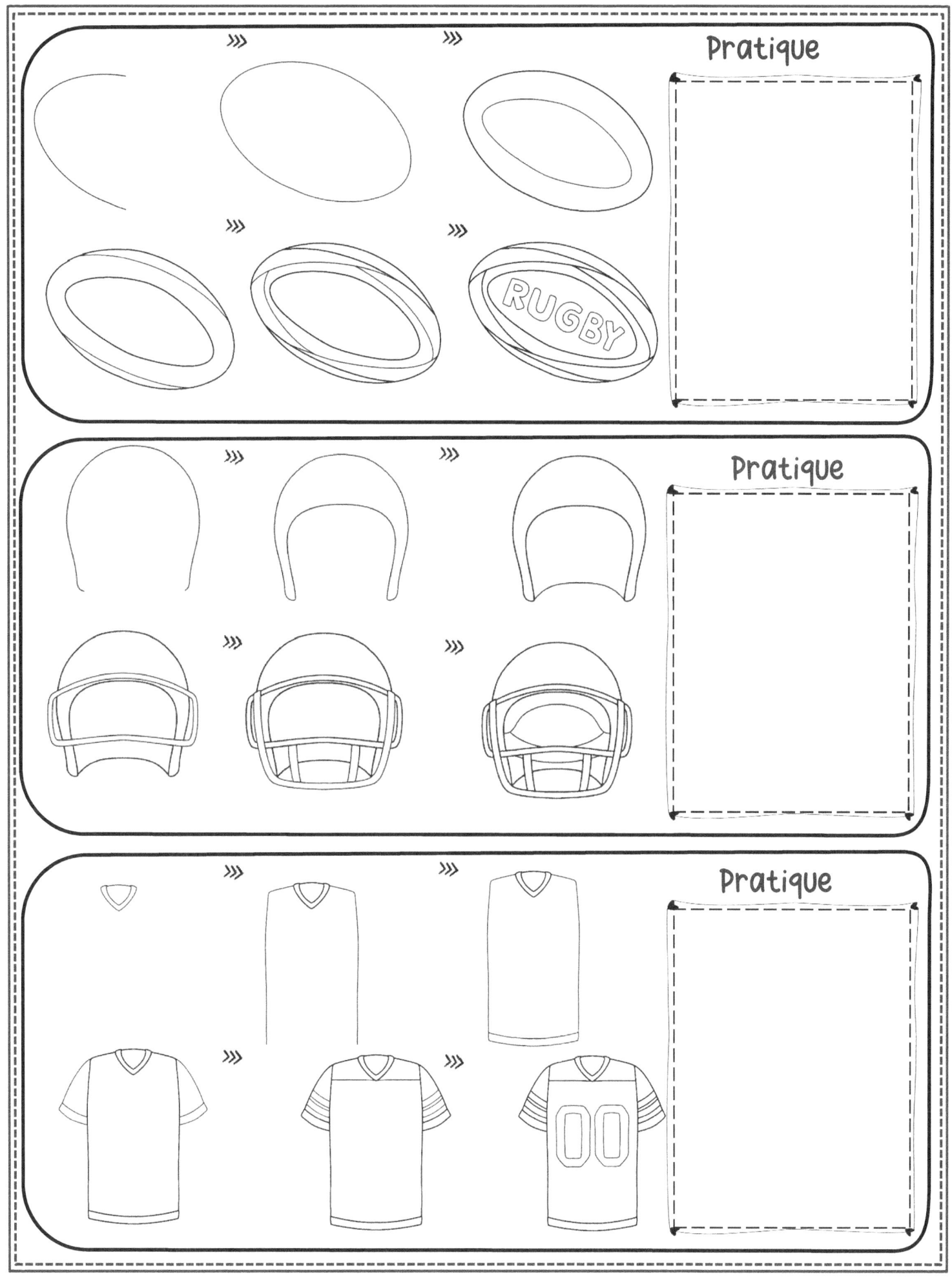

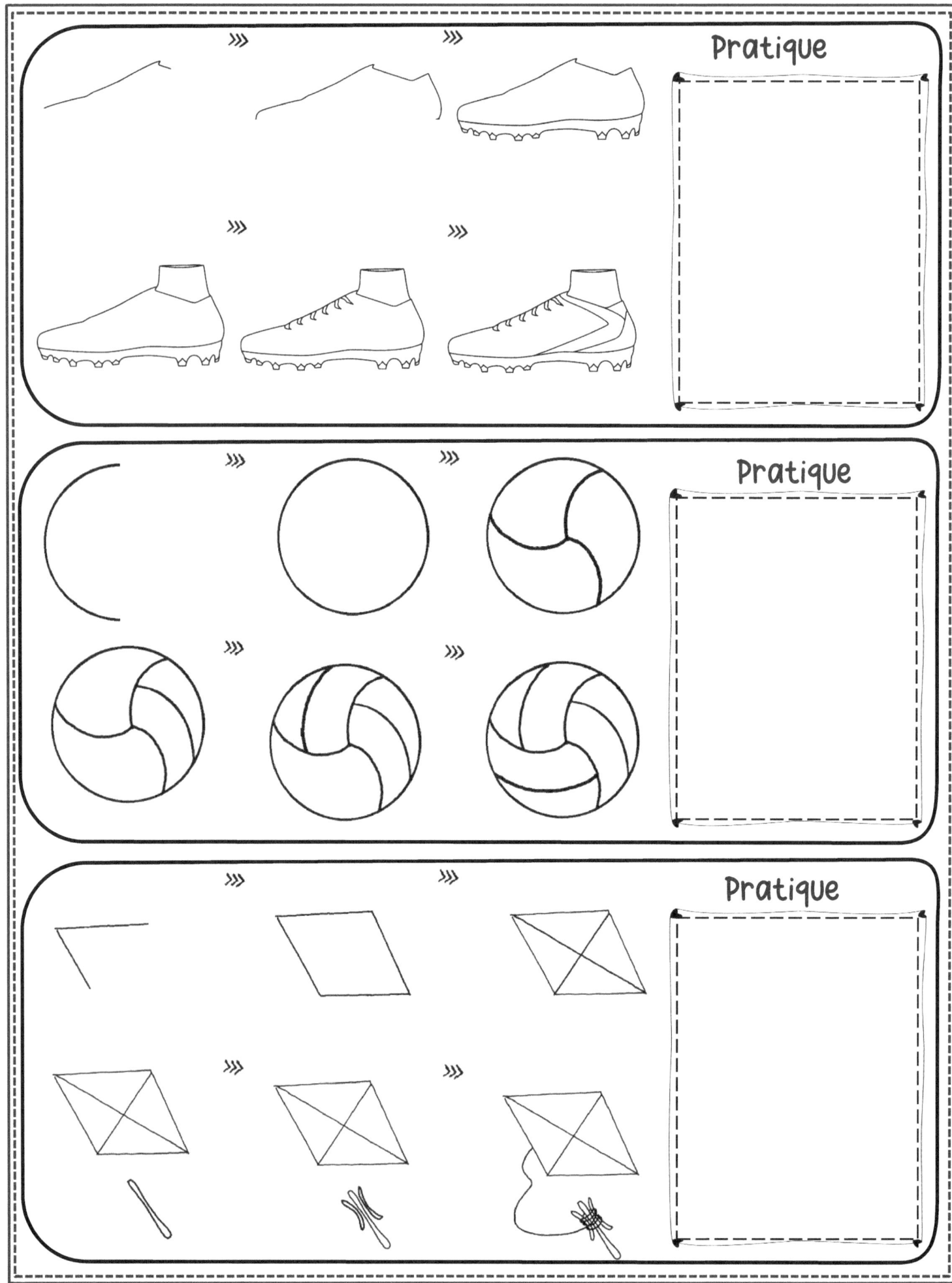

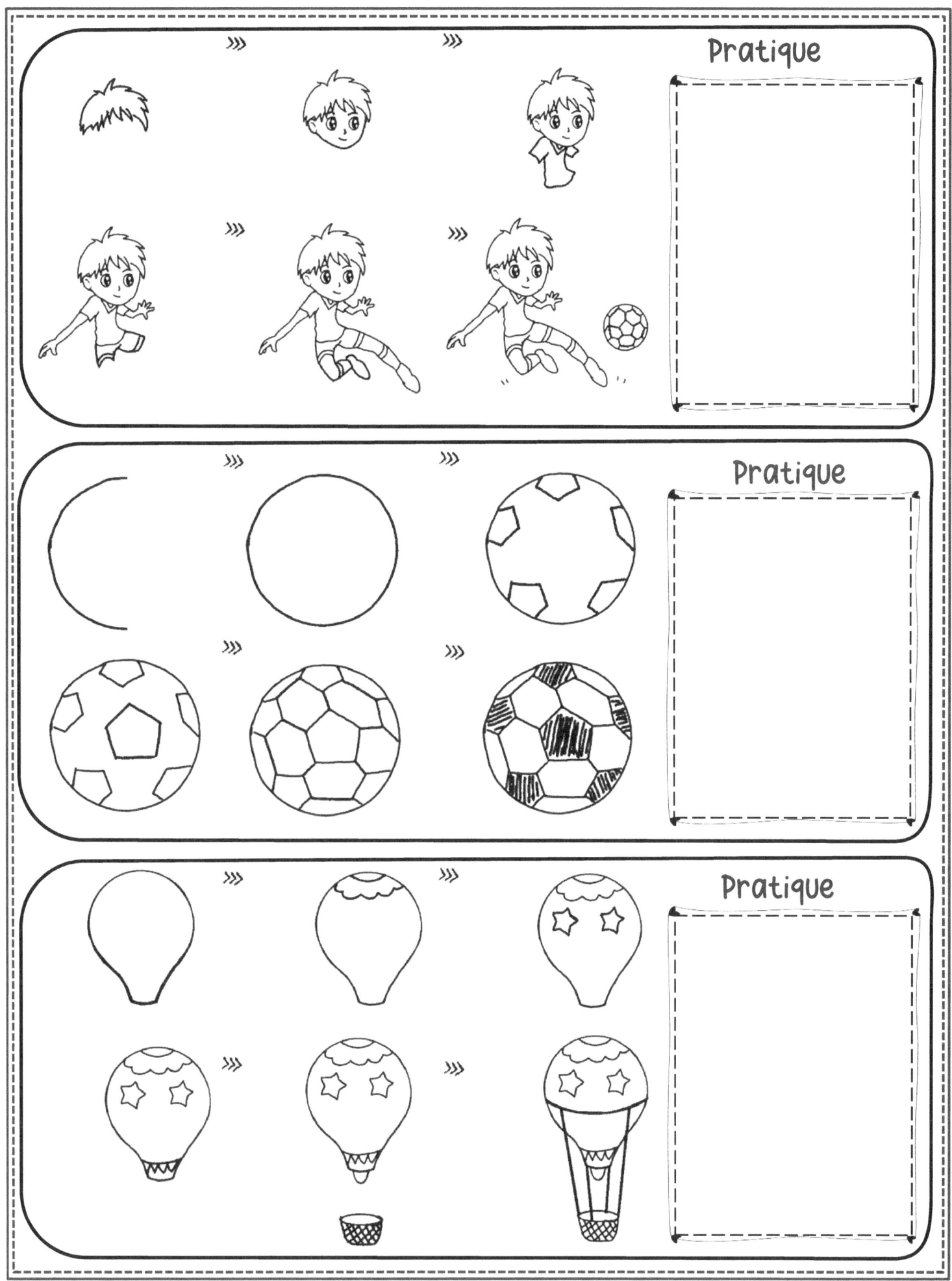

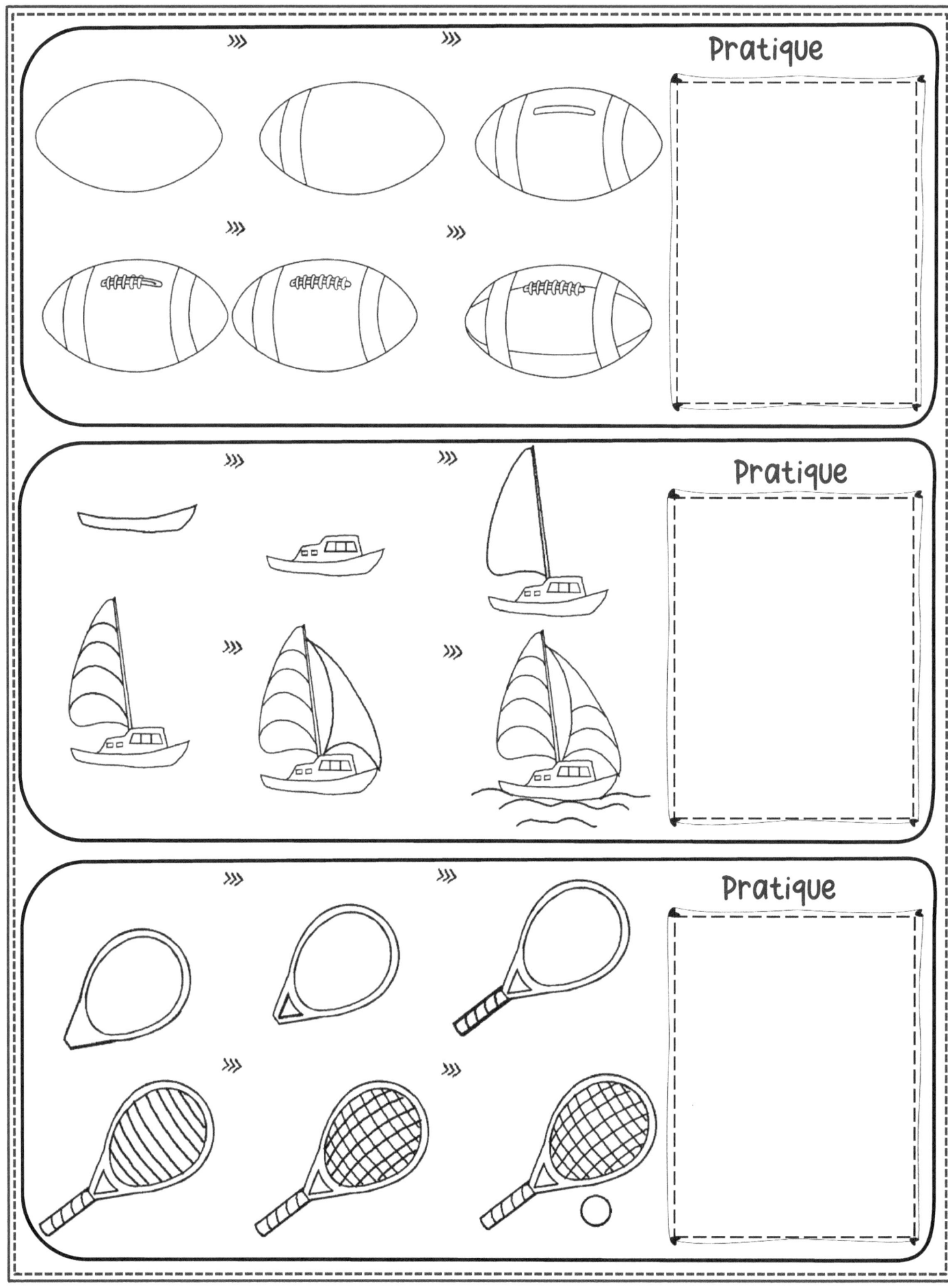

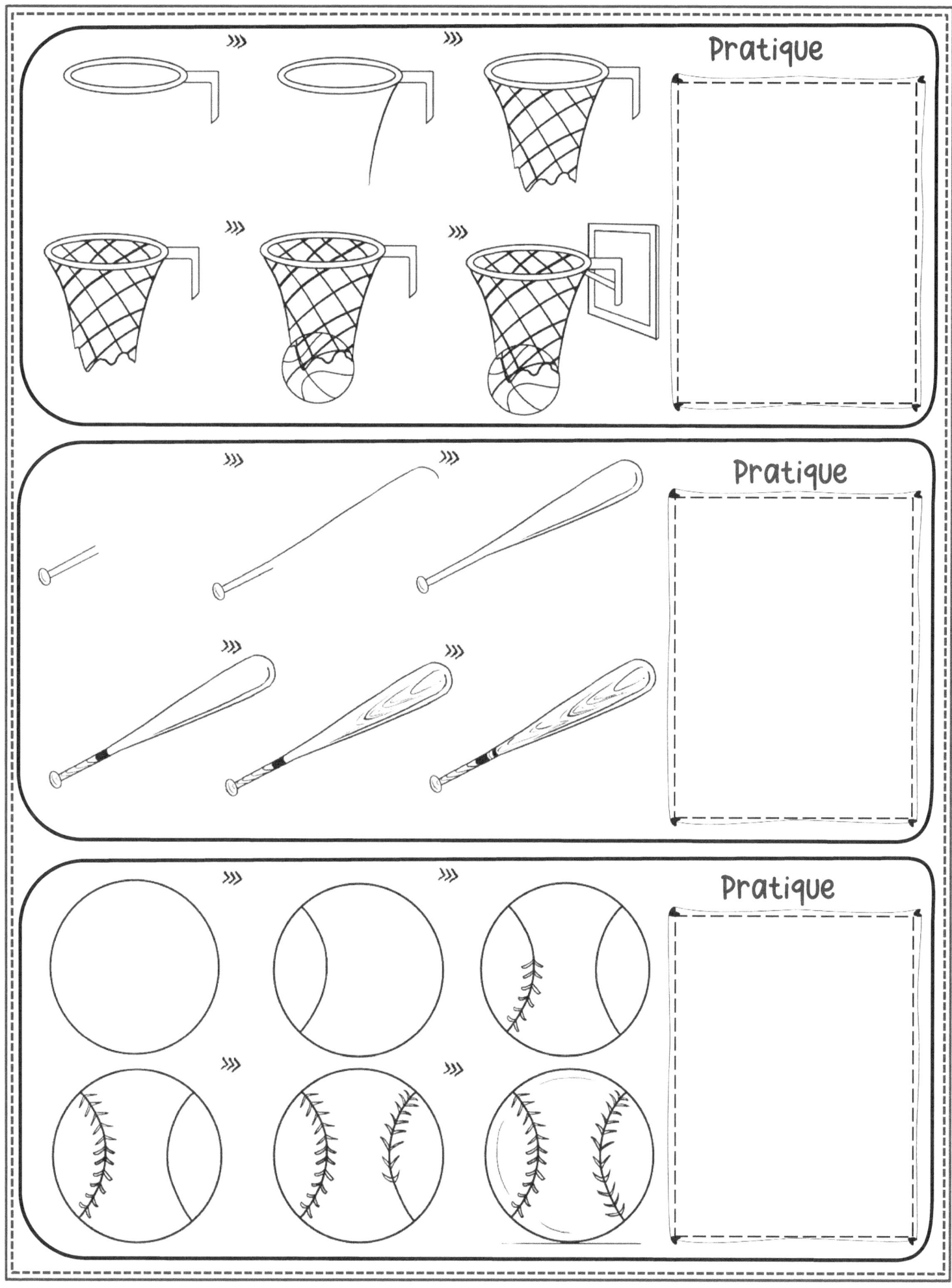

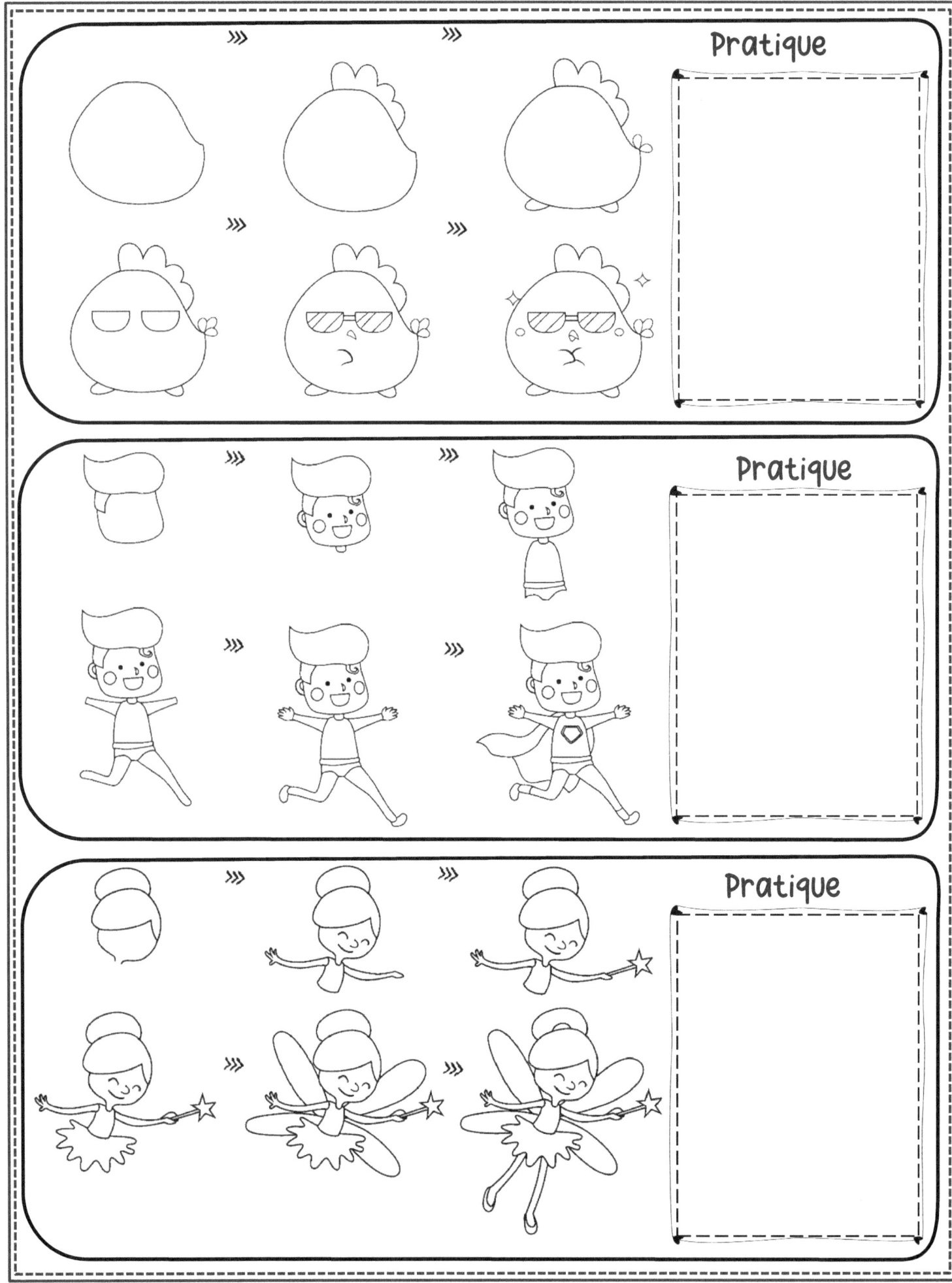

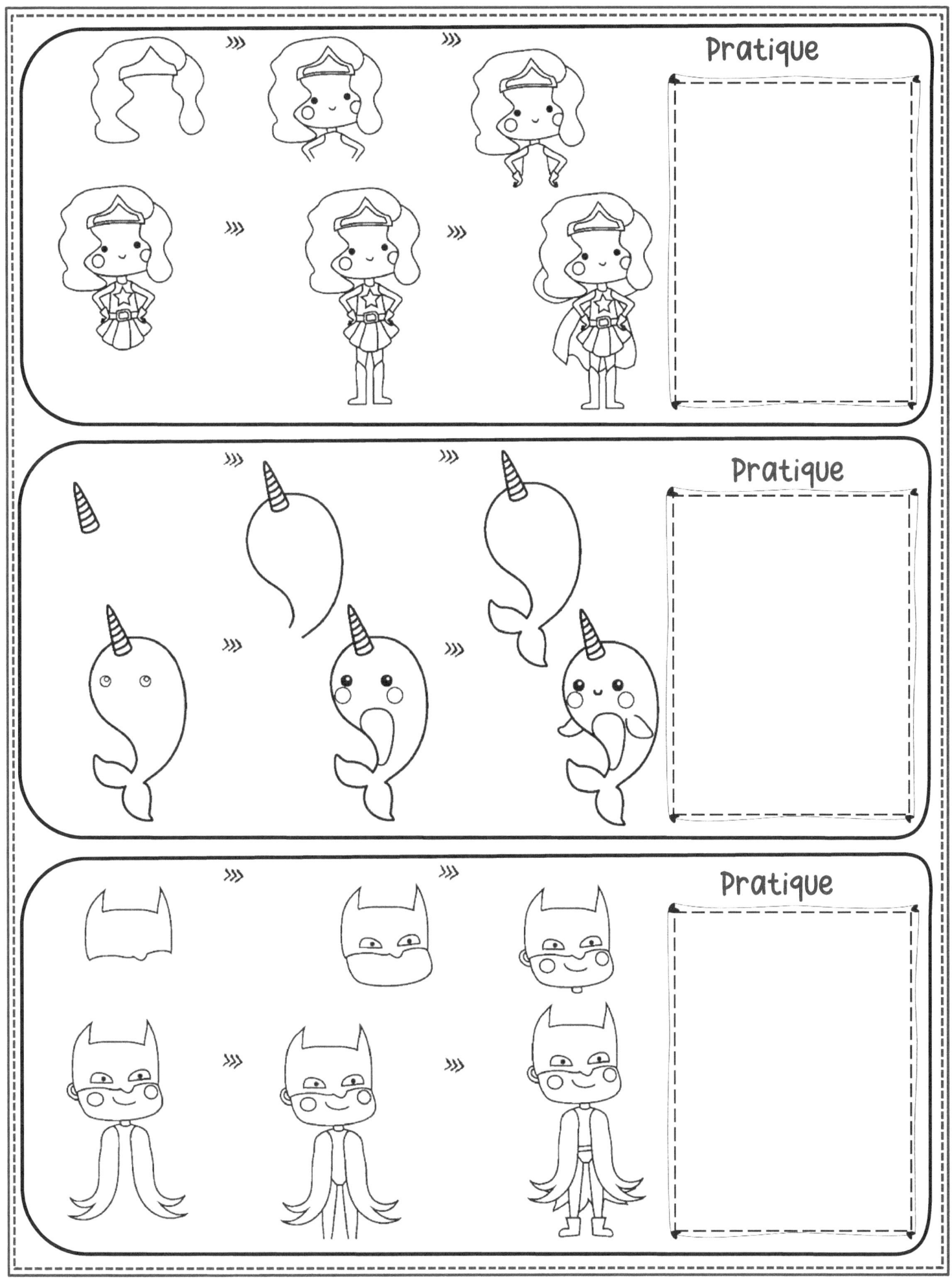

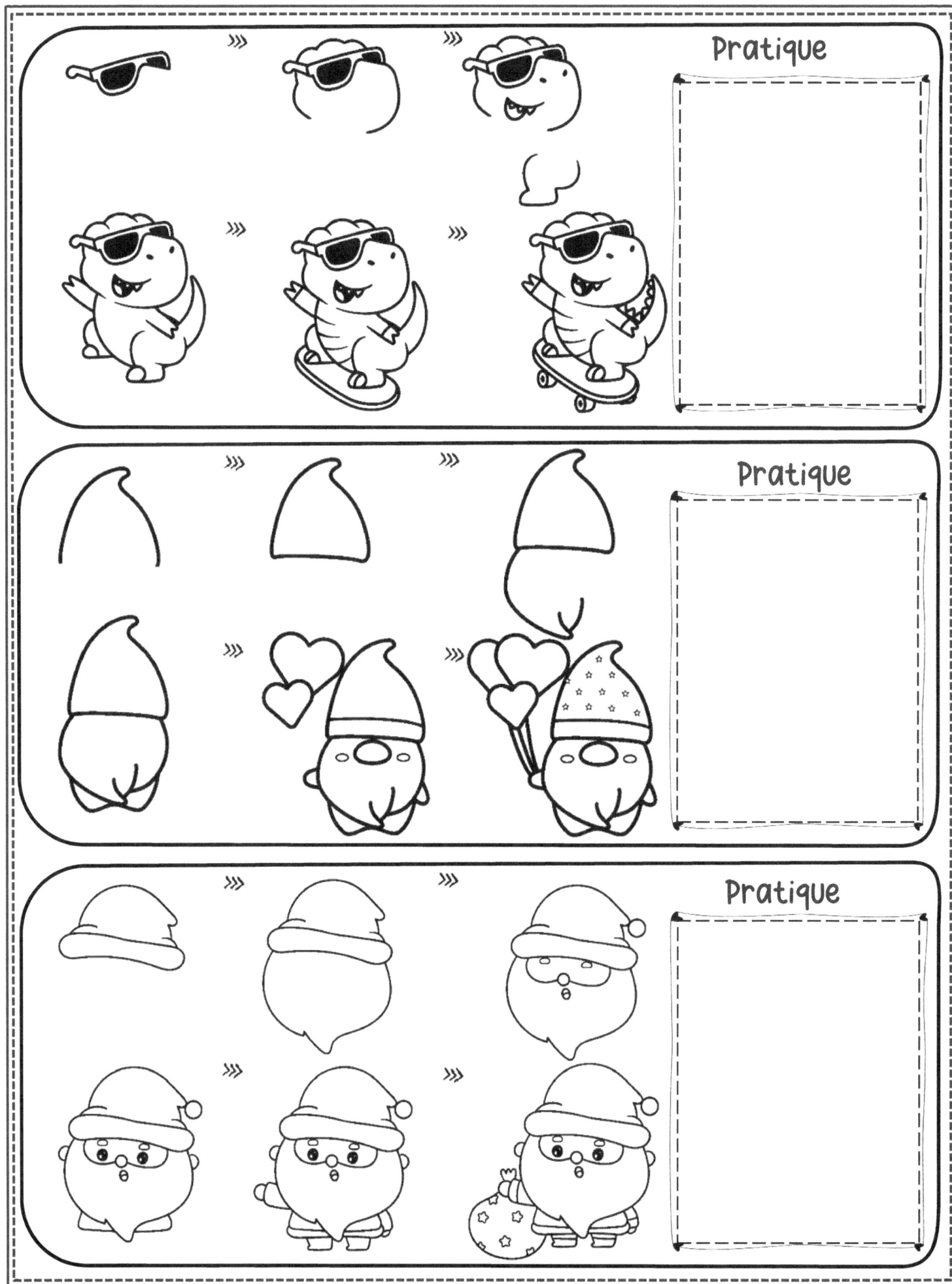

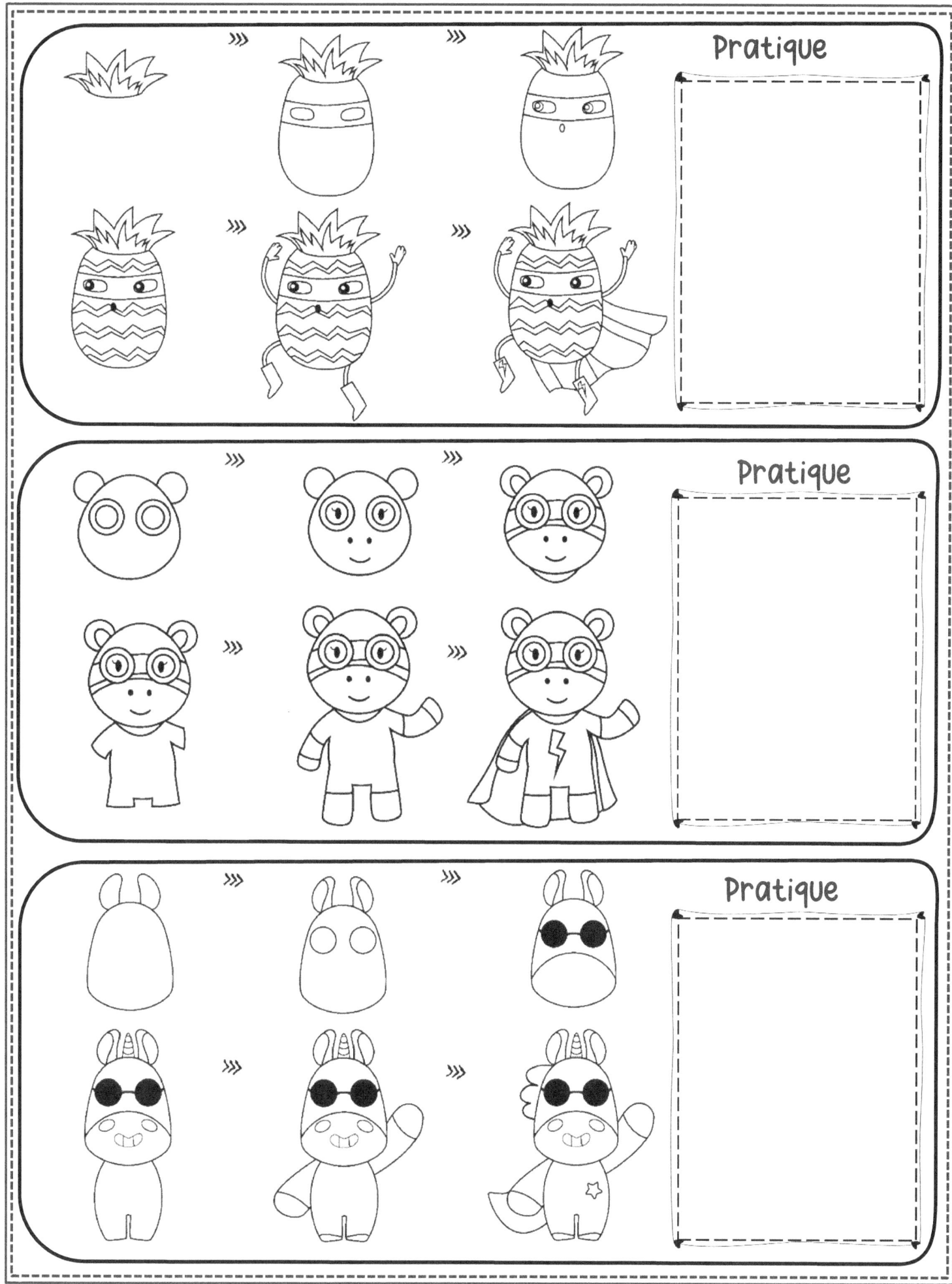

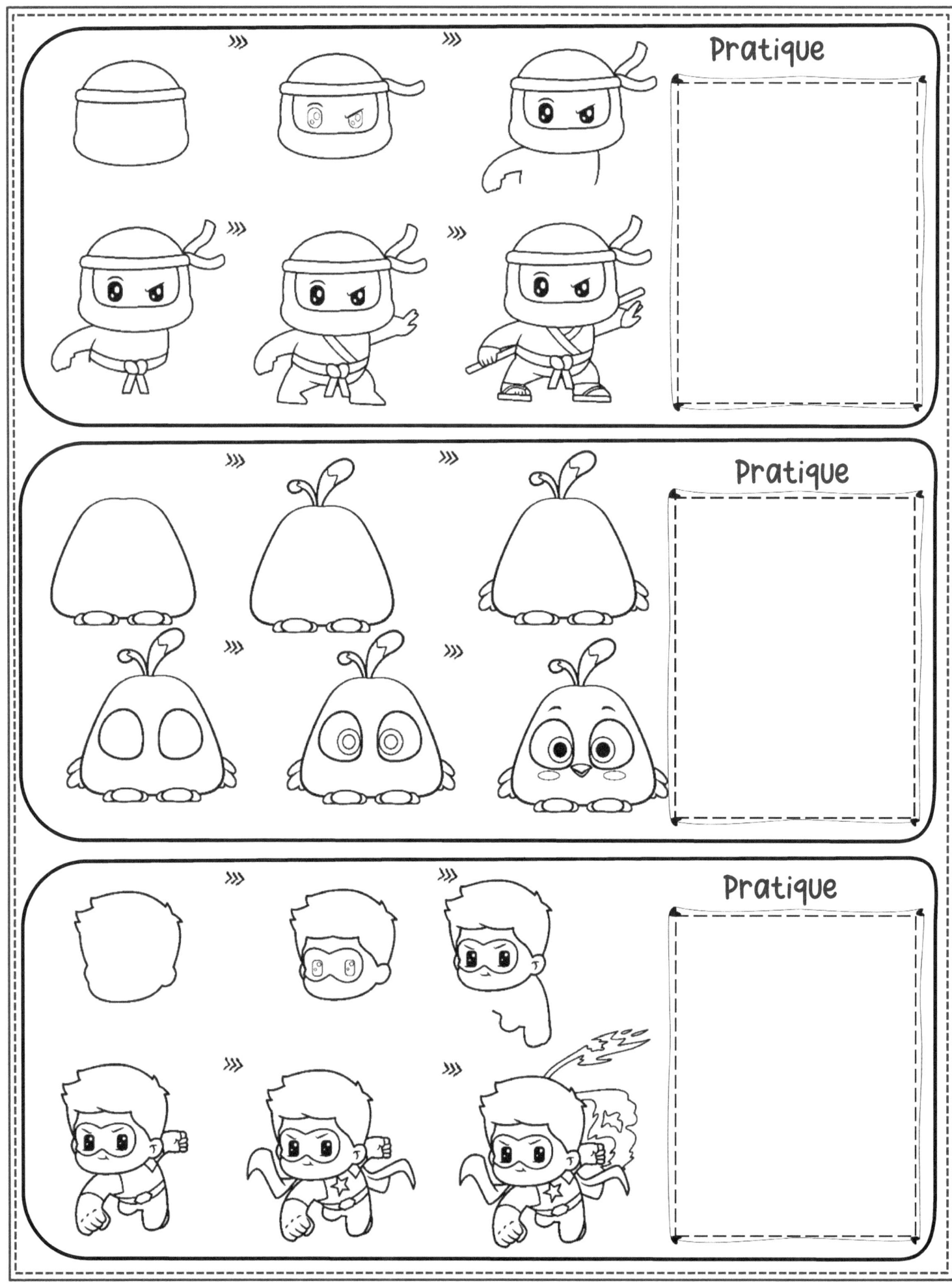

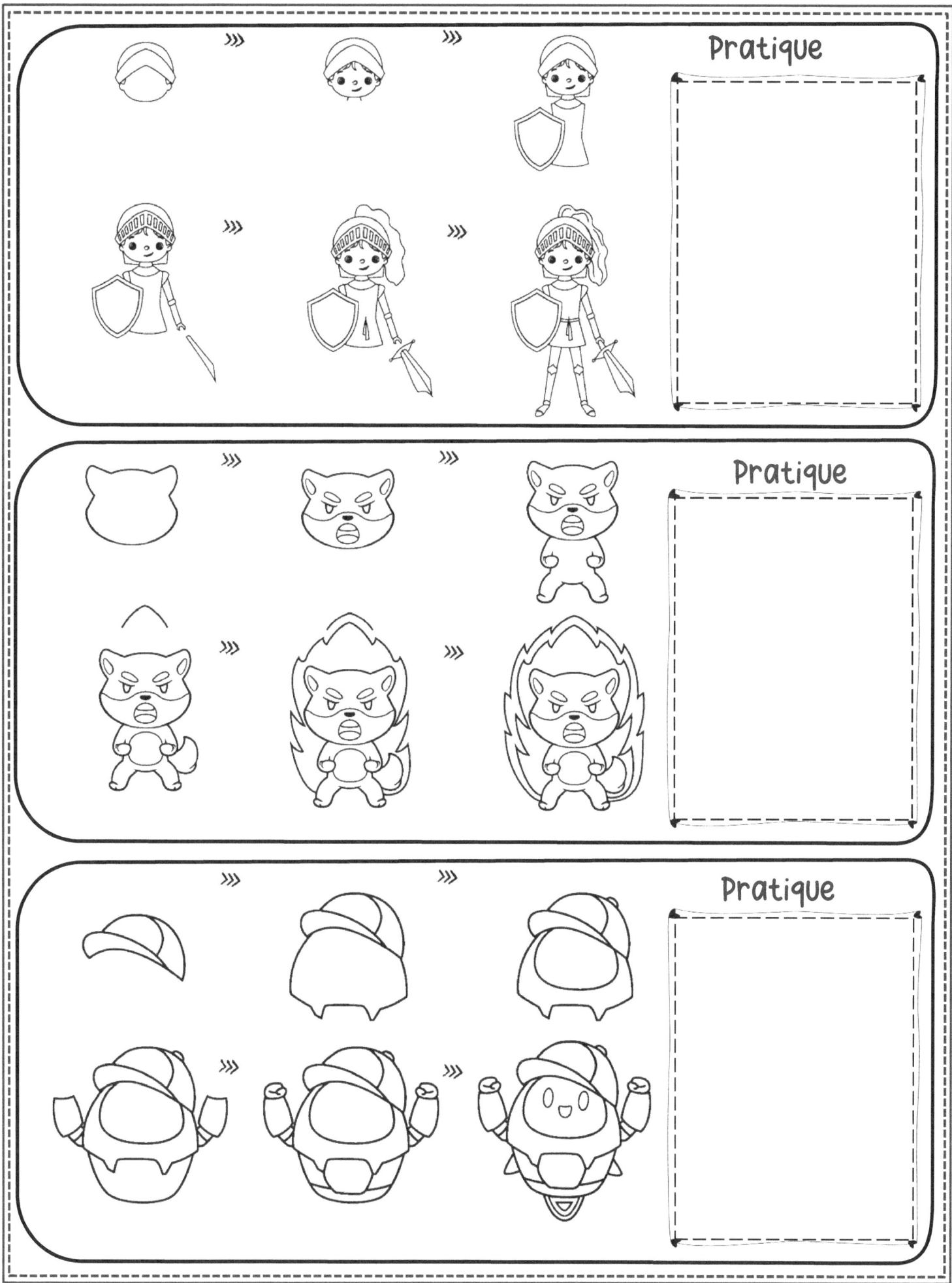

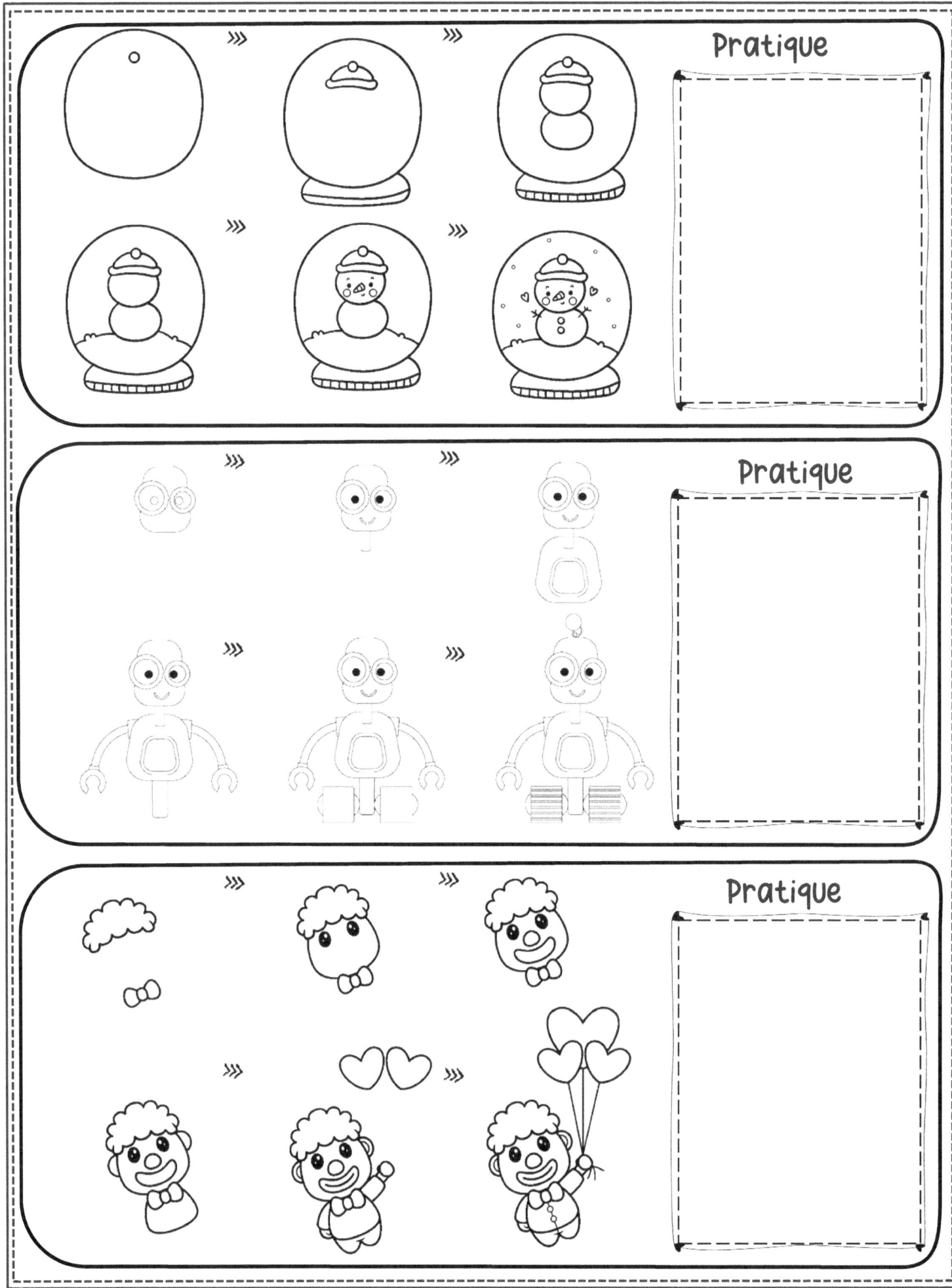

Pratique

Pratique

Pratique

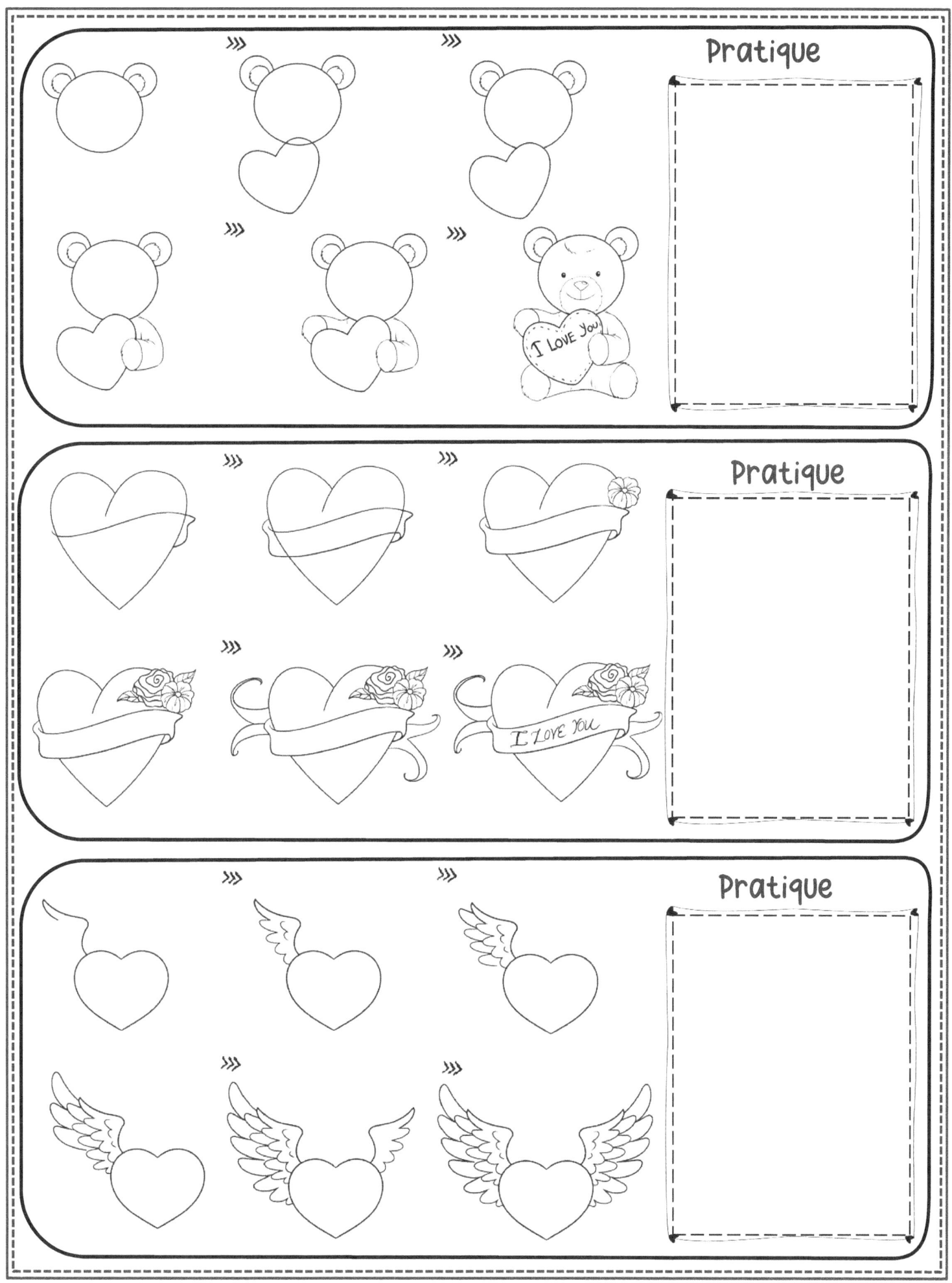

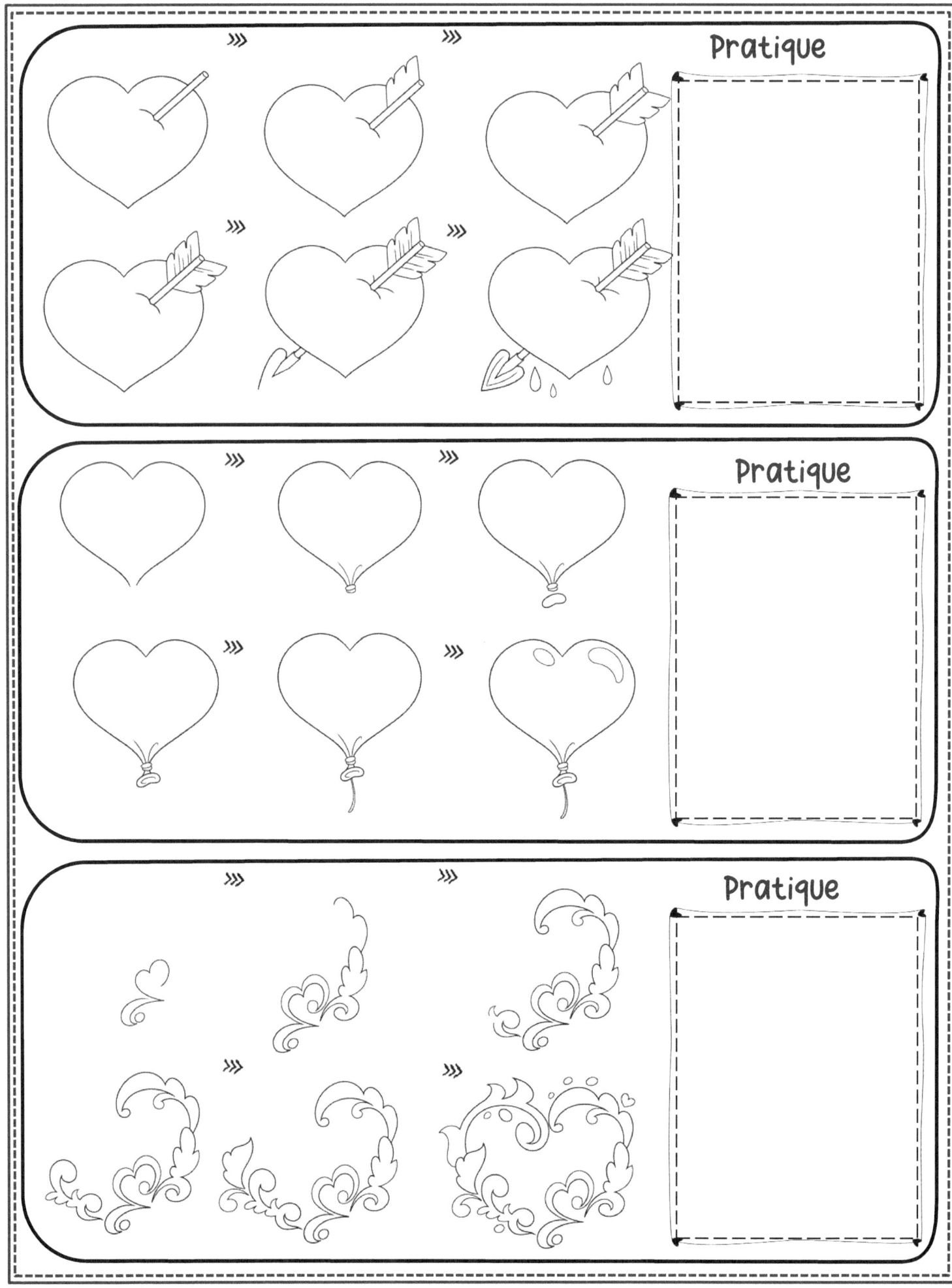

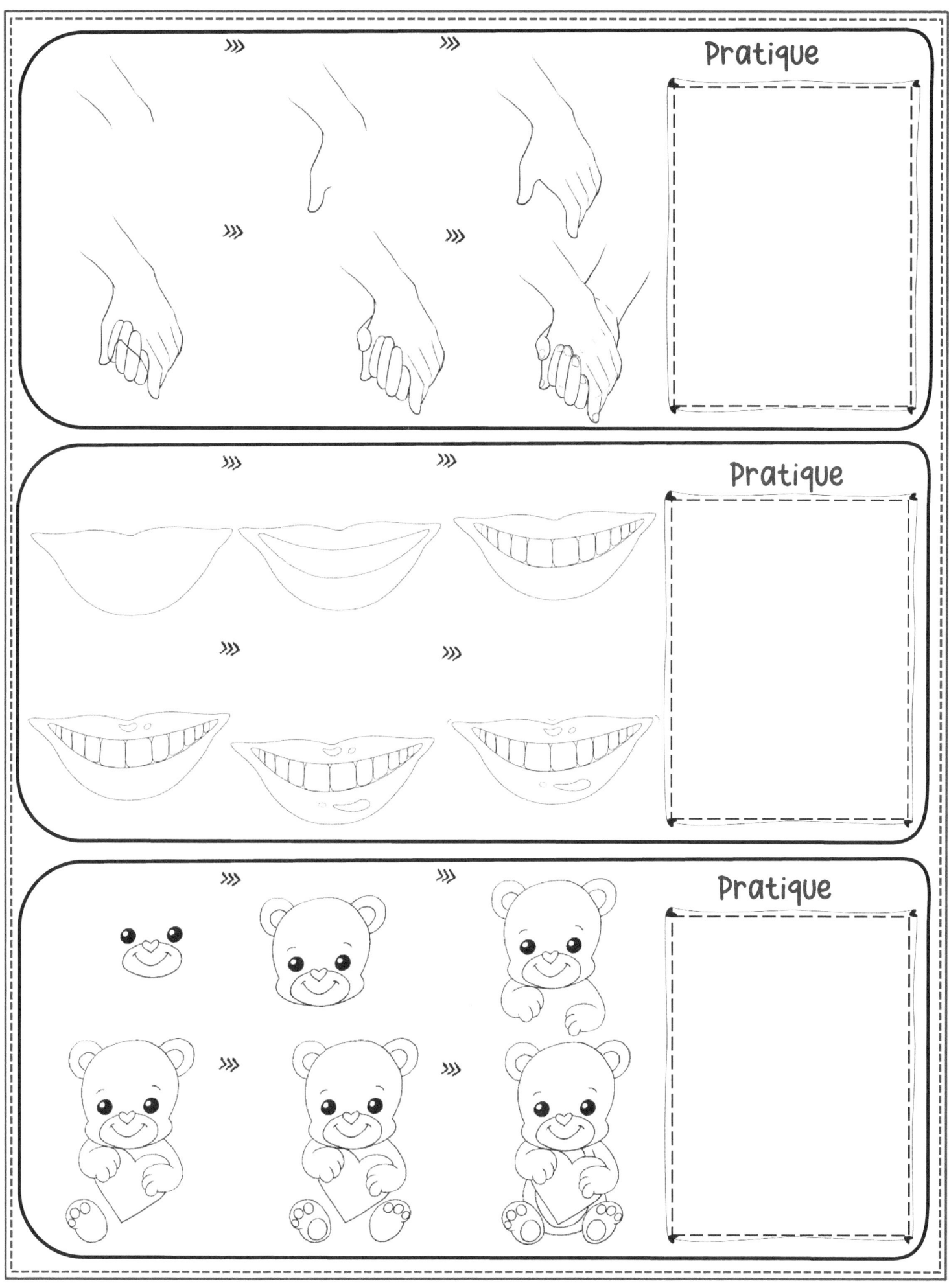

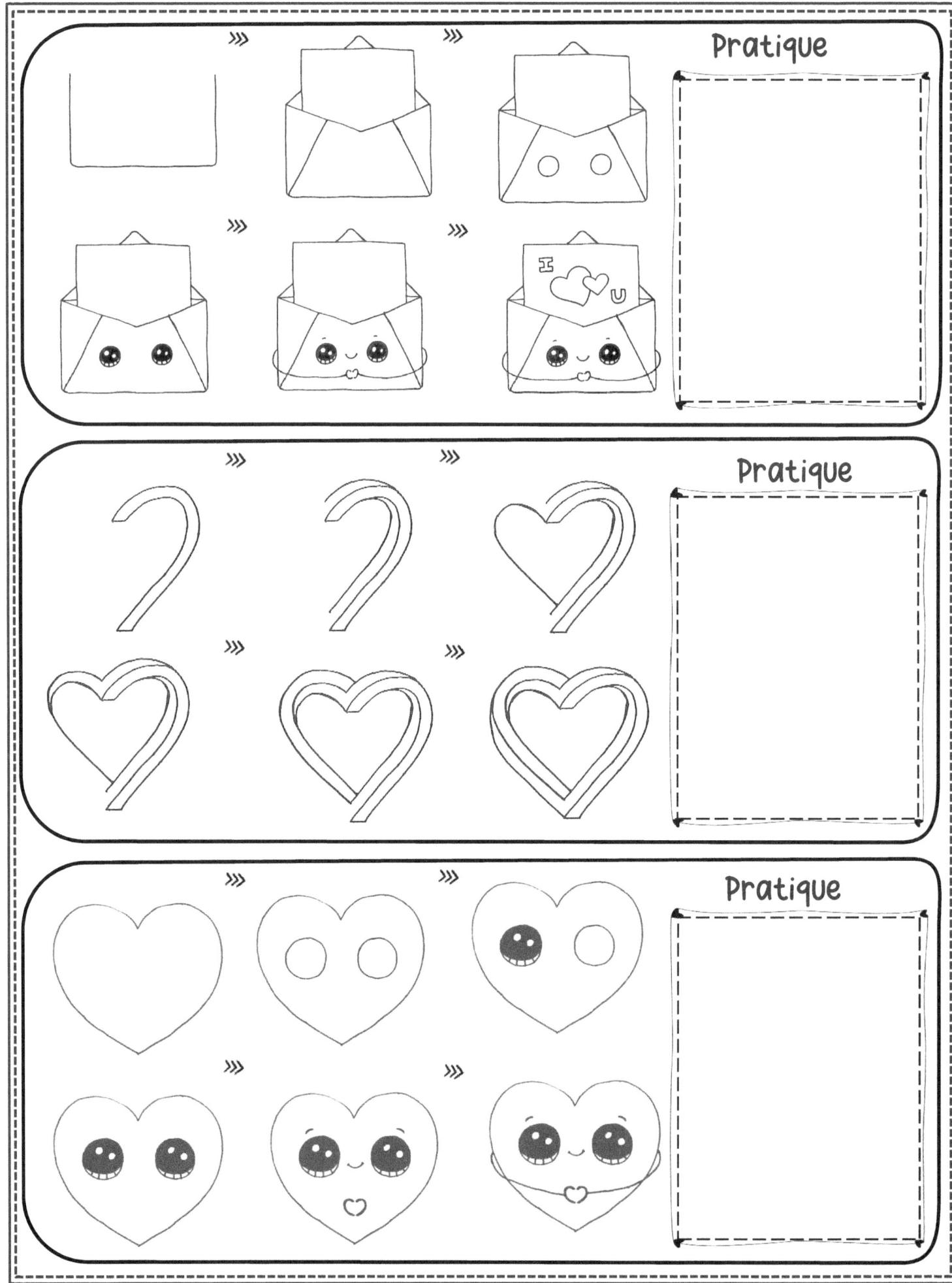

Pratique

Pratique

Pratique

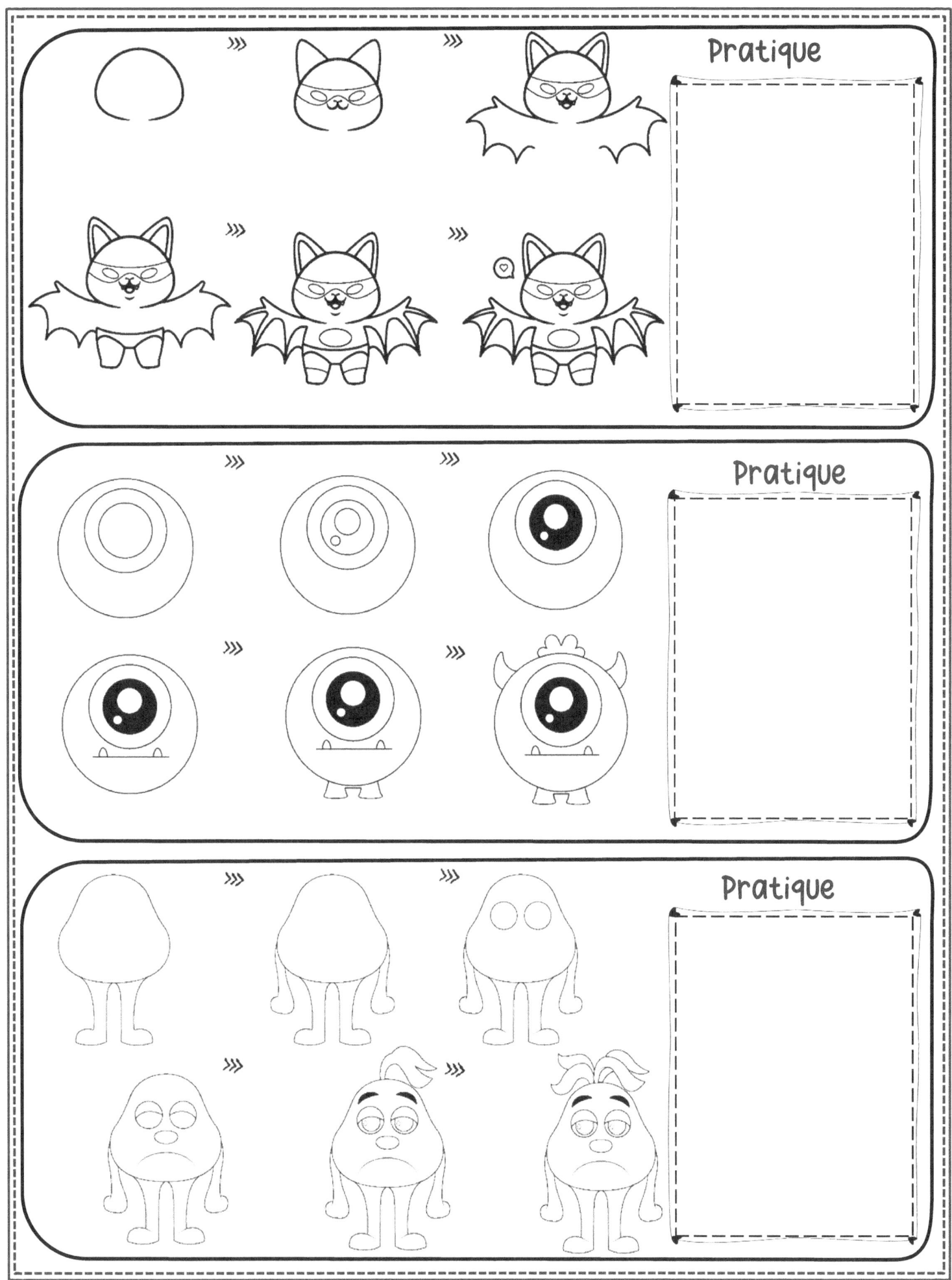

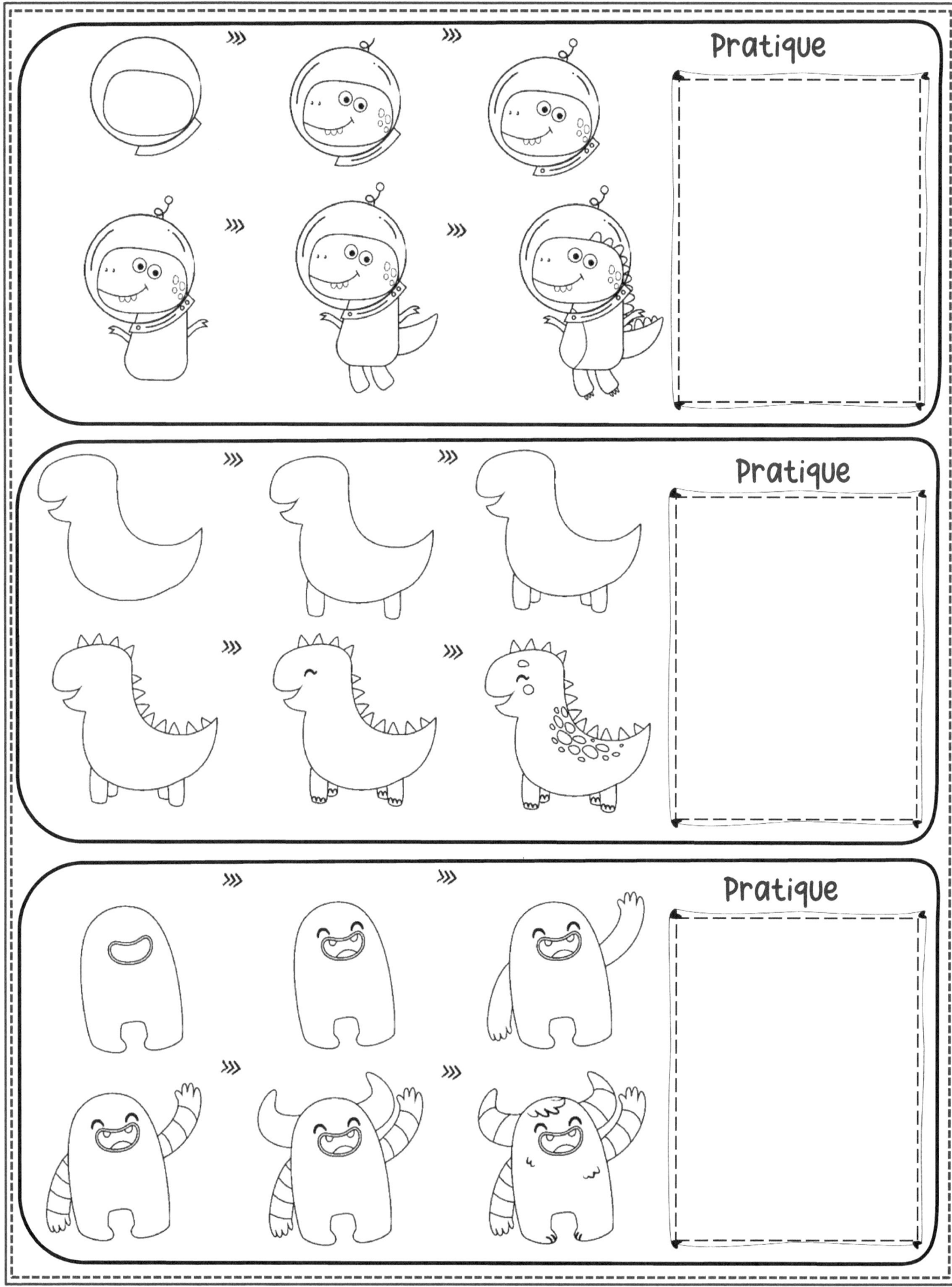

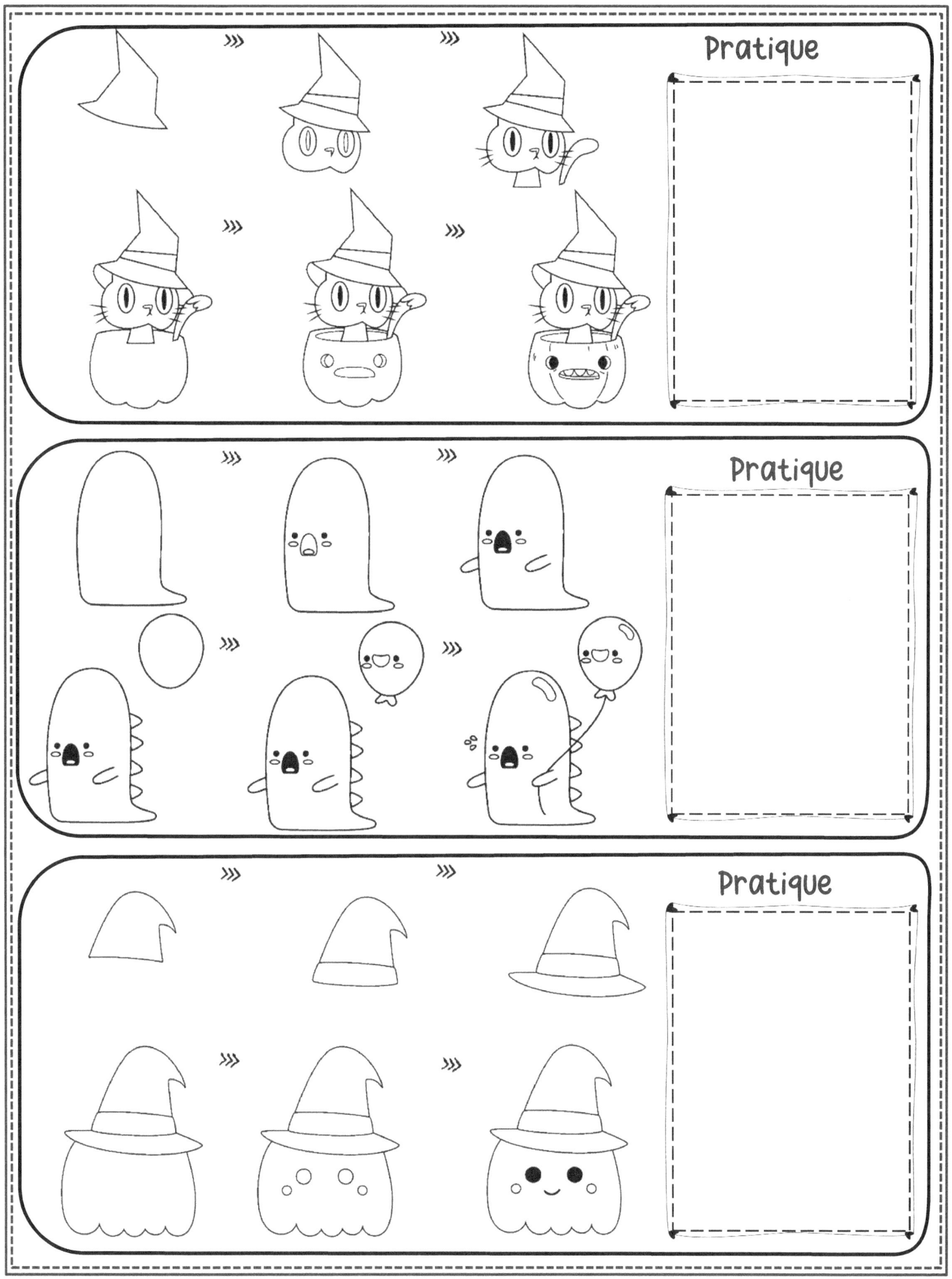

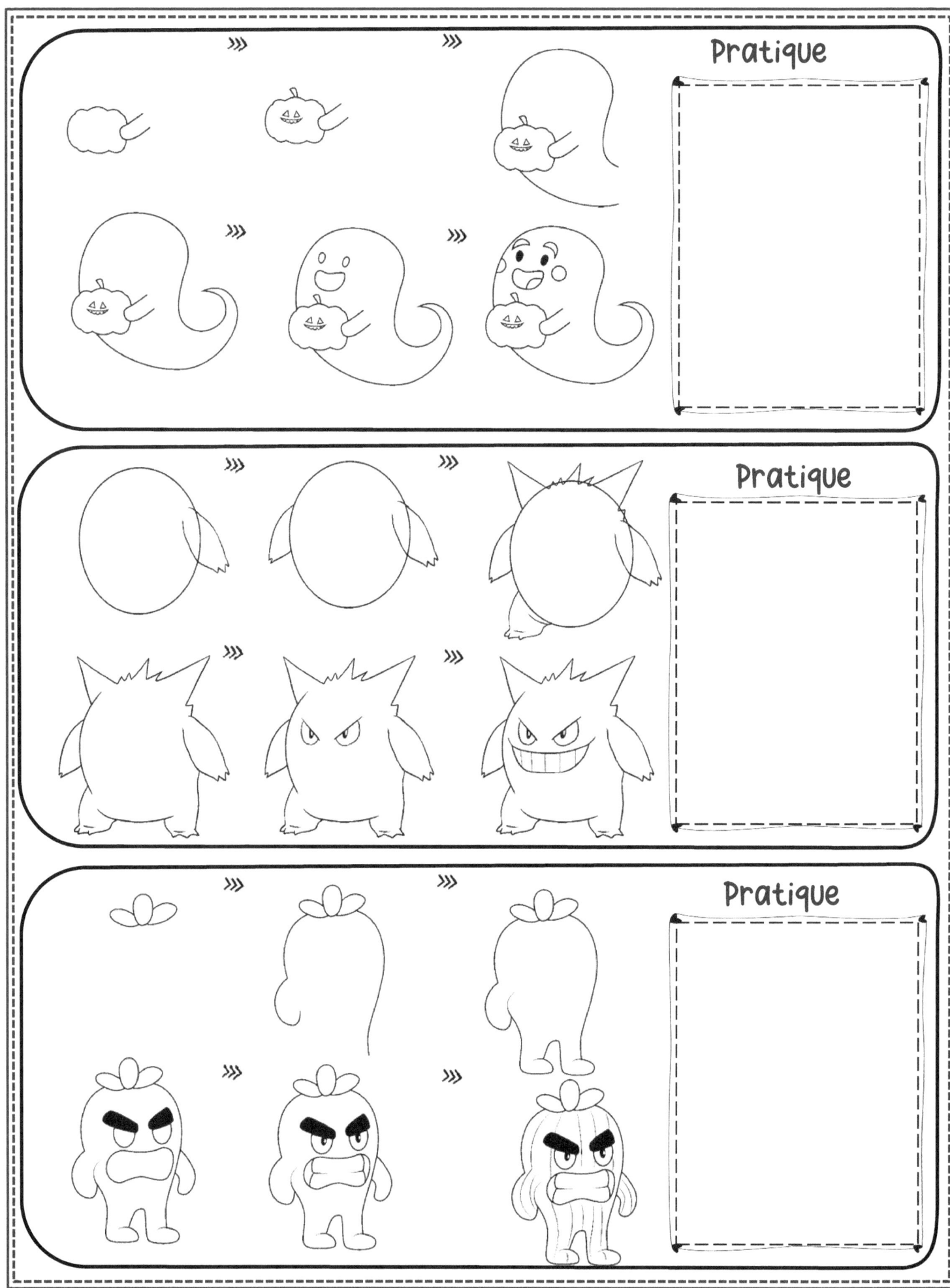

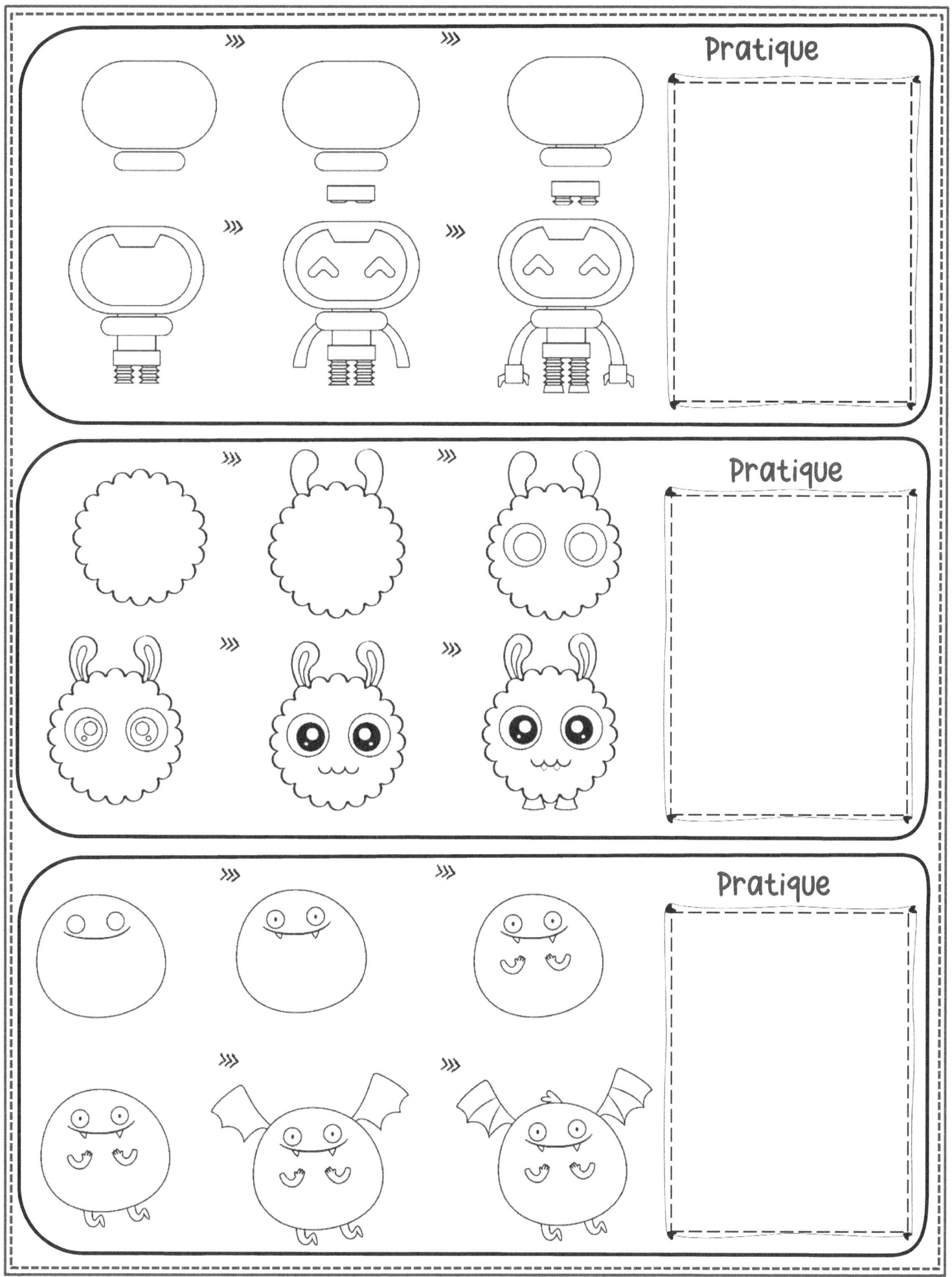

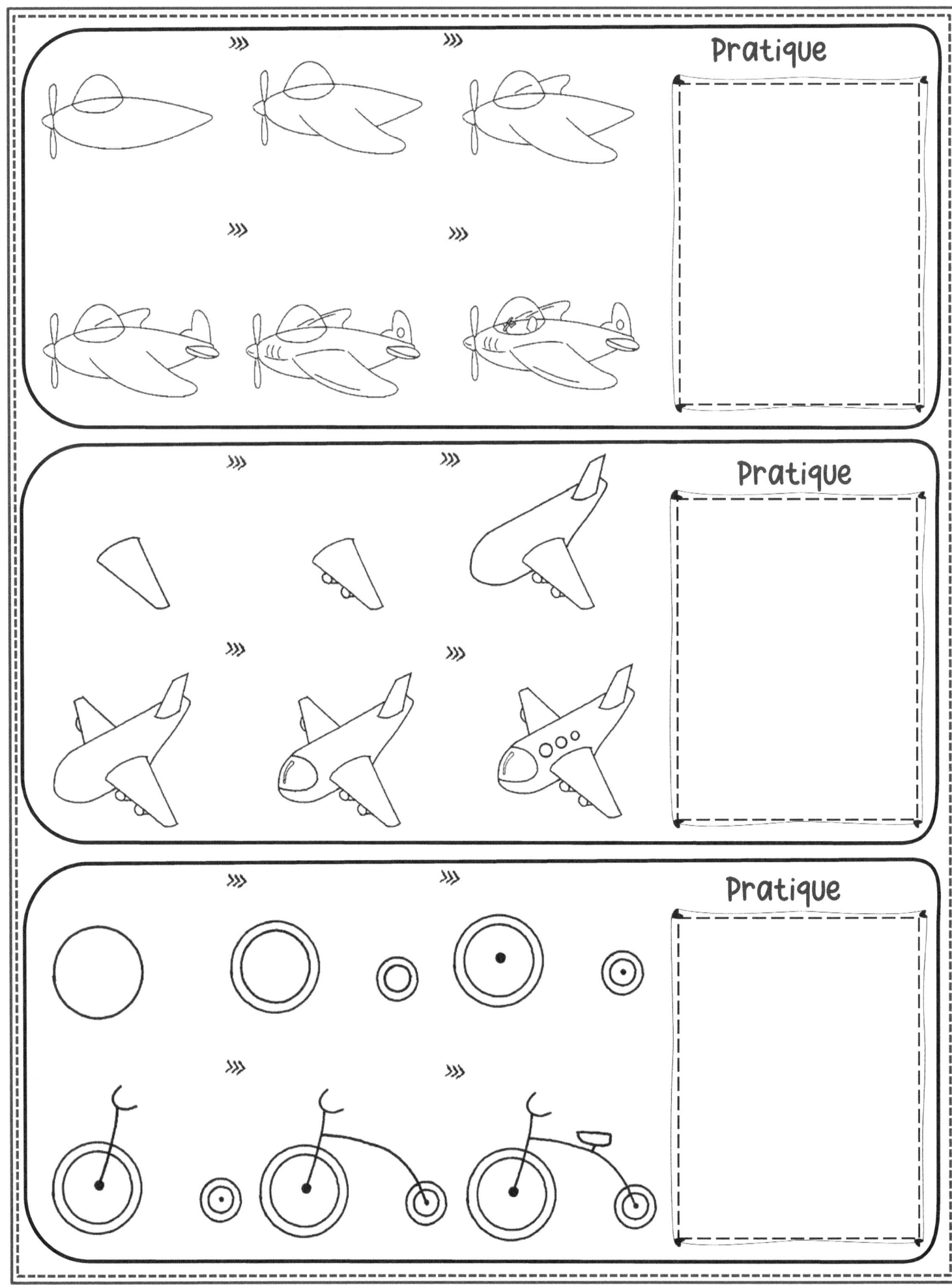

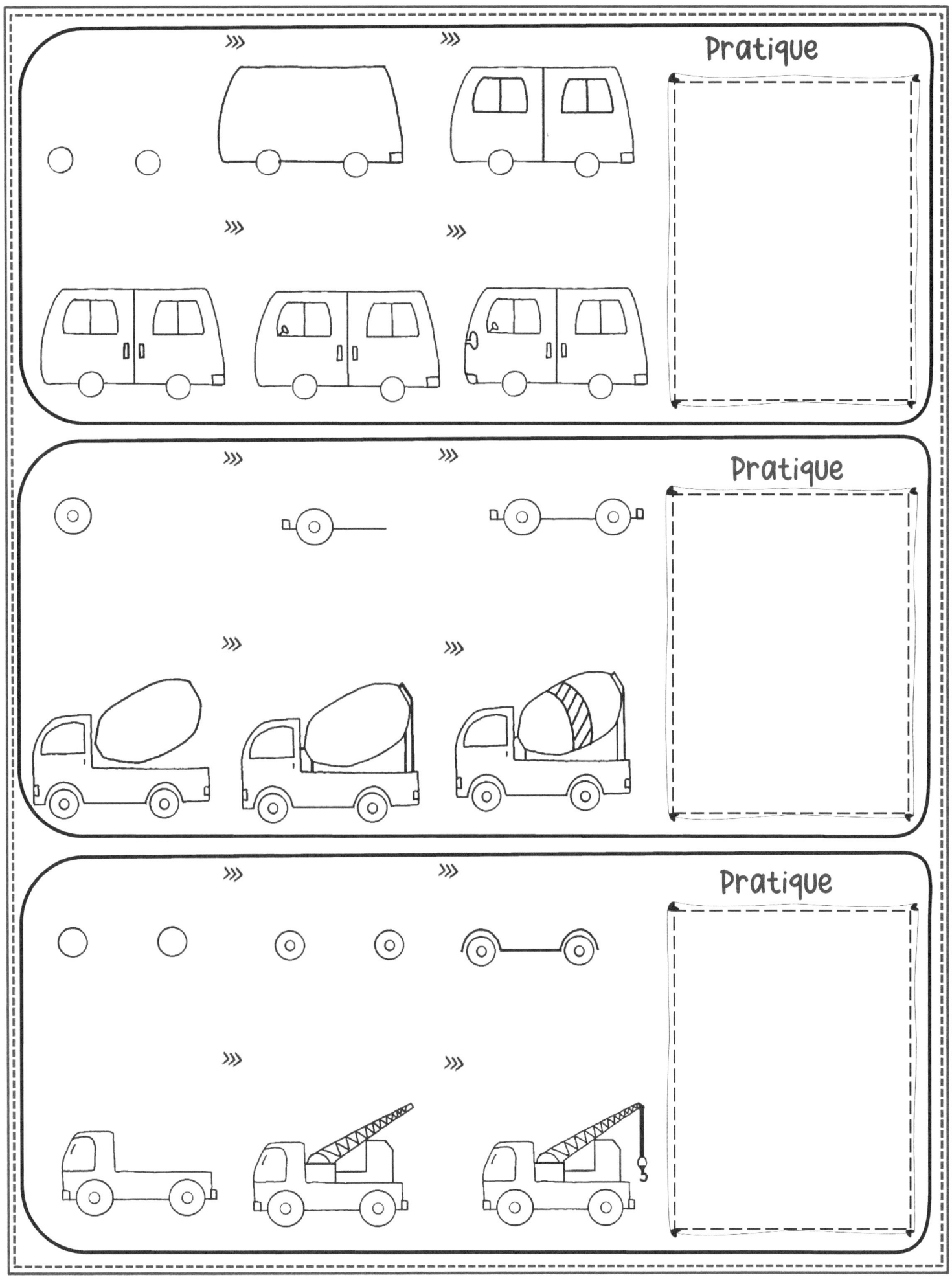

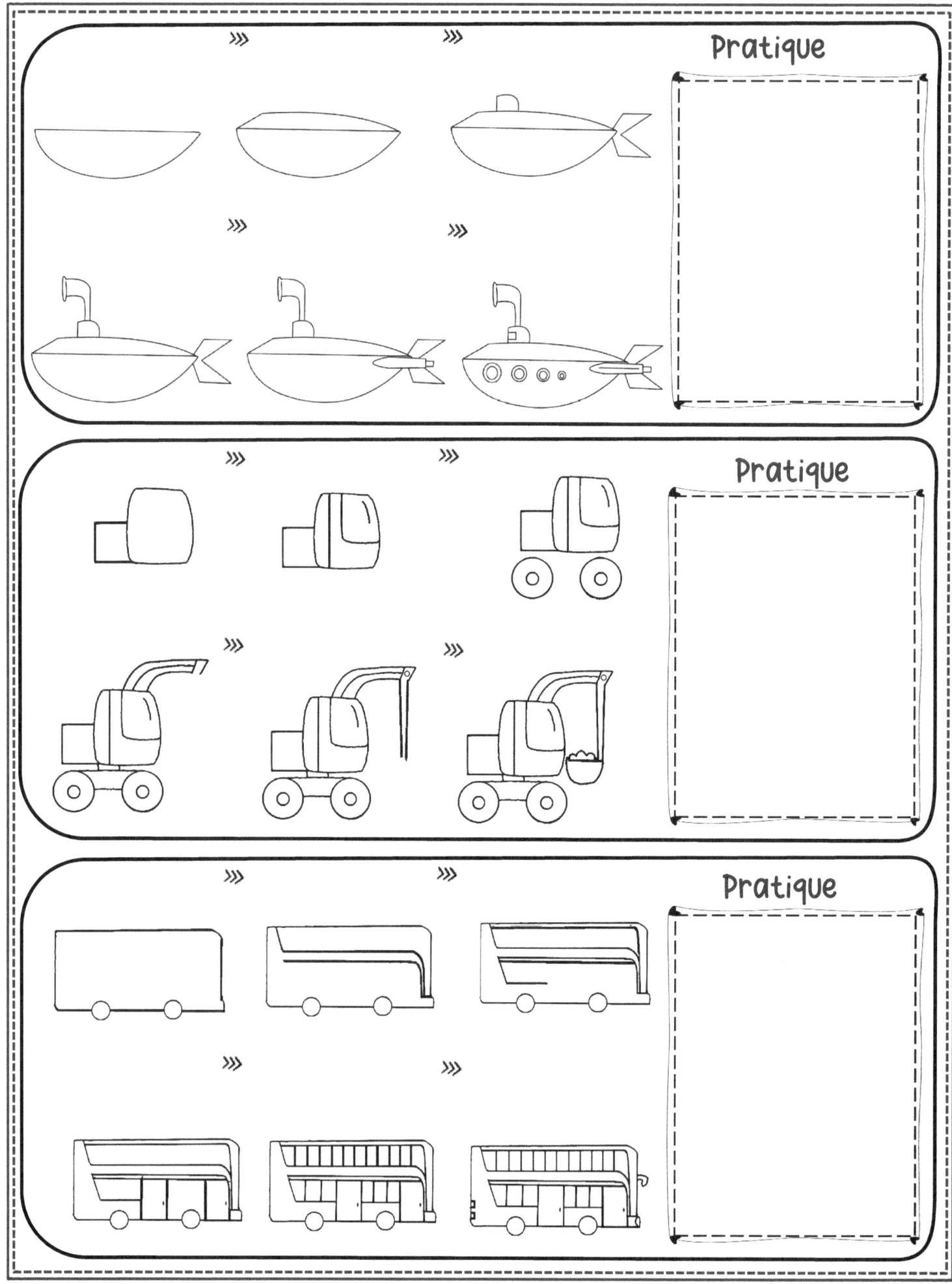

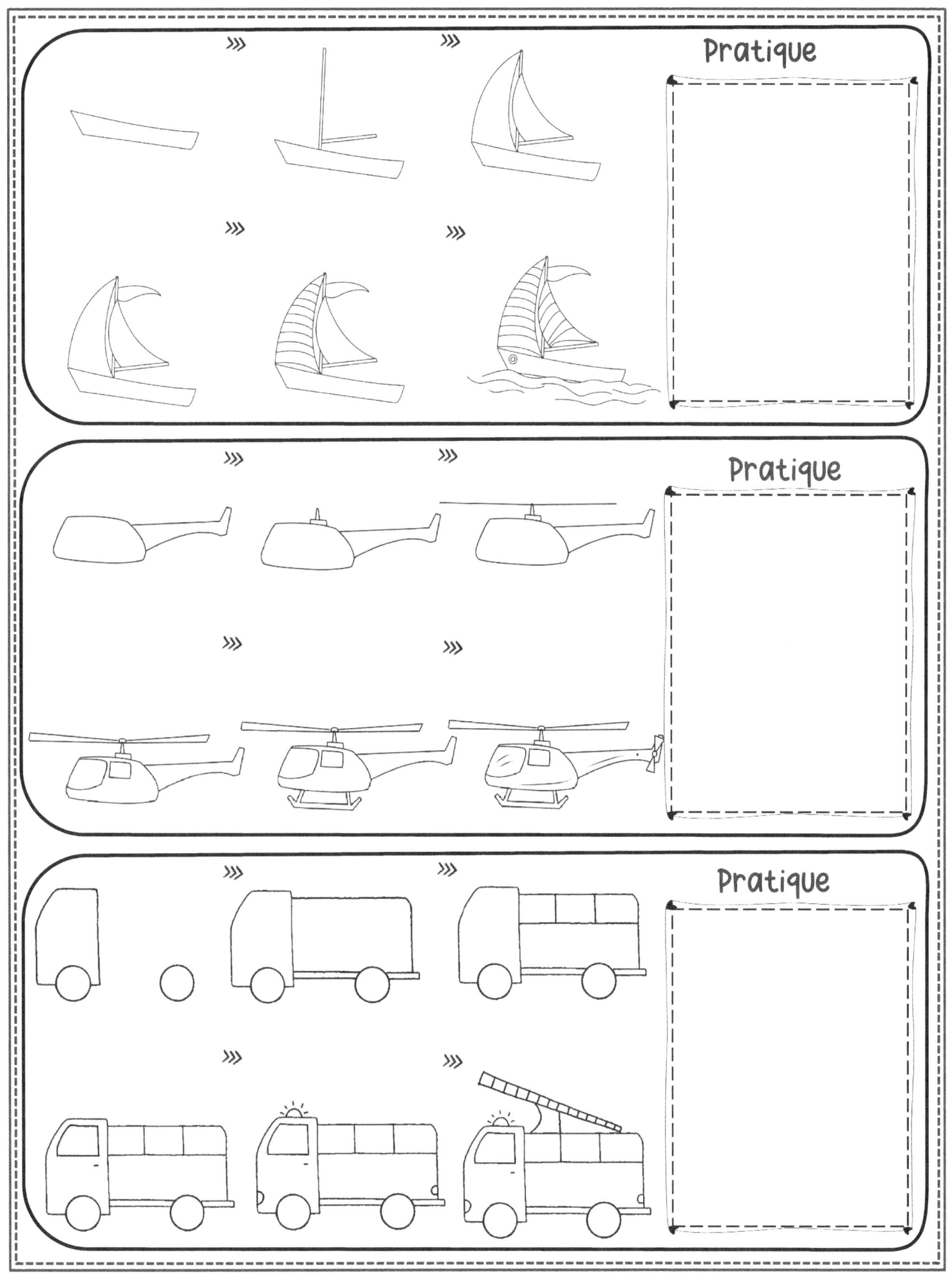

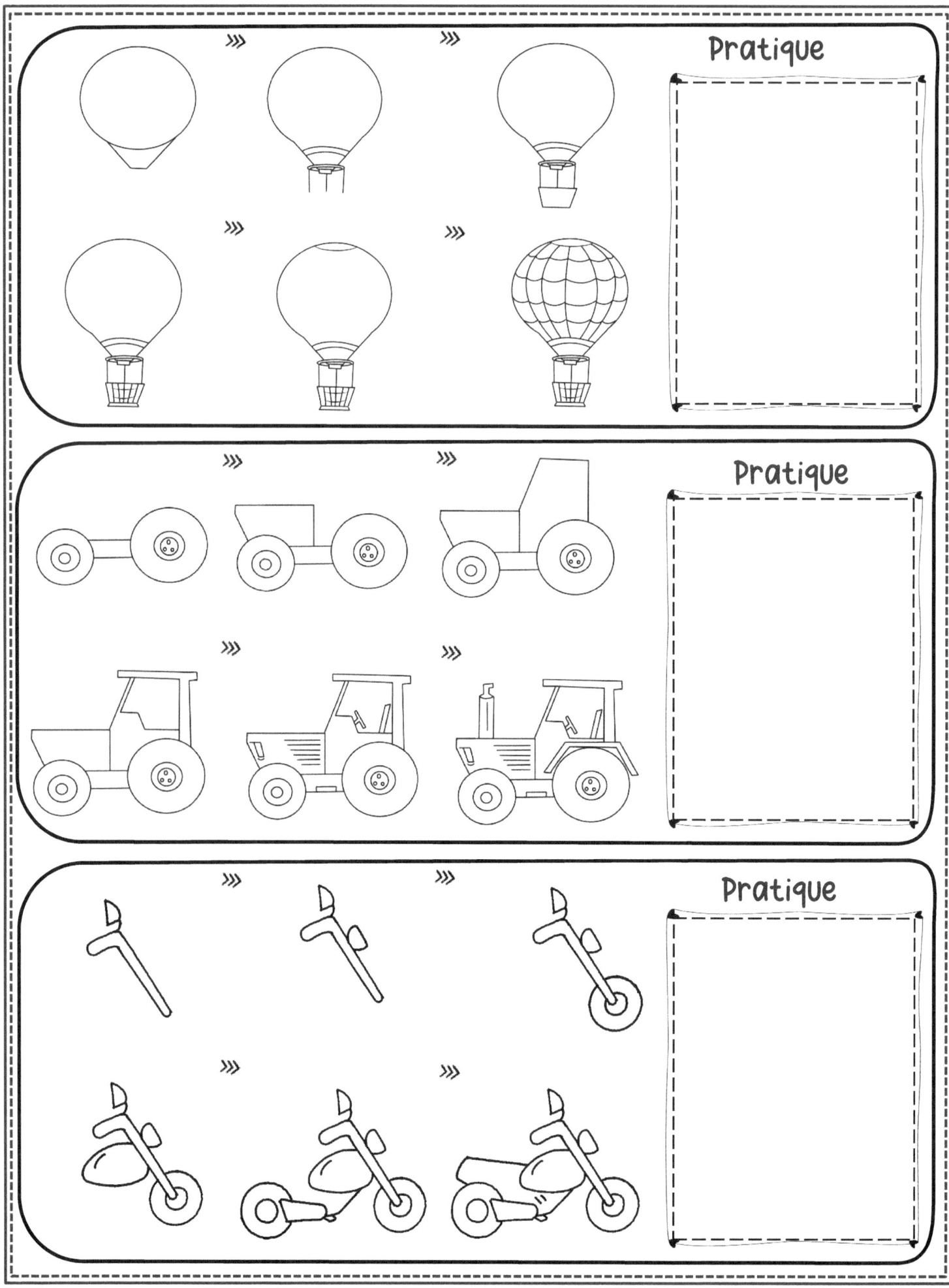

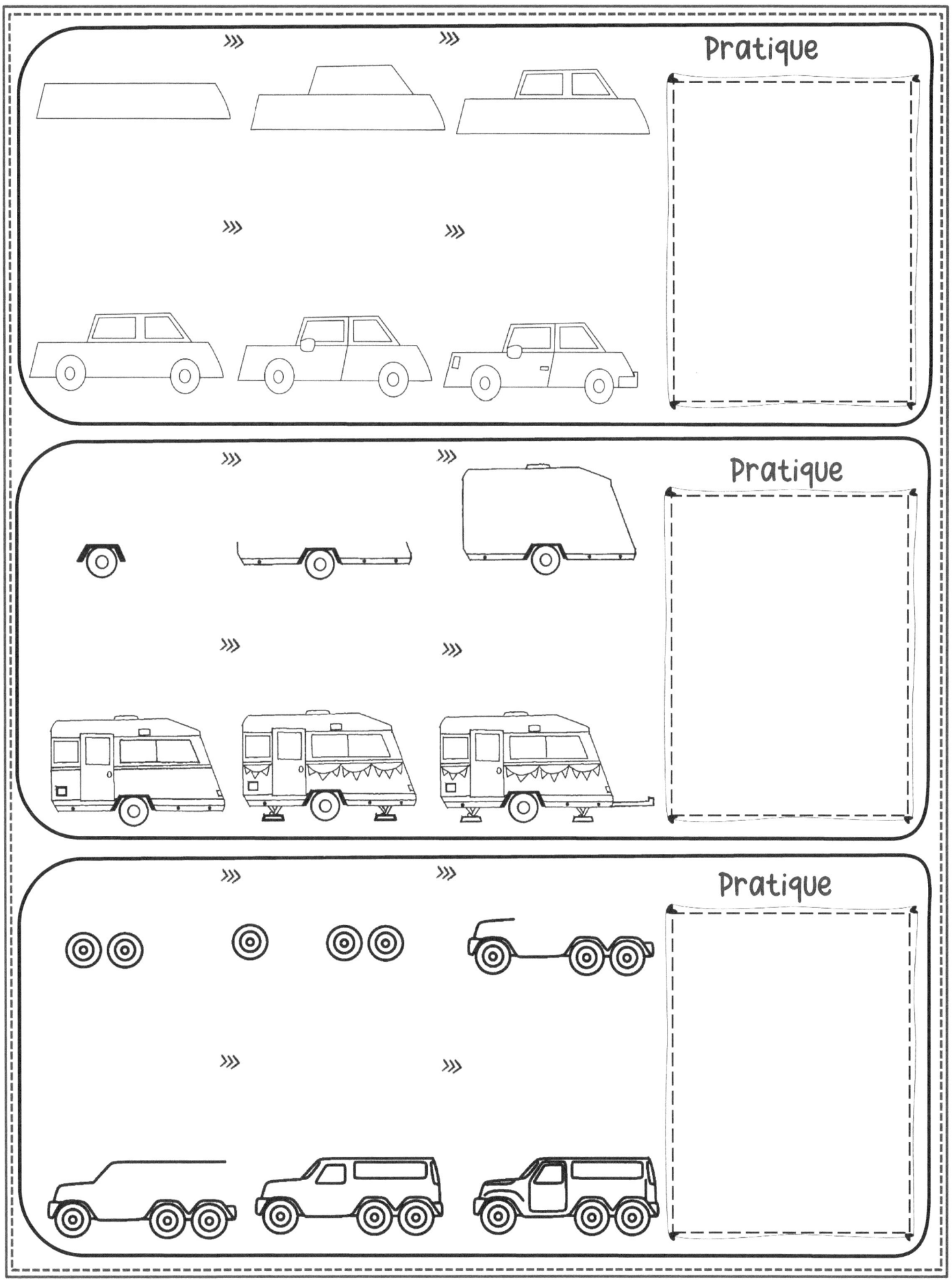

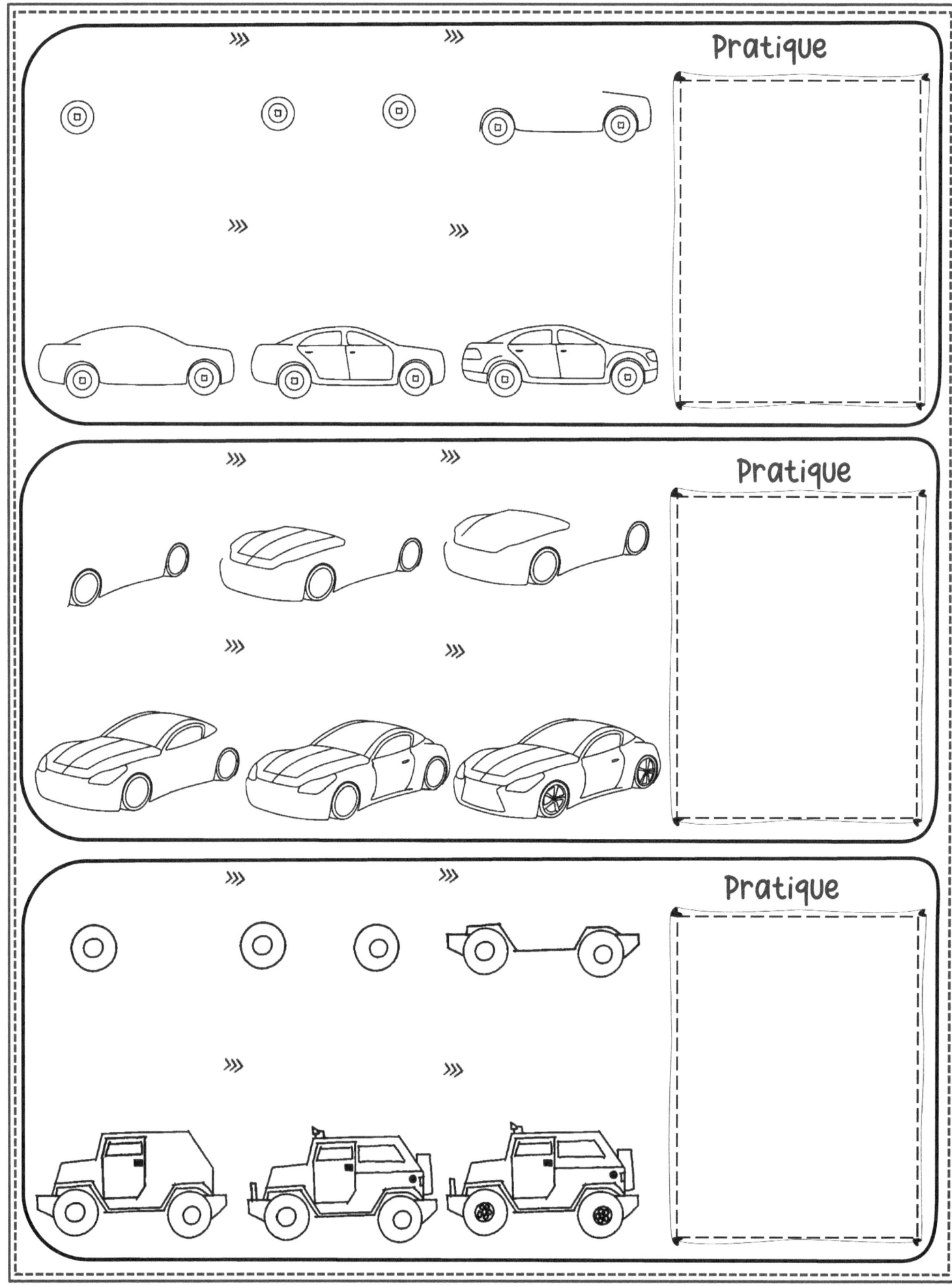

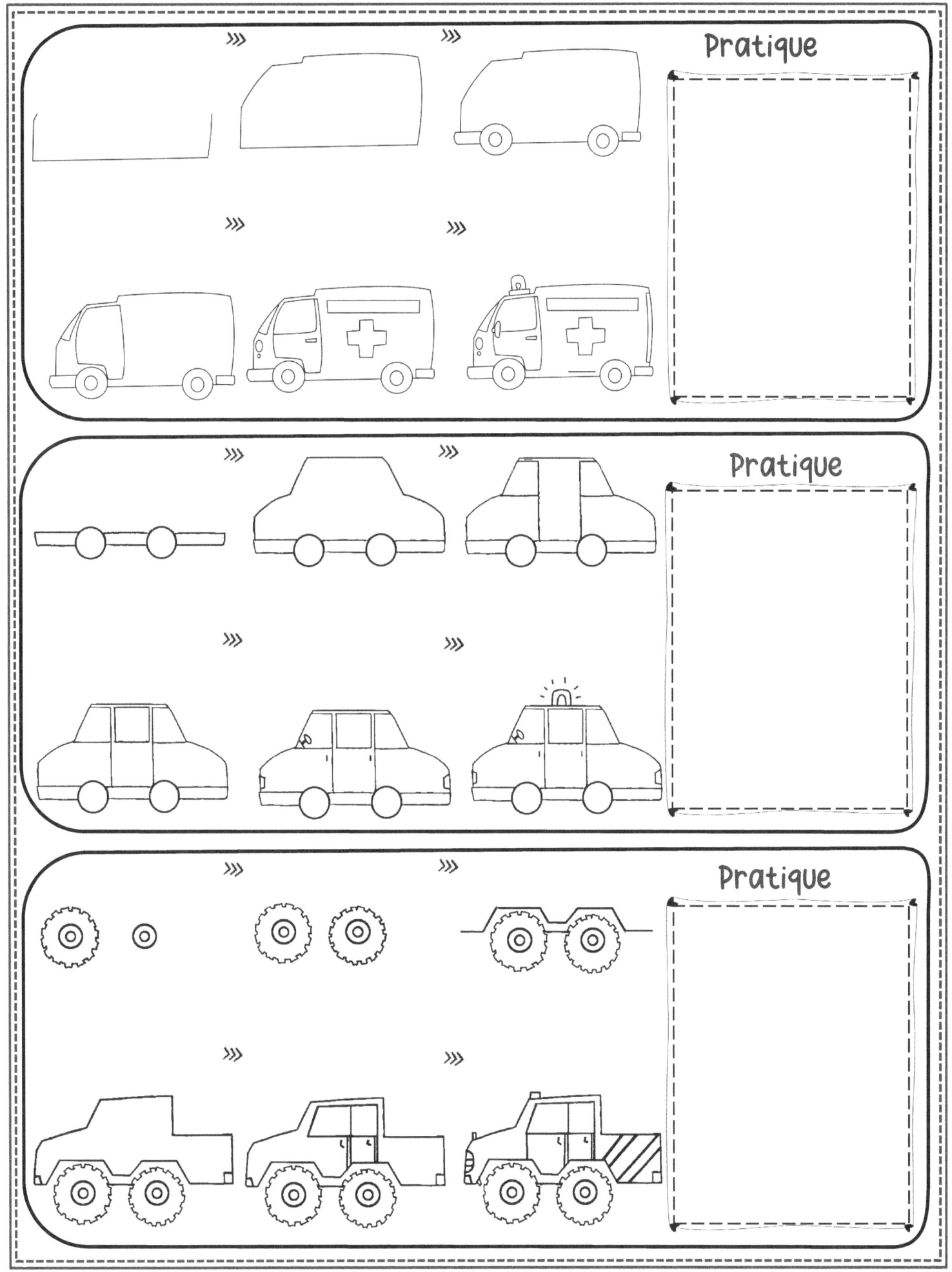
Pratique

Pratique

Pratique

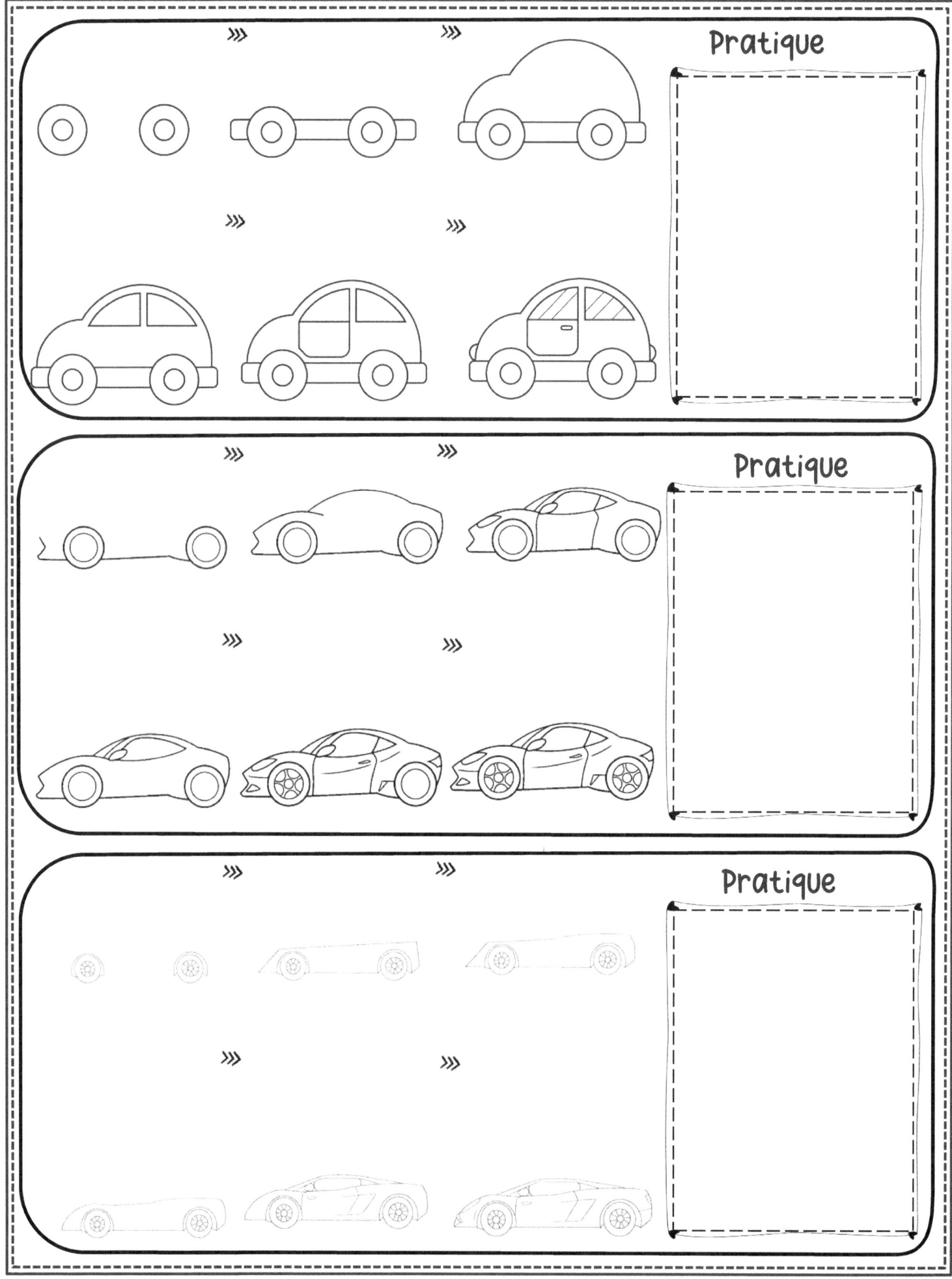

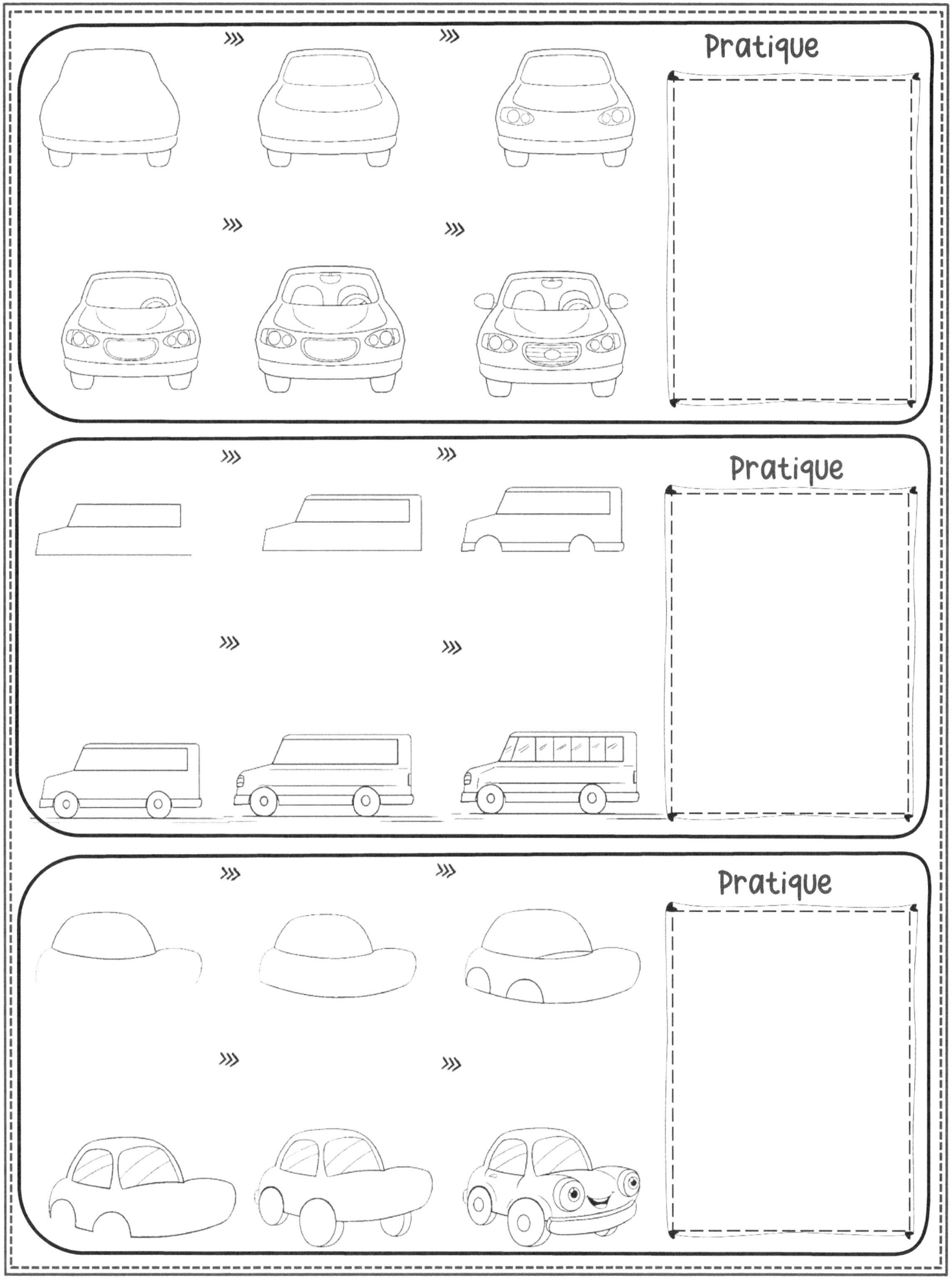

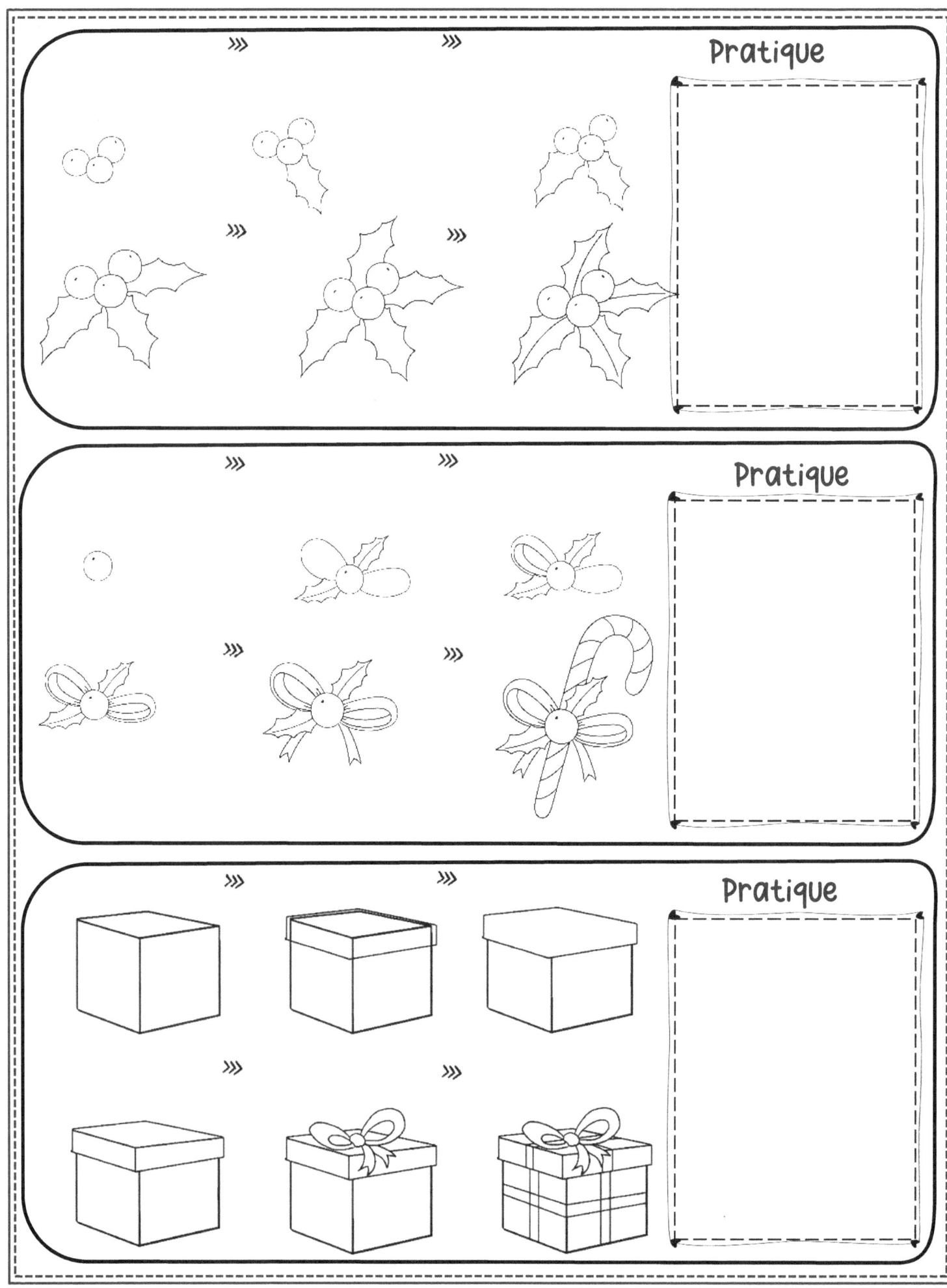

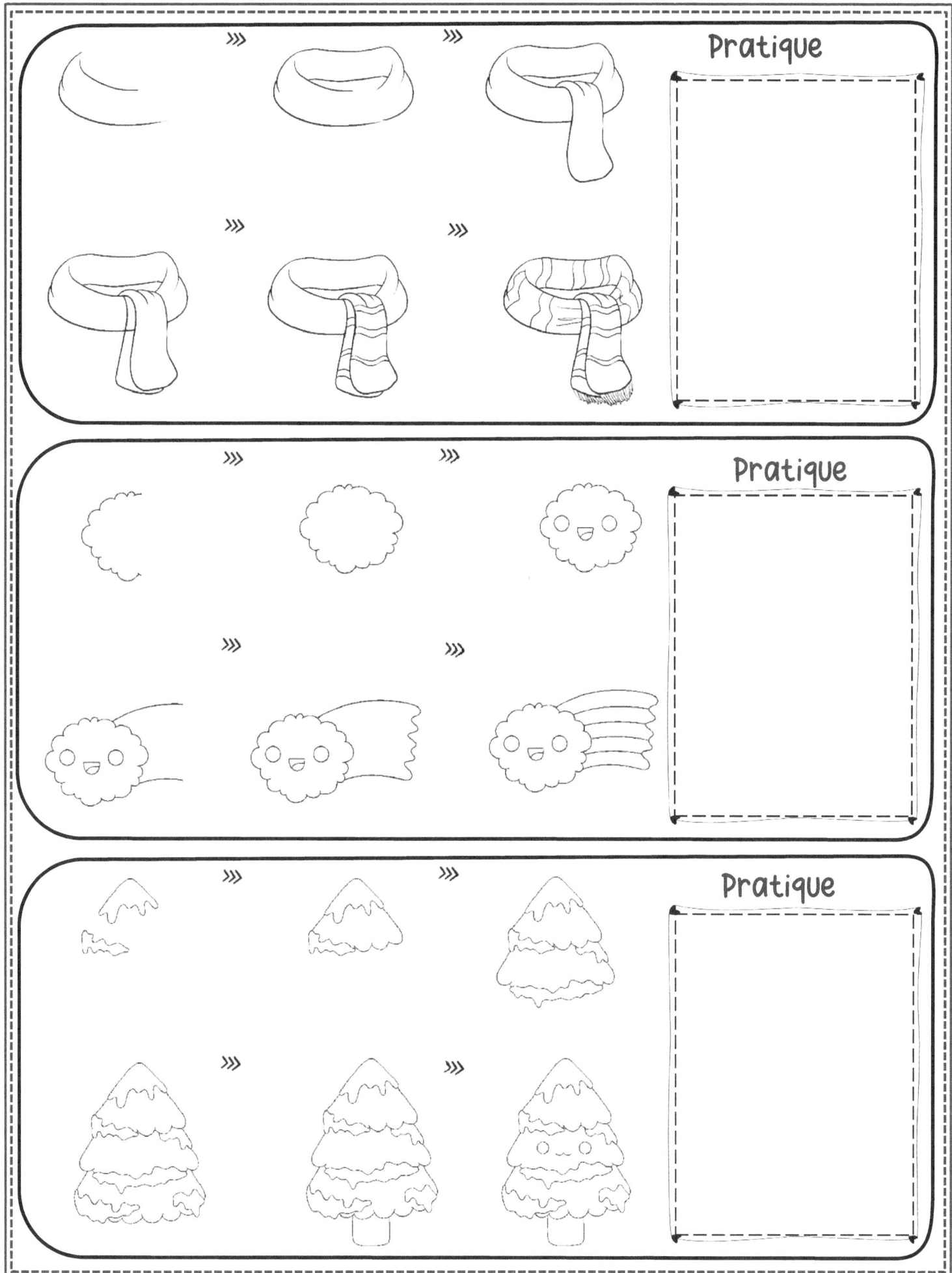

Pratique

Pratique

Pratique

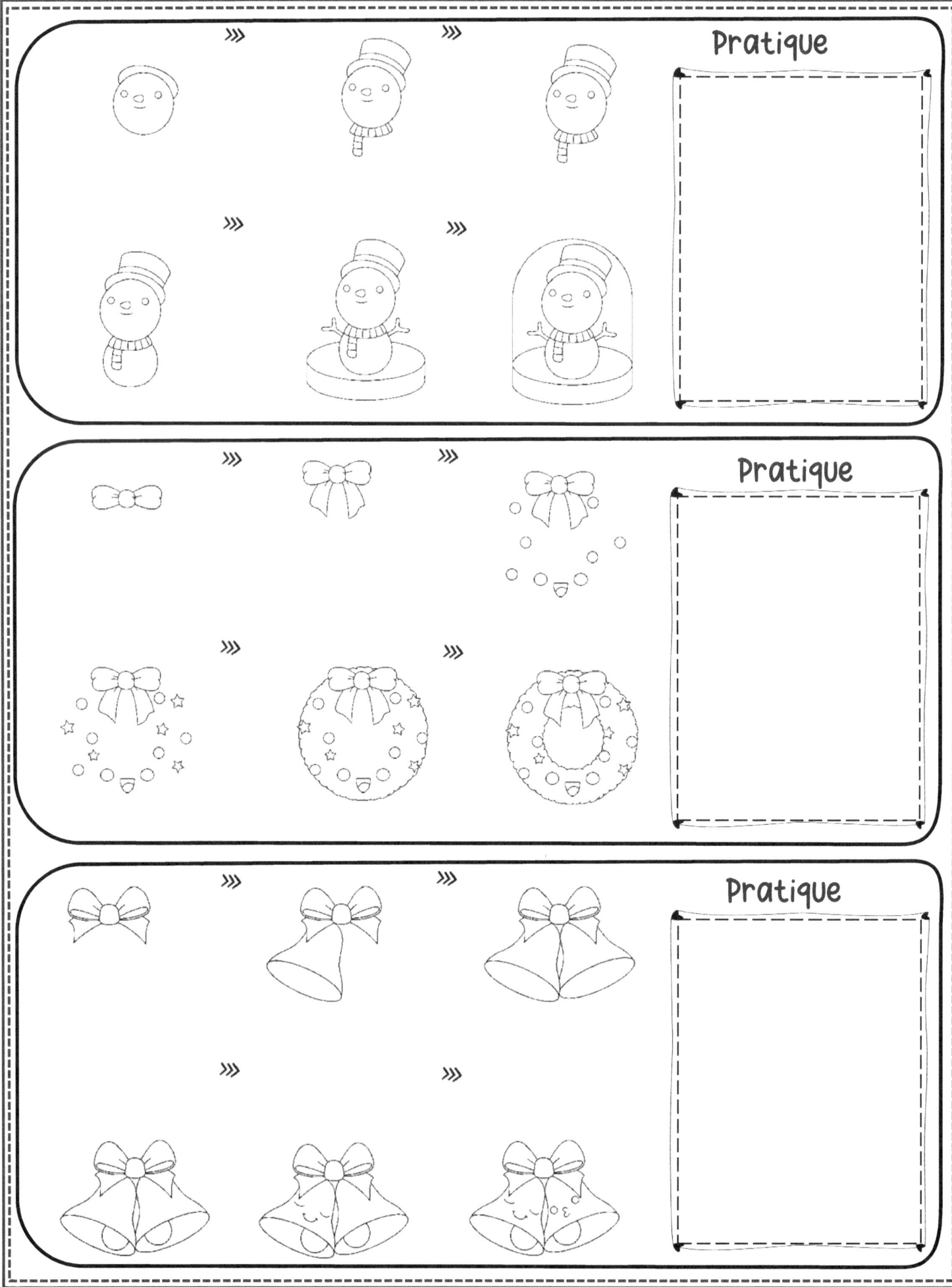

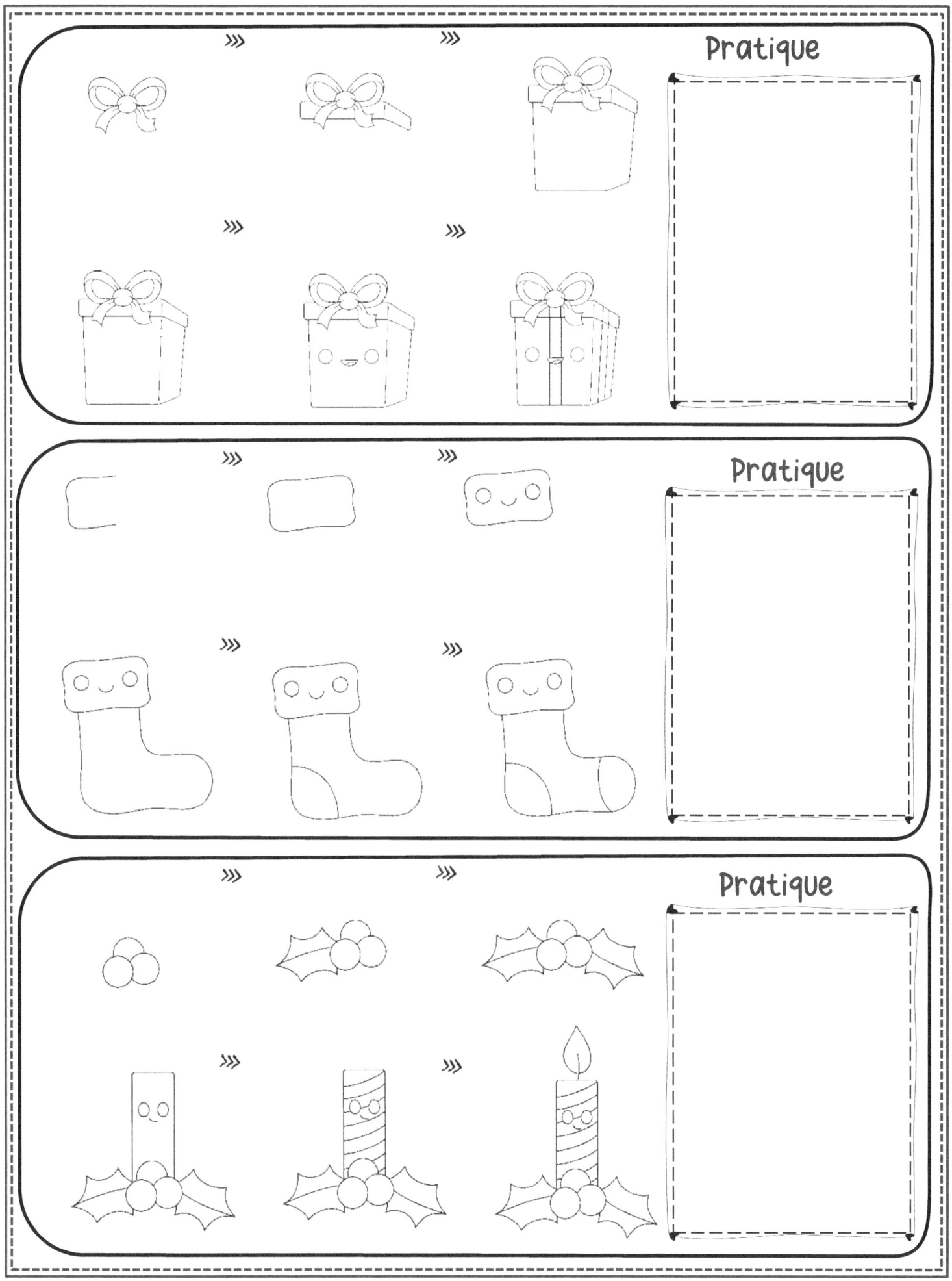

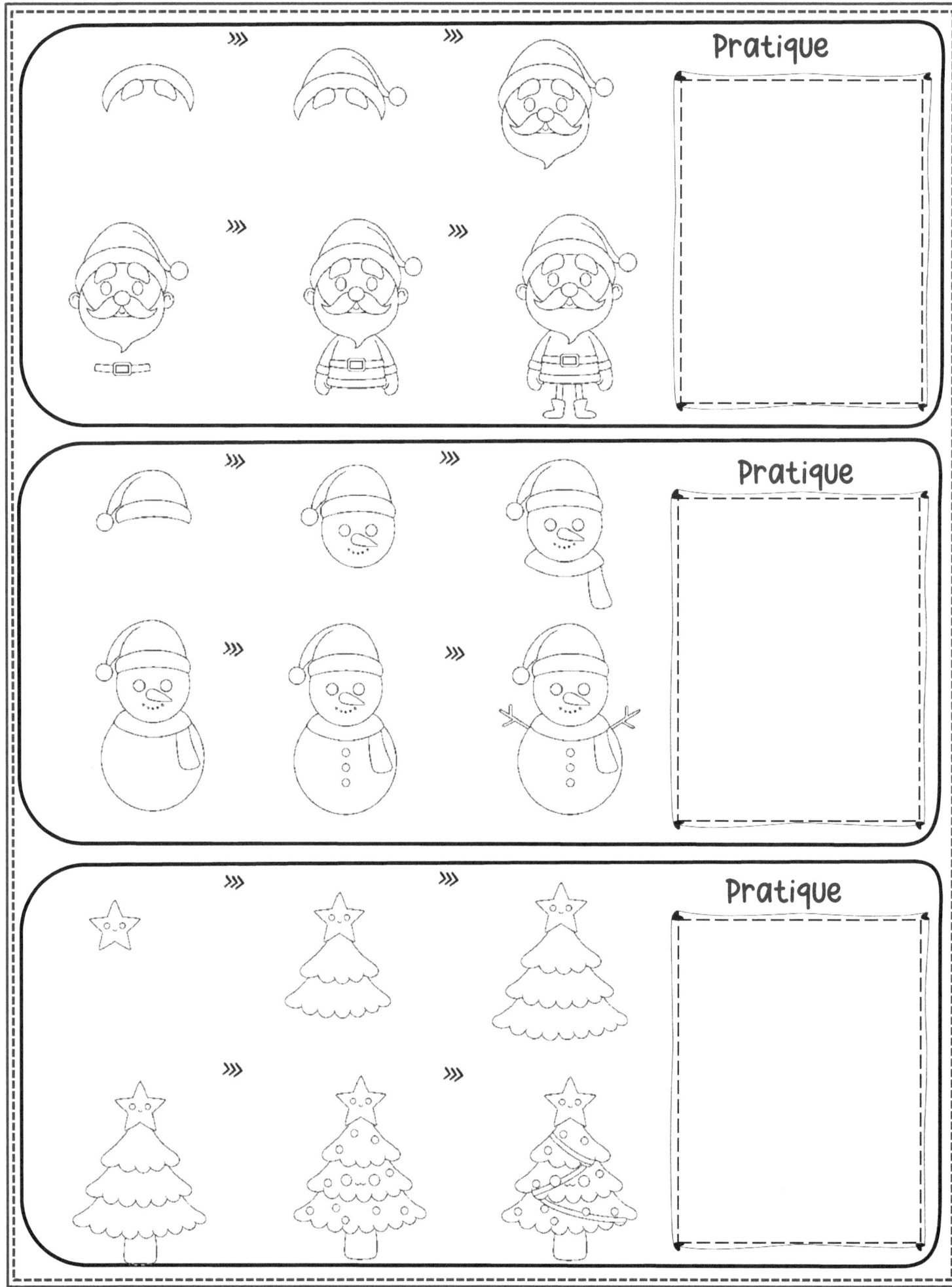

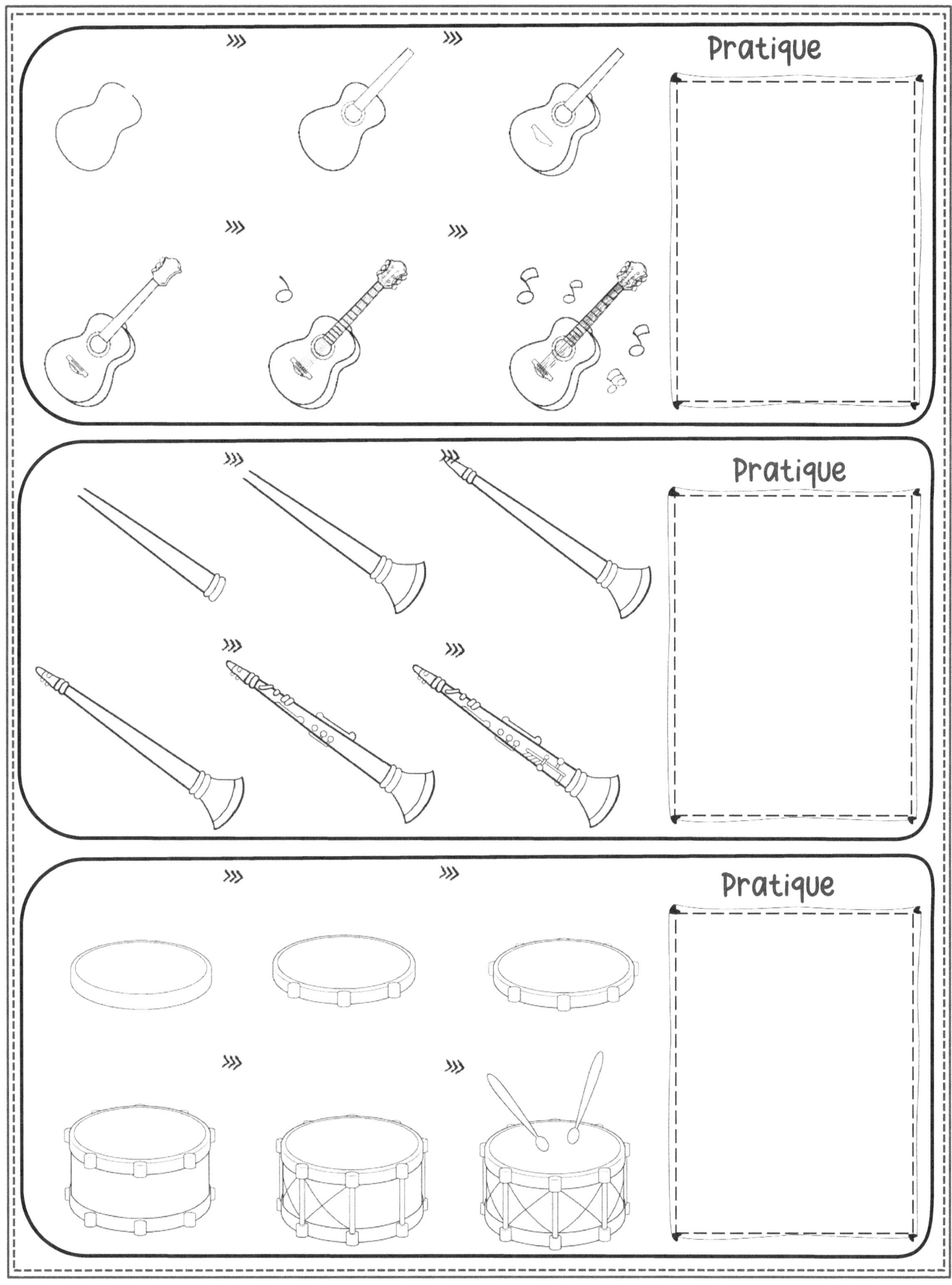

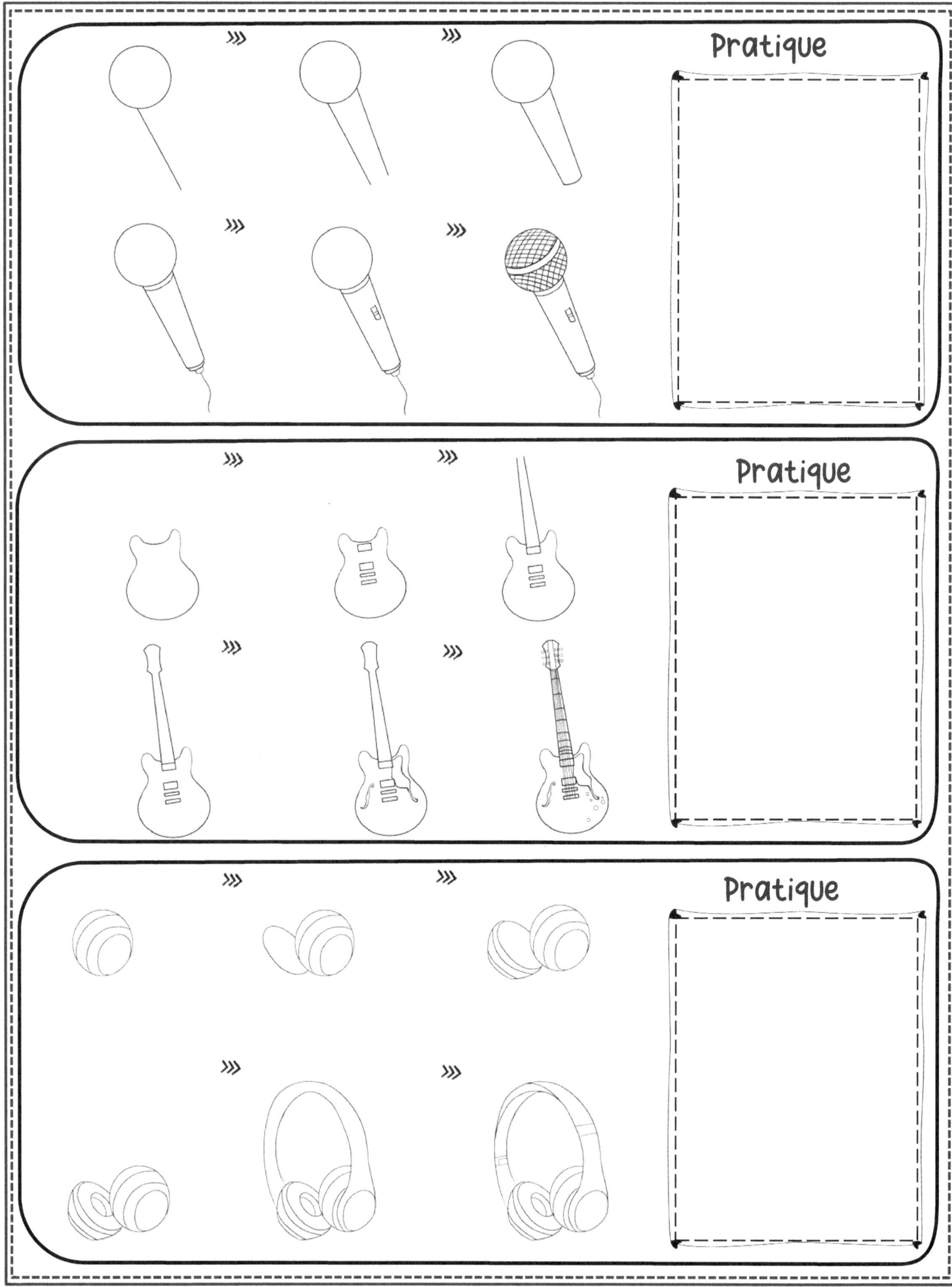

Pratique

Pratique

Pratique

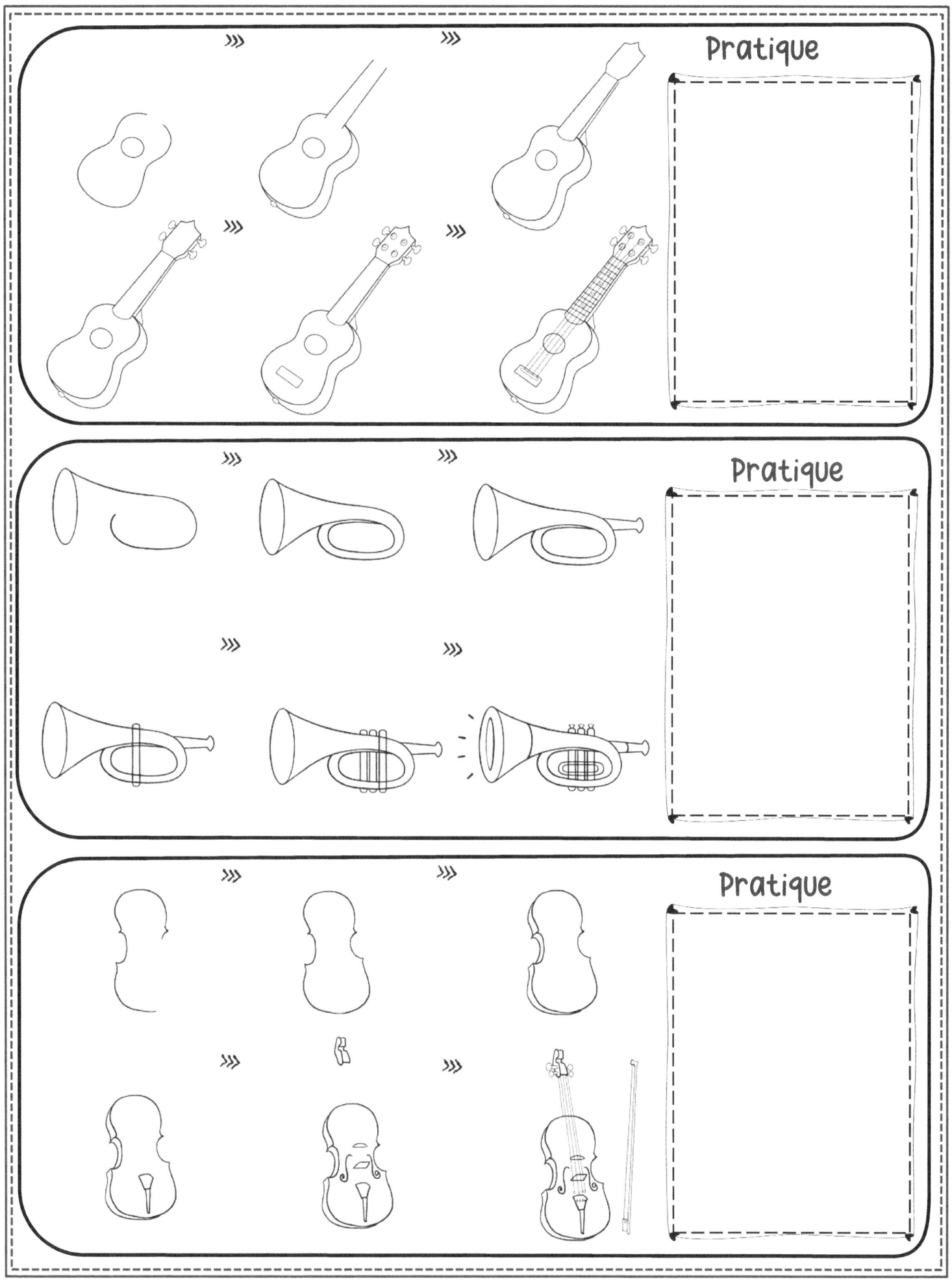

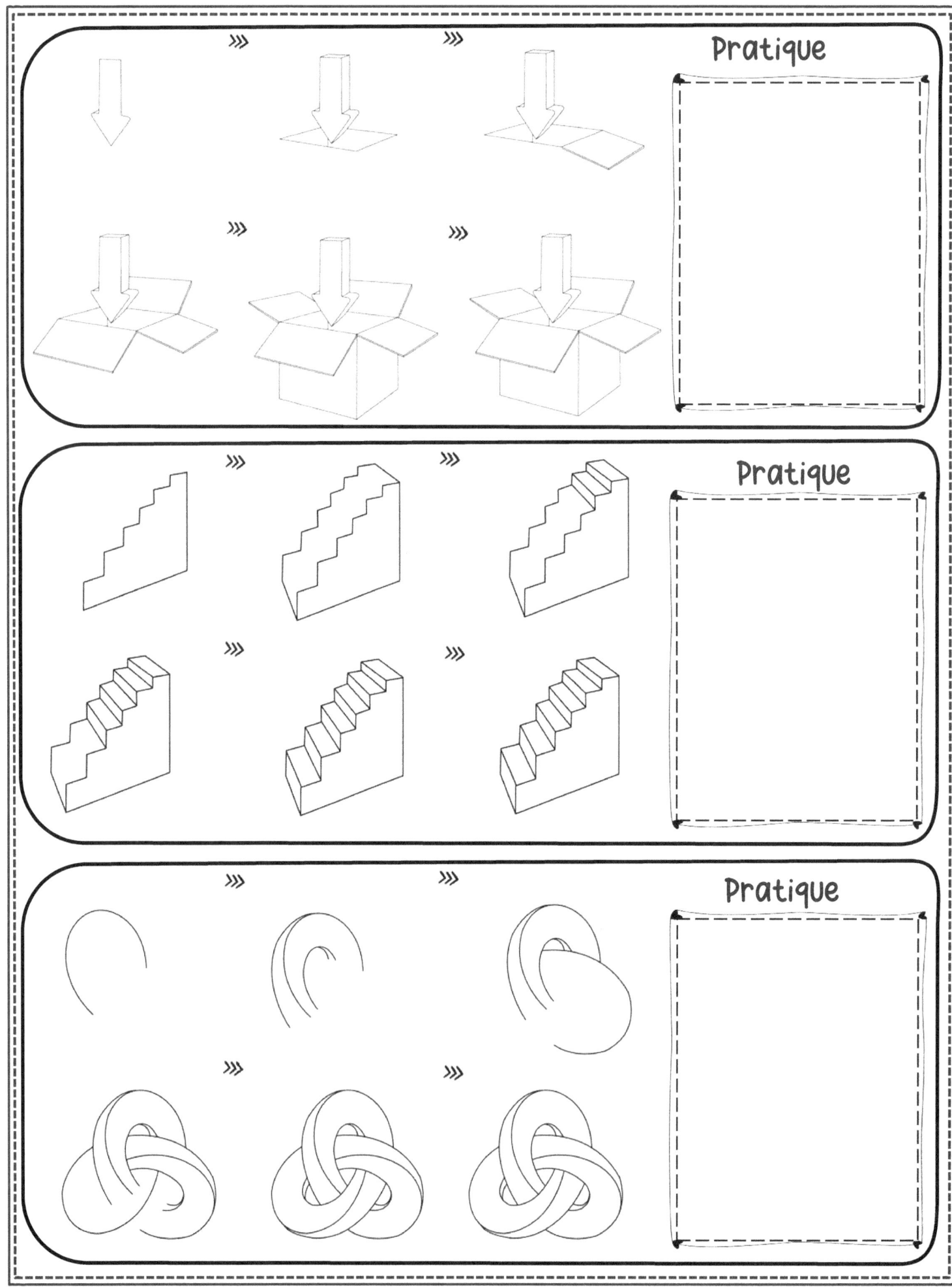

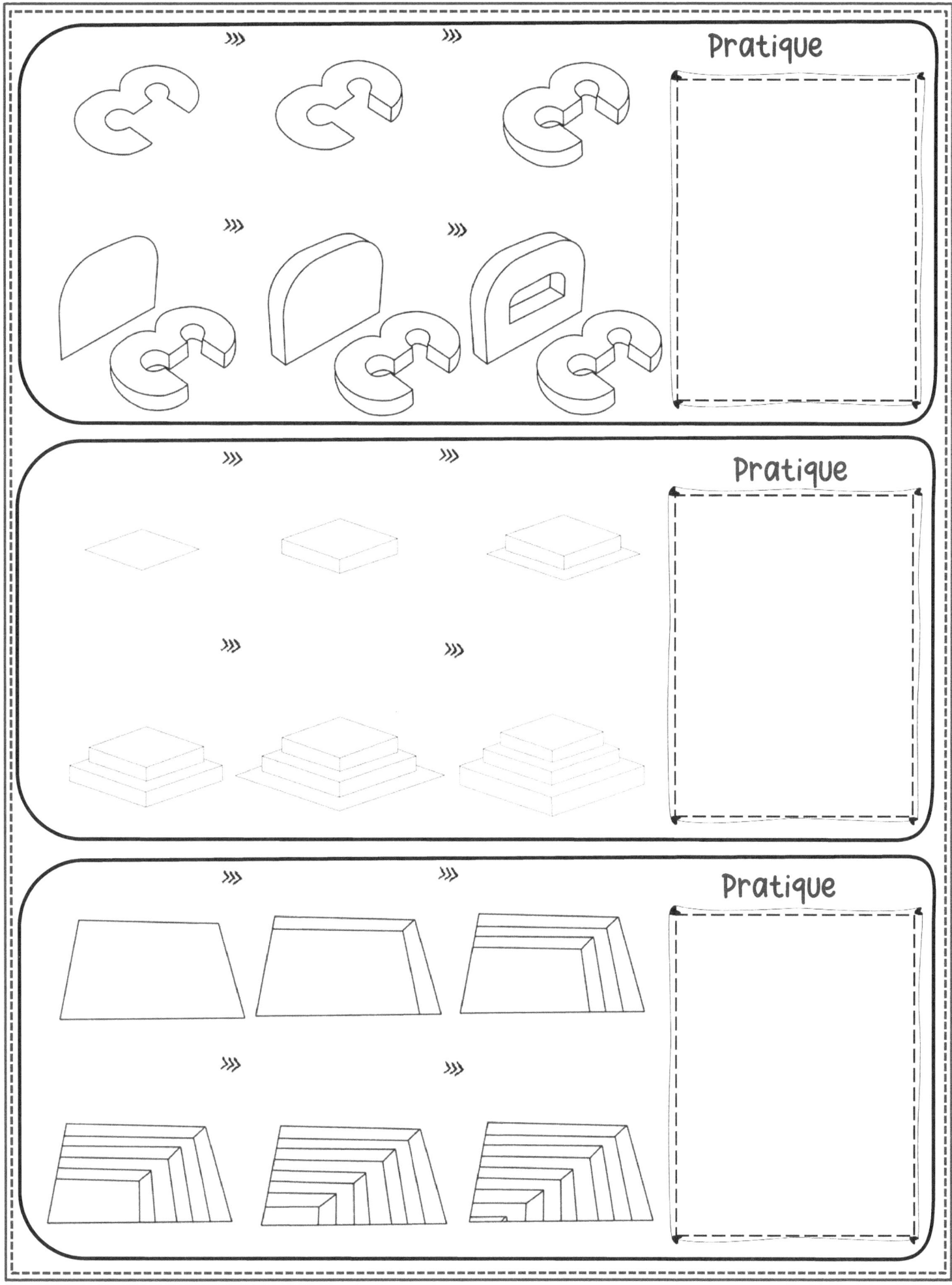

Pratique

Pratique

Pratique

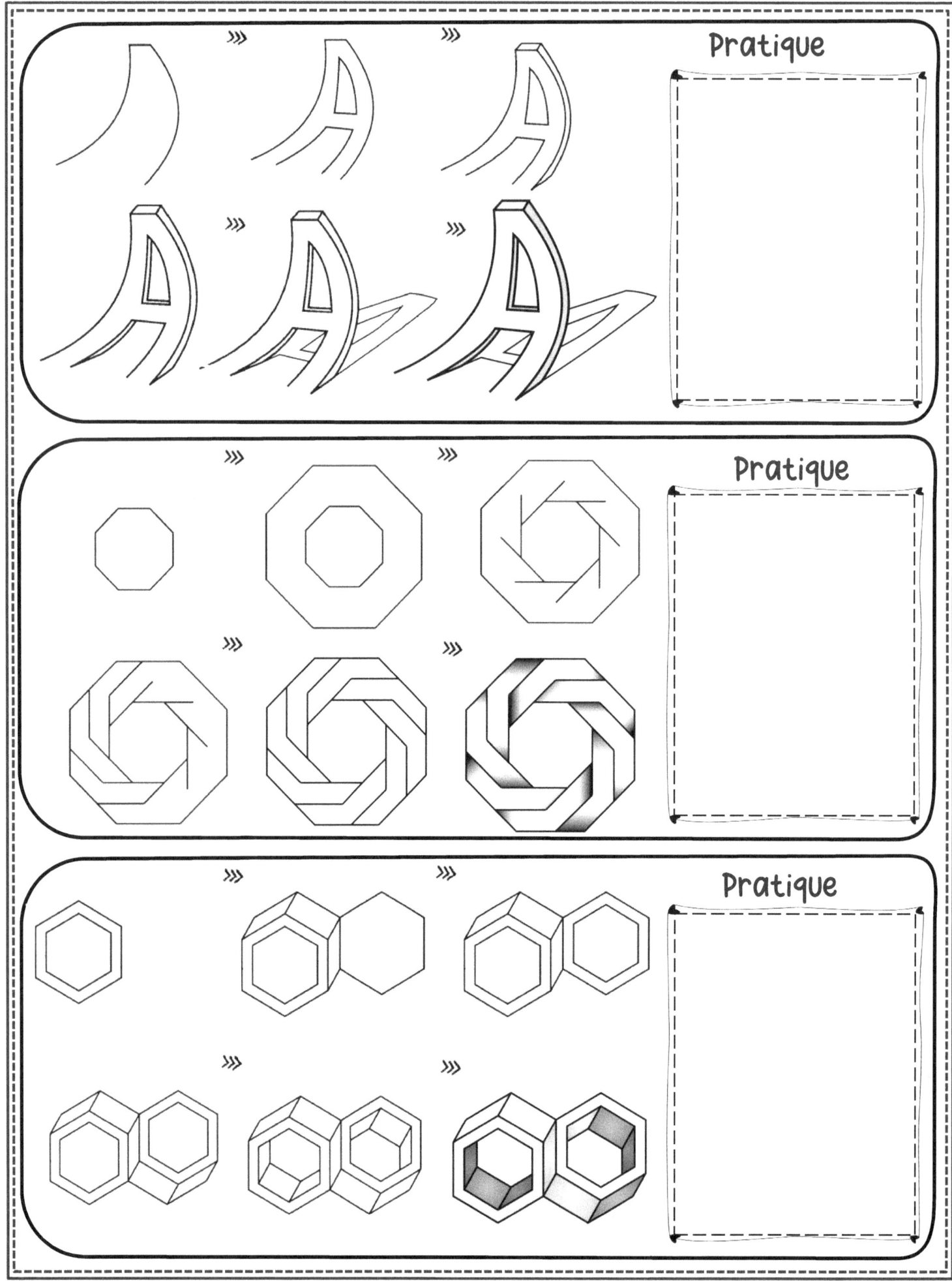

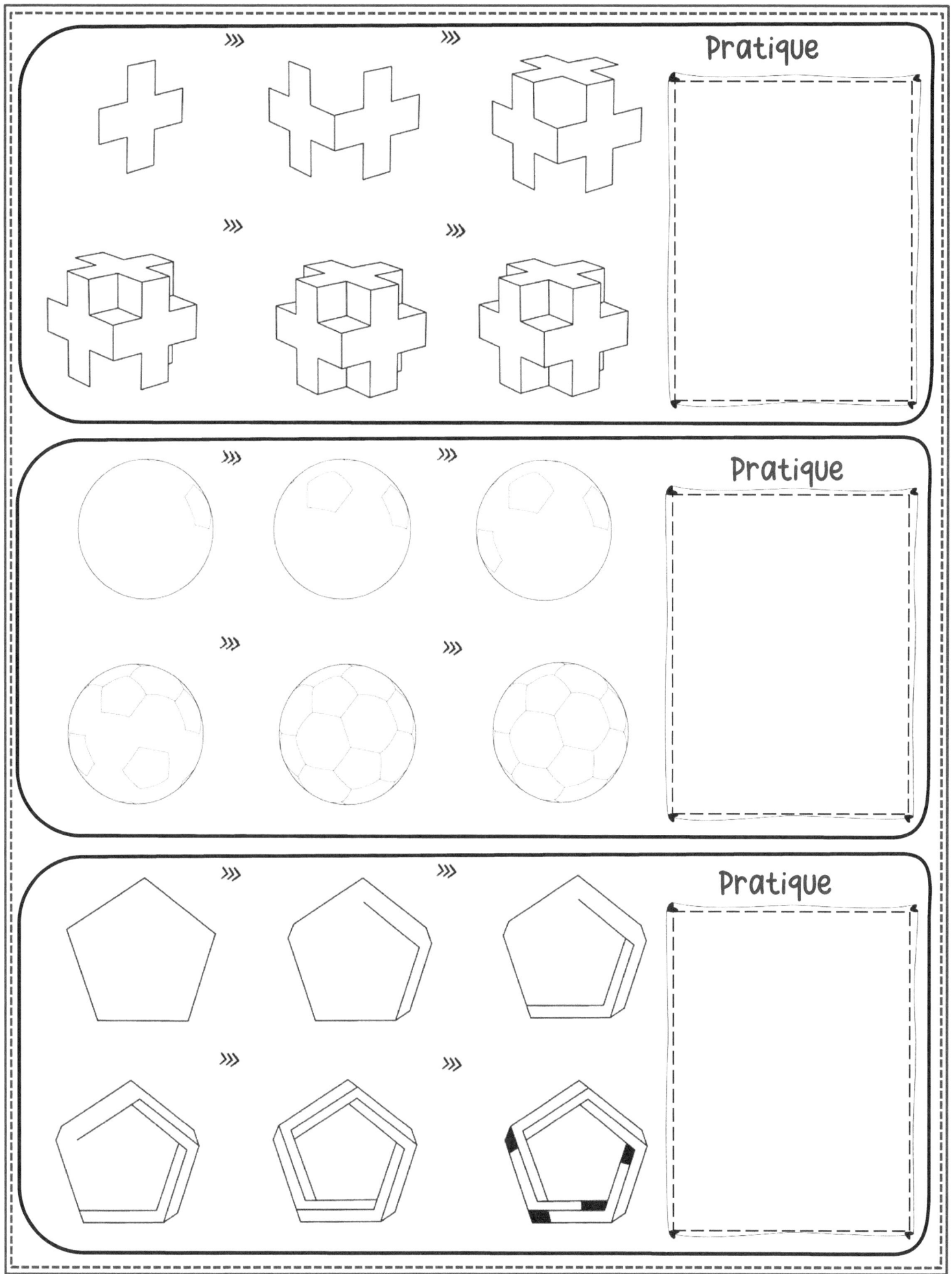

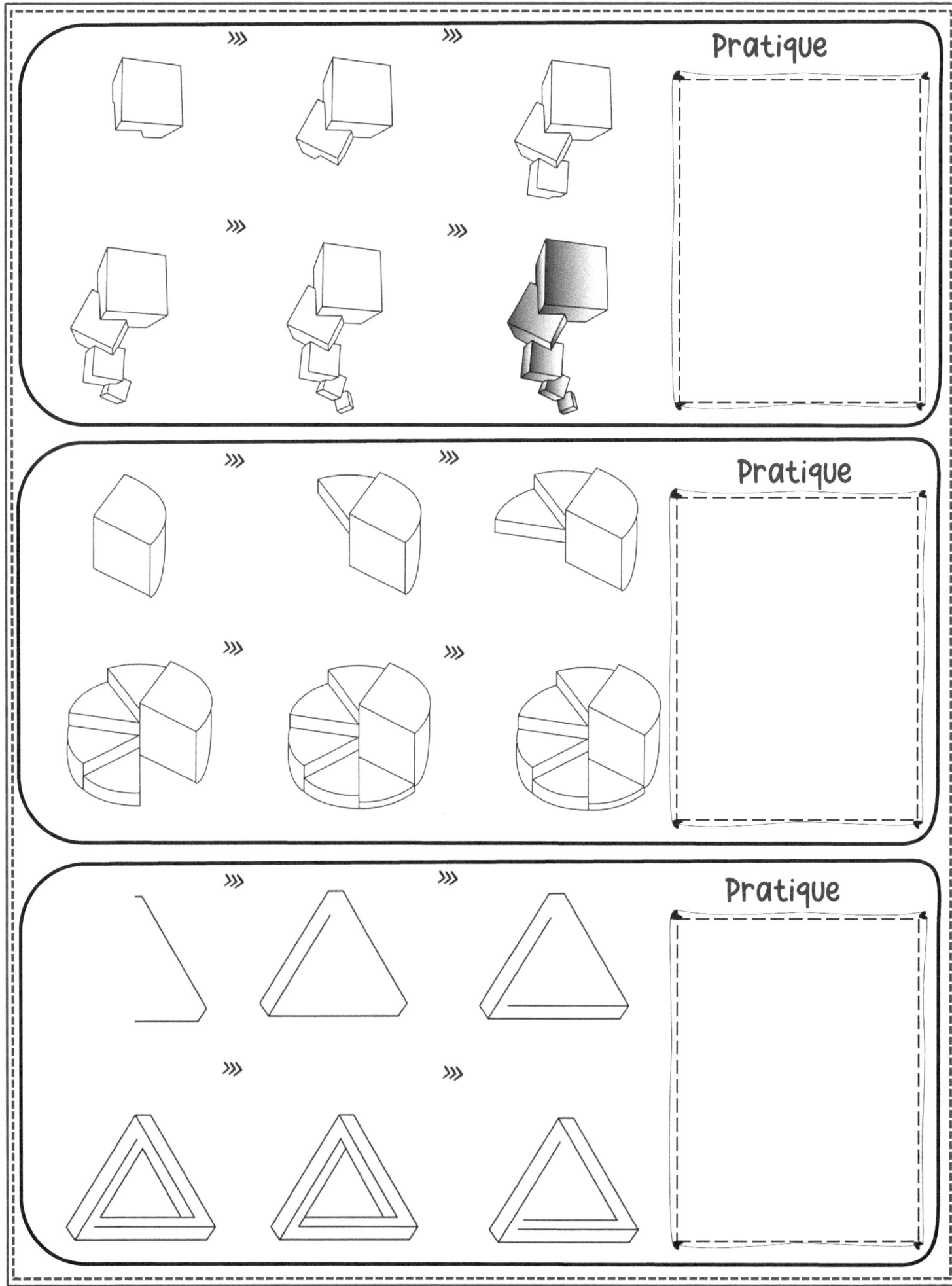

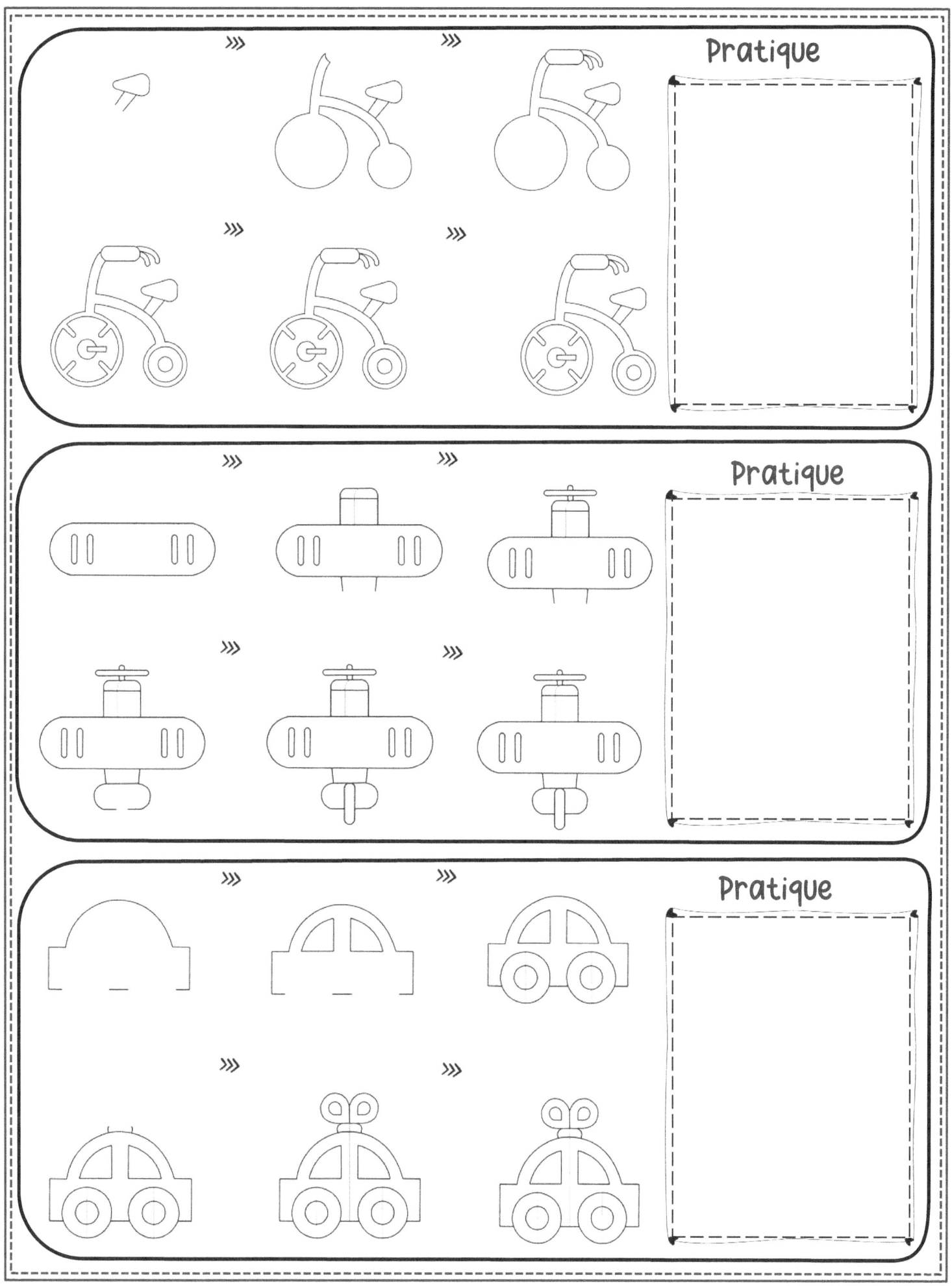

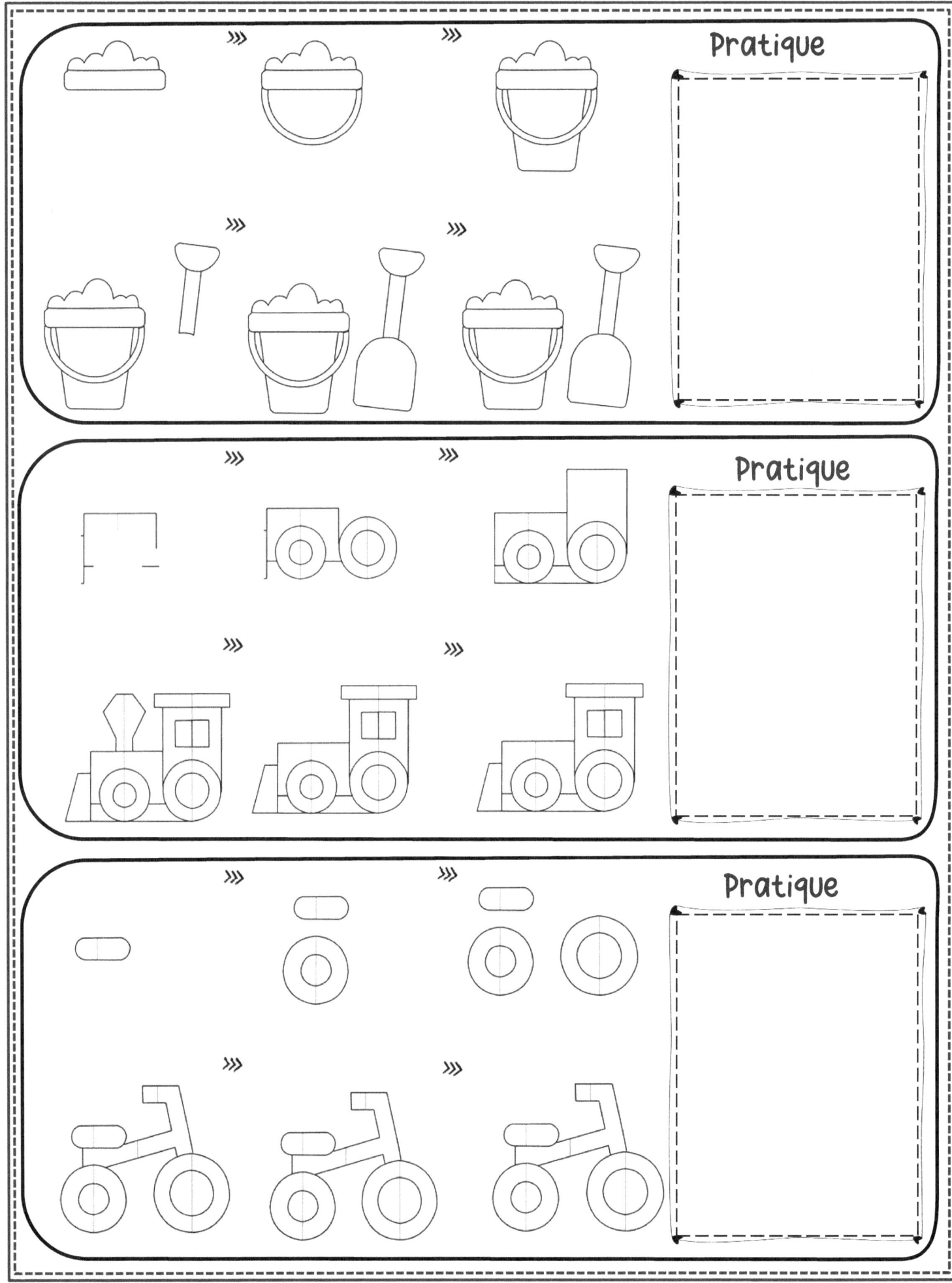

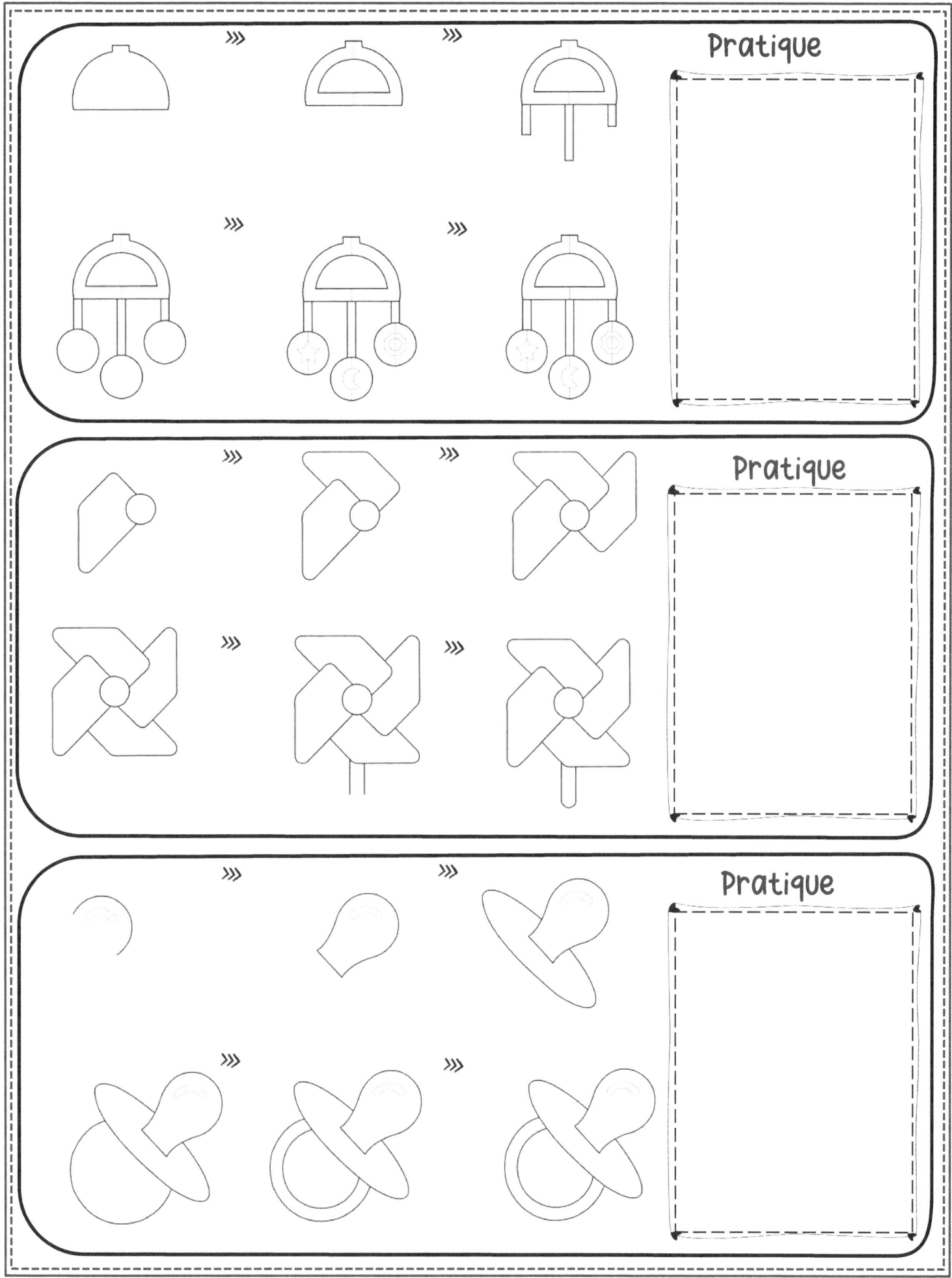

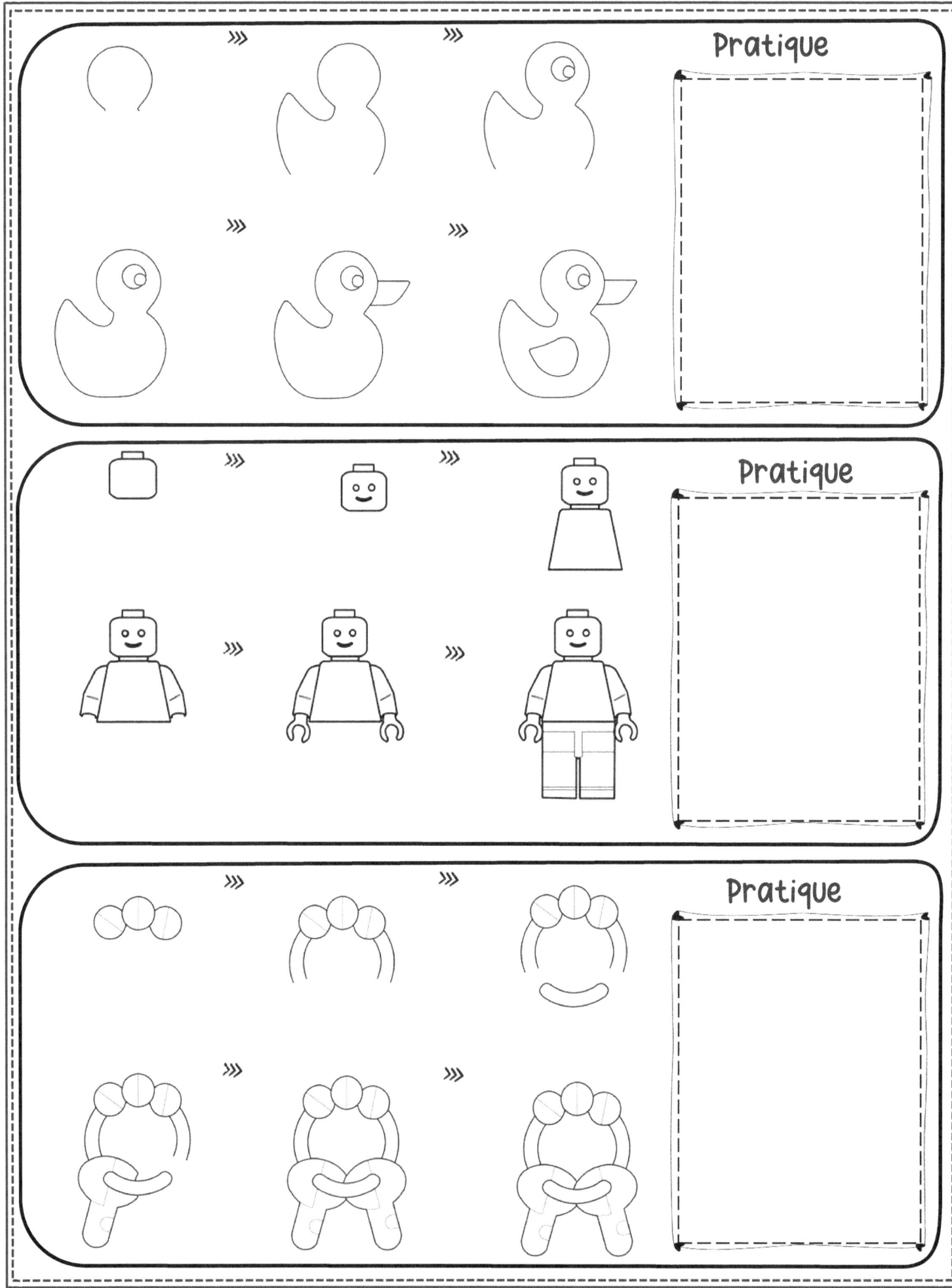

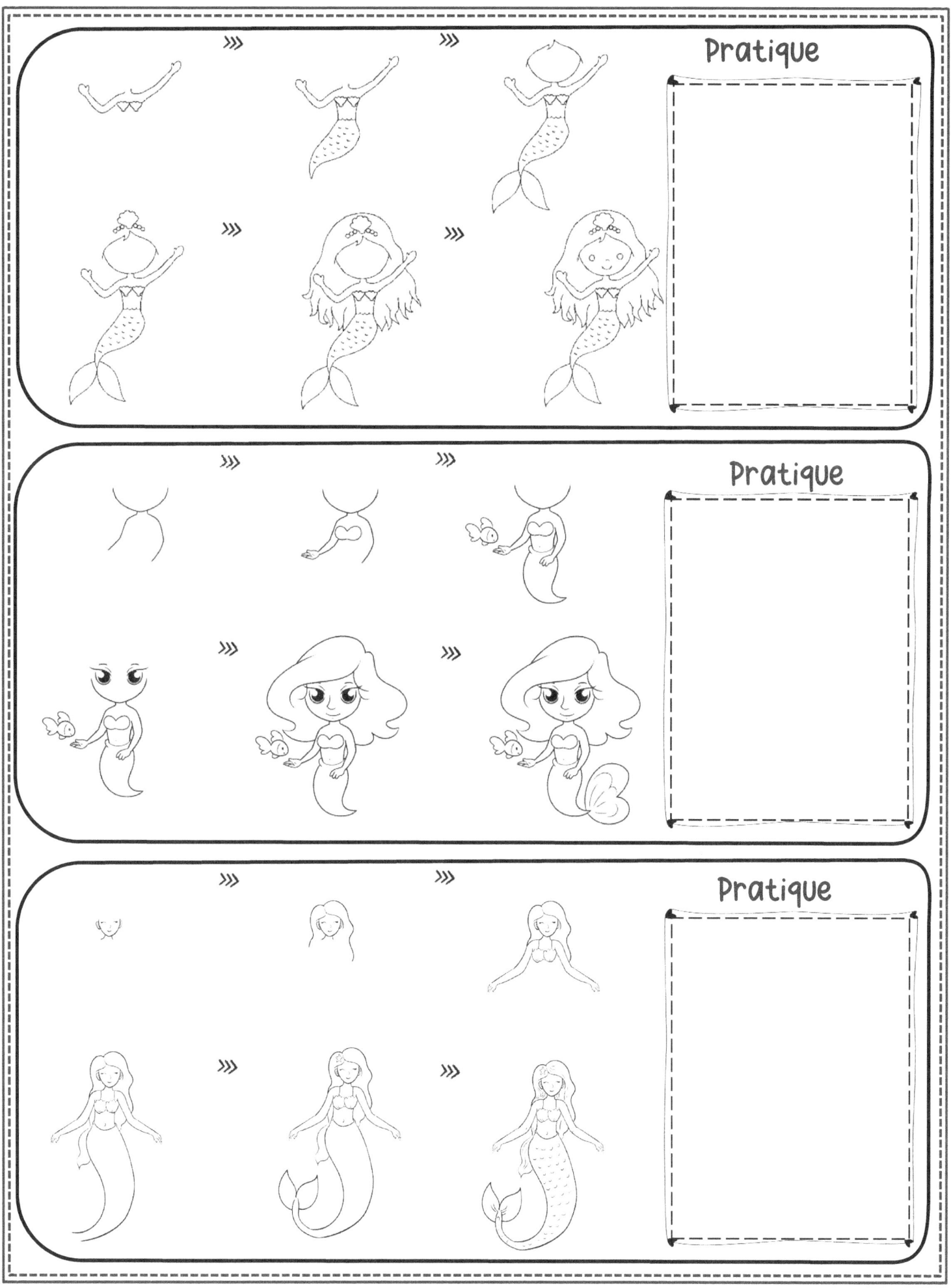

Pratique

Pratique

Pratique

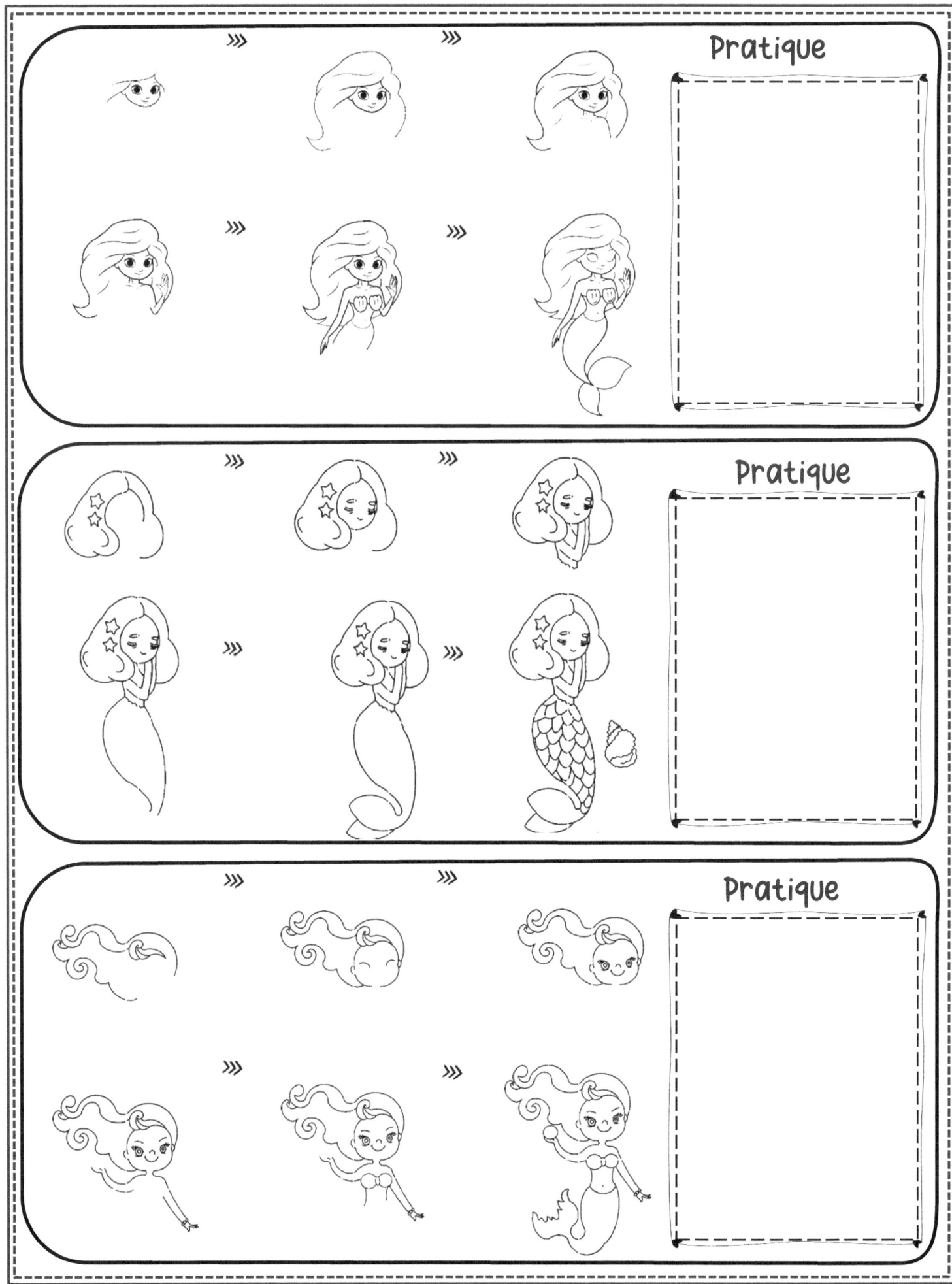

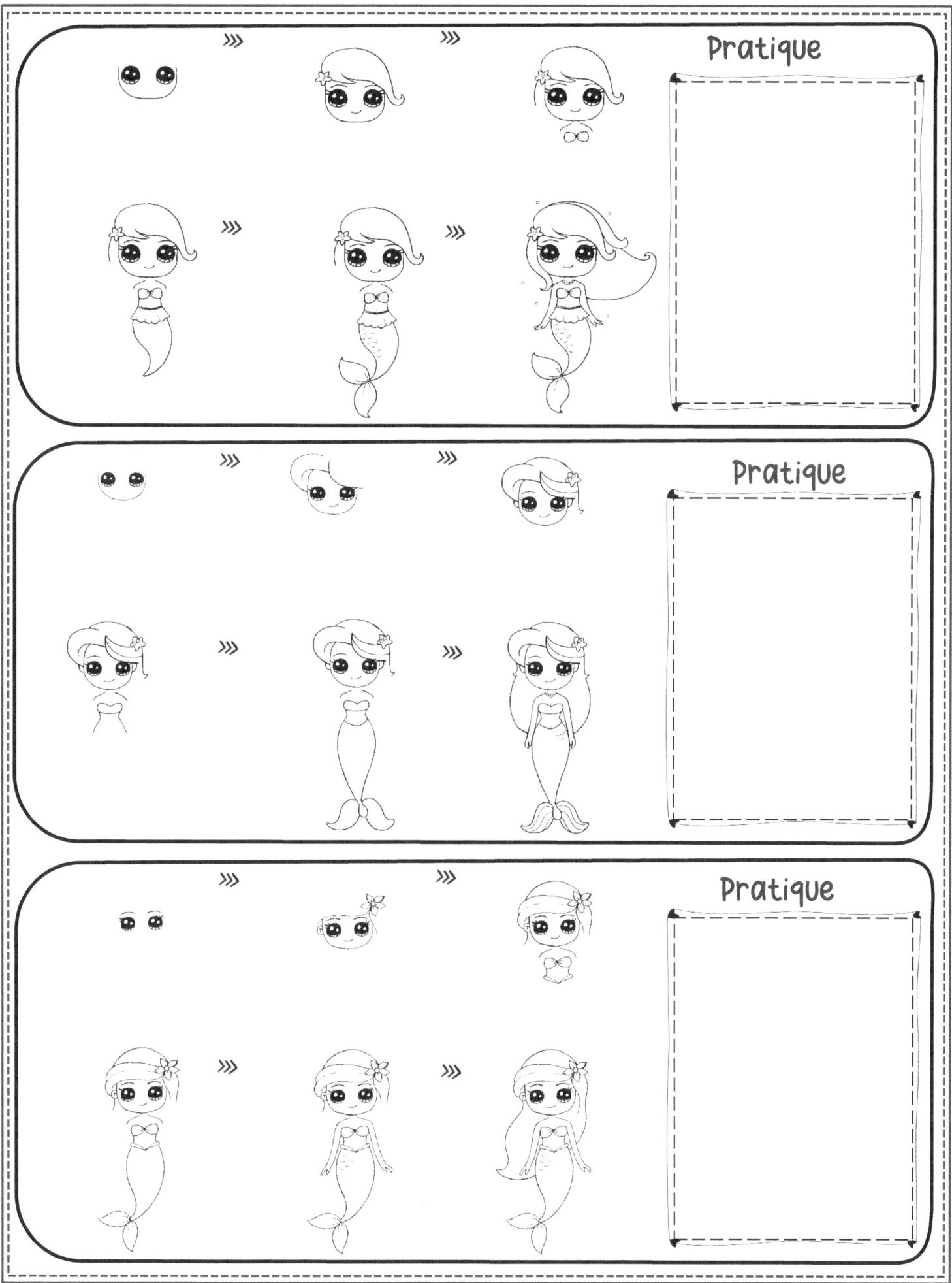

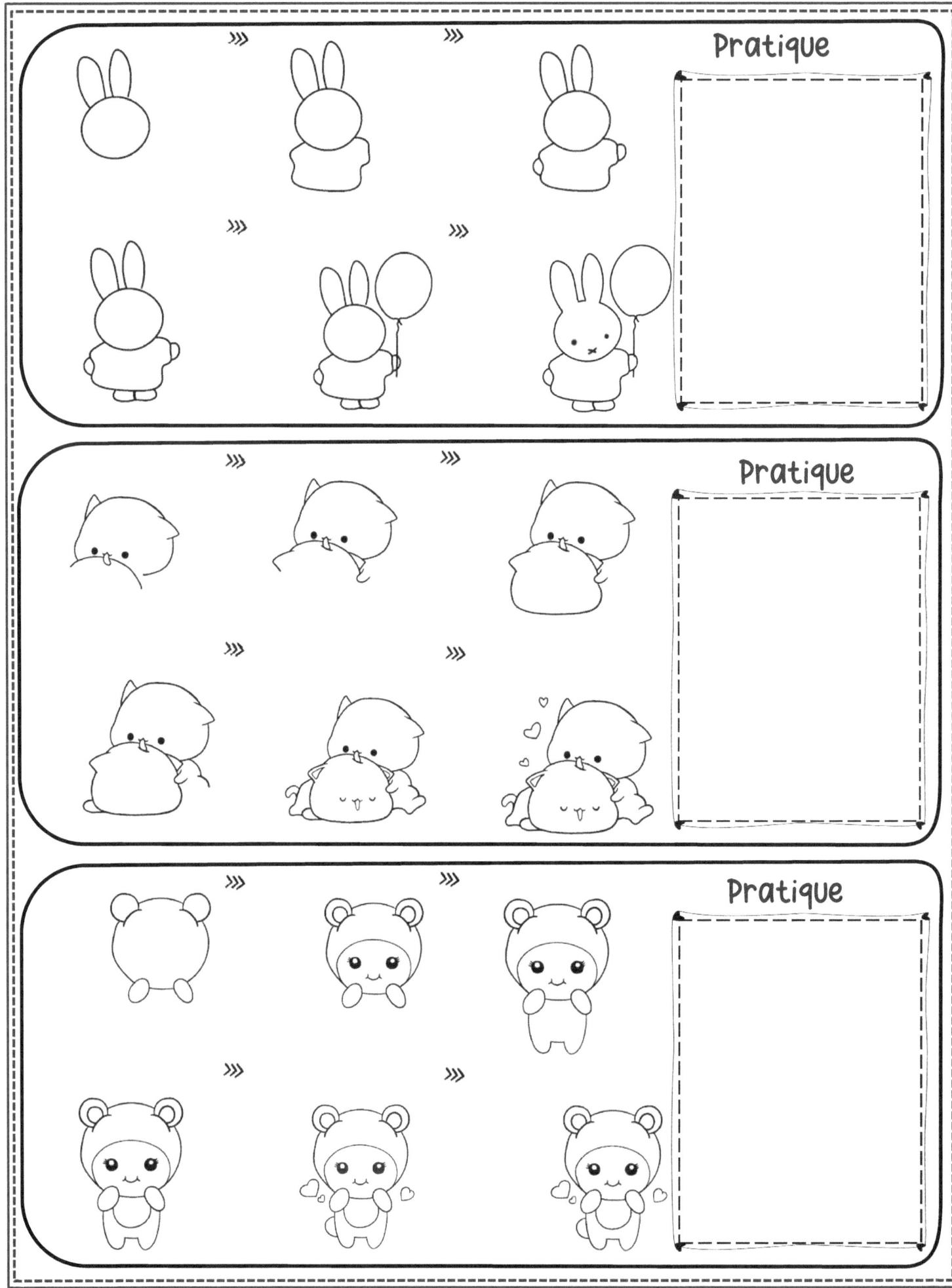

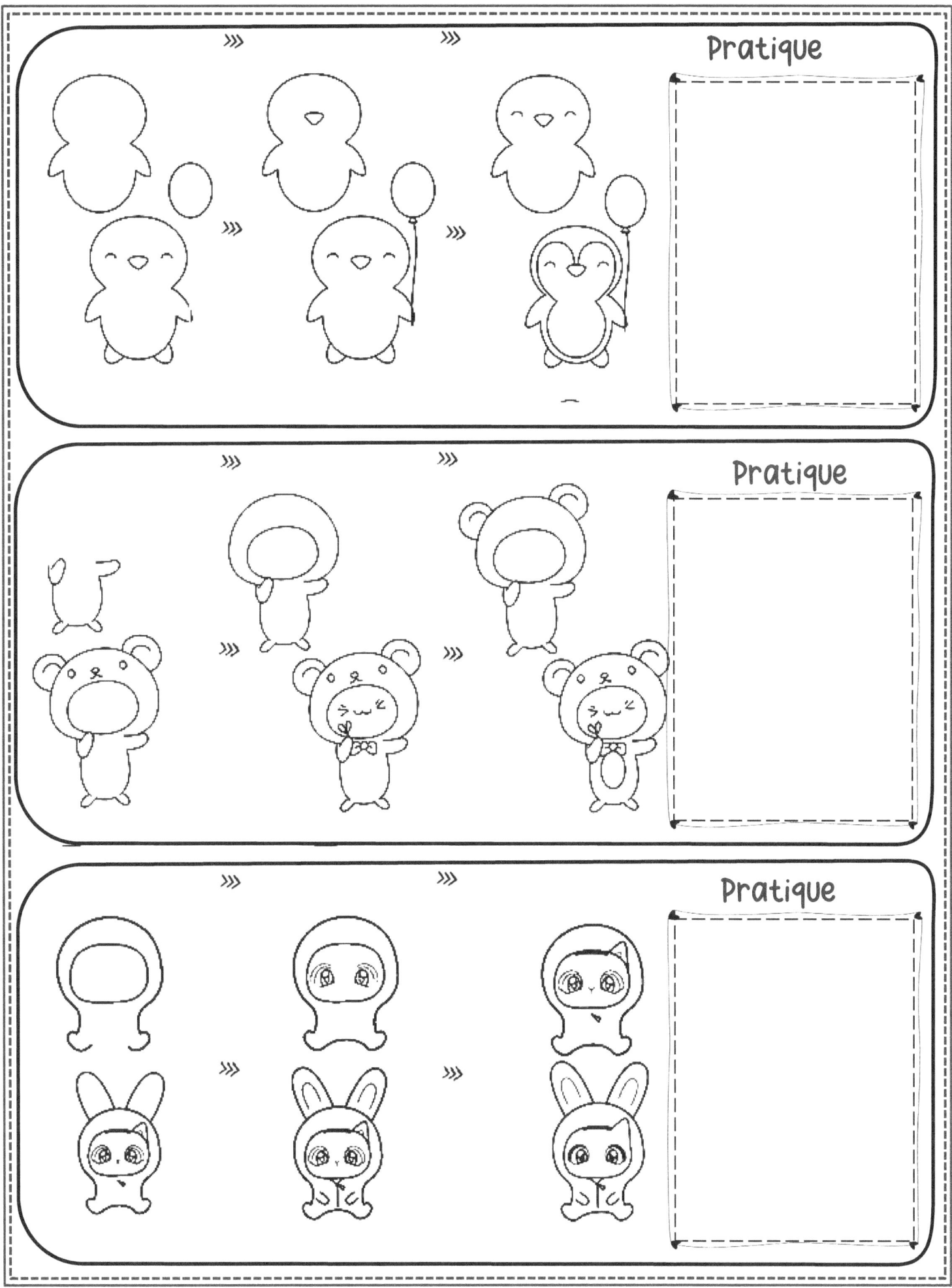

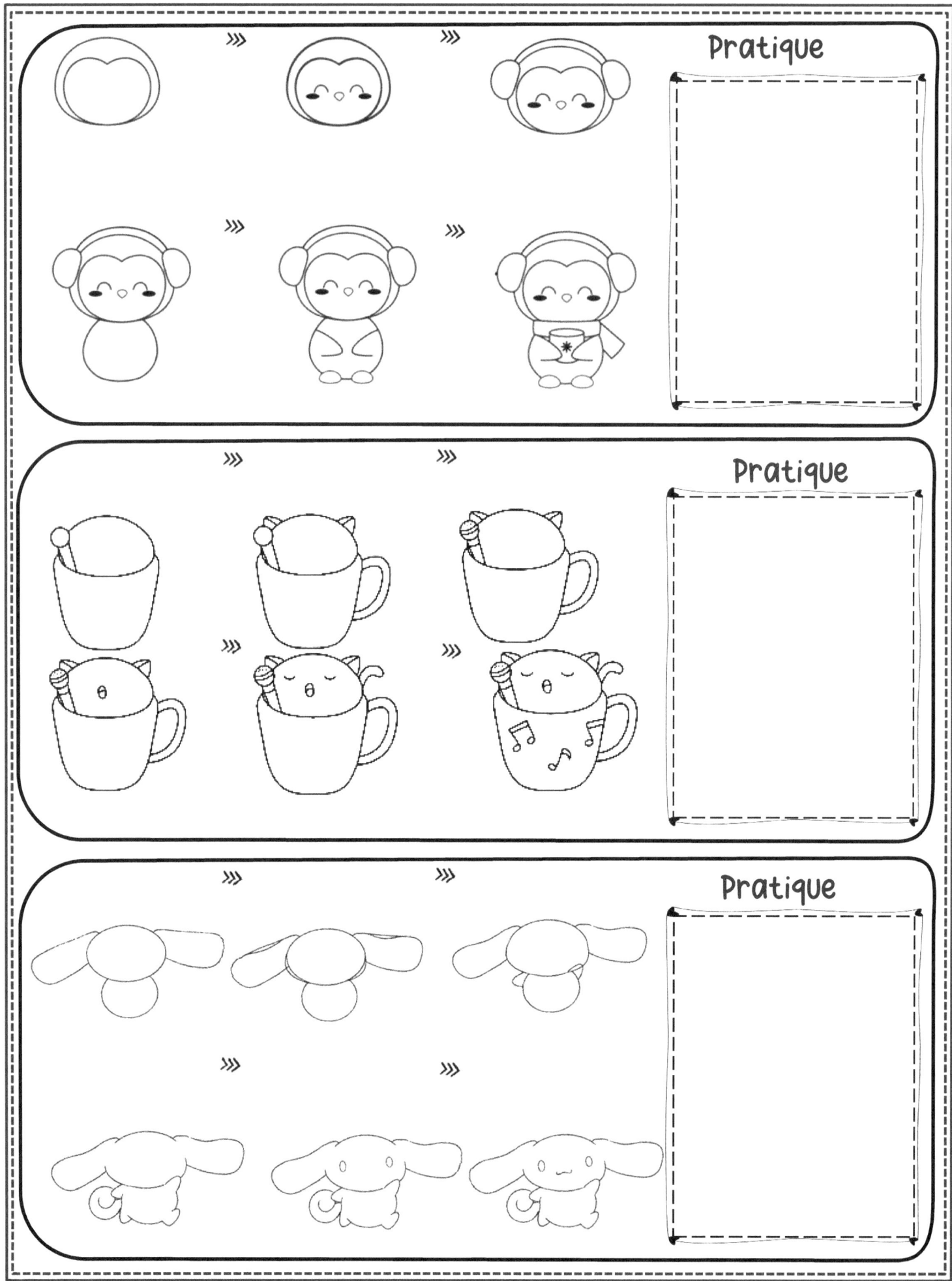

Pratique

Pratique

Pratique

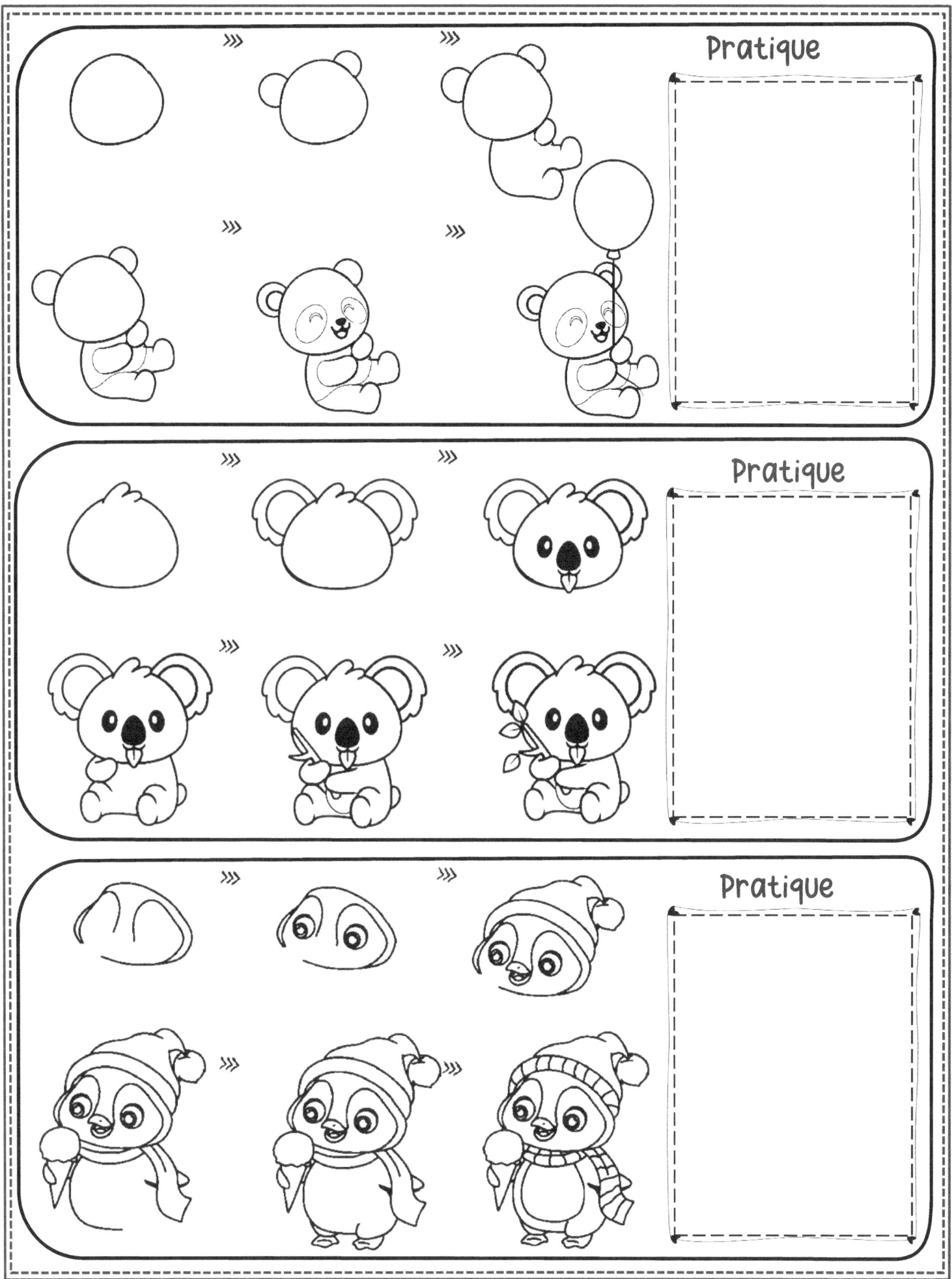

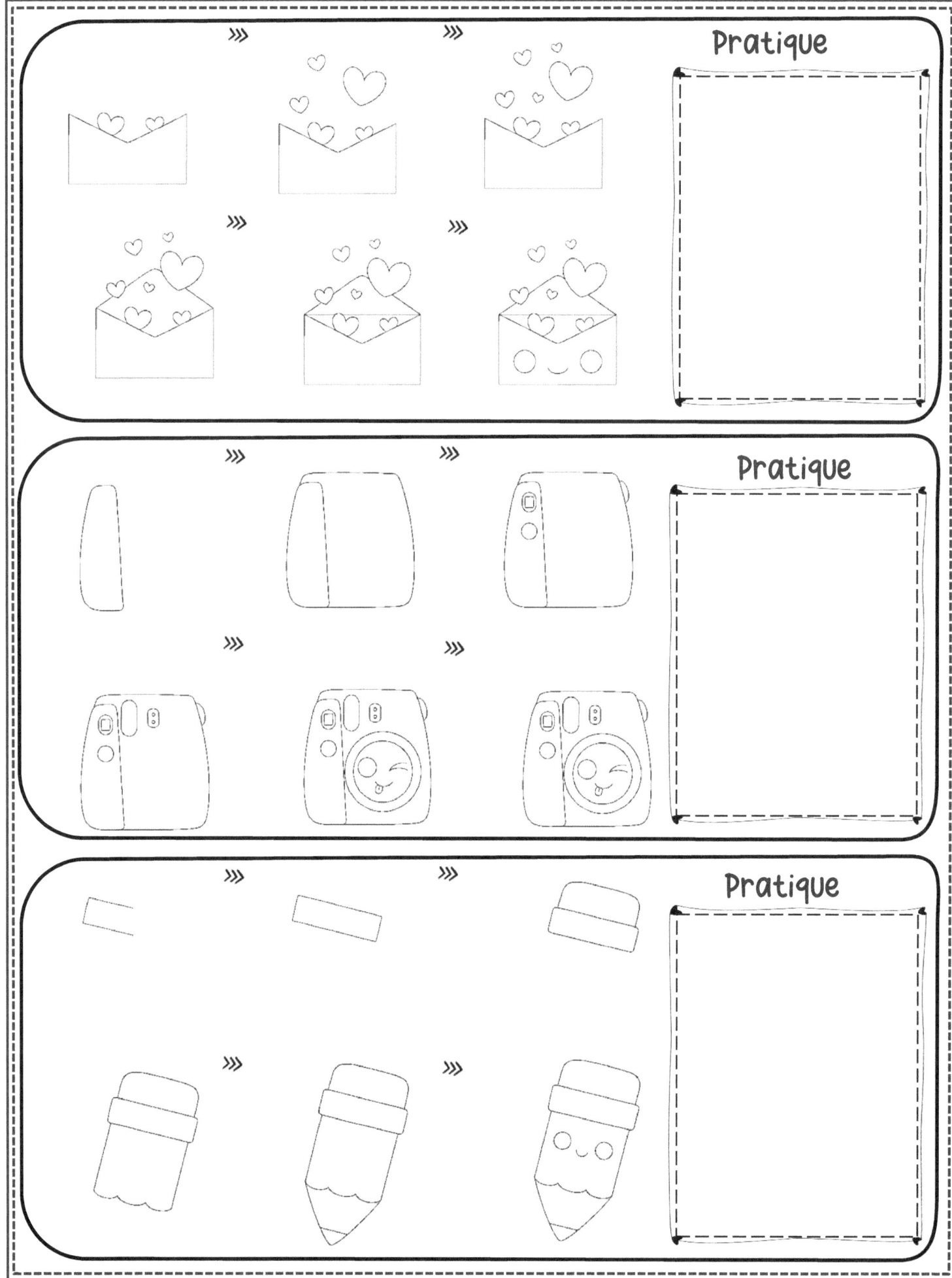

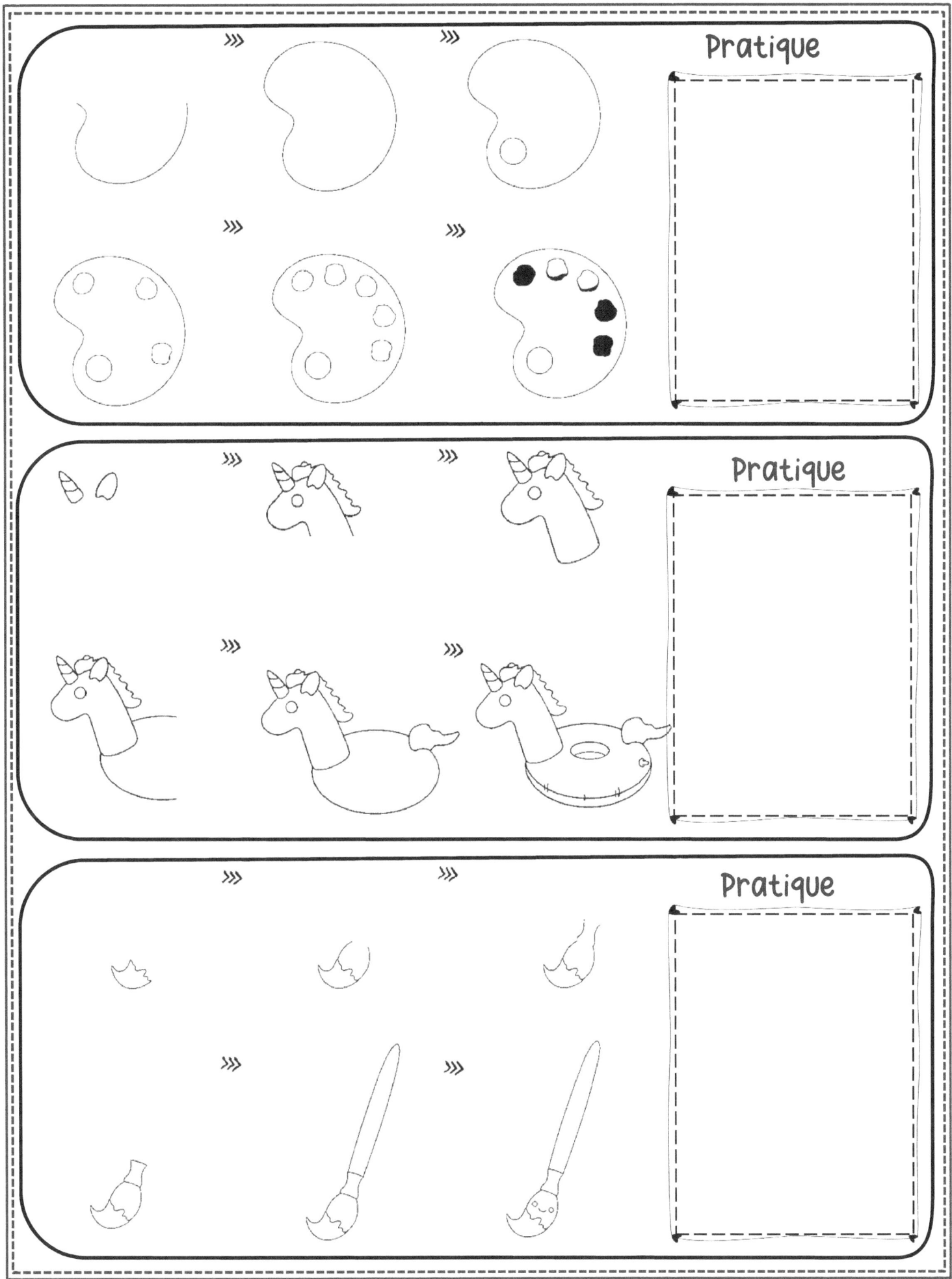

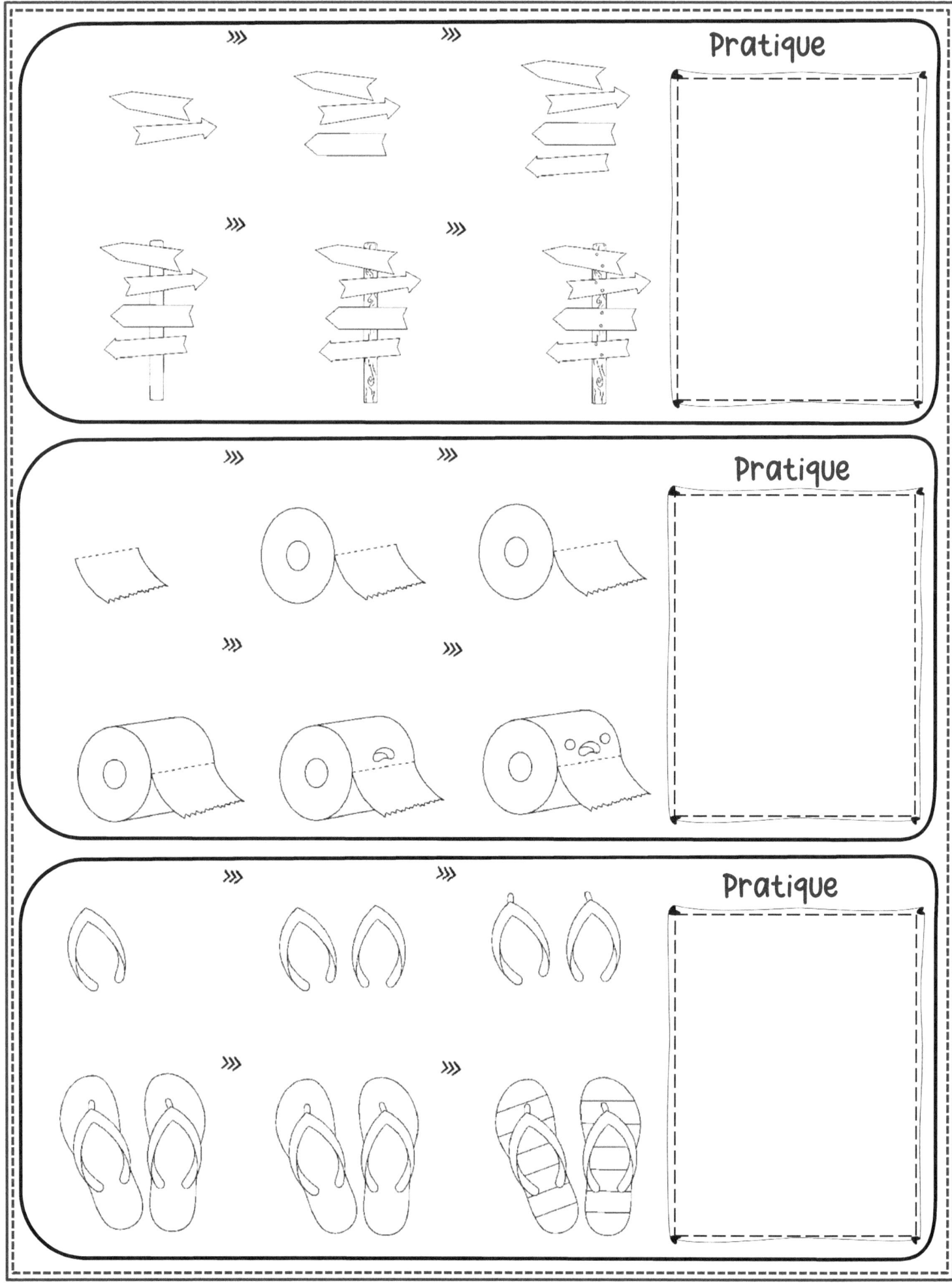

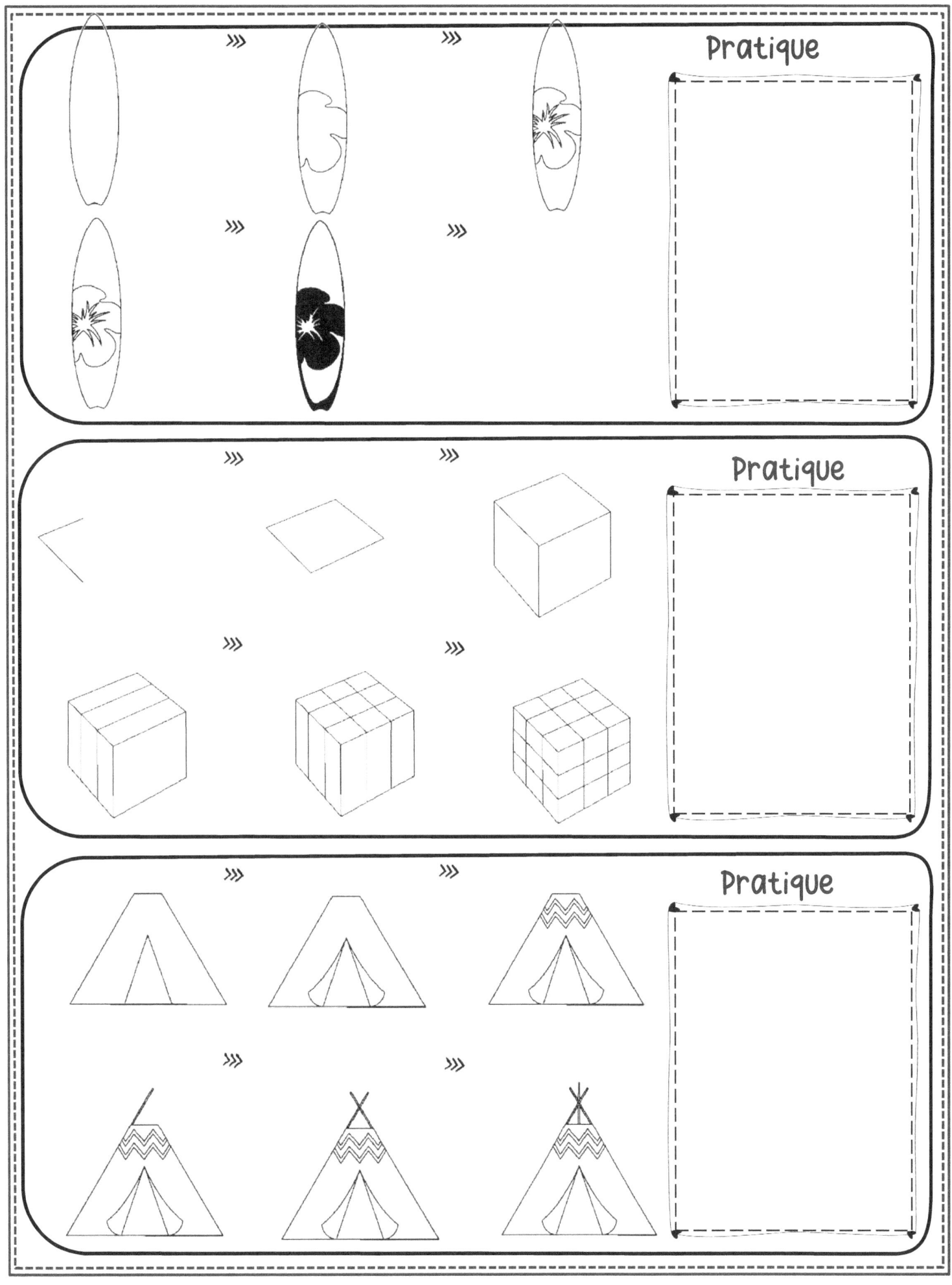

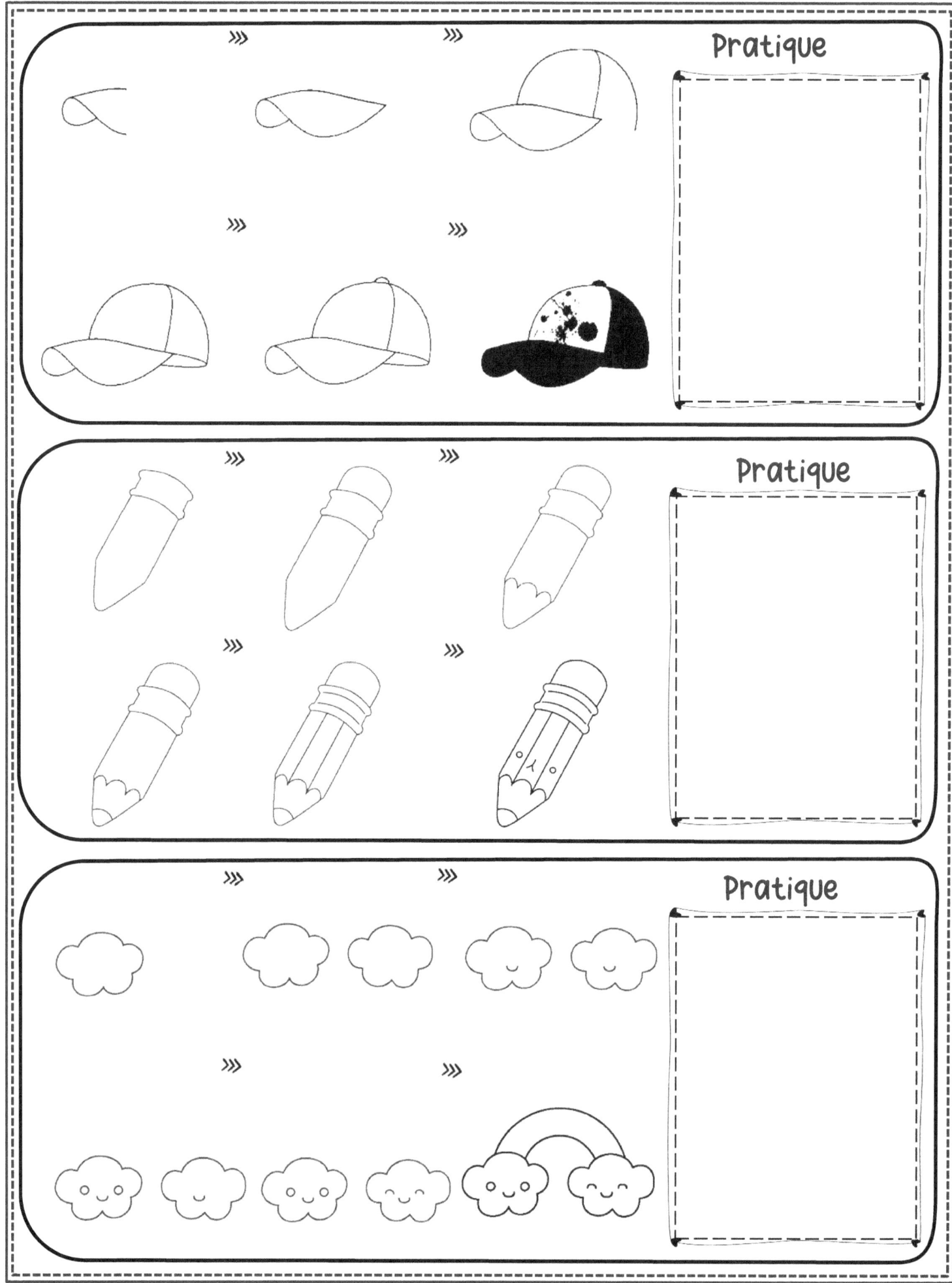

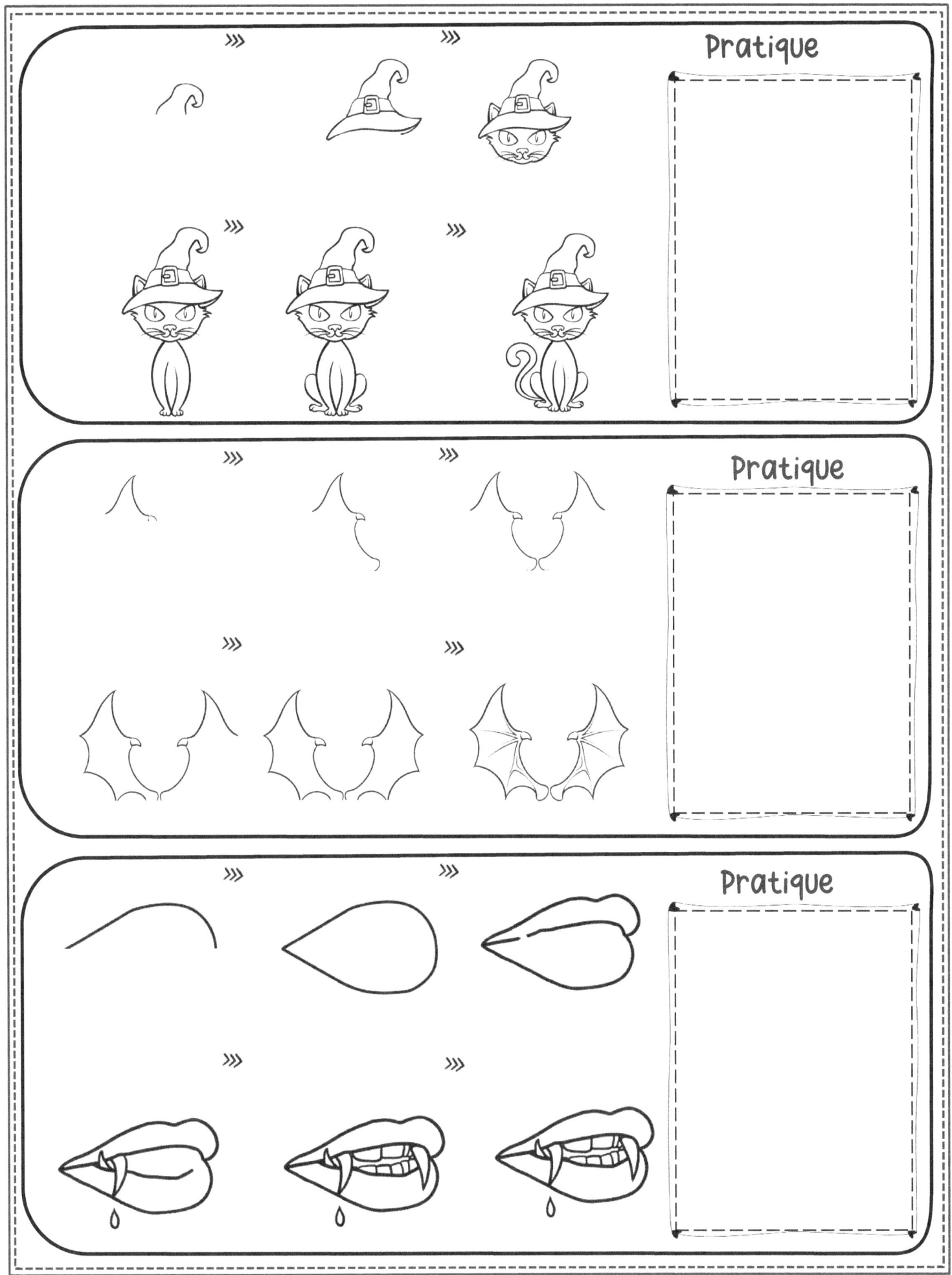

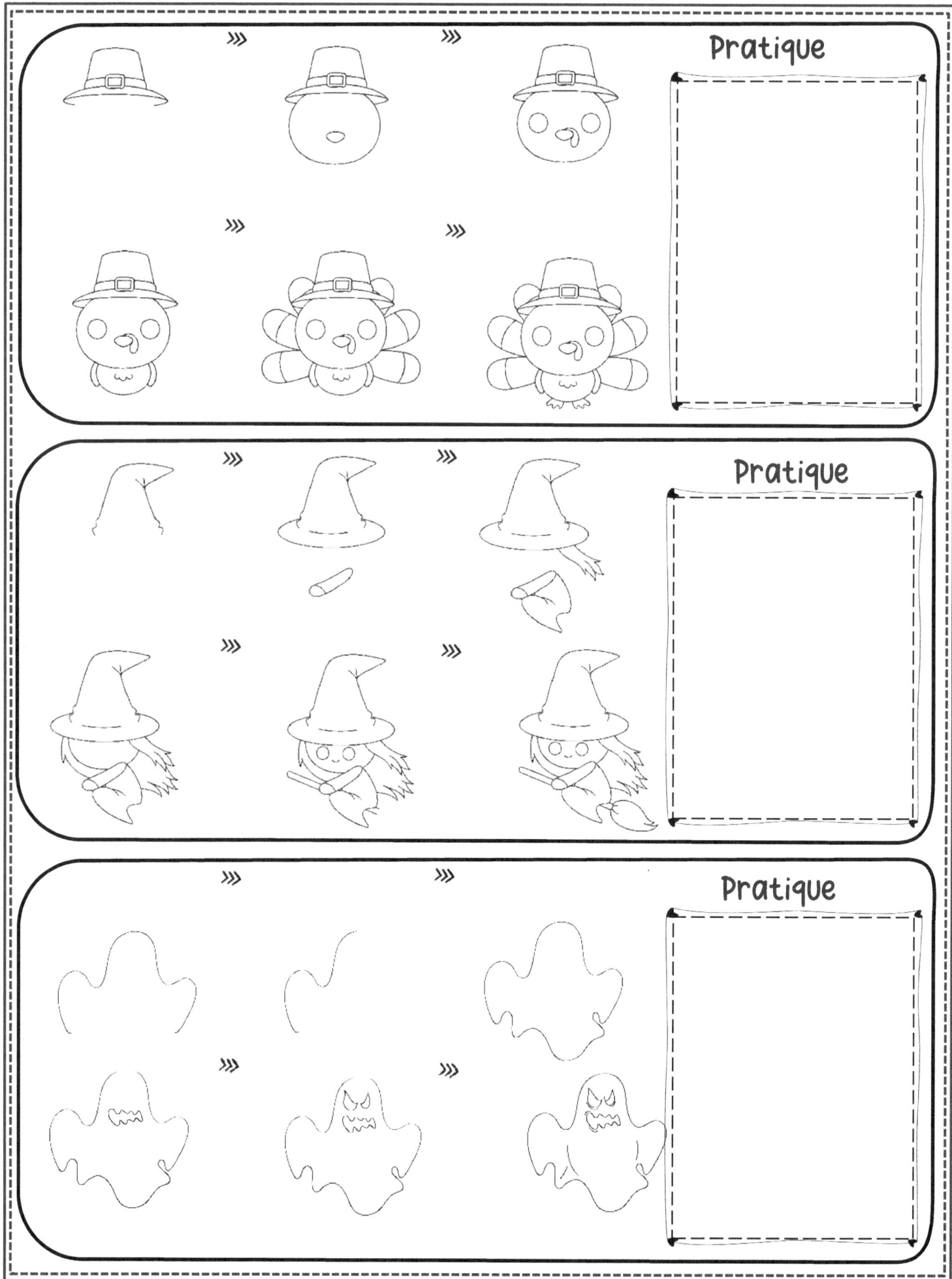

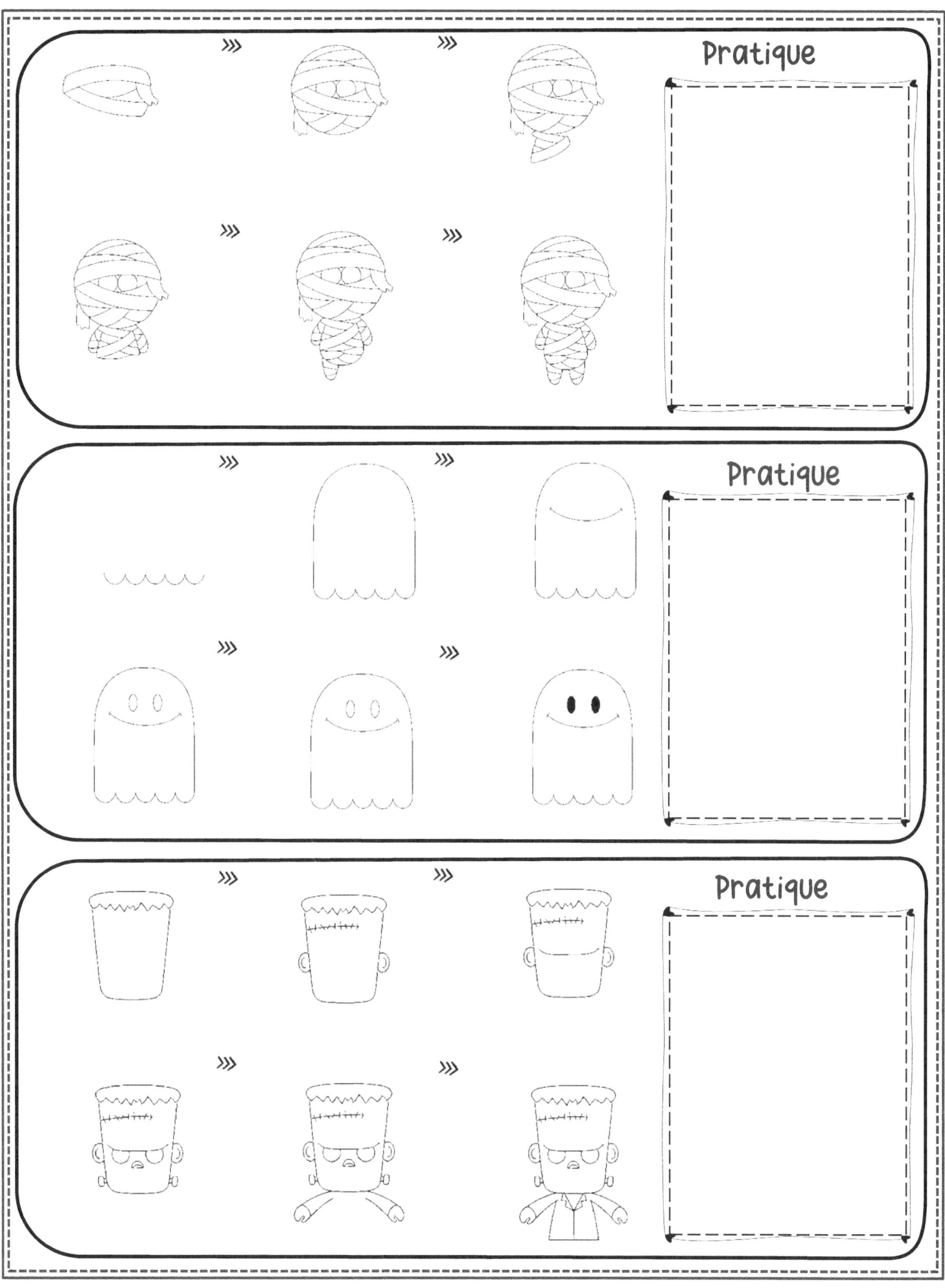

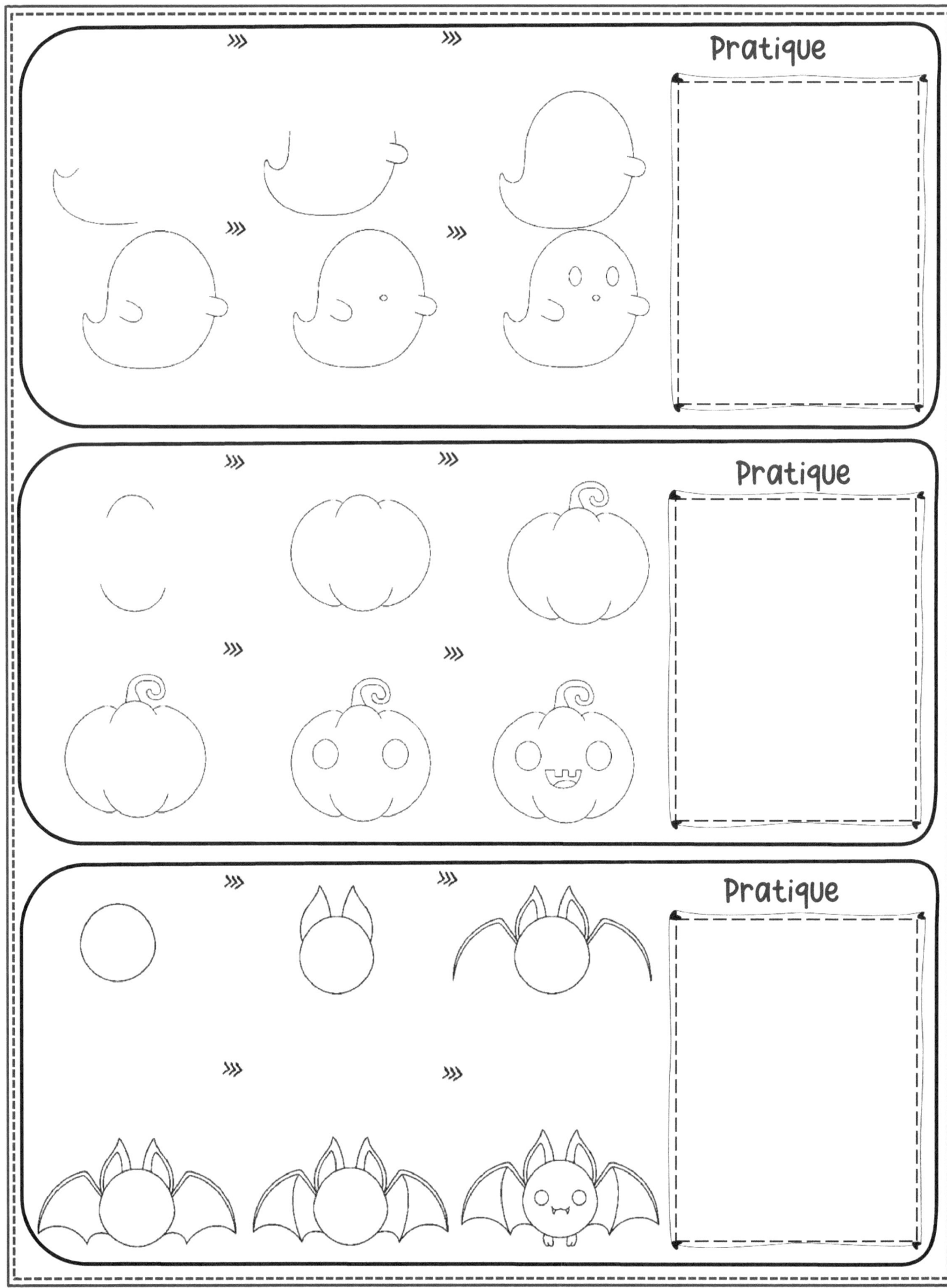

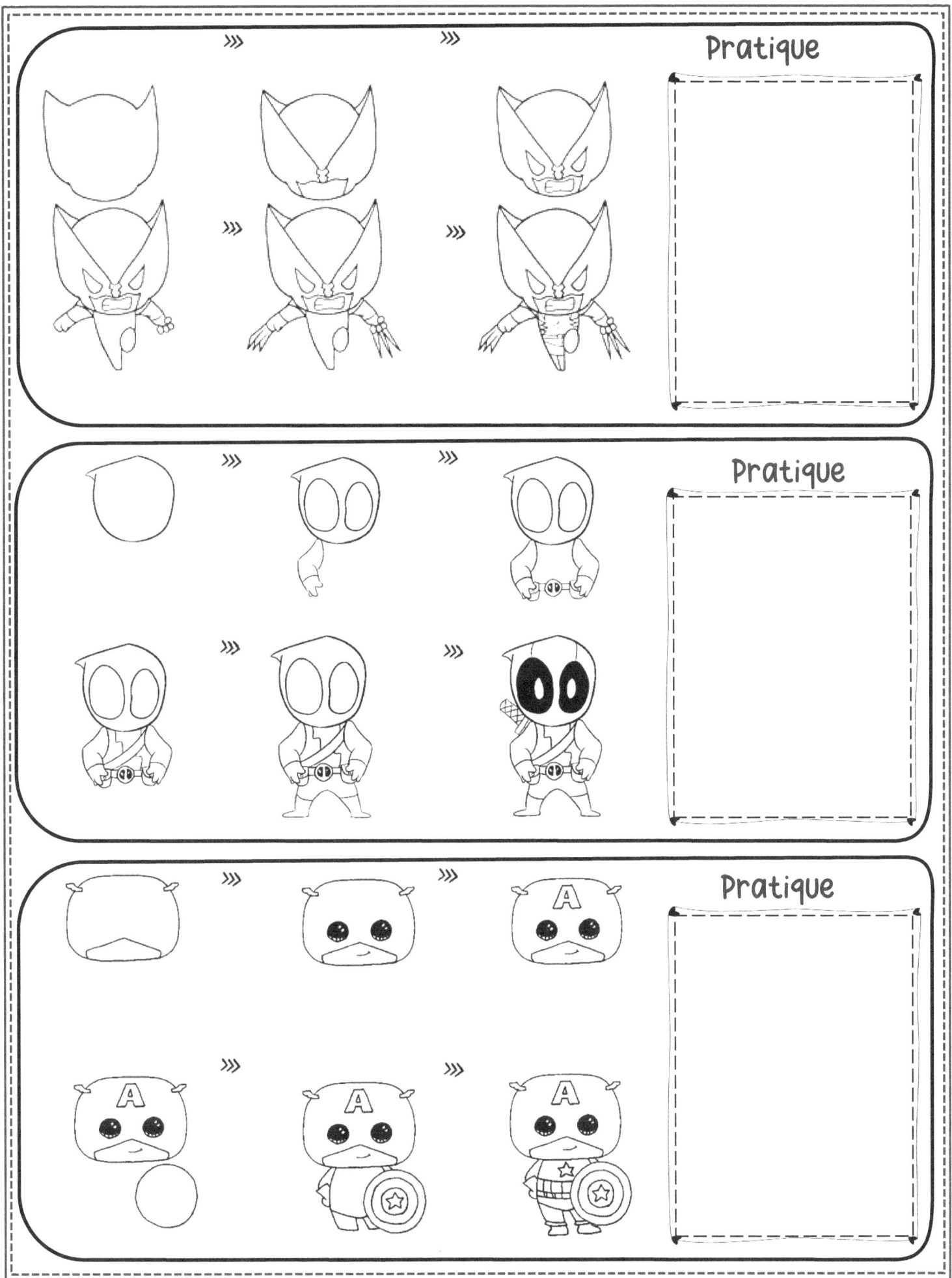

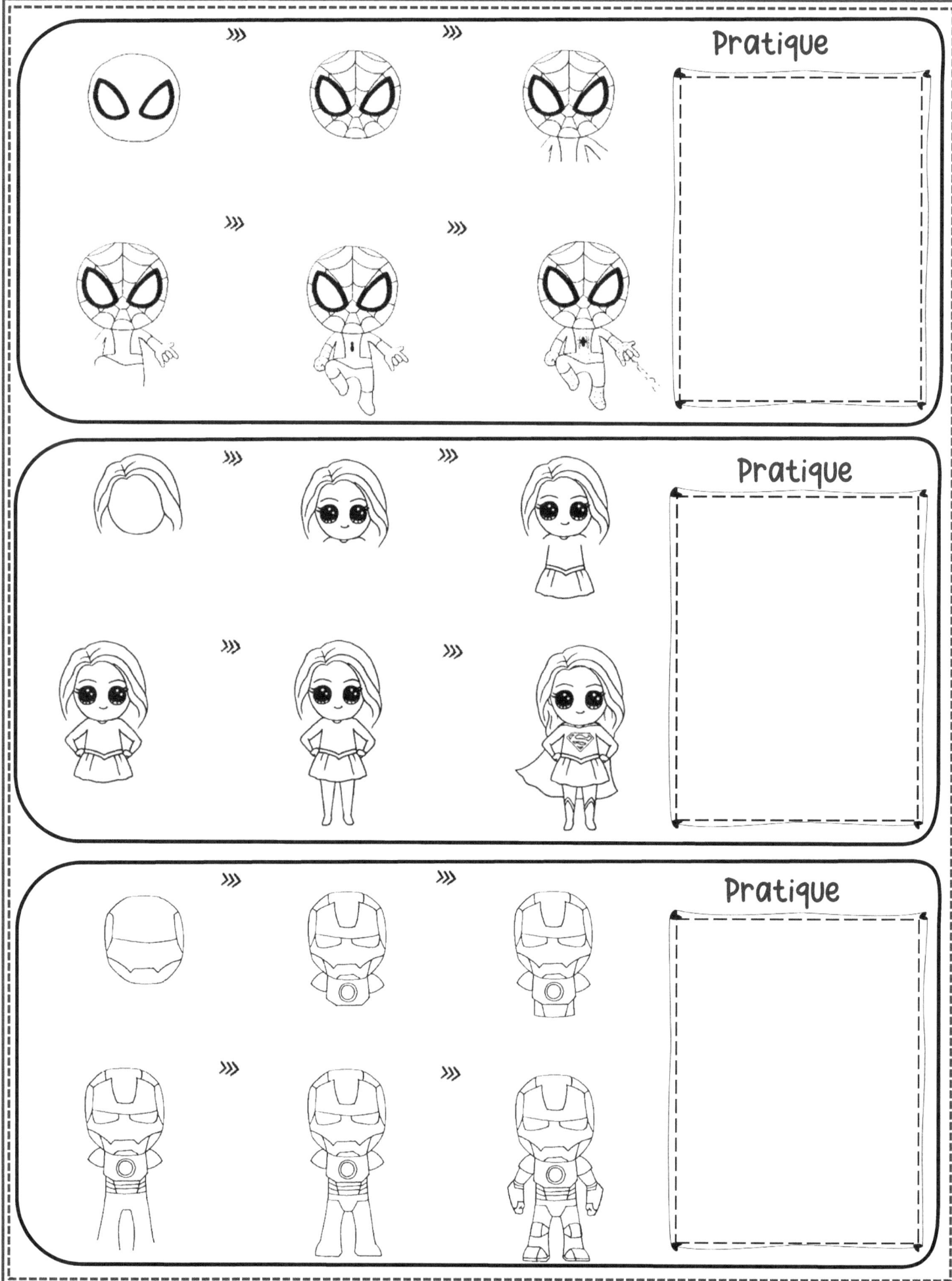

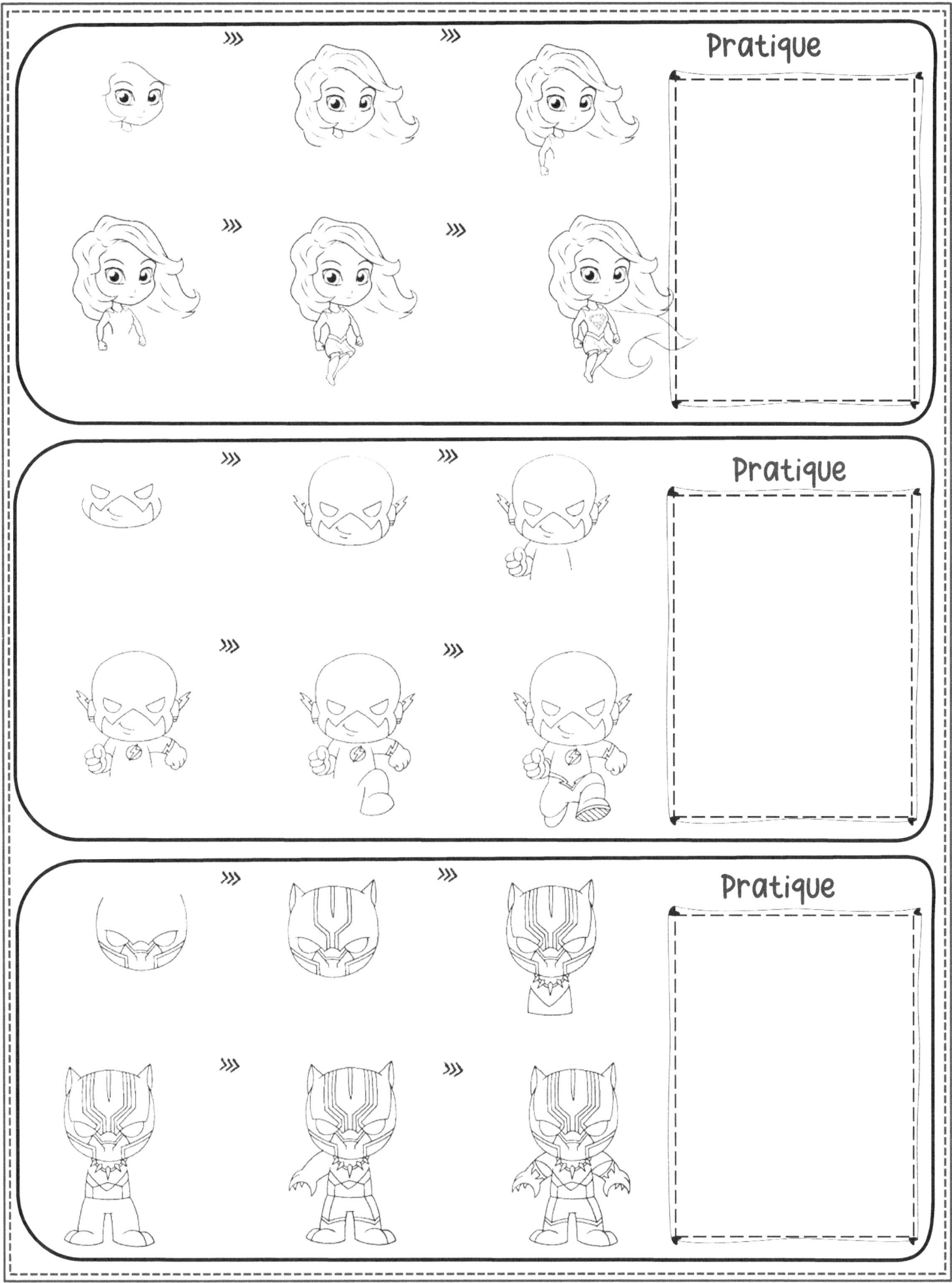

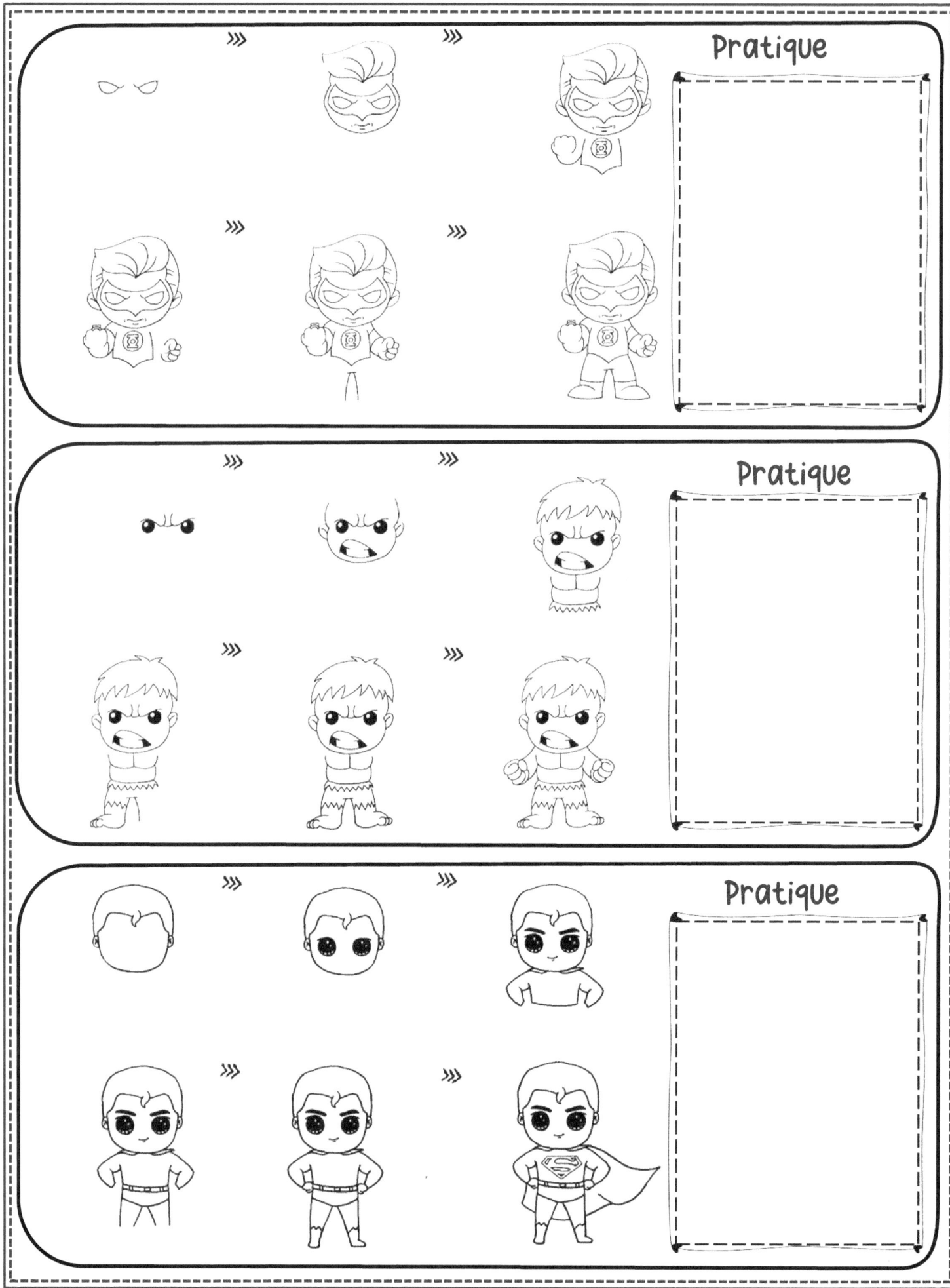

Pratique

Pratique

Pratique

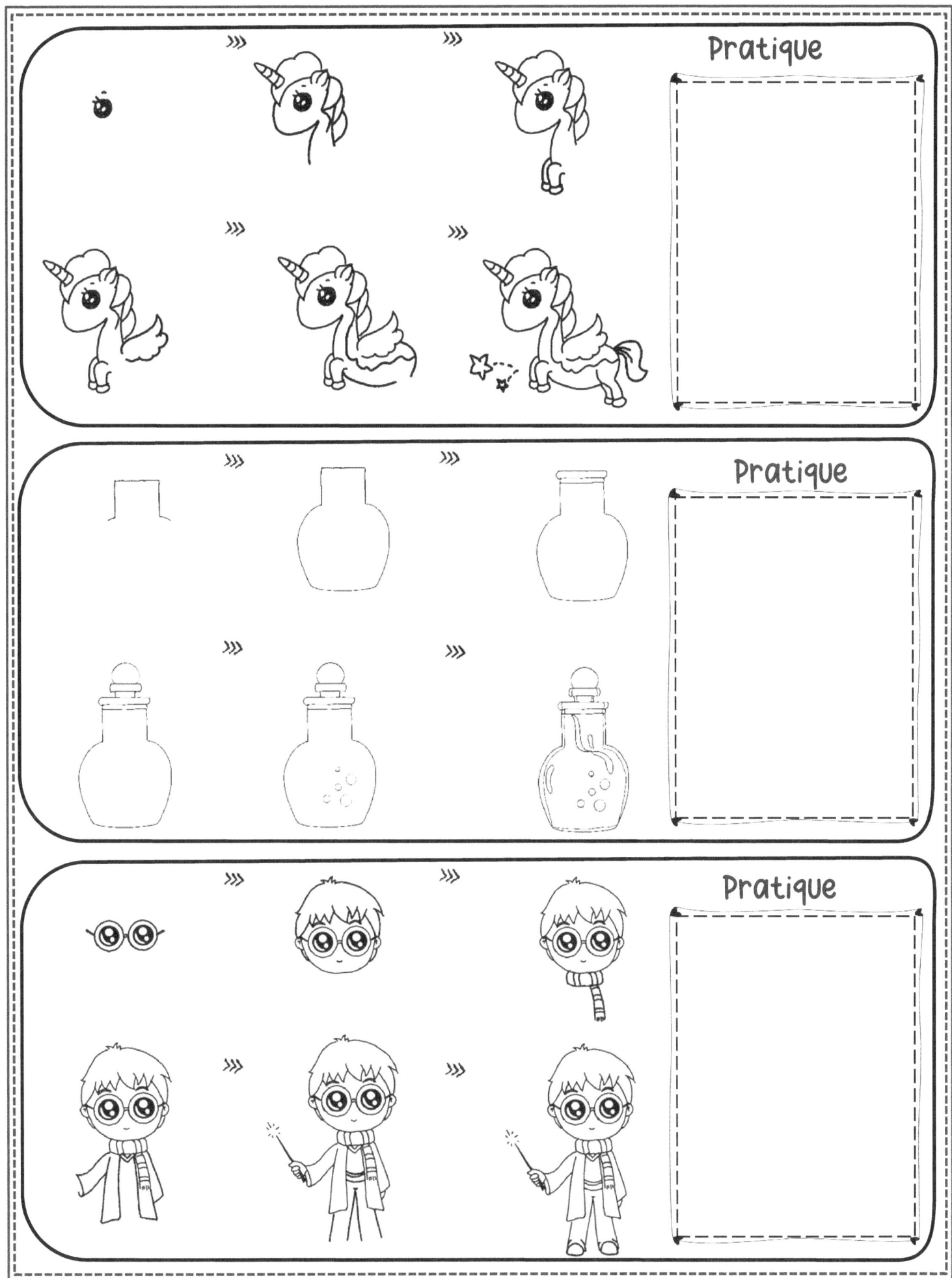

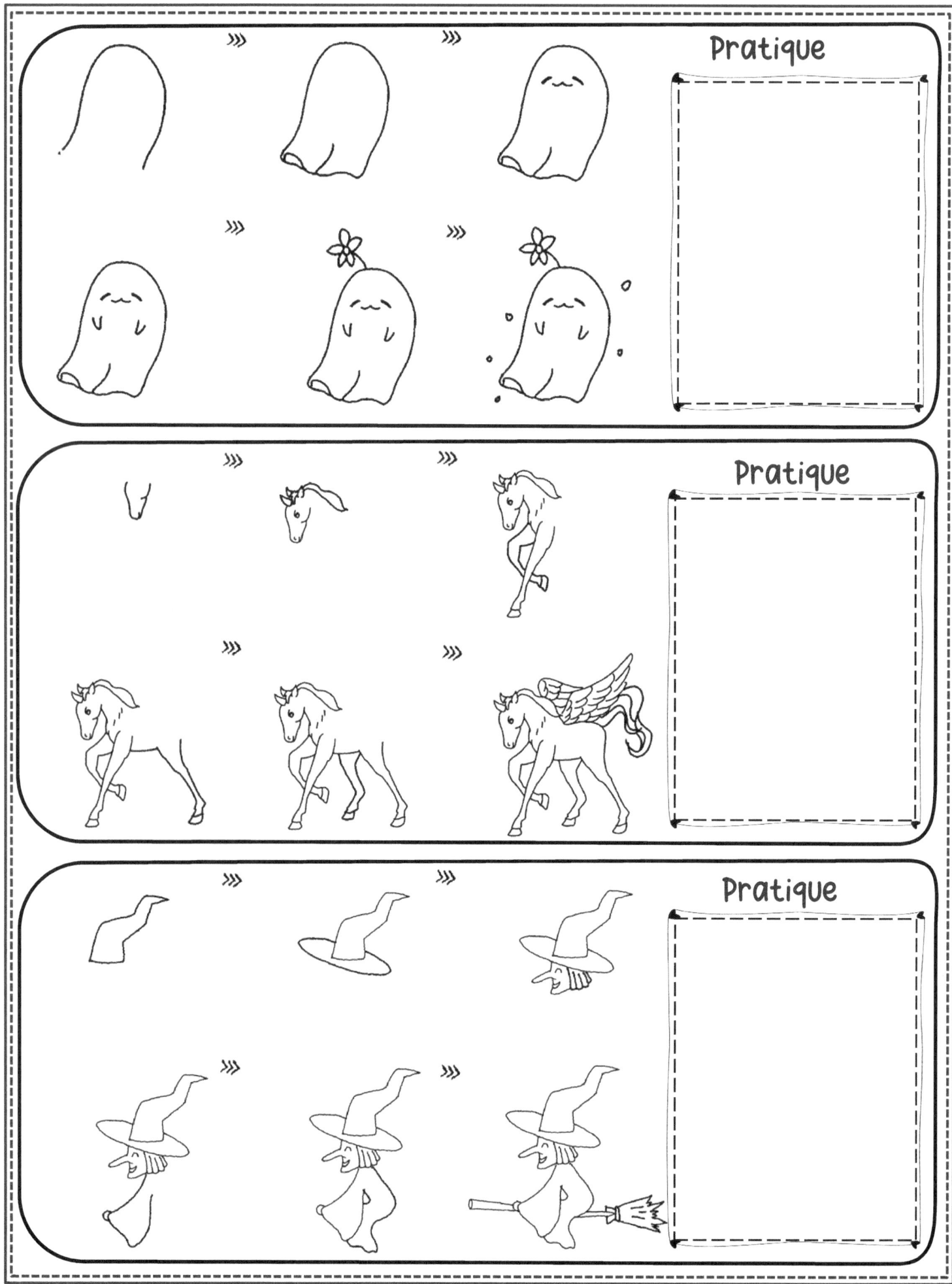

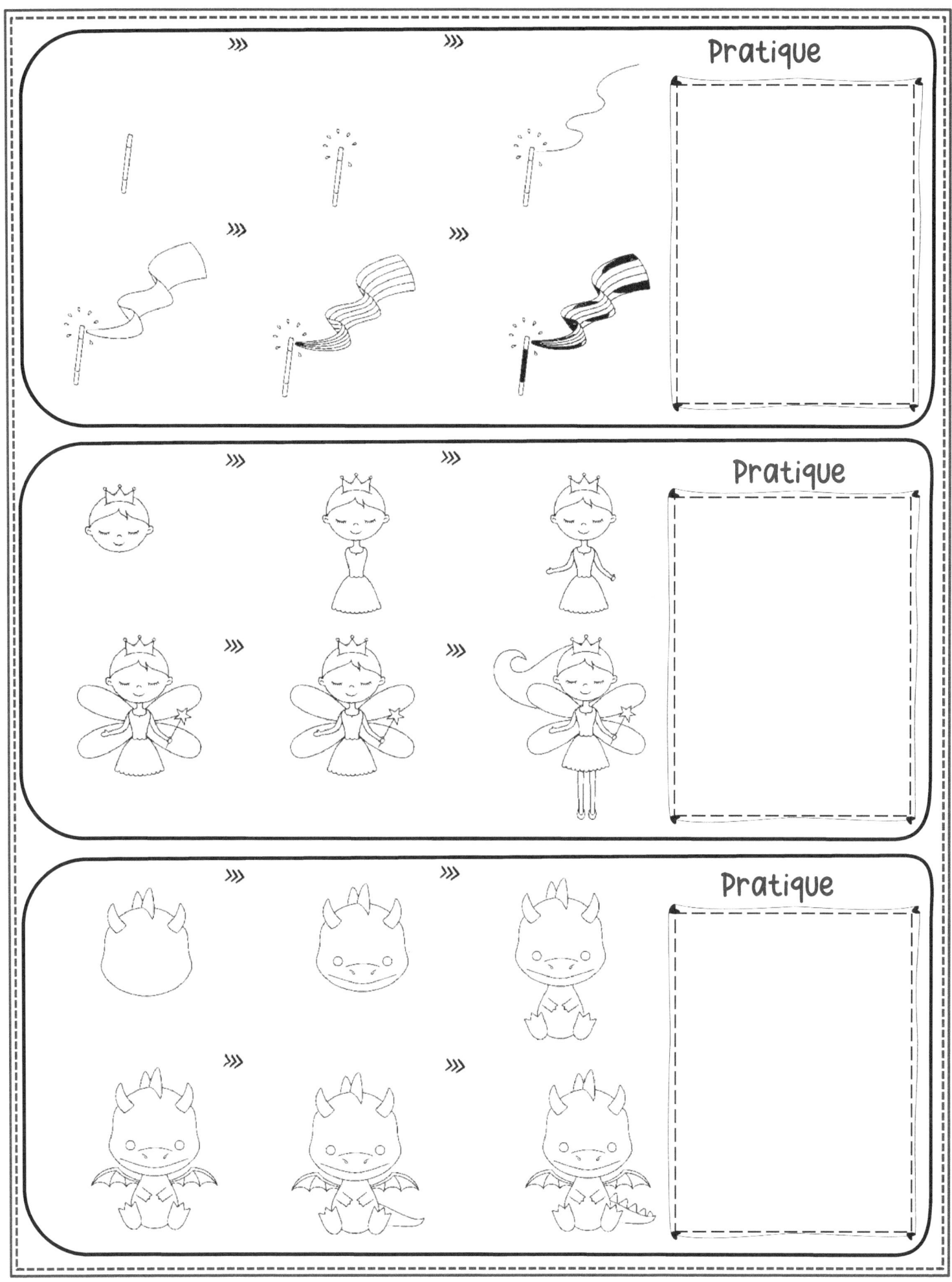

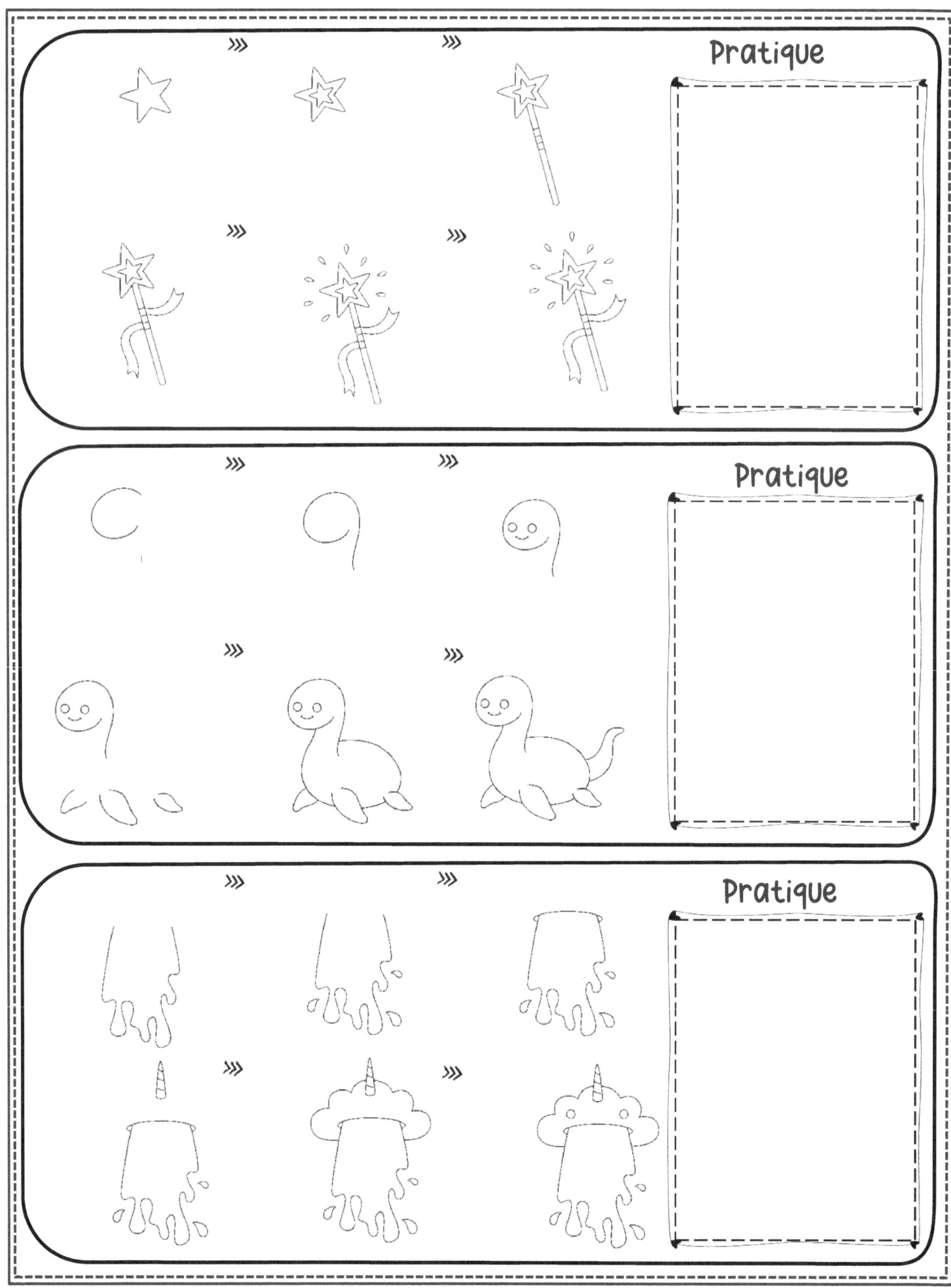

Pratique

Pratique

Pratique

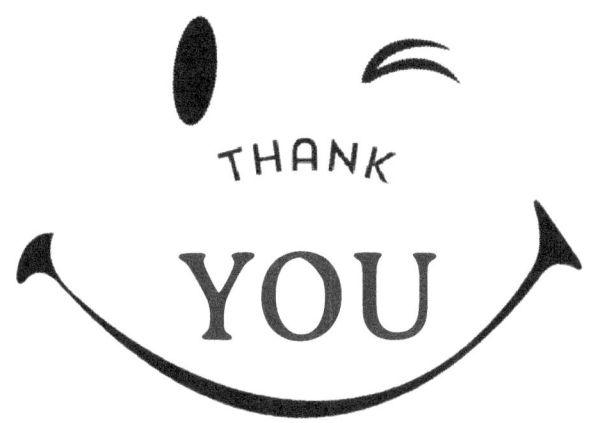

Merci d'avoir dessiné avec plaisir ! Merci de vous être lancé dans ce voyage créatif avec nous ! Votre enthousiasme pour l'art est inspirant. Votre soutien signifie beaucoup pour nous !

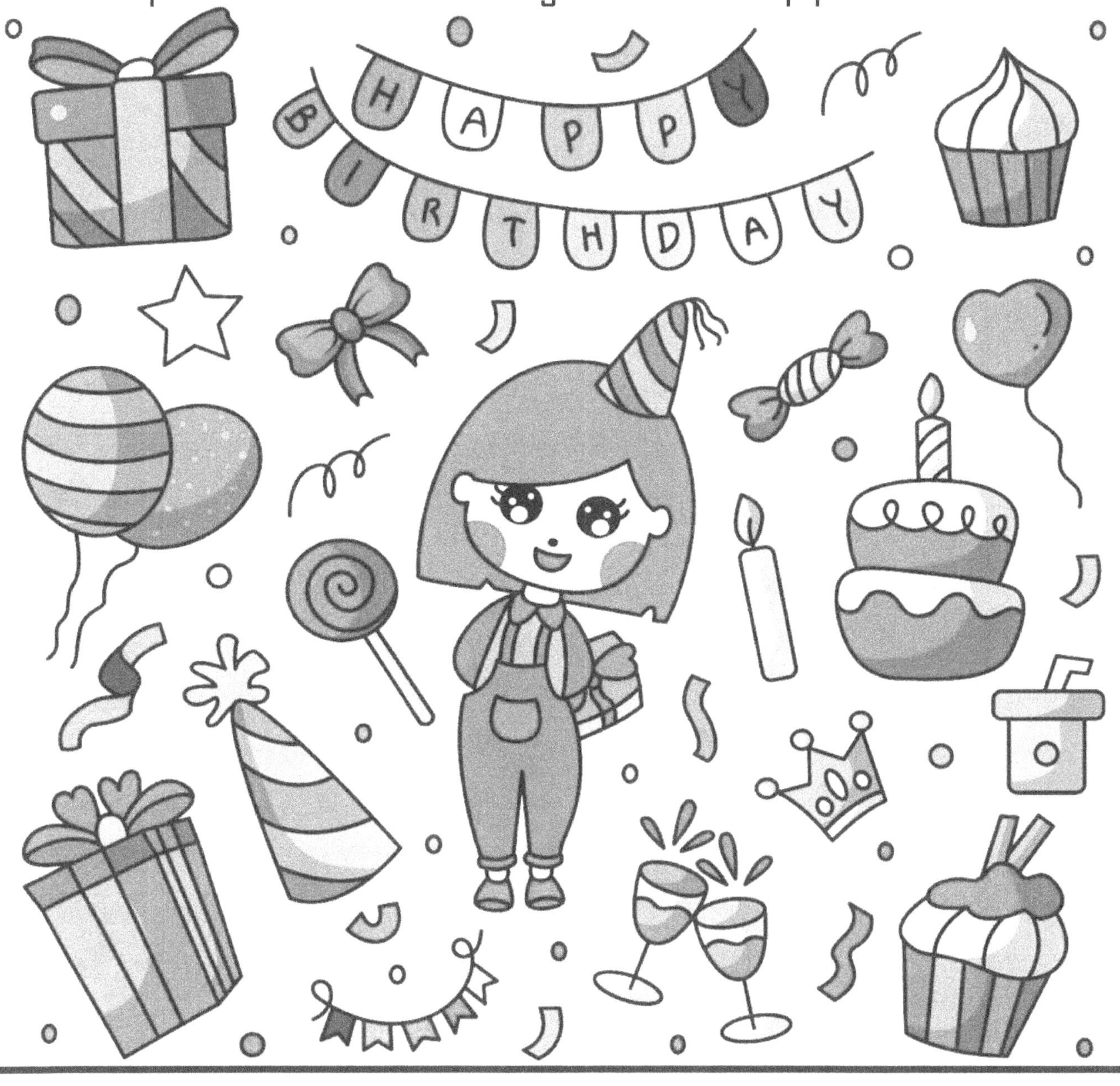

www.ingramcontent.com/pod-product-compliance
Lightning Source LLC
Chambersburg PA
CBHW082245220526
45469CB00009B/2885